JOHN VAILLANT

LE TIGRE

UNE HISTOIRE DE SURVIE DANS LA TAÏGA

Traduit de l'anglais par Valérie Dariot

Préface de Guillermo Arriaga

LES ÉDITIONS NOIR SUR BLANC

Titre original : *The Tiger*

Préface traduite de l'anglais par Valérie Dariot.

ISBN : 978-2-88250-255-1

Préface

Je suis chasseur. Je chasse depuis l'enfance. Aujourd'hui je chasse à l'arc. Entre la chasse au fusil et la chasse à l'arc, c'est l'œil qui fait toute la différence. L'arc vous oblige à vous approcher très près de l'animal. Vous échangez des regards avec lui. Vous passez de longues heures à l'observer. La chasse à l'arc vous permet de comprendre que les animaux ont des personnalités différentes, d'une espèce à l'autre et même d'un individu à l'autre. Ainsi, chez les cerfs de Virginie, les mâles peuvent se montrer particulièrement agressifs. Durant la période du rut, ils se transforment en bêtes féroces promptes au combat. Très loin du gentil Bambi de nos clichés, ils présentent de profondes disparités de caractère. Le mâle dominant, bardé de cicatrices, jaloux de son territoire, attaque à la première provocation. D'autres, moins belliqueux, s'approchent prudemment. Ils savent qu'ils vont devoir se battre, mais évitent à tout prix la confrontation.

Ce qui est vrai des cerfs l'est aussi d'autres espèces : le sanglier, le pécari, l'écureuil, le cardinal, le dindon, le lynx, le coyote et la caille. Je les ai observés de près, pendant des heures. La nature est impitoyable. C'est le royaume des dominants.

John Vaillant a décidé de s'intéresser de près à l'une des créatures les plus impressionnantes du règne animal. Le tigre de Sibérie, le plus grand fauve au monde, un prédateur solitaire qui vit sous les latitudes les plus extrêmes. Dans une couche de neige de près d'un mètre d'épaisseur, il rôde, silencieux. Créature sauvage et puissante, le tigre de Sibérie est le plus redoutable des chasseurs. Tapi au ras du sol, il s'approche lentement de sa proie, aussi furtif qu'un fantôme, tellement furtif, nous dit Vaillant, que sa victime ne prend conscience de sa présence que trop tard.

En lisant son livre, j'ai tout de suite été captivé. Car John Vaillant ne nous parle pas seulement des tigres, il nous parle aussi des hommes et de leur rapport à leur environnement. Il nous parle de la taïga, de l'immense territoire de la Sibérie, presque aussi vaste que celui des États-Unis. La Sibérie est l'une des régions du monde où les conditions de vie sont les plus difficiles. L'hiver, la température descend à − 40 °C. La neige, la glace, le vent, l'obscurité y rendent la vie presque impossible. Peu de créatures sont capables de résister à un tel climat. Les humains et les tigres sont parmi les rares espèces à pouvoir survivre dans ce milieu hostile. Et, entre eux, les rapports ne sont pas toujours faciles.

Le livre magnifique de John Vaillant évoque également les bouleversements économiques qu'a connus la Sibérie au fil du temps et leurs conséquences sur la nature et l'environnement. Après la chute du communisme, les industries autrefois gérées par l'État ont déserté la région, laissant sur le carreau des milliers de gens. Du jour au lendemain, ces populations se sont trouvées prises au piège dans un monde de glace et de neige. Elles ont alors regardé autour d'elles et vu les terres immenses qui les entouraient, ces forêts généreuses regorgeant de gibier. Dès lors, la nature est devenue leur unique moyen de subsistance.

Le braconnage, les scieries clandestines et l'exploitation des ressources minières se sont banalisés. La dévastation de la nature est devenue la seule manière pour ces familles de boucler les fins de mois. Les villes se sont étendues, les forêts ont été abattues et brûlées. La civilisation sous son pire visage était en train de gagner la partie, et le majestueux tigre de Sibérie compte au nombre des espèces sacrifiées sur son autel.

Il reste moins de cinq cents spécimens vivant encore en liberté dans la taïga. Leur habitat s'est réduit comme peau de chagrin. Les vastes forêts qui étaient leur territoire de chasse sont en train de disparaître. Il n'y a plus assez de sangliers et de cerfs pour les nourrir. Progressivement, ils sont repoussés jusqu'aux confins des espaces occupés par les hommes, jusqu'aux abords des villes et des villages. Ils sont désormais contraints de se nourrir de vaches, de chèvres et de chiens. Il y a seulement cent ans, les probabilités d'une rencontre entre un humain et un tigre étaient infimes. Aujourd'hui, ces confrontations sont de plus en plus fréquentes.

Mais il existe un autre problème : la valeur du tigre de Sibérie sur le marché noir. Ses os sont très recherchés pour les besoins de la médecine traditionnelle chinoise. Selon la croyance, ils guériraient l'impuissance masculine, entre autres affections. Dans la taïga, on surnomme parfois le tigre « Toyota » parce que, avec la vente d'un spécimen de ce fauve, il est possible de s'acheter un 4 × 4 de la célèbre marque japonaise. C'est beaucoup, beaucoup d'argent pour des familles réduites à la misère. Si bien que les hommes se transforment en braconniers et partent chasser le tigre. Abattre l'une de ces bêtes peut leur permettre d'échapper enfin à la faim, à la pauvreté, à la maladie.

John Vaillant nous explique tout cela sans porter aucun jugement moral. Il se contente de présenter les faits, ce qui ne l'empêche pas de prendre position. Comment? En introduisant dans son récit le personnage de Iouri Trouch, l'homme chargé de protéger les tigres. Avec des ressources limitées et une équipe réduite, Iouri Trouch a la lourde charge de couvrir un vaste territoire à la recherche des braconniers, d'empêcher le massacre et, à terme, l'extinction totale de ce superbe fauve.

Trouch n'a pas la tâche facile, car la population locale se méfie de lui. À ses yeux, cet homme n'est pas un héros, mais le type qui vient fourrer son nez dans tous les petits trafics de subsistance. Les autochtones qui peuplaient autrefois la taïga respectaient le tigre et ne le chassaient pas. Le tuer était un sacrilège, comme le montre si bien le chef-d'œuvre d'Akira Kurosawa inspiré de l'histoire de Dersou Ouzala. Tuer un tigre était un acte des plus condamnables. L'esprit de la nature allait chercher à se venger du coupable. Mais dans la société contemporaine, coupée de ses traditions et d'un rapport harmonieux avec la nature, chasser le tigre, bien qu'illégal, n'est pas un acte moralement répréhensible. Parce que, finalement, qu'y a-t-il de pire ? Abattre une bête ou bien laisser sa famille crever de faim ?

John Vaillant s'attache aux pas de Trouch et de ses hommes pour nous raconter un épisode terrifiant de leur histoire, lorsqu'un grand tigre mâle se met à attaquer et tuer des êtres humains. Un tigre si peu farouche qu'il ne craint pas de s'approcher des habitations pour dévorer des proies humaines. Trouch est confronté à un dilemme moral. Que faire ? Protéger le fauve ou bien l'arrêter dans sa course meurtrière en l'abattant ?

La nature ne fait pas de compromis. Elle ne permet pas l'hésitation, car le doute peut signifier d'autres morts, d'autres familles détruites. Comme nous le raconte John Vaillant, le suicide, le chagrin, la solitude font partie du terrible cortège que ce tigre laisse dans son sillage. Au rythme de ses attaques, la peur, la terreur, s'installe.

Le tigre de Sibérie est plus qu'un animal, c'est un personnage presque shakespearien qui n'oublie rien, ne pardonne rien. Gare à celui qui fait feu sans réussir à l'abattre. Le tigre le pourchassera sans relâche. Gare à celui qui lui vole sa proie, comme le fait un protagoniste du livre. Le tigre ne lui pardonnera jamais cette offense et le poursuivra jusqu'à la mort. Le tigre est vindicatif, féroce, rusé. Il est intelligent, doué d'une excellente mémoire et d'une farouche volonté d'anéantir ses ennemis. Rien ne peut l'arrêter.

Le plus fascinant dans le livre de John Vaillant, c'est que l'histoire qu'il nous raconte n'est pas fictive. Tout est vrai. Les attaques du tigre, la traque, les suicides. L'horreur qu'il nous décrit est bien réelle. Loin de sortir d'une imagination trop riche, cette histoire est l'aboutissement d'une démarche réfléchie, de longues et rigoureuses recherches.

Le livre de John Vaillant nous rappelle ce que la nature est vraiment. Aujourd'hui, la plupart des gens vivent dans le confort des villes. Leur seul contact avec la nature se résume à la promenade du chien dans l'espace bien entretenu d'un parc municipal. Ils n'ont pas la moindre notion de ce qu'est réellement la nature. La simple idée de tuer une vache pour consommer de la viande les met dans tous leurs états. Ils traitent chiens et chats comme des enfants et ont oublié que la nature est cruelle, implacable et féroce, que les animaux ne sont pas des personnages de dessins animés, mais des créatures qui, pour survivre, chassent, tuent, se battent ou prennent la fuite. Elles sont couturées et pleines de parasites. Un animal sait que la moindre erreur peut lui être fatale. Le cerf sait que s'il relâche sa vigilance, il risque de tomber entre les griffes d'un prédateur. Le prédateur sait qu'en ratant sa proie trop souvent, il s'épuisera et finira par mourir d'inanition. La nature est un monde brutal et sans pitié.

Lisez ce livre, vous ne le regretterez pas. Après l'avoir fini, vous vous sentirez plus en harmonie avec la nature qui continue de vivre en vous. Il ne nous est pas permis d'oublier d'où nous venons. Le magnifique récit de John Vaillant et le tigre de Sibérie sont là pour nous le rappeler.

Guillermo Arriaga

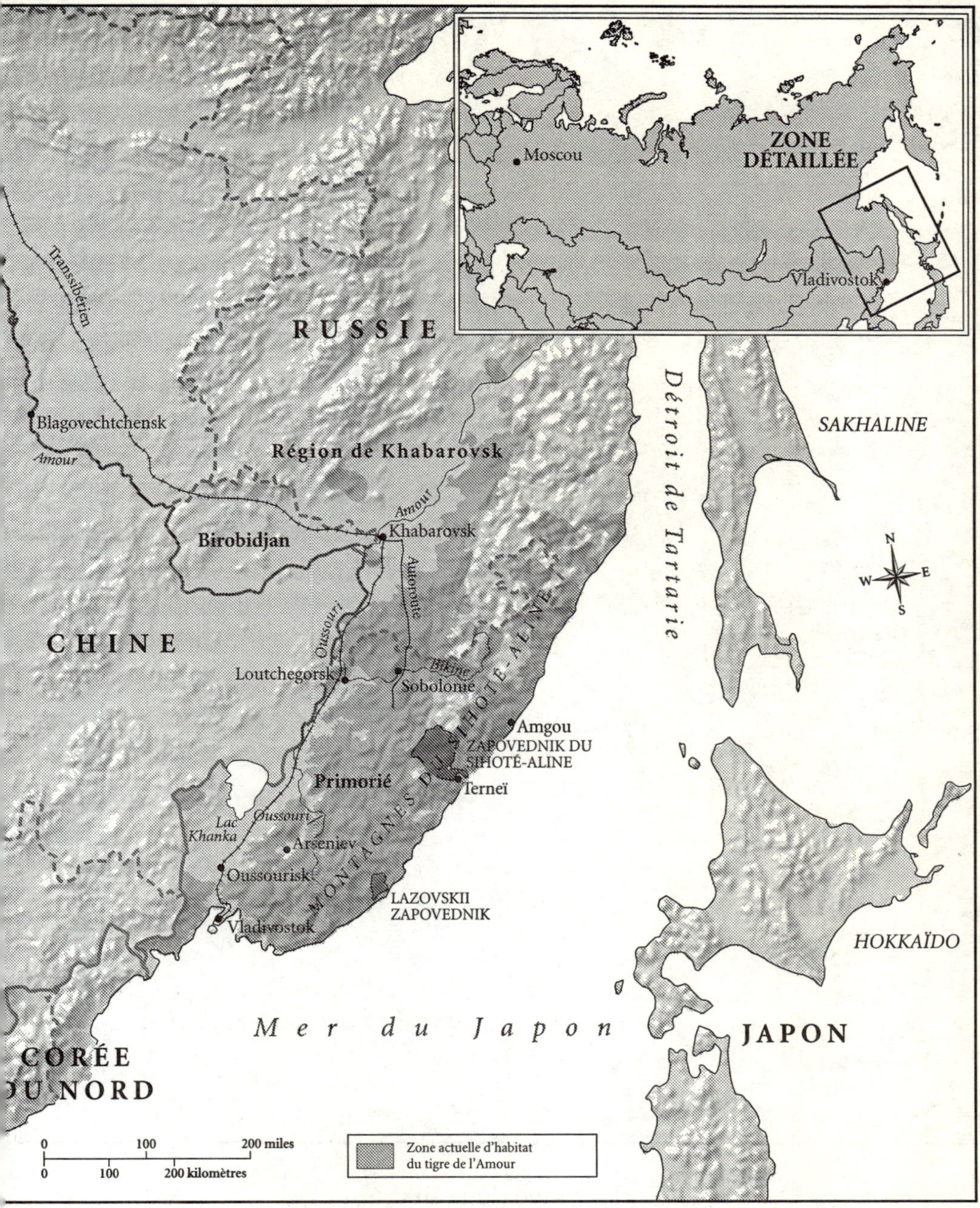

L'Extrême-Orient russe

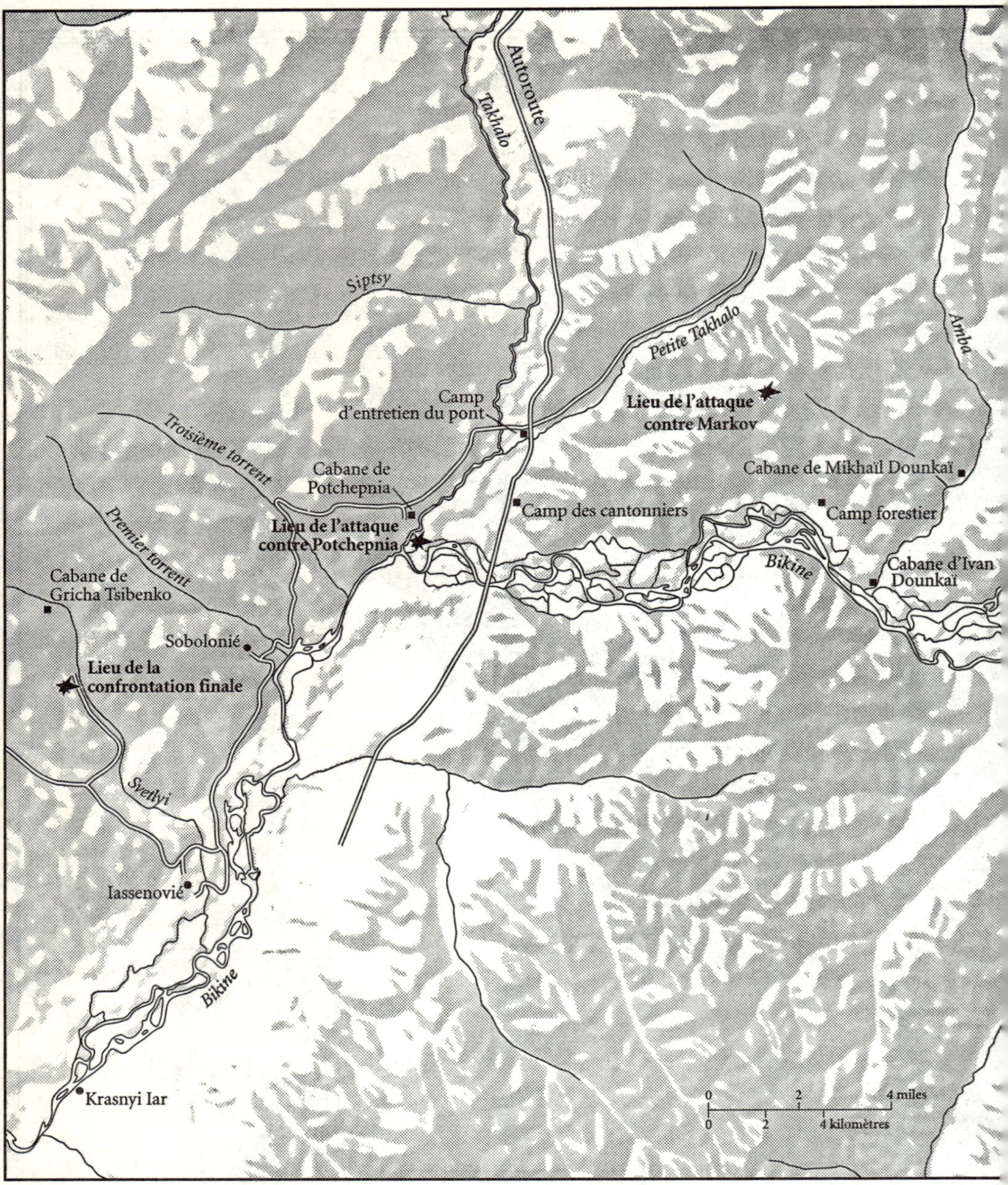

La vallée de la Bikine

À la mémoire de Joanna et Ellis Settle

Dans la taïga, il n'y a pas de témoin.

V. K. Arseniev,
Dersou Ouzala

Un effroyable gardien, prêt à l'attaque,
gardait l'or du trésor, tapi sous la terre et les ans –
ce n'était là bonne affaire pour personne.

Beowulf

Prologue

Un croissant de lune dessine une faucille dans les arbres. Sous sa lueur blafarde, la neige se couvre d'ombres et la forêt s'emplit de ténèbres. Un homme marche seul en se frayant un chemin à tâtons. Il n'a pour toute compagnie qu'un chien courant devant lui, dans son impatience de rentrer enfin à la maison. Tout autour d'eux, les troncs noirs des chênes, des sapins et des peupliers se dressent au-dessus d'un épais tapis de broussailles et de rompis, et leurs frondaisons tissent dans le ciel une canopée à claire-voie. Les frêles bouleaux, plus blancs que la neige, semblent rayonner dans la nuit, mais leur lumière est aussi avare et froide que la fourrure des bêtes en hiver. Tout n'est que silence dans ce monde endormi sous la glace. Il fait si froid que les crachats gèlent avant de toucher le sol. Si froid qu'un arbre, aussi cassant qu'un brin de paille, peut subitement exploser sous la poussée d'une montée de sève. L'homme et son chien laissent dans leur sillage une traînée de chaleur et la buée de leur souffle flotte tel un nuage blanc au-dessus de leurs traces. Leur odeur ne se diffuse pas, par cette nuit sans vent, mais le bruit de leurs pas se transporte si loin qu'à chacune de leurs enjambées, c'est comme s'ils s'annonçaient au monde nocturne.

En dépit du froid mordant, l'homme porte des bottes en caoutchouc mieux adaptées à un temps de pluie. Ses vêtements aussi sont étonnamment légers pour qui a passé la journée à marcher dans les bois. Son fusil accroché à son épaule pèse de plus en plus lourd, de même que son sac à dos et sa cartouchière, mais il connaît le chemin par cœur et déjà il aperçoit sa cabane au loin. Il peut pousser un soupir de soulagement. Il imagine peut-être déjà la lampe qui dissipera les ténèbres, la bonne flambée qu'il allumera dans le poêle, son fardeau dont il pourra enfin se débarrasser. Dans la bouilloire, l'eau aura sûrement gelé, mais le fourneau a des parois fines et bientôt son rougeoiement chaleureux aura raison du froid et de l'ombre. L'homme sent déjà son corps se réchauffer. Dans un instant, il boira une bonne tasse de thé en grillant une cigarette, puis il mangera un plat de riz et de viande et fumera encore. Peut-être s'accordera-t-il un ou deux petits verres de vodka, s'il en reste un fond dans la bouteille. Il savourera chaque étape d'une routine devenue un rituel. Mais alors que dans la clairière, il distingue les contours familiers de sa demeure, son chien se met soudain à l'arrêt. Il a flairé quelque chose et commence à grogner. Ils chassent ensemble depuis longtemps et l'homme n'a aucun mal à comprendre qu'une créature rôde aux alentours de la cabane. Ses cheveux se dressent sur sa nuque, comme se sont dressés les poils sur le dos du chien.

Alors dans la nuit noire retentit un grondement qui semble venir de partout à la fois.

Première partie

MARKOV

1

Beaucoup de gens refusent de croire que c'est réellement arrivé. Ils pensent que cette histoire n'est qu'un fantasme sorti de mon imagination. Mais tout est vrai. Les faits sont là pour en témoigner.

Iouri Anatolievitch Trouch

Le 5 décembre 1997, peu après la tombée de la nuit, un message urgent fut relayé au domicile de Iouri Trouch à Loutchegorsk, une petite ville minière de l'Extrême-Orient russe située dans le territoire administratif du Primorié, près de la frontière chinoise. La région est le dernier bastion du tigre de Sibérie et le fonctionnaire au téléphone apportait une nouvelle pour le moins troublante : un homme avait été attaqué dans les environs de Sobolonié, un village de bûcherons perdu dans les profondeurs de la forêt, à une centaine de kilomètres au nord-est de Loutchegorsk. À la tête de l'une des six unités de l'inspection Tigre, Iouri Trouch avait pour mission d'enquêter sur les morts violentes survenues dans la forêt et plus particulièrement celles imputables au grand fauve. Il venait d'être officiellement chargé de cette nouvelle affaire et, sans perdre un instant, il se prépara à partir pour Sobolonié.

Le lendemain était un samedi. Dès les premières heures du jour, Iouri Trouch et deux de ses coéquipiers, Alexandre Gorboroukov et Sacha Lazourenko, s'entassèrent à bord d'un camion des surplus de l'armée et firent route en direction du nord. Ils avaient revêtu pour l'occasion des treillis militaires thermo-isolés et s'étaient armés de couteaux, de pistolets et de carabines semi-automatiques. Dans cette tenue, les Tigres, selon le surnom qu'on donne parfois à ces inspecteurs, ressemblaient moins à des gardes-chasses qu'à une unité spéciale d'intervention en milieu forestier. Leur Kung, un camion militaire de fabrication russe servant au transport de matériel, avait vingt ans d'âge. Équivalent d'un 4 tonnes Mercedes, ce véhicule utilitaire fonctionnant au gazole est équipé d'un treuil, de quatre roues motrices ainsi que d'énormes pneus montant à mi-hauteur d'homme, ce qui fait de lui le moyen de transport idéal pour explorer l'arrière-pays du Primorié. Le modèle dans lequel avaient pris place les inspecteurs avait été spécialement aménagé pour accueillir des couchettes de fortune et contenait une semaine de vivres pour quatre hommes. Il était en outre muni d'un râtelier d'armes, de crochets pour suspendre des bidons de carburant et d'un poêle à bois, le minimum indispensable pour que ses passagers puissent survivre en cas de panne, même en plein cœur de la forêt.

Après avoir franchi le poste de contrôle de la police, à la sortie de la ville, les Tigres bifurquèrent sur une route de terre qui partait vers l'est en suivant le large lit de la Bikine, une rivière qui serpente à travers les contrées les plus isolées de la partie nord du Primorié.

La température était très inférieure à zéro et le camion lourdement chargé progressait lentement dans l'épaisse couche de neige. Pendant ces longues heures, les hommes de l'équipage, tous chasseurs expérimentés et anciens soldats, eurent largement le temps de réfléchir à ce qui les attendait et d'en discuter ensemble. Or, rien dans leur longue expérience ne les avait préparés à ce qu'ils allaient découvrir.

Le Primorié, ou Province maritime, a une surface à peu près équivalente à l'État de Washington. Bordé par la mer du Japon, il occupe l'extrémité sud-est de la Russie. C'est un pays de montagnes et d'épaisses forêts qui rappelle à la fois les Appalaches par son isolement et le Yukon par son aspect de frontière sauvage. Les activités y sont des plus primaires : exploitation du bois, extraction minière, pêche et chasse. La vie dans la région n'a rien de clément. Aux salaires de misère s'ajoutent une corruption généralisée, un marché noir florissant et des fauves parmi les plus gros du monde.

Parmi leurs nombreuses retombées négatives, la perestroïka et la réouverture de la frontière entre la Russie et la Chine ont entraîné une recrudescence de la chasse illégale au tigre. Dans les années 1990, alors que l'économie nationale partait à vau-l'eau et que le chômage explosait, des braconniers de profession, mais aussi des entrepreneurs et de simples citoyens se mirent à puiser allègrement dans les multiples ressources de la forêt. Rares et précieux, les tigres furent particulièrement touchés, leurs organes, leur sang et leurs os étant très recherchés pour les besoins de la médecine traditionnelle chinoise. Selon certaines croyances, leurs moustaches auraient le pouvoir de rendre invincible aux balles, leurs os réduits en poudre seraient un remède contre la douleur et leur pénis rendrait aux hommes leur virilité. Nombreux sont ceux, de

Tokyo à Moscou, qui seraient prêts à payer des milliers de dollars pour une peau de tigre.

Entre 1992 et 1994, une centaine de ces animaux – soit environ un quart de la population vivant en liberté sur le territoire russe – furent exterminés et la plupart finirent sur le marché chinois. Avec l'assistance financière (et sous la pression) d'organisations internationales de conservation de la nature, le gouvernement local constitua l'inspection Tigre dans l'espoir de restaurer un semblant d'ordre dans les forêts du Primorié. Armées de fusils, de caméras et d'importants pouvoirs de police, ces équipes furent chargées d'arrêter les braconniers et de résoudre les conflits de plus en plus nombreux opposant les tigres aux hommes.

La mission officielle de cette inspection présentait de grandes similitudes avec celle d'une brigade de lutte antidrogue, et elle comportait les mêmes risques. Les sommes d'argent en jeu étaient équivalentes et leurs adversaires des individus sans foi ni loi. Les tigres, comme la cocaïne, se vendent au gramme ou au kilo, et leur valeur augmente proportionnellement à la pureté du produit et à l'habileté du vendeur. Mais les similitudes s'arrêtent là. Les tigres peuvent peser jusqu'à trois cents kilos. Ils chassent de gros gibiers, y compris des êtres humains, depuis deux millions d'années et ils ont de la mémoire, ce qui en fait des êtres redoutables tant pour ceux qui veulent les protéger que pour ceux qui tentent de leur nuire.

Dans le milieu des années 1990, l'unité de Trouch avait en charge un territoire situé sur les rives de la Bikine. En hiver, il est possible de traverser ce cours d'eau en camion, mais en été son lit prend un air de bayou. Pour les habitants désœuvrés de la vallée, les lois imposées par la rivière et la forêt ont plus de poids que celles du gouvernement local. Ici, la plupart des gens braconnent plus pour survivre que pour s'enrichir.

En 1997, l'inspection Tigre avait trois ans d'existence. Compte tenu de l'état de l'économie russe dans les années 1990, ses membres pouvaient déjà s'estimer heureux d'avoir un emploi. Leur salaire mensuel de quatre cents dollars payé par des organisations étrangères de protection de la nature était une aubaine à l'époque, mais on attendait beaucoup de ces hommes en contrepartie de leur rémunération. Qu'il s'agisse de contrôles de routine des permis de chasse ou de rondes dans la forêt, de fouilles de véhicules suspects en partance pour la Chine ou de mise en place de souricières pour piéger des criminels, en toute occasion l'inspection Tigre avait pour adversaires des gens armés jusqu'aux dents. Elle intervenait la plupart du temps dans des zones reculées, où nul ne savait jamais ce qui l'attendait et où il ne fallait pas compter sur l'arrivée de renforts.

À la suite de la perestroïka, la Russie se transforma en un immense marché où tout était à vendre, et c'est ainsi que d'énormes quantités de matériel militaire disparurent des arsenaux locaux. Lors de leurs interventions dans les nombreuses huttes de chasseur qui parsèment la forêt, Trouch et ses hommes confisquèrent du plastic, du TNT et même des mitrailleuses lourdes de calibre 50 volées sur des véhicules blindés. Trouch n'arrivait pas à concevoir ce que l'on pouvait faire dans la forêt avec des armes de cette puissance, mais il s'expliquait très bien la présence des explosifs, qui servaient à tuer en masse les poissons dans les torrents ou encore à dynamiter les ours dans leurs tanières. Il faut savoir en effet que sur le marché asiatique la peau et la carcasse intactes de ces plantigrades sont moins recherchées que leurs pattes, qui sont consommées en soupe, et leurs vésicules biliaires qui sont utilisées dans des préparations médicinales. Au Primorié, dans le milieu des années 1990, la vie des hommes et des bêtes n'avait pas grande valeur et la corruption sévissait à tous les échelons de l'État. Durant cette période, Trouch démantela des réseaux impliquant des policiers de haut rang et des députés, or il est dangereux d'avoir de tels hommes pour ennemis. Mais Trouch était parfait pour sa mission, car lui aussi était un adversaire coriace.

L'homme, qui mesure pas loin d'un mètre quatre-vingt-dix, a des jambes et des bras immenses et un large poitrail. Par une étrange coïncidence, ses yeux ont la couleur de la pierre semi-précieuse que l'on appelle « œil de tigre », et ses iris sont cerclés de noir. Sous leurs paupières tombantes, ces yeux-là parent un visage simple et honnête. Trouch est doté d'une autorité naturelle qu'il doit à sa voix grave et puissante et à son flegme à toute épreuve. Enfant chétif et maladif, il s'est transformé en un athlète accompli doué d'une force herculéenne. Dans les années 1970, alors jeune soldat dans la république soviétique du Kazakhstan, il a remporté une douzaine de compétitions de kayak, ce qui lui a valu de recevoir le titre de Maître des sports de l'URSS, une haute distinction qui l'autorisait à participer à des championnats nationaux. L'enjeu était de taille, car il ne s'agissait pas seulement de battre des adversaires bulgares ou est-allemands. « Je défendais l'honneur de l'armée soviétique », dit-il. Il avait environ quarante-cinq ans quand il rejoignit les rangs de l'inspection Tigre, et c'est à cet âge qu'il remporta pendant trois années consécutives un championnat régional d'haltérophilie. Mais la discipline pratiquée par Iouri Trouch n'était pas du genre que l'on voit aux Jeux olympiques. Elle s'apparentait plutôt à un concours imaginé par des artilleurs désœuvrés au cours des guerres napoléoniennes. L'épreuve consistait à soulever autant de fois que possible au-dessus de sa tête, d'une main puis de l'autre, d'énormes poids en fonte munis d'une poignée. Ces haltères russes appelés *gyrias* sont une tradition vieille de plusieurs siècles et ce sport convient plutôt aux constitutions trapues. Il était donc surprenant de voir Trouch, contre qui jouait la loi du levier du fait de sa haute stature, soulever avec une telle facilité ces boules de fonte de quelque trente kilos chacune.

Trouch a appris à tirer au fusil d'abord avec son père puis dans l'armée. Il a également étudié le karaté, l'aïkido et le combat au couteau. Dans ces disciplines, sa taille l'avantage, parce que ses longs membres font qu'il est presque impossible de l'atteindre. Il est tellement doué pour le combat à mains nues qu'il a été embauché pour enseigner son savoir-faire aux recrues de la police militaire. Sa force physique impressionnante ne demande qu'à être employée. Ses mains avec lesquelles il aime à attraper, bousculer et serrer les gens contre lui, sont aussi des armes et ses poings des maillets capables de casser des briques. En le regardant décomposer les mouvements d'une prise immobilisante ou d'une frappe imaginaire, on ne peut s'empêcher de penser que ce corps n'attend qu'une occasion de combattre pour de vrai. À propos d'un ancien collègue qui a mal tourné et qu'il a essayé pendant des années de prendre en flagrant délit, Iouri Trouch déclare : « Il sait parfaitement que je suis capable de le décapiter à mains nues. » La tension née du décalage entre d'un côté le gentil voisin, l'ami rieur et le mari attentionné, et de l'autre le mâle dominant prêt à se déchaîner sur son adversaire, confère une énergie particulière à tout ce qu'il fait. Toutefois, c'est dans le rôle du policier des espaces sauvages que l'homme semble pleinement vivant.

À mesure que Trouch et ses équipiers s'enfonçaient dans la forêt, la route devenait de plus en plus impraticable. Après le village de Verkhnii Pereval, ils traversèrent Iassenovié, un village de bûcherons comparable par sa taille et sa durée d'existence à celui de Sobolonié. C'est ici qu'ils prirent à leur bord le jeune adjoint du chef de la police, un dénommé Busch, dont la présence dans cette mission avait un but essentiellement formel. L'homme étant policier, les attaques de tigre étaient hors de son domaine de compétence. Toutefois, s'il y avait un cadavre, il se devait d'être présent sur les lieux pour les besoins du constat. Busch à leur bord, ils poursuivirent leur route en remontant le cours de la rivière.

L'après-midi était déjà entamé quand ils arrivèrent à Sobolonié, dont les pauvres maisons en rondins de bois brut semblaient à première vue presque inhabitées. Gorboroukov, qui était au volant, quitta alors la route, ou tout au moins ce qui passait pour tel, et s'enfonça dans la forêt en suivant une piste à peine assez large pour un seul véhicule. Une épaisse couche de neige était tombée en début de semaine et pendant qu'ils roulaient, Trouch examinait les bords du chemin à la recherche de traces fraîches. Ils se trouvaient à environ quatre-vingts kilomètres de l'axe goudronné le plus proche et avaient parcouru trois kilomètres dans des conditions difficiles depuis Sobolonié, quand ils traversèrent une autoroute curieusement située dans ce lieu improbable. Elle avait été construite à l'époque soviétique pour désengorger l'unique voie de communication qui traversait le Primorié du sud au nord, le long de la rivière Oussouri en remontant vers Khabarovsk (selon un tracé parallèle à celui du Transsibérien). Bien qu'elle accueille un important trafic, y compris des transports transcontinentaux de marchandises, l'ancienne route de l'Oussouri est mal entretenue et pas plus large qu'une rue en zone résidentielle. Elle était en outre considérée comme très vulnéRable à une attaque de la part de la Chine. La nouvelle autoroute, quoique plus sûre, plus large et plus droite, n'a jamais été terminée et reste donc une voie menant nulle part, au milieu de nulle part. Elle n'est plus empruntée que par les bûcherons, les braconniers et les contrebandiers, les seuls dans le coin qui aient les moyens de posséder un véhicule. Mais il arrive parfois que des tigres y circulent aussi.

En hiver, une forme de politesse involontaire se pratique dans la taïga. [1] Il faut beaucoup d'énergie pour s'ouvrir un passage à travers la neige, d'autant plus quand celle-ci est épaisse ou recouverte d'une couche de glace. Si bien que le premier à passer, bête, homme ou machine, rend un grand service à ceux qui viendront ensuite. Or l'énergie, c'est-à-dire la nourriture, étant un enjeu primordial pendant les grands froids, les cadeaux qui permettent d'économiser ses forces sont acceptés de bonne grâce. Tant que le sentier, la route forestière, la rivière gelée ou l'autoroute goudronnée va plus ou moins dans la bonne direction, les autres créatures de la forêt l'emprunteront aussi, sans se soucier de savoir qui a ouvert le passage. C'est ainsi que les voies de communication, à l'image des cours d'eau, ont un effet attractif sur les êtres qui en sont tributaires et donnent lieu à des rencontres insolites.

Sur les cinq derniers kilomètres parcourus ce jour-là par l'équipe de Trouch, la route devient tellement tortueuse que même un chauffeur sibérien habitué à conduire sur tous les terrains poussera des exclamations et lancera en roulant les *r* : « Paris-Dakar ! Camel Trophy ! » La route allait vers l'est à travers des vallons boisés, franchissant des torrents par des ponts de rondins empilés perpendiculairement à son tracé. À trois kilomètres d'un camp de bûcherons géré par une société privée, Gorboroukov prit une bifurcation qui n'était signalée par aucun panneau

1. Ce terme désigne généralement les forêts de feuillus et de conifères qui recouvrent la Sibérie. Mais il est également employé pour parler des forêts du Primorié, de nature sensiblement différente. *(Note de l'auteur.)*

et partit en direction du nord. Au bout de quelques minutes, il s'arrêta dans une clairière où se dressait une cabane.

Cette habitation rudimentaire appartenait à Vladimir Markov, habitant de Sobolonié et apiculteur bien connu dans la région. Dressée au sommet d'un talus orienté au sud, elle était entourée d'une épaisse forêt de bouleaux, de sapins et d'aulnes. L'endroit bien qu'isolé était beau, et en d'autres circonstances Trouch aurait sans doute apprécié son charme. Mais ce jour-là, il n'en avait pas le temps. Il était à peine 15 heures et au sud-ouest le soleil déclinant touchait déjà la cime des arbres. Le peu de chaleur qu'il leur avait procurée pendant cette brève journée sans nuages allait très rapidement se dissiper.

Les corneilles furent le premier signe annonciateur d'une macabre découverte. La corneille noire suit le tigre comme la mouette le chalutier. En liant son sort à ce grand prédateur, elle économise ses forces et augmente ses chances de trouver de la nourriture. Quand Trouch et ses hommes descendirent de leur camion, ils entendirent tout d'abord le craillement rauque de ces volatiles s'élevant d'un endroit situé à l'ouest de la route d'accès. Trouch remarqua immédiatement leurs silhouettes noires qui tournoyaient au-dessus des arbres. S'il n'avait pas été prévenu de ce qui l'attendait, ce seul indice lui aurait dit tout ce qu'il devait savoir. Une créature de grande taille était morte ou à l'agonie, et les oiseaux montaient la garde.

Un gros camion était garé devant l'entrée de la cabane. Il appartenait au bon copain et collègue apiculteur de Markov. Homme d'une petite quarantaine d'années taciturne et dur à la tâche, Danila Zaïtsev était un habile mécanicien et son camion, provenant lui aussi des surplus de l'armée, faisait partie des rares véhicules encore en état de rouler à Sobolonié. Zaïtsev était accompagné de Sacha Dvornik et d'Andreï Onofreïtchouk, deux pères de famille d'environ trente ans qui partaient souvent chasser et pêcher avec Markov. Devant leur air hagard, il n'était pas difficile de deviner que ces hommes n'avaient pas fermé l'œil de la nuit.

À en juger par l'abondance des traces, il y avait eu une activité intense autour de la cabane. Les empreintes de plusieurs espèces animales étaient si nombreuses et imbriquées qu'il était difficile à première vue de les distinguer les unes des autres. Trouch les examina comme l'aurait fait un enquêteur de la police : il y avait ici un début et une fin, ainsi qu'une intention quelque part, peut-être même plusieurs. En contrebas de la cabane, à proximité de la route d'accès, deux traces éveillèrent tout particulièrement son attention. Des empreintes de pas : l'une allait vers le nord en suivant la route, l'autre vers le sud en partant de la cabane. Elles se rejoignaient en ligne droite, comme si la rencontre avait été délibérée et programmée à l'avance. La trace orientée vers le sud était particulièrement remarquable, non seulement parce que c'était celle d'un tigre, mais à cause de l'écart gigantesque – au moins trois mètres – entre chaque jeu d'empreintes. Au point de jonction des deux voies, celle qui partait vers le nord disparaissait, comme si celui qui en était l'origine s'était soudain volatilisé. De là, les grosses marques de pattes bifurquaient vers l'ouest et traversaient la route d'accès en angle droit. Leur espacement régulier indiquait une allure tranquille. Elles partaient ensuite tout droit vers le lieu dans la forêt au-dessus duquel tournoyaient les corneilles.

Trouch transportait avec lui un caméscope et l'œil imperturbable de la caméra enregistra la scène dans ses détails les plus macabres. Avec le recul, il est frappant de constater combien sa main et sa voix sont fermes tandis qu'il filme les lieux et commente la scène : la cabane rudimentaire et la clairière broussailleuse, la trajectoire de l'attaque et le point d'impact, puis la longue trace d'épouvantables indices. La caméra ne tremble pas lorsqu'elle effectue un panoramique sur la neige rougie et piétinée, la patte arrière d'un chien, un gant solitaire, la manche d'une veste tachée de sang, puis s'arrête sur une parcelle de terre nue, à une centaine de mètres à l'intérieur de la forêt. À ce moment-là, la bande-son enregistre un haut-le-cœur, la réaction d'effroi d'un homme pénétrant dans l'antre de l'ogre Grendel.

La température est de – 30 °C, et pourtant ici la neige a complètement fondu. Au milieu de ce cercle plus sombre, une main détachée de son bras et une tête au visage arraché sont présentées telles des offrandes sacrificielles. Non loin de là, on aperçoit un grand os, sans doute un fémur, nettoyé de toute sa chair. Plus loin encore, la trace sanglante s'enfonce dans la forêt. Trouch la suit, l'œil collé au viseur de son caméscope, talonné par ses compagnons et les deux amis de Markov. On n'entend plus que le craquement de ses bottes sur le sol glacé et au loin l'aboiement d'un chien. Sept hommes ont été réduits au silence. Pas un sanglot, pas un juron ne sort de leurs bouches.

Guitta, la chienne laïka de Trouch, les précède et montre des signes de plus en plus flagrants d'agitation. Son odorat est excité par l'odeur du sang et par les effluves musqués laissés par le tigre. Elle est la seule à laisser sa terreur s'exprimer librement, car le fauve est là, quelque part, devant eux. Les hommes de Trouch ont épaulé leurs carabines et couvrent leur chef pendant que celui-ci continue de filmer. Ils arrivent à un autre endroit où la neige a fondu. Celui-ci est plus grand et dessine la forme d'un ovale. Sur le tapis de branches cassées et de feuilles mortes, ils découvrent les restes de Vladimir Ilitch Markov. Au premier regard on croirait voir un tas de linge sale, jusqu'à ce qu'on aperçoive les bottes, dont dépassent les extrémités blanches de deux os fracturés et un bras sortant d'une des manches de la chemise en lambeaux.

Trouch n'a encore jamais vu le corps d'un être humain réduit à un tel état et, s'il s'obstine à filmer, son esprit horrifié par ce spectacle cherche à fuir la scène, à trouver refuge dans des détails périphériques. Il s'étonne du dénuement de cet homme chaussé de fines bottes en caoutchouc par un froid pareil. Il s'attarde sur la cartouchière dans laquelle il ne manque que trois munitions et se demande où a pu passer le fusil. Pendant ce temps, Guitta, le poil hérissé, court de long en large en poussant des jappements apeurés. Le tigre n'est pas loin. Pour les chiens, sa présence est plus que palpable et même insupportable, bien qu'invisible aux hommes. Toutefois ceux-ci sentent autour d'eux une force plus puissante que leur épouvante et jettent des regards de tous côtés, sans savoir au juste dans quelle direction s'orienter. Bouleversés par l'horrible boucherie, ils n'arrivent plus à distinguer l'imminence du danger de leur effroi présent.

Dans la forêt devenue immobile, les hommes et leur chien sont les seuls qui bougent encore. Les corneilles ont préféré s'éloigner en attendant le départ des perturbateurs. Au début, il semble que le tigre ait déserté les lieux lui aussi, puis soudain on entend un souffle bref, comme si quelqu'un venait d'éteindre une bougie. Mais le volume d'air déplacé par cette respiration est plus puissant et profond que celui d'un homme. À cet instant précis, à une dizaine de mètres devant eux, la neige accumulée au bout d'une branche de sapin tombe en flocons poudreux sur le sol. Les hommes retiennent leur respiration, mais tout paraît s'être figé.

Bien avant que le bruit de leur moteur ne trouble le silence de la taïga, une conversation d'un genre particulier a eu lieu dans cette clairière isolée. La langue employée n'était ni le russe ni le chinois, mais un idiome plus ancien que la forêt elle-même. Il est connu des corneilles, des chiens et des tigres ; les hommes aussi le parlent, plus ou moins couramment. Ce simple souffle est porteur d'un message d'une sinistre éloquence, mais que faire de cette information quand on est si loin de son environnement quotidien ? Guitta cherche à resserrer le lien psychique qui l'attache à son maître. Les amis de Markov, déjà profondément ébranlés, se rapprochent les uns des autres. Le dernier message envoyé par le tigre ne sert pas seulement à briser ces hommes davantage, il creuse encore l'abîme invisible qui sépare les braconniers des gardes forestiers, dont dépendent désormais leur liberté et leur sécurité. Trouch connaît les amis de Markov, parce qu'il les a déjà arrêtés par le passé pour détention illégale d'armes à feu et pour braconnage. Sur les trois, seul Zaïtsev possède un permis de port d'arme en règle, mais le calibre de son fusil n'est pas suffisant pour arrêter un tigre. Quant aux autres, ils ont caché leurs carabines dans la forêt et sont aussi démunis que la chienne de Trouch.

Ce dernier non plus n'est pas armé. Il y a eu quelques hésitations au départ de la route d'accès pour savoir qui allait suivre la piste macabre et certains commentaires ont été proférés, impliquant que Trouch et ses hommes n'avaient pas le cran nécessaire. La peur n'est pas un crime dans la taïga, mais la lâcheté en est un. Trouch avait relevé le défi en lançant sèchement : « *Pochli !* » « Allons-y ! » Sacha Dvornik avait alors décrété que les inspecteurs pouvaient régler l'affaire tout seuls et objecté que par-dessus le marché ses deux copains et lui n'étaient pas armés. Mais Trouch n'avait rien voulu savoir et lui avait ordonné d'aller chercher l'arme illégale qu'il avait cachée. « Je n'ai pas le temps de m'amuser à vous confisquer vos fusils, avait-il déclaré. Le plus important pour nous tous maintenant est d'assurer notre protection. » Voyant que Dvornik restait hésitant, il lui avait proposé sa carabine. Le geste était hardi, car en plus d'être une marque de confiance et de coopération, il avait l'avantage de parer à toutes les objections, la carabine semi-automatique de Trouch étant bien meilleure que le vieux fusil à canon lisse de Dvornik. Celui-ci n'avait plus aucune excuse pour se dérober sans perdre la face. Le même mélange de honte, de trouille et de loyauté avait ensuite contraint Zaïtsev et Onofreïtchouk à suivre le mouvement, escomptant qu'ils seraient plus en sécurité s'ils restaient avec le groupe.

Mais cela faisait longtemps que Dvornik avait quitté l'armée et la carabine lui sembla étrangement lourde. De son côté, Trouch sentait l'absence de ce poids rassurant et pour lui aussi la sensation était curieuse. Certes, il avait encore son pistolet, mais il était rangé dans son holster, et de toute façon il ne lui aurait pas été d'un grand secours contre un tigre. Trouch s'était mis dans une position extrêmement périlleuse et devait désormais s'en remettre totalement aux membres de son équipe. Bien que marchant en tête du groupe, il conservait une distance avec la scène, spectateur et non acteur d'un drame dont il captait l'horrible réalité à travers l'œil de cyclope de sa caméra. Zaïtsev et Dvornik n'étant pas fiables et Busch, le jeune adjoint du chef de la police, ne possédant qu'un pistolet, Trouch ne pouvait compter que sur les hommes de son unité pour le seconder. Ceux qui étaient armés se tenaient prêts à tirer, mais la forêt était dense et la visibilité mauvaise. Si le tigre attaquait, ils risquaient de s'entretuer en voulant se défendre. Ils restaient donc aux aguets, les yeux rivés sur cette branche nue en se demandant d'où leur viendrait le prochain signe.

Derrière sa caméra, Trouch restait d'un calme étonnant. « Nous voyons la trace du tigre s'éloigner distinctement de la dépouille », continuait-il de commenter sur le même ton officiel, pendant que Guitta, dressée sur ses pattes raides, le regard à l'affût, aboyait sans discontinuer. « ... Le chien nous indique clairement que le tigre est parti par là. »

Devant eux, les empreintes de l'animal étaient nettement visibles dans la neige, mises en relief par les ombres qui se formaient maintenant autour d'elles. La bête était partie vers le nord pour rejoindre les hauteurs, lieu de prédilection de tous les grands fauves. « On dirait qu'il n'est pas très loin, disait Trouch à l'intention de ses futurs spectateurs. À une quarantaine de mètres à peine. » La couverture de neige n'était pas très épaisse et sur un terrain pareil, un tigre pouvait parcourir cette distance en quatre petites secondes. C'est peut-être pour cette raison que Trouch choisit ce moment pour éteindre son caméscope, reprendre son fusil des mains de Dvornik et se replonger dans la réalité. Mais, une fois revenu dans le moment présent, il allait devoir prendre une décision difficile.

En sa qualité d'inspecteur en chef, Trouch agissait en tant qu'intermédiaire entre la loi de la jungle et la loi de l'État, l'une instinctive et spontanée, l'autre contrainte et pesante. Par nature, ces deux lois sont incompatibles. Sur le terrain, Trouch n'avait généralement aucun moyen de joindre ses supérieurs ni qui que ce soit d'autre. Ses talkies-walkies avaient une portée limitée (quand d'aventure ils fonctionnaient), si bien que ses hommes et lui étaient entièrement livrés à eux-mêmes. De ce fait, son travail exigeait un grand discernement ; en la circonstance, il allait devoir trancher en ne se fiant qu'à son propre jugement. En effet, le tigre est inscrit sur la liste rouge des espèces menacées en Russie et pour abattre ce spécimen il lui fallait normalement recevoir l'aval de Moscou. Ce jour-là était un samedi et, compte tenu de la distance, Moscou aurait pu tout aussi bien se trouver sur la Lune. Trouch n'avait pas encore cette autorisation, mais ses hommes et lui tenaient une occasion unique de mettre un terme à cette affaire.

Il décida donc de traquer l'animal, ce qui ne faisait pas partie du plan. Il avait été envoyé là pour enquêter sur une attaque et non pour chasser un tigre. Pour corser le tout, il lui manquait un homme dans son équipe, la nuit tombait et les amis de Markov constituaient pour eux un handicap supplémentaire. Ceux-ci étaient toujours sous le choc. Trouch également, mais à ce moment-là il avait l'esprit clair – à égale distance entre le tigre et les preuves effrayantes de ce que cette bête avait fait. Ces deux points ne seraient plus jamais aussi proches l'un de l'autre.

Il fit signe à Lazourenko de le suivre et s'engagea sur la piste de l'animal, tout en sachant qu'à chacun de ses pas il s'enfonçait un peu plus dans le territoire familier du tigre.

2

– Vous venez de Russie ?
– Tout juste.
– Jamais été.

Anton Tchekhov,
Correspondance et notes de Sibérie

Si la Russie était telle que nous l'imaginons, il serait inconcevable que des tigres y vivent. Car enfin, comment une créature que l'on se représente volontiers gracieuse et furtive, comment cet animal au sang chaud pourrait-il survivre dans ce pays fruste, abîmé et glacial, à plus de trois mille kilomètres de toute jungle ? Voilà entre autres raisons pourquoi la Russie, en tant que lieu, mais aussi en tant qu'idée, ne suffit pas pour décrire le territoire qui constitue l'habitat naturel du tigre sibérien – une dénomination d'ailleurs abusive, car cette sous-espèce, connue localement et officiellement répertoriée sous le nom de tigre de l'Amour, vit en réalité au-delà des frontières de la Sibérie. Très peu peuplée, rarement visitée par les touristes et incomprise du reste du monde, l'extrémité orientale de la Russie est moins une frontière qu'une marge d'erreur. Les êtres humains qui partagent leur espace avec le tigre de l'Amour – et qui le craignent, le révèrent, le tolèrent et parfois le chassent – vous diront que leur tigre habite dans la taïga de l'Extrême-Orient. Mais cette explication, bien qu'à peu près conforme à la réalité, ne nous permet pas encore de voir émerger une image cohérente. Un biologiste dirait que cet animal occupe une zone géographique délimitée par la Chine, la Corée du Nord et la mer du Japon. La description est juste, mais elle n'évoquera pas grand-chose à un étranger, même en consultant une carte.

Les Russes aussi ont du mal à comprendre cette région. Quand l'ingénieur des chemins de fer et des télégraphes Dmitri Romanov débarqua sur la côte sud du Primorié, à bord du vapeur *Amerika*, à l'été 1859, il fut ébahi par ce qu'il vit :

> La région qui s'étend au-delà de ces rivages est recouverte d'une forêt subtropicale luxuriante, tissée de lianes, où les chênes ont un diamètre d'une sagène [un peu plus de deux mètres], écrivit-il dans un journal de Saint-Pétersbourg. D'autres spécimens de cette végétation gigantesque sont extraordinaires et nous les connaissons pour les avoir observés dans les régions tropicales d'Amérique. Quel merveilleux avenir pourra avoir ce lieu avec ses forêts préhistoriques et ses ports, parmi les plus splendides qui soient au monde !... Le plus magnifique d'entre eux est le bien nommé Vladivostok [« Puissance à l'Est »] qui abritera notre flotte du Pacifique et marquera le début de l'influence russe sur un vaste territoire océanique.

Ce pays, connu des Chinois sous le toponyme de Shuhai, ou « océan d'arbres », pouvait certes sembler merveilleux à contempler du pont d'un navire, mais à terre sa nature sauvage n'épargnait ni hommes ni bêtes. En plus de lutter contre le froid arctique et de se méfier des tigres, il fallait composer avec des nuées d'insectes inimaginables. Sir Henry Evan Murchison James, membre de la Royal Geographical Society, un habitué de la jungle et des arthropodes, en fut lui-même époustouflé :

> Il en existe de plusieurs espèces, écrivait-il en 1887. L'une porte des rayures jaunes et noires et ressemble à une guêpe géante. La rapidité avec laquelle ces insectes sont capables de percer la peau épaisse d'une mule est inconcevable. En l'espace d'un instant, j'ai vu une pauvre bête dévorée jusqu'au sang, sans qu'on ait eu le temps de lui venir en aide... Quand nous nous couchions ou quand nous marchions dans le petit matin, de même que pendant les repas, nous nous enveloppions d'un nuage de fumée... S'il y a un moment où la vie ne vaut pas la peine d'être vécue, je dirais que c'est l'été dans les forêts de Mandchourie.

Plus d'une pauvre âme a été attachée à un arbre et condamnée à une mort atroce sous la morsure des insectes. Iouri Trouch lui-même a parfois recouru à cette méthode pour rendre plus conciliants des braconniers obstinés.

Autrefois considérée comme appartenant à la Mandchourie extérieure, la région administrative du Primorié, Primorskii Kraï, forme le territoire le plus méridional de la Russie. Sa population est d'environ deux millions d'habitants et ses frontières coïncident avec la zone d'habitat naturel du tigre de l'Amour. Grosse excroissance sur le corps massif de la Russie, le Primorié dessine une enclave en forme de griffe ou de croc contre le flanc oriental de la Chine. Aujourd'hui encore l'endroit reste un point sensible où s'expriment des tensions entre proximité et allégeance : Vladivostok, sa capitale qui abrite une population de plus d'un demi-million d'habitants, se trouve à deux jours de train de Pékin, alors que le voyage jusqu'à Moscou prend une semaine et représente un périple de près de dix mille kilomètres par le Transsibérien. Aucune autre ville au monde n'est aussi éloignée de sa capitale. Même l'Australie est plus proche d'elle.

Pour mesurer combien cette région est distante des centres politiques, culturels et économiques de la Russie, il suffit de dire que les Sibériens surnomment la partie occidentale de la Russie *materik*, « le continent », de même que les habitants de l'Alaska utilisent l'expression « Lower 48 » en parlant des quarante-huit États américains situés au sud de leurs frontières. Or la majeure partie de la Sibérie est plus proche de la capitale que ne l'est l'Extrême-Orient russe. En terme d'éloignement tant géographique que culturel, le Primorié pourrait se comparer à Hawaï par rapport au reste des États-Unis. D'où l'impression ressentie par l'étranger de passage d'être plongé dans un vortex géographique, où la force d'attraction de l'Europe et de l'Amérique du Nord ne parvient qu'affaiblie, où tous les repères familiers ont disparu. Le Primorié n'accueille pas beaucoup de visiteurs et ici, sur le bord oriental déchiqueté de l'Eurasie, un Américain pourra se sentir plus proche dans son altérité d'un travailleur nord-coréen « invité » que d'un touriste allemand indocile.

Vladivostok, qui abrite le quartier général de l'inspection Tigre, se situe à une latitude plus méridionale que la Côte d'Azur, ce qui est difficile à croire quand on sait que ses baies restent prises dans les glaces jusqu'en avril. Les tigres hantaient autrefois les collines escarpées qui dominent le port, à telle enseigne que l'une d'elles est appelée aujourd'hui encore la colline au Tigre, et qu'un peu plus bas on trouve la rue du Tigre. Par les hivers rudes, les grands félins reviennent rôder à la périphérie de la ville pour y chasser les chiens. En 1997, l'un d'eux a dû être abattu après avoir chargé plusieurs voitures aux abords de l'aéroport. Entre autres singularités du lieu, celle-ci fait du Primorié une frontière entre la civilisation et la nature sauvage. Ce territoire – et l'Extrême-Orient en général – occupe une place bien particulière, à mi-chemin entre le monde industrialisé et le Tiers-Monde. Les autochtones sont fiers de leurs trains, propres et ponctuels, mais à l'arrivée en gare il n'est pas rare qu'il n'y ait pas de quai et que le marchepied rétractable soit bloqué par la glace, obligeant le voyageur à jeter ses bagages dans le noir, puis à sauter lui-même pour les suivre.

Parce que la vie ici est en grande partie régie par une forme de rigidité pleine d'imprévu – un curieux mélange de survivance de la bureaucratie soviétique et du chaos provoqué par la transition à l'économie de marché –, le moindre contact avec les autorités peut vous donner l'impression d'être entré dans un asile de fous. Aujourd'hui encore, l'Extrême-Orient russe reste un lieu où le politiquement correct et le discours écologique n'ont pas pénétré et le patriotisme y est particulièrement vivace. Vladivostok est aussi éloigné qu'on peut l'être du front de l'Est sans quitter le territoire russe. Pourtant ses places restent ornées de gigantesques monuments à la gloire des soldats tombés au champ d'honneur où luit par intermittence une flamme éternelle. Pour se représenter l'importance de la Seconde Guerre mondiale dans l'imaginaire populaire et son héritage de sacrifice et d'héroïsme, il suffit de se rendre dans la rue Svetlanskaïa, l'une des deux grandes artères commerçantes de la ville longeant le port où mouille la flotte du Pacifique. Ici, par un beau dimanche du début du XXIe siècle, plus de soixante ans après la prise de Berlin, deux descendants des soldats victorieux de l'Armée rouge – des pères de famille aux joues rougies par le froid sortis déjeuner au restaurant en compagnie de leurs épouses et de leurs enfants – évoquèrent cette période de leur histoire avec une férocité que peu d'Occidentaux seraient encore capables de ressentir. Ayant réaffirmé le rôle primordial joué par la Russie dans la défaite des nazis, et passant sous silence la contribution des forces alliées, l'un de ces jeunes hommes déclara : « Si vous êtes de notre côté, nous vous protégerons de toute notre âme russe. Mais si vous êtes contre nous [et il agita un doigt menaçant], nous vous *combattrons* de toute notre âme russe. Nous vous combattrons jusqu'au dernier ! »

Il se tourna alors vers son copain. Les deux hommes échangèrent un regard complice, puis partirent d'un grand éclat de rire, se donnèrent l'accolade et secouèrent la tête avec une telle violence que j'entendis les os de leurs crânes s'entrechoquer.

Dans le Primorié, les saisons se succèdent avec une égale virulence : après l'hiver glacial qui apporte le blizzard et paralyse tout, vient l'été avec ses pluies de mousson et son lot de typhons. C'est pendant l'été que la région enregistre les trois quarts de ses précipitations. Cette démesure donne lieu à des juxtapositions improbables et explique pourquoi il n'existe pas de nom satisfaisant pour désigner l'écosystème si particulier de ce lieu, qui marque la limite septentrionale de la zone pan-hémisphérique constituant l'habitat naturel du tigre. D'aucuns diraient que cette région n'en est pas une et qu'elle n'est qu'un carrefour : beaucoup des techniques aborigènes que nous considérons comme consubstantielles au continent nord-américain – les tipis, les totems, les arcs et les flèches, les canoës en écorce de bouleau, les traîneaux tirés par des chiens et les pagaies des kayaks – sont passées par ici à l'origine.

Le Primorié est également le point de rencontre de quatre biotopes. À l'image de leurs lointains cousins humains, la faune et la flore de la taïga sibérienne, des steppes de la Mongolie, des zones subtropicales de Corée et de Mandchourie et des forêts boréales du Grand Nord ont convergé ici, repoussant les limites de leurs zones de développement respectives entre le littoral, la haute montagne, les plaines alluviales et la forêt. Et les tentatives de classification par certains botanistes ont produit des noms longs comme des jours sans pain : « Provinces de Mandchourie et de Sakhaline-Hokkaïdo de la région asiatique orientale » ou encore « Province transbaïkalienne de la région circumboréale ».

Plus simplement, on pourrait parler ici de « jungle boréale ». L'expression sonne comme un oxymore, mais elle rend compte du mélange singulier qui caractérise cette langue de terre lointaine, où les créatures des zones subarctiques partageaient déjà leur habitat avec celles des régions subtropicales avant la dernière ère glaciaire. Il existe des preuves solides laissant à penser que l'endroit fut un refuge, l'une des zones du littoral Pacifique qui restèrent préservées durant la dernière période de glaciation, ce qui expliquerait la présence d'un écosystème qui n'existe nulle part ailleurs. Ici, les loups gris et les rennes côtoient les spatules blanches et les serpents venimeux, les vautours eurasiens d'une douzaine de kilos se disputent les charognes avec des corneilles de la jungle aux becs tranchants comme des sabres. Le bouleau, l'épicéa, le chêne et le sapin poussent dans les mêmes vallées que l'arbre à kiwi et le lotus géant; les buissons de lilas atteignent vingt mètres de haut et les pins à fruits comestibles sont envahis par la vigne sauvage et le schisandra. À leur tour, ceux-ci nourrissent et abritent des hardes de sangliers et de chevrotains porte-musc, à qui des canines de dix centimètres de long donnent l'apparence de rebuts de l'évolution. Nulle part ailleurs le glouton, l'ours brun et l'élan ne peuvent boire au même cours d'eau que la panthère, dans un bassin où cohabitent arbres au liège de l'Amour, bambous et ifs solitaires. Dans ce paysage, les ours noirs de l'Himalaya bâtissent dans des arbres à baies des plates-formes de fortune qui semblent trop fragiles pour supporter leur poids, des fleurs de pavot dodelinent sous le soleil et le ginseng garde ses secrets dans la pénombre.

Cette région où l'on se sent comme sur une île pourrait en être une, puisqu'elle est pratiquement coupée du continent asiatique par deux grands cours d'eau – l'Oussouri et l'Amour – de même que par le lac Khanka, le plus vaste d'Extrême-Orient. L'Amour, qui a donné son nom à l'espèce de tigre locale, est le plus grand fleuve d'Asie du Nord-Est. Les Chinois l'ont baptisé *Hei-lung-chiang*, le Dragon noir. Alimenté par deux sources situées en Mongolie, il coule sur près de quatre mille cinq cents kilomètres avant de se jeter dans le détroit de Tartarie, en face de l'île de Sakhaline. C'est le troisième fleuve d'Asie et le plus long cours d'eau non domestiqué du monde. Écosystème à part entière, il abrite d'innombrables espèces d'oiseaux et plus de cent trente sortes de poissons. Ici, l'esturgeon – qui peut parfois atteindre la taille d'un alligator – côtoie dans les profondeurs du fleuve les huîtres perlières et le taïmen, un cousin gigantesque du saumon que l'on chassait autrefois au harpon sur des canoës en écorce de bouleau.

L'assemblage bizarre de la faune et de la flore dans le Primorié donne l'impression que l'Arche de Noé vient d'accoster et qu'au lieu de se disperser à travers le monde ses passagers, y compris quelques-uns dont on ignorait l'existence, ont simplement préféré rester sur place. Dans ce sanctuaire entouré d'eau vivent des espèces inclassables, tel ce chien raton laveur ou cet étrange canidé tropical appelé « dhole », qui chasse en meute et ne répugne pas à s'attaquer parfois aux hommes et aux tigres. Ici, on trouve aussi des ibis à jambes rouges, des oiseaux de paradis, des paradoxornis du Yangtsé qui ressemblent à des perruches, ainsi que cinq espèces d'aigles, neuf espèces de chauves-souris, et plus de trente sortes de fougères. Au printemps, d'incroyables papillons de nuit et de jour – l'*Actias artemis*, le *Seokia pratti* ou encore le *Pseudopsyche dembowskii*, une espèce encore jamais étudiée – agitent leurs ailes pailletées et iridescentes le long des routes. Au plus fort de l'hiver, dans les villages, les cuisines sont envahies par des coccinelles géantes dont les couleurs inversées dessinent sur les murs un papier peint animé. Cette « jungle boréale », à défaut d'une meilleure dénomination, est unique au monde et constitue la biodiversité la plus riche de Russie, le plus vaste pays de la planète. Et c'est sur cette ménagerie surréaliste que règne en maître absolu le tigre de l'Amour.

Des six sous-espèces de tigre qui ne sont pas éteintes, le tigre de l'Amour est le seul qui se soit acclimaté aux régions arctiques. Son crâne est plus gros, ses tissus graisseux plus épais, sa fourrure plus fournie, ce qui lui confère un aspect charpenté et primitif que n'ont pas ses cousins au poil plus lustré des régions tropicales. Son énorme tête à la crinière drue peut être aussi large qu'un poitrail d'homme, et pour mesurer ses empreintes, on se sert de chapeaux et de couvercles de casserole comme éléments de comparaison. Comme l'écrit l'ouvrage encyclopédique de référence *Mammifères de l'Union soviétique*, « l'aspect général de ce tigre exprime une force physique considérable, une assurance tranquille ainsi qu'une grâce un peu lourde ». Autant dire que cet animal associe l'agilité et les appétits d'un félin à la masse d'un réfrigérateur industriel. Pour s'en faire une image fidèle, il est instructif de commencer au commencement : représentez-vous la tête grotesque d'un pit-bull et imaginez à quoi cette masse de muscle ressemblerait si l'animal pesait un quart de tonne. Complétez ce tableau par une paire de crocs longs comme le doigt, par deux rangées de dents capables de broyer les os les plus épais, puis par des griffes crochues et acérées pouvant atteindre dix centimètres sur leur pourtour extérieur, soit la longueur des serres d'un vélociraptor. À présent, imaginez ces accessoires montés sur une bête mesurant près de trois mètres du museau à la queue et un mètre au garrot. Pour finir, peignez cet animal d'une calligraphie primitive – des coups de pinceau noirs sur un fond roussâtre et beige – et alors vous vous demanderez avec étonnement par quel étrange concours de circonstances nous autres, humains, cohabitons avec un tel animal. (Précisons que le tigre est en réalité tatoué. Si on le tondait, ses rayures resteraient visibles sur sa peau nue.) Capable de nager sur des kilomètres et de tuer un animal de plusieurs fois sa taille, le tigre possède aussi la force brute nécessaire pour traîner une encombrante carcasse de cinq cents kilos sur une centaine de mètres à travers les arbres avant de la consommer.

Pour saluer un congénère ou l'un de ses petits, le tigre le frottera doucement de son museau, mais à ses proies il présentera d'abord ses pattes. Celles du devant sont plus grandes et dotées de cinq griffes qui se déploient à la manière des cinq doigts d'une main, alors que les pattes de derrière n'ont que quatre griffes. En plus de lui permettre de marcher, de courir et de grimper, les pattes de devant, telles deux masses d'armes, peuvent assommer une proie en lui portant un coup mortel. Pourtant, elles sont assez douces et agiles pour attraper une mouche dans le repli d'un coussinet et la laisser repartir saine et sauve. Les tigres attaquent généralement par-derrière ou par le flanc, ce qui leur donne l'avantage de la surprise, mais quand ils se battent, c'est de front, souvent en se dressant sur leurs pattes arrière. Dans cette posture, les oreilles rabattues sur sa tête juchée sur un cou de taureau, un tigre au combat a tout d'un boxeur de la catégorie poids lourds. Ses membres postérieurs, d'une délicatesse surprenante, sont rattachés à d'étroites hanches, et la taille fine est surmontée d'un poitrail large et puissant dont dépassent deux espèces de bras aussi flexibles que ceux d'un homme quand ils donnent et esquivent les coups.

Contrairement aux griffes du loup ou de l'ours, conçues pour la traction et l'excavation, celles du félin sont pointues comme des aiguilles à leur extrémité et en partie tranchantes sur leur bord intérieur. À l'exception des crochets du serpent, elles sont ce que la nature a fabriqué de plus proche d'un instrument chirurgical. Quand elles sont sorties, les griffes des pattes avant du tigre se transforment en lames aiguisées capables de lacérer et de dépecer une proie. Mais ce détail est presque anecdotique au regard de leur fonction pr mière, qui est de se planter dans la victime pour l'immc biliser. Aussi inamovibles que deux ancres, elles clouent littéralement l'animal au sol.

Dans les derniers dixièmes de seconde d'une attaque aérienne éclair, la queue du tigre se rigidifie et, telle la gouverne d'un avion, rétablit et stabilise la partie inférieure du corps, tandis que les pattes avant et les crocs forment un redoutable dispositif de capture à trois points capable de balayer une surface de près d'un mètre carré. Pour ce qui est de ramasser et de retenir, les mâchoires du tigre peuvent rivaliser avec la bouche de créatures bien plus grandes que sont par exemple le crocodile de mer ou l'allosaurus. Pattes et dents se relaient en fonction de la tâche à accomplir. Leurs rôles complémentaires sont comparables à ceux des joueurs dans une équipe de basket : les mâchoires sont le pivot – ce sont les stars autour desquelles s'axe le jeu. Les pattes avant sont évidemment les ailiers qui mènent la partie, et les deux autres, plus petites, sont les arrières qui ont un rôle d'assistance, à la périphérie de l'attaque. Ces dernières apportent la force nécessaire à l'offensive, mais une fois celle-ci lancée, elles se transforment en leviers et en stabilisateurs pour soutenir les joueurs plus puissants. La victime terrassée, les armes qui ont servi à mener l'assaut deviennent des scalpels, des instruments chirurgicaux de haute précision qui peuvent éviscérer un animal en lui arrachant ses organes l'un après l'autre.

Voilà pourquoi aucune créature de la taïga ne peut se mesurer à ce redoutable fauve. Lui seul peut infliger la mort selon son bon vouloir. Le tigre de l'Amour a la réputation de se nourrir de tout, du saumon au canard, jusqu'aux ours adultes. Le Primorié n'abrite que quelques loups, non parce que l'environnement ne leur est pas propice, mais parce qu'ils servent de pâture aux tigres qui ont une conception stalinienne de la concurrence. Le tigre de l'Amour est aussi un prédateur aux remarquables capacités d'adaptation, pouvant survivre à des températures allant de – 45 °C en hiver à près de 40 °C en été et de tourner à son avantage l'environnement le plus hostile. Bien que son habitat naturel soit la forêt, il lui arrive d'aller chasser jusque sur les plages du littoral, les brumes océaniques lui servant de couverture pour traquer ses proies qu'il entraîne dans la houle avant de les achever. On a vu un jeune mâle survivre en se nourrissant exclusivement de phoques, dont il allait jusqu'à entasser les carcasses, comme autant de bûches, en prévision d'un usage ultérieur.

Contrairement à la plupart des félins, les tigres sont des nageurs accomplis. Des chasseurs et des pêcheurs de la Bikine racontent en avoir vu grimper sur leurs bateaux. Beaucoup de rencontres avec ces animaux, y compris celles qui ont été observées par des scientifiques et filmées en vidéo, semblent relever du mythe ou de la pure fiction. Les incidents de ce type qui se racontent depuis la nuit des temps ont inscrit le tigre dans notre conscience collective. Il a accompagné l'homme dans son évolution et à cet égard il est notre égal. En Asie, il n'existe pas un recoin de la mémoire des hommes qui ne soit d'une façon ou d'une autre hanté par lui. Son ombre plane sur l'imaginaire des autochtones comme sur celui des nouveaux arrivants.

Dans chacun des principaux écosystèmes, la nature a veillé à engendrer un grand prédateur pour y régner en maître. Dans le Primorié, le tigre de l'Amour, avec son exquise dangerosité, est le dernier avatar de cette force créatrice. Les peuples indigènes de la région – les Oudégués, les Nanaïs, les Orotchis – ont de tout temps accepté sa suprématie. Certaines tribus prétendent même être ses descendants directs, autant pour l'amadouer que pour revendiquer une part de sa puissance. Les sacrifices rituels de tigres n'existent pas (comme ils existent pour les ours), mais beaucoup de mythes circulent à leur propos. Ils parlent de tigres s'unissant à des humains ou tuant des hommes qui avaient osé les défier. L'animal, ainsi que le savent les peuples indigènes, est un chasseur accompli. Ce seigneur incontesté de la taïga est capable de se transformer ou de disparaître à sa guise. Des autels lui ont été dressés, dont certains ont survécu jusqu'à nos jours. Les chasseurs déposent leurs armes et implorent sa clémence lorsqu'ils croisent sa route. Ayant souffert des mêmes maladies importées et des mêmes ravages que ceux qui dévastèrent les peuples indigènes d'Amérique du Nord, la population autochtone du Primorié est aujourd'hui réduite et dispersée. Néanmoins, beaucoup de vétérans russes de la chasse ont appris presque tout ce qu'ils savent de la taïga auprès de leurs confrères oudégués et nanaïs, comme autrefois l'explorateur et écrivain Vladimir Arseniev, l'auteur de *Dersou Ouzala*, une histoire inspirée de la vie d'un chasseur et trappeur gold dont l'héritage est encore très vivace dans la région.

Vladimir Arseniev, fils d'un ancien serf, accomplit à lui seul pour le Primorié ce que firent l'expédition de Lewis et Clark et les récits de James Fenimore Cooper pour le Far West américain. Né à Saint-Pétersbourg en 1872, Arseniev se porta volontaire pour rejoindre l'armée du tsar à l'âge de dix-huit ans et fit carrière comme officier, chasseur de bandits et ethnographe. Entre 1900, année où, après la Pologne, il fut affecté en Extrême-Orient, et sa mort en 1930, il dirigea neuf grandes expéditions au cours desquelles il explora et cartographia une bonne partie du Primorié, ainsi que les îles du Commandeur et la péninsule du Kamtchatka. L'objectif officieux de ces missions était d'évaluer la vulnérabilité des régions concernées à une attaque japonaise. Durant toute sa vie, Arseniev s'intéressa de près aux cultures indigènes et répertoria avec soin les peuples, ainsi que les spécimens de la flore et de la faune qu'il rencontrait. Ce faisant, il forgea un style littéraire mêlant avec succès science et aventure, doublé d'une grande subtilité dans la peinture des personnages et une franchise désarmante. [1]

1. Le récit que livre Arseniev de ses aventures en compagnie de Dersou Ouzala reflète une tendance, observable chez beaucoup d'écrivains russes, à utiliser les faits non comme des données figées, mais comme des éléments malléables sur lesquels l'auteur peut broder à sa guise. Ce penchant transparaît dans tous les ouvrages non fictifs et journalistiques publiés en Russie. Sur un plan pratique, la vérification des faits et l'indication des sources y sont menées avec beaucoup moins de rigueur que dans beaucoup de pays occidentaux. Mais il y a plus grave : la notion de vérité a été tellement malmenée en Russie depuis l'époque tsariste que les esprits en ont été profondément marqués, y compris chez les écrivains qui, quand ils ont raconté la vérité, l'ont fait à leurs risques et périls. C'est pourquoi beaucoup de récits dits factuels doivent être traités plutôt comme des mémoires, c'est-à-dire comme une interprétation subjective d'événements qui ne se sont peut-être pas produits exactement tels qu'ils sont rapportés. Le phénomène n'est certainement pas propre à la Russie, mais les exemples les plus frappants de cette approche très désinvolte du reportage se trouvent dans les représentations successives que l'État donne de lui-même, une tendance qui transcende les régimes et les doctrines politiques. *(N.d.A.)*

Pendant ses expéditions, qui durèrent des mois, Arseniev se frotta à des bêtes sauvages, à des brigands chinois, à des typhons et à des tempêtes de neige. Il souffrit de la faim et des piqûres d'insectes, tourments qu'il partagea avec une petite escorte de cosaques et de fusiliers sibériens guidés par des chasseurs locaux. C'est à ces guides indigènes qu'il dut sa survie et celle de ses hommes. Or parmi eux il y en eut un dont il se prit d'affection et qu'il aima non comme un père, mais plutôt comme un sage et bienveillant protecteur. « Assuré de la compagnie du Gold, j'envisageais maintenant sans crainte n'importe quel danger : houndhouzes, fauves, neiges profondes ou inondations », écrivit-il dans son célèbre livre *Dersou Ouzala.*

Dersou Ouzala était un vieux chasseur solitaire, un Nanaï dont la famille avait été décimée par la petite vérole et dont le monde était en train de se désintégrer sous ses yeux qui s'affaiblissaient de jour en jour. Dersou et Arseniev comprenaient que la jungle primaire dans laquelle ils séjournaient subissait une mutation rapide et irréversible. Le tronçon de l'Oussouri sur la ligne du Transsibérien venait d'être ouvert et avec lui arrivaient des flots d'immigrants et une industrialisation comme la région n'en avait encore jamais connu. Quand peu à peu Dersou ne fut plus en état de viser juste, Arseniev l'accueillit dans le logement qu'il occupait avec sa femme et sa fille à Khabarovsk, le chef-lieu de la région voisine. Mais Dersou ne put s'habituer à vivre entre quatre murs. « Ce fut pour lui une découverte déplaisante que d'apprendre l'interdiction du tir en ville », écrivit Arseniev. Plus tard, il fut arrêté pour avoir abattu un arbre dans le parc local. « Il se rendit compte qu'on était obligé, en habitant en ville, de renoncer à vivre selon ses goûts pour se conformer aux exigences d'autrui. Les gens étrangers qui l'entouraient de tous côtés venaient gêner chacun de ses pas. » Il ne se passa pas longtemps avant que Dersou ne retourne dans la forêt, armé seulement de son fusil de moins en moins fiable. Arseniev fut incapable de le retenir, bien qu'il pressentît un malheur.

Deux semaines plus tard, il apprenait que Dersou avait été assassiné dans son sommeil. Ses meurtriers lui avaient vidé les poches et dérobé son fusil. Arseniev se rendit sur place et organisa son enterrement dans la forêt. Deux hauts cèdres se dressaient non loin de là et Arseniev nota ce détail pour repérer l'endroit, mais quand il revint sur les lieux quelques années plus tard pour visiter la tombe de son vieil ami, les arbres semblaient s'être volatilisés. « Les deux grands cèdres avaient disparu, remplacés par des routes, des remblais et des excavations de date récente. Tous les alentours portaient maintenant l'empreinte d'une vie nouvelle. »

« Arseniev eut le bon sens de ne pas vivre jusqu'à un âge avancé », écrivit l'un de ses biographes. Quand il s'éteignit, à l'âge de cinquante-sept ans, l'écrivain était sous le coup d'un mandat d'arrêt et la lointaine colonie impériale qu'il avait appris à connaître plus intimement que quiconque s'était transformée en un État policier. Staline s'était emparé du pouvoir, et son ombre s'étendait jusqu'aux rivages du Pacifique. Arseniev fut accusé d'espionnage pour le compte des Japonais et ses archives personnelles furent saccagées. Il mourut avant d'être arrêté, des suites d'un coup de froid attrapé lors de ce qui devait être sa dernière expédition. Toutefois sa veuve fut punie à sa place. Par deux fois arrêtée et interrogée, elle fut exécutée pour crime d'intelligence avec les Japonais en 1937, au plus fort de la grande terreur des purges staliniennes. Selon l'historien Amir Khisamoutdinov, entre le début de son procès et sa mise à mort, il ne s'écoula pas plus de seize minutes. La fille d'Arseniev, désignée coupable par association, passa les quinze années suivantes dans des camps d'internement, une épreuve dont elle ne se remit jamais tout à fait.

L'héritage du trappeur Dersou a malgré tout réussi à survivre à cette période funeste, comme à celles qui allaient suivre. Il existe au moins une photographie le représentant au côté d'Arseniev, et un enregistrement de sa voix sur cylindre, réalisé par l'écrivain russe, doit encore se trouver quelque part. Et puis il y a le livre, bien sûr, et maintenant le film d'Akira Kurosawa sorti en 1975 et devenu lui aussi un classique. Un village entre la Bikine et le mont du Tigre a reçu son nom.

Dans le monde de Dersou, le tigre était la créature la plus puissante. Il inspirait un respect mêlé de peur; dans sa jeunesse, le trappeur avait été mutilé par l'un de ces animaux qu'il appelait *amba*, un mot encore utilisé aujourd'hui. Du temps de Dersou, une croyance disait que celui qui tuait un tigre sans raison valable serait tué à son tour. De même, si un tigre s'attaquait à un être humain, il serait chassé et dévoré par ses congénères. L'un et l'autre meurtre étaient considérés comme tabou. Quand la limite invisible avait été franchie, il était impossible de revenir en arrière. Une forme d'ordre régnait alors dans la forêt. Or, à en juger par les événements décrits dans la suite de ce livre, cet ordre survit en certains lieux et il est impitoyable.

3

Mais étant ce que nous sommes, nous devrions nous souvenir de ne point haïr autrui, car nous sommes tous habités par le vice.

Robinson Jeffers, « Le péché originel »

Iouri Trouch et Vladimir Markov étaient nés à un an d'intervalle, tous deux dans la partie européenne de la Russie, mais des parcours différents les avaient amenés dans cet enfer exotique, après quoi les circonstances et leur personnalité propre les avaient fait s'éloigner l'un de l'autre. Trouch, à l'instar de Markov, était arrivé dans la région sur le tard. Né en 1950, il avait grandi dans un village à la périphérie de Nijni Novgorod, à mi-chemin entre Moscou et l'Oural. Son grand-père maternel, major général décoré, était mort au combat au début de la Seconde Guerre mondiale. Son père, Anatoli, premier lieutenant dans l'armée, avait survécu aux deux ans et demi qu'avait duré le siège de Leningrad. Le père et le fils allaient chasser dans les forêts de sapins entourant leur village et certaines scènes de ces sorties marquèrent durablement le jeune Iouri.

Dans les années 1960, à l'âge de quatorze ans, il se rappelait une visite à la taverne du village. Son père y avait retrouvé des amis et tous s'étaient mis à parler de la chasse au sanglier. Un homme à moitié ivre s'était vanté d'avoir abattu en période de fermeture de la chasse une laie qui attendait des petits. Or chez les chasseurs une règle veut qu'on ne tue pas les femelles pleines. Un silence s'était abattu sur l'assemblée, puis les conversations avaient repris, couvrant la voix du fanfaron qui avait été poussé dehors et sévèrement rossé.

Trouch avait à peine plus de vingt ans quand il vécut une autre expérience édifiante, cette fois dans les steppes du Kazakhstan. Son contrat dans la mine d'or qui l'employait venait d'arriver à son terme et il se retrouvait provisoirement au chômage. Bon chasseur, il eut l'idée d'utiliser son coup de fusil pour gagner sa vie. Il répondit à une offre de rejoindre une chasse commerciale au saïga, une étrange antilope à cornes droites, annelées et translucides, dont le nez allongé en forme de trompe lui donne l'air d'une créature du Pléistocène. Dans les années 1970, le saïga pullulait dans les steppes d'Asie centrale. Le but de l'opération était de les abattre en nombre, puis de vendre leur viande et leur peau en Europe et leurs cornes en Chine, où elles sont réputées améliorer la virilité. La chasse avait reçu l'aval du gouvernement et devait se dérouler de nuit. Une douzaine d'hommes armés, grimpés dans des camions, se mettaient en route dès la tombée du jour. Ils transportaient avec eux de puissants projecteurs qu'ils allumaient dès qu'ils repéraient une harde. Les bêtes, hypnotisées, se figeaient sur place et alors les chasseurs ouvraient le feu sur ces innombrables paires d'yeux écarquillés. Les antilopes étaient abattues par dizaines, mais beaucoup, bien que mortellement blessées, réussissaient à s'enfuir. « Nous revenions dans la journée pour ramasser les bêtes blessées, sans parvenir à les retrouver toutes, se rappelle Trouch. La nuit on ne s'en rendait pas compte, mais quand il faisait jour on voyait combien les animaux souffraient. C'était un vrai massacre. » Il participa à l'opération pendant quelques semaines, mais, écœuré, il finit par démissionner. Dans son esprit, les animaux devaient avoir une chance. Le chasseur et sa proie devaient pouvoir jouer à jeu égal. « Je vois encore le bain de sang, je sens encore leur chaleur et leur souffrance, ajoute-t-il. C'est pour ça que je n'ai pas tenu longtemps. C'était trop barbare. Et c'est pourquoi je suis si intraitable avec ceux qui chassent la nuit au projecteur. Pour moi, ce n'est que de la boucherie. »

Son affinité avec cette terre et ses créatures ne se démentit pas durant toutes les années qu'il passa à s'occuper de l'entretien des ascenseurs dans les puits de mine du Kazakhstan. Pendant son temps libre, il travaillait comme bénévole en qualité d'inspecteur de la pêche, et c'est à travers cet emploi qu'il découvrit sa véritable vocation. « En cas de rencontre avec des braconniers, il y avait parfois des empoignades et des échanges de coups de feu, explique-t-il. S'ils prenaient la fuite, il fallait les poursuivre. J'aime ces situations de confrontation. »

Mais tout ça ne payait pas les factures. Alors quand la Russie envahit l'Afghanistan, Trouch se porta volontaire pour partir. Lors de l'éclatement du conflit, à la fin de l'année 1979, beaucoup d'hommes russes virent là une chance non seulement de servir la cause du socialisme, mais de marcher sur les pas glorieux de leurs pères qui s'étaient battus pendant la Grande Guerre patriotique (c'est ainsi qu'on appelle la Seconde Guerre mondiale en Russie). Bien qu'ayant déjà le grade de lieutenant, Trouch fut refusé en raison de son âge. Il passa donc quinze années de plus dans les mines, où il se forgea une réputation de diligence et d'intégrité qui finit par attirer l'attention de ses patrons. Malgré son éligibilité, Trouch ne s'était jamais inscrit au parti communiste et ne se faisait aucune illusion sur la corruption qui régnait dans ses rangs.

En 1994, embauché comme contremaître dans une mine de charbon du Primorié, il reçut une proposition d'une connaissance qui travaillait pour la protection de l'environnement. Un nouvel organisme était en train de se créer, et cet homme pensait que Trouch, chasseur athlétique au tempérament pugnace, ferait un bon candidat. Trouch était intrigué et, au mois de mars de cette année-là, il se retrouva à Vladivostok devant un colosse fumeur de pipe au poitrail orné de décorations militaires. Vladimir Ivanovitch Chtchetinine, vice-président du Comité d'État pour la protection de l'environnement au Primorié, s'apprêtait à fonder un organisme encore inédit dans l'histoire de la préservation de la vie sauvage en Russie.

La chasse sauvage au tigre est le symptôme le plus manifeste d'un problème environnemental aussi grand que le territoire des États-Unis. En effet, les forêts sibériennes forment un sous-continent de six millions de kilomètres carrés, qui représente à lui seul un quart du patrimoine boisé et abrite plus de la moitié des réserves de conifères de la planète. Il est aussi le plus grand puits de carbone au monde et contribue donc à atténuer les principaux effets du réchauffement climatique. Or si les tigres ont été volés à la forêt, la forêt aussi a été volée aux tigres et au pays. Le besoin pressant de se procurer des devises fortes conjugué à une réglementation forestière par trop laxiste et à un immense marché situé juste de l'autre côté de la frontière ont eu pour effet de lâcher dans la nature un monstre qui continue aujourd'hui encore de semer la désolation sur son passage. Dans l'Extrême-Orient russe, l'abattage légal et illégal des arbres (et tous les degrés entre les deux) continue de détruire l'habitat des tigres, des humains et du gibier qui les nourrit.

Les bois les plus précieux de cette région du monde poussent dans le Primorié. Ici, certains ont perdu la vie pour s'être intéressés de trop près aux wagons et camions chargés de rondins de tremble, de chêne, de mélèze, de peuplier qui partent vers le sud, vers un marché chinois très demandeur. La majeure partie de ce que la Chine fabrique à partir de ce bois russe est destiné aux chaînes américaines de grande distribution. Si les prix pratiqués par ces magasins – vingt dollars pour un abattant de toilettes en chêne massif, par exemple – semblent trop beaux pour être vrais, c'est parce que effectivement ils le sont. Les enjoliveurs de voiture volés sont bon marché pour la même raison. En Extrême-Orient, il revient moins cher de payer la protection de la mafia et de graisser la patte aux fonctionnaires que de s'acquitter des licences d'exploitation et des droits de douane s'appliquant au bois d'œuvre abattu légalement. À la nuit tombée, en roulant dans les forêts enneigées de la vallée de la Bikine, il n'est pas rare de croiser une équipe de nuit de ce marché noir partant au boulot, des bûcherons armés de tronçonneuses à bord d'une camionnette Toyota escortant un camion-grue à plate-forme.

Parce que les forêts russes sont immenses et vulnérables, au début des années 1990, quelques scientifiques américains s'alarmèrent quand ils comprirent que la perestroïka avait déclenché une véritable curée sur les ressources naturelles du pays. Une poignée de journalistes s'intéressèrent à la question et, poussant plus loin leurs investigations, ils découvrirent les tigres. Ce fut une surprise pour beaucoup d'Occidentaux qui n'avaient pas une idée très précise du lieu où vivait le fameux tigre de Sibérie, pas plus que de sa couleur réelle. À la même époque, Vladimir Chtchetinine, avec d'autres biologistes russes et des organisateurs de chasses, comprit que, en plus des autres crimes perpétrés contre la forêt, l'abattage et l'exportation illégale des tigres augmentaient à un rythme effrayant. Le gouvernement fédéral et les pouvoirs locaux alors en pleine déconfiture ne pouvaient être d'aucun secours, quand ils ne contribuaient pas activement au problème. Quant aux gardes forestiers, payés une misère, ils se tournaient à leur tour vers le braconnage. Selon Vladimir Chtchetinine, la tendance ne s'est pas réellement inversée avant l'été 1993, quand Suzanne Possehl, une journaliste américaine indépendante, publia une enquête très fouillée dans la rubrique Environnement du *New York Times.* « Son article a été un véritable déclencheur, rapporte Vladimir Chtchetinine. Je lui en serai reconnaissant jusqu'à la fin de mes jours. »

Cet article et d'autres papiers retentissants qui parurent dans la presse à la même époque attirèrent l'attention des organisations internationales de protection de la nature sur la région du Primorié et eurent un effet galvanisant. L'idée de créer des équipes très entraînées pour arrêter braconniers et contrebandiers et travailler avec les populations locales pour réduire les conflits entre les tigres et les humains commença à germer et à attirer des financements de l'étranger. Si Vladimir Chtchetinine mérite d'être remercié pour son action du côté russe, la vraie tête pensante du projet de l'inspection Tigre, celui qui en inventa la structure et la méthodologie, est un Américain nommé Steve Galster. Ce courageux enquêteur qui fait figure de légende dans son pays semble trop beau pour être vrai, y compris par son aspect extérieur : un mètre quatre-vingt-treize et un physique d'apollon. Depuis vingt-cinq ans, Steve Galster s'acharne à démanteler les filières de ceux qui trafiquent êtres humains, armes et espèces sauvages en Asie et, pour ce faire, il a conçu plusieurs programmes de protection de la nature qui sont maintenant parfaitement opérationnels dans tout le continent. En 1993, avant son arrivée en Russie, Galster avait enquêté avec succès sur le plus grand réseau chinois de contrebande de cornes de rhinocéros. En 1994, il fondait le Global Survival Network, rebaptisé depuis WildAid, puis Wildlife Alliance, un organisme qui mène des programmes de lutte contre le commerce illégal des espèces naturelles en Asie du Sud-Est.

En débarquant en Russie, Steve Galster apportait un carnet d'adresses bien fourni, des qualités de communicateur incontestables et une vision claire des synergies à mettre en place entre formation, armement, rapidité de déploiement et équipement en caméras vidéo des forces de l'ordre. Il donna à ce nouvel organisme le nom d'Opération Amba, mais c'est la dénomination d'inspection Tigre qui finit par s'imposer en Russie. Steve Galster et Vladimir Chtchetinine formèrent un duo efficace, bien qu'improbable. Début 1994, à force de négociation, ils obtenaient le statut d'inspecteur pour leurs hommes et décrochaient des financements pour l'achat de camions, de caméscopes, de radios et d'uniformes auprès de l'organisation britannique Tiger Trust et du World Wildlife Fund. Ensuite, les fonds continuèrent d'affluer, si bien qu'en 1997 une demi-douzaine de groupes dotés de tout l'équipement nécessaire étaient à pied d'œuvre dans le Primorié.

Par coïncidence, un autre programme russo-américain de nature similaire fut lancé à la même époque. Dès 1989, alors que l'ampleur prise par le braconnage dans l'Extrême-Orient russe était encore ignorée de tous, une réunion au sommet des plus éminents biologistes russes et américains spécialistes des grands fauves s'était tenue dans l'Idaho, autour d'un feu de camp. À l'époque, les Américains menaient des recherches de pointe sur les pumas à l'aide de colliers qui permettaient de suivre les déplacements des animaux par radiofréquence ; un Russe présent lors de cette assemblée lança l'idée de mener le même type d'étude sur le tigre de l'Amour. En janvier 1990, dans le cadre de cette collaboration, deux chercheurs de l'Idaho rattachés au Hornocker Wildlife Institute débarquaient au *zapovednik* du Sihoté-Aline, une réserve naturelle de près de quatre mille kilomètres carrés délimitée d'un côté par la mer du Japon et de l'autre par la chaîne montagneuse du Sihoté-Aline.

Les scientifiques américains furent bouleversés par ce qu'ils découvrirent sur place et, deux ans plus tard, en février 1992, à peu près à l'époque où les tigres de l'Amour commençaient à être décimés dans une proportion inégalée depuis le début du XXe siècle, la Wildlife Conservation Society lança son projet Siberian Tiger. Dale Miquelle, un ancien spécialiste de l'élan, qui venait de passer un an au Népal dans le cadre d'un programme d'étude sur le tigre, était présent quand tout a commencé et n'est plus jamais reparti. En 1995, il fut rejoint par John Goodrich. Depuis, avec l'aide de leurs homologues russes, les deux hommes se sont employés à suivre les mouvements des tigres vivant sur la réserve en leur plaçant un collier de repérage par radiofréquence. Ce programme a permis de dresser un tableau complet du comportement, des habitudes de vie et des besoins à long terme de ces animaux. Toutefois le besoin le plus pressant était celui de leur protection, car au fil des ans un certain nombre des bêtes marquées par les scientifiques avaient été abattues par des braconniers, alors même qu'elles vivaient dans une zone protégée. Le *zapovednik* du Sihoté-Aline est considéré comme une zone de première importance pour la reproduction du tigre de l'Amour. C'est pourquoi l'une des six équipes de l'inspection y était cantonnée en permanence.

Vladimir Chtchetinine confia à Iouri Trouch le commandement de l'unité de la Bikine, dont le territoire d'intervention se situait au nord-ouest du Primorié, à la confluence de la Bikine et de l'Oussouri. C'était un choix judicieux, car Trouch vivait et chassait dans cette région depuis déjà cinq ans. Sa femme Lioubov (mot qui signifie « amour ») et lui s'étaient établis à Loutchegorsk, une ville minière d'environ vingt mille âmes, un arrêt de quatre minutes sur le trajet du Transsibérien. Située à vingt minutes de la gare, à laquelle elle n'est reliée que par une mauvaise route de terre, la ville semble avoir été placée là en dépit du bon sens, mais cela n'a rien d'exceptionnel dans cette région de la Russie. À l'époque soviétique, l'implantation des agglomérations en Sibérie et dans l'Extrême-Orient russe était décidée par un comité central. À Moscou ou à Irkoutsk, des gens déployaient une carte devant eux et marquaient un emplacement, en se préoccupant avant tout de considérations industrielles. Après quoi un village, une bourgade ou une ville sortait de terre, en général bâtie par des forçats ou par des soldats (ce qui en Russie revient à peu près au même). Tout était fait dans la hâte, sans souci du long terme, et l'aspect purement fonctionnel de ces villes fait vaguement penser à une espèce de goulag. Les axes routiers sont ponctués de postes de contrôle gardés par des hommes armés et, dans les immeubles d'habitation, il faut attendre d'avoir franchi le battant d'acier qui fait office de porte pour retrouver un monde coloré, chaleureux et humain.

Un écrivain en voyage dans cette région du monde a inventé le terme de « modernisme terminal » pour décrire l'anti-esthétisme urbain de l'époque soviétique. Et Loutchegorsk, ville de quarante ans à peine, perchée au bord d'une immense mine de charbon à ciel ouvert, en est une parfaite illustration. C'est une succession d'immeubles délabrés et tachés d'urine, bâtis à intervalles irréguliers le long de rues défoncées et revêtues de gravier. Certains de ces cubes de béton à cinq étages, d'où pendent des câbles électriques, sont disposés autour d'un carré de pelouse agrémenté de balançoires et de tourniquets en si piteux état qu'on les croirait rescapés d'une catastrophe naturelle. Bizarrement, on y voit peu d'enfants et encore moins de chiens, mais beaucoup de chats qui semblent être perpétuellement en chaleur. L'immeuble où habite Trouch se situe à quelques minutes à pied de la place municipale dominée par la statue de Lénine, obligatoire dans chaque ville soviétique. Le buste en plâtre de deux tonnes fait face au thermomètre numérique de la municipalité qui reste des mois durant en territoire négatif. Sous sa blanche calotte de neige, le père du communisme russe contemple les couleurs chatoyantes d'une grande roue de fête foraine qui se dresse, branlante et immobile, à quelques centaines de mètres de là, tandis que derrière son épaule gauche le visiteur peut admirer la centrale électrique.

Loutchegorsk, littéralement la « ville lumière », abrite la plus grande centrale thermique au charbon de la région, dont les cheminées fumantes sont visibles à quatre-vingts kilomètres à la ronde. À environ dix heures de route au nord de Vladivostok par le Transsibérien et quatre heures au sud de Khabarovsk, Loutchegorsk est un endroit où personne ne s'arrête à moins d'y être obligé, mais cela est vrai de presque toutes les villes de l'Extrême-Orient russe. Dans d'autres cités bien plus grandes du Primorié, la première question que l'on posera à l'étranger fraîchement débarqué sera : « Alors, qu'est-ce qui t'amène dans ce trou du cul du monde ? » Iouri Trouch brille tel un point lumineux dans ce morne paysage. Il est connu comme le loup blanc en ville et l'homme a toujours une poignée de main énergique, une claque dans le dos ou une accolade pour les gens qu'il croise sur sa route. Mais il n'avait pas ces gestes affectueux envers Vladimir Markov.

Avant de le trouver mort, Trouch n'avait mis les pieds qu'une seule fois dans sa cabane. Un an et demi auparavant, pendant l'été 1996, effectuant sa ronde habituelle en compagnie d'Alexandre Gorboroukov, il avait découvert le corps d'un blaireau à l'intérieur d'un récipient métallique plongé dans un ruisseau à proximité de la cahute. Trouvant Markov chez lui, Trouch l'avait interrogé. Visiblement nerveux, l'homme leur avait servi une histoire vaseuse pour expliquer la présence de l'animal dans ce baquet. Il avait été tué par des chiens, prétendait-il. Trouch l'avait regardé dans le blanc des yeux, après quoi il avait dégainé son couteau et ouvert l'une des blessures présentes sur le cadavre du blaireau. Ayant fouillé la plaie avec ses doigts, il avait fini par en extraire un plomb de chasse. Acculé, Markov était passé aux aveux. Comme il ne possédait ni port d'arme ni permis de chasse, Trouch était en droit de mettre un terme définitif à son petit business, mais il avait préféré lui laisser le choix : soit il renonçait à son fusil, soit il serait verbalisé pour diverses infractions. Voyant que Markov regimbait, Gorboroukov lui avait agité sous le nez le couteau de chasse qu'il lui avait confisqué et pour lequel un permis était nécessaire à l'époque. « On peut aussi te mettre ça sur le dos, l'avait-il menacé. Ou alors tu nous remets sagement ton arme et on en reste là. »

Sur quoi Markov s'était enfoncé dans la forêt en promettant de revenir quelques minutes plus tard. C'est à cause d'incidents de ce genre que les braconniers veillent à ne pas laisser de preuves de leurs activités à proximité de leurs cabanes. Les harpons, en tous points semblables aux tridents dont se servaient un siècle plus tôt les pêcheurs nanaïs et oudégués, sont démontés, la hampe gardée dans un endroit et les pointes d'acier dans un autre. Les filets de pêche et les pièges sont tantôt enterrés tantôt dissimulés dans un arbre creux. Pour les fusils, c'est plus difficile, car ils sont plus sensibles aux conditions climatiques. Ils sont rarement conservés à l'intérieur, parce que les brusques variations de température créent de la condensation dans les pièces métalliques qui finissent par rouiller. D'ordinaire, on les entrepose dans un sac en papier ou en toile, ce qui leur permet de respirer, avant de les cacher dans un endroit sec à l'extérieur. C'était précisément pour rejoindre l'une de ces caches que Markov était parti. Trouch, entraîné à inscrire les événements aussi précisément que possible dans le temps et l'espace, avait consulté sa montre.

Gorboroukov et lui avaient déjà connu des situations de ce type et, pendant que l'heure tournait, ils s'occupèrent en fouillant la cabane. Techniquement parlant, cette boîte en bois dépourvue de fenêtres n'était pas une hutte, mais plutôt une espèce de roulotte de bohémien sans fioriture, comme on en trouve sur les chantiers dans beaucoup de coins perdus de Russie et de ses anciens pays satellites. Celle-ci avait perdu ses roues. Sur sa façade est, un auvent rudimentaire était recouvert, comme la caravane, de plaques de fibrociment. Les deux inspecteurs ne dressèrent pas d'inventaire des lieux, mais notèrent dans l'appentis la présence d'un bric-à-brac d'objets associés à l'apiculture : plusieurs baquets métalliques, des morceaux de ruches, un gros extracteur manuel pour séparer le miel des rayons, ainsi qu'un petit traîneau pour transporter de l'eau, du bois et des provisions.

À l'intérieur de la caravane, sur une table grossière coincée entre des lits de planches et un poêle rond, près d'une lampe-tempête, trônait un bocal rempli d'une réserve de vieux mégots de cigarettes dont certains roulés dans du papier journal. À part ça, Trouch ne trouva rien que les indices habituels d'un mode de vie proche du plus complet dénuement. Pourtant un détail retint son attention, car il ne collait pas avec l'image qu'il se faisait du braconnier moyen : « Il avait une manière très élégante, très chic de tenir sa cigarette quand il fumait », rapporte-t-il. Cette vanité avait quelque chose d'étrange quand on voyait à quoi ressemblait son quotidien, mais elle correspondait bien au surnom de Markiz, « le Marquis », que ses amis lui avaient donné. Markov se targuait aussi d'être un fin gourmet et possédait un certain talent pour relever les mets les plus grossiers en y mêlant des herbes et des champignons. À part ça, son ordinaire se composait de riz, de thé, de pommes de terre et de viande, même si dans ses provisions se trouvaient aussi de la vodka, du sucre, du tabac et des pignons de pin.

À ce propos, il est à noter qu'en plus des équipements habituels, la cabane d'un habitant de la taïga (un *taïojnik*) se doit de contenir deux plateaux d'acier de la taille d'un plat à four suspendus à l'avant-toit. Percés de trous comme une grosse râpe à fromage, ils servent à décortiquer les pommes de pin. Car en plus de fournir un matériau de construction de grande qualité, le pin coréen qui pousse dans la région produit des pignons par cycles de trois ou quatre ans. Pareils à de gros grains de maïs, ces pignons grossissent dans les écailles de la pomme de pin, à l'intérieur d'une coquille marron. Une fois tombés au sol, ils restent comestibles pendant plusieurs années. Variante plus rustique de leurs cousins d'Europe et d'Amérique du Nord, ils sont moins sucrés et ont un goût de térébenthine légèrement plus prononcé. Cela n'empêche pas de les apprécier, et leur consommation peut rapidement devenir aussi compulsive que celle des graines de tournesol. Il y a un peu plus d'un siècle, les habitants de la région leur avaient donné le nom de « conversation sibérienne », tant ils jouaient un rôle central dans les réunions sociales où les autres friandises (et les autres passe-temps) étaient rares. On dit également d'eux qu'ils sont le « pain de la forêt », parce qu'il est possible d'en faire de la farine en les broyant. On peut aussi en extraire de l'huile. Les pignons de pin servent de nourriture aux ours, aux cerfs, aux élans, aux sangliers et bien sûr aux humains et à nombre de petits animaux. On en a même retrouvé dans des déjections de tigre.

En effet, les hautes terres du Primorié sont depuis toujours le théâtre d'une bien étrange procession : en tête, les pins coréens suivant la ligne de crête ; derrière eux, les cerfs, les sangliers et les ours sur la trace des pommes de pin (qui ont tendance à rouler au bas des pentes), l'enracinement de ces créatures favorisant à son tour la germination des graines ; puis les panthères, les tigres et les loups traquant les cerfs et les sangliers, eux-mêmes suivis par les corneilles et les vautours ; et pour finir les humains et les rongeurs fermant ce convoi. Toutes ces créatures contribuent à disséminer les graines toujours plus loin et ce faisant repoussent les limites territoriales du pin coréen, mais aussi de chaque espèce participant à ce cycle. Il n'est pas exagéré d'affirmer que les pignons du pin coréen, aussi petits et insignifiants soient-ils, sont l'axe autour duquel tourne la roue de la vie dans cette région. Ceux qui ne les consomment pas eux-mêmes mangent les bêtes qui s'en nourrissent. Et pourtant ces pignons sont si bien dissimulés qu'un homme pourrait parcourir le Primorié en long et en large sans jamais les remarquer. Il est à la fois merveilleux et terrifiant de penser qu'en l'absence d'une chose si petite et si humble, un écosystème tout entier – depuis les tigres jusqu'aux mulots – serait voué à disparaître.

Markov était devenu une partie intégrante de ce cycle ancestral de consommation et de dispersion. Il en était l'agent et le tributaire, le complice et le bénéficiaire. Mais par cet après-midi d'août pluvieux, l'homme avait d'autres préoccupations en tête. Attendu par Trouch et Gorboroukov, il revint une heure et demie plus tard avec un fusil à canon scié. L'arme était en très mauvais état et si Markov avait raccourci son canon rouillé, ce n'était pas pour la rendre plus dangereuse, mais simplement pour pouvoir continuer à s'en servir. Était-ce là sa seule arme ? Ce n'était pas certain, mais Markov avait rempli sa part du contrat et Trouch était satisfait. Il tint donc sa promesse. Il ne sortit pas son carnet de p.-v. et se contenta de sermonner Markov avant de reprendre sa ronde avec son collègue. Rien ce jour-là ne laissait présager qu'ils venaient de se voir pour la dernière fois.

Ce jeu du chasseur chassé est vieux comme le monde. Robin des Bois a commencé sa carrière comme braconnier, et le mode de vie actuel dans le Primorié présente des similitudes frappantes avec celui qui régnait dans les forêts d'Europe occidentale il y a cinq siècles. La réglementation russe actuelle sur la chasse, couplée à la législation en matière de port d'arme, ont réinstitué *de facto* des lois médiévales qui interdisaient aux paysans de chasser et de posséder des armes. À l'époque, comme aujourd'hui, l'abattage des arbres et des bêtes avait gravement mis à mal la forêt et le gibier qu'elle abritait. Avec l'introduction de ces nouvelles lois, les régions boisées encore intactes se transformèrent en réserves de gibier interdites à tous, sauf aux battues de la noblesse. Une situation analogue s'est produite dans certaines régions russes après la perestroïka, où la chasse pratiquée légalement est devenue un luxe accessible seulement aux plus riches. Dans un souci louable de protéger la faune existante, les autorités ont considérablement réduit le nombre de permis délivrés dans le Primorié, avec pour conséquence que les quelques licences encore accordées vont aux nantis et aux pistonnés. Ceux-là traitent la forêt et ses habitants comme un dû, à l'image des seigneurs d'autrefois, dont ils n'ont malheureusement ni la discipline, ni l'art, ni le cérémonial. Ces nouveaux riches se croient au-dessus des lois, et pour beaucoup c'est effectivement le cas : depuis l'effondrement de l'Union soviétique, on a vu apparaître un succédané d'aristocratie qui veut jouir de tous les privilèges de la noblesse sans assumer aucun de ses devoirs. « Pour ces gens, explique Trouch, tirer un tigre ou un ours est un exploit, et peu importe qu'ils atteignent ou non leur cible. Qu'ils aient tué l'animal ou l'aient simplement blessé ne fait pour eux aucune différence. Ces chasseurs sont nombreux et ils tirent sur tout ce qui bouge. »

Ce mépris de la nature et de la loi peut se manifester de bien étrange façon. Un jour, Trouch a intercepté un char d'assaut, un modèle « civil », sans tourelle. Il était tendu de tapis d'Orient à l'intérieur et abritait de hauts dirigeants d'entreprise qui partaient chasser dans cet équipage comme naguère des rajahs sur leurs éléphants. Inutile de préciser que ce véhicule était illégal. Ses occupants, contrariés de trouver sur leur route Trouch et son caméscope, jouèrent la carte de l'intimidation. « J'ai filmé toute la scène et les images ont été diffusées sur une chaîne nationale, poursuit Trouch. Quand ces hommes se sont vus à la télé, ils m'ont fait appeler pour me remonter les bretelles et je me suis rendu à leur convocation. Ils m'ont demandé : "Tu n'as pas peur de nous?" J'ai répondu que non. Ils m'ont menacé : "À quoi tu joues? Tu ne comprends donc rien? On n'est pas en Amérique ou en Allemagne. Ici, on est en Russie et tu pourrais malencontreusement te perdre en forêt." Et puis ils m'ont demandé la cassette vidéo et je leur ai dit : "Écoutez, les gars. Je fais seulement mon boulot. La cassette est à Vladivostok. Allez-y et parlez avec mes chefs." Là-dessus, ils m'ont déclaré que j'étais un cas désespéré et qu'il valait mieux me tuer que d'essayer de me convaincre. »

Dans la bouche de ces hommes, c'était à la fois un grand compliment et une menace. Un jour, dans la forêt, non loin de la cabane de Markov, Trouch désigna d'un signe de tête un peuplier déraciné qui avait explosé en ne laissant qu'un grand cratère dans le sol. « C'est comme ça qu'on cache les cadavres par ici, expliqua-t-il. On le met dans un trou comme celui-là, puis on coupe le tronc à ras, juste au-dessus des racines. Ça permet de remettre la souche en place plus facilement. » Sur ces mots, il souleva ses sourcils de basset, secoua la tête et haussa les épaules. « Ni vu ni connu. »

Trouch a souvent été menacé et à cela il répond : « Chien qui aboie ne mord pas. » Il sait comment les choses se passent en Russie. Si un homme puissant décidait de l'éliminer, il ne pourrait rien faire pour l'en empêcher (dans la taïga, on dit la même chose du tigre qui a choisi sa proie). Au cours de ses tournées d'inspection dans la vallée de la Bikine, Trouch a dû utiliser toutes ses armes et toutes ses compétences, car il a subi des attaques au fusil, au couteau et à la hachette. Un jour, quand des bûcherons clandestins ont tenté de le faire sortir de la route avec leurs camions, il n'a pas hésité à ouvrir le feu sur eux. Il confesse même, d'un air contrit, être celui qui utilise le plus de munitions lors des raids. Mais il précise qu'il ne vise que les pneus et les radiateurs des véhicules ou bien qu'il tire des coups de semonce. Il est visiblement fier de n'avoir jamais tué personne, « alors qu'en plusieurs occasions j'aurais été parfaitement en droit de le faire ». Voilà justement ce qui fait de lui un être hors du commun dans ce milieu de brutes. Homme d'autorité, Trouch s'est lui-même transformé en une arme redoutable dont il n'hésite pas à user. Pourtant cette inflexibilité de surface cache beaucoup de mansuétude et de compassion. Car il sait combien la vie est rude dans la taïga, pour les hommes comme pour les bêtes. Quand il trouve des oursons dont les parents ont été abattus par des braconniers (huit la dernière fois qu'il les a comptés), il les prend dans son appartement pour les soigner. Cet homme a la capacité, même au cœur de l'action, de faire la part des choses et de garder sous contrôle les deux facettes de sa personnalité.

D'un braconnier qui a ouvert le feu sur lui, mais qu'il a réussi à maîtriser et à menotter, profitant du moment où l'homme rechargeait son arme, il déclare : « J'aurais pu lancer la procédure et il se serait retrouvé derrière les barreaux, mais j'ai eu pitié de ce jeune gars et je n'ai pas voulu ruiner sa vie. Nous avons dressé un PV faisant état de ses infractions à la législation sur la chasse et nous lui avons confisqué son fusil, mais j'avais de la peine pour ses parents, car j'avais vu dans quelles conditions ils vivaient. Ce garçon était sorti en forêt pour leur trouver de quoi manger et cela a pesé dans ma décision. »

Trouch est bien conscient que pour beaucoup de Russes marginalisés, la possession d'une arme à feu représente le dernier vestige d'indépendance et de dignité. Pourtant, même si ces *taïojniki* parvenaient à se procurer un permis de chasse, leurs armes ne passeraient pas l'inspection. Or les nouvelles carabines sont hors de portée de leur bourse. En outre, la procédure d'obtention d'un permis de port d'arme est longue et onéreuse. Le candidat doit se soumettre à des analyses médicales et psychologiques et les payer de sa poche. Sans compter le coût du transport jusqu'aux administrations concernées, dont les bureaux peuvent se situer à une journée de route du domicile du candidat, avec le risque par-dessus le marché de trouver porte close à l'arrivée. Au total, entre l'obtention des permis et l'achat d'une carabine avec ses munitions, la note peut atteindre mille dollars, une somme que ne gagnent pas en une année beaucoup d'habitants de la vallée de la Bikine. Dans certaines régions du Primorié, le système actuel condamne les gens à braconner ou mourir de faim et l'on comprend bien pourquoi beaucoup d'entre eux préfèrent risquer une amende ou la confiscation de leur arme vétuste.

C'est ainsi qu'il existe une part d'ironie dans le travail de Trouch, car cet homme vit en Russie, un pays où la plupart des gens vous diront qu'il est impossible de s'en sortir sans enfreindre la loi. Dans la taïga, la pauvreté et le chômage associés à la présence d'hommes et de bêtes redoutables ne font qu'exacerber une situation déjà intenable. Trouch incarne à lui seul la foi dans un système sans foi ni loi. Sa mission, qui consiste à faire régner l'ordre dans un monde où des êtres désespérés rivalisent et s'affrontent jusqu'à leur destruction mutuelle, est aussi ardue que nécessaire. Or depuis dix ans la situation ne s'est guère améliorée. Malgré leur intégrité et leur dévouement, Trouch et ses camarades sont payés une misère et peu reconnus pour le travail qu'ils accomplissent. Pourtant, tels des Don Quichotte des temps modernes, ils persévèrent courageusement.

Bien que la compassion et la compréhension de Trouch soient admirables, on peut parfois trouver l'homme trop indulgent. Comme s'il n'avait pas déjà assez de problèmes, par deux fois il a failli être abattu par des policiers inexpérimentés censés lui prêter main-forte. En 2005, lors d'un raid, il voyageait avec trois autres hommes à bord de son pick-up Toyota. À l'avant du véhicule, une jeune recrue tenait entre ses jambes un AK-47. Bien que formé dans l'armée et dans la police, le garçon gardait son doigt sur la détente, pendant que de son pouce il jouait distraitement avec le mécanisme qui change la position de tir de coup par coup en automatique. Soudain, son doigt appuya sur la détente ultrasensible et le fusil, réglé en mode automatique, se mit à tirer en rafales, emplissant l'intérieur exigu du véhicule de fumée, de lumière et du vacarme des détonations. Pris de panique, le jeune homme, au lieu de relâcher la détente, crispa son doigt dessus. Le fusil perfora le toit du pick-up à quelques centimètres au-dessus de leurs têtes. Il faut savoir que l'AK-47 a tendance à lever le nez quand il fait feu et à éjecter les cartouches vides vers la droite. C'est ainsi que Trouch se retrouva soudain dans sa ligne de mire. Il cria, mais sa voix fut couverte par le bruit des explosions. Tout en gardant une main sur le volant, il repoussa l'arme de son autre main jusqu'à ce que le jeune policier se ressaisisse.

Trouch était hors de lui et sa colère était légitime. Il n'entendait plus rien de l'oreille droite, et n'a jamais pleinement recouvré l'ouïe depuis cet incident. Pourtant sa réponse à cette désastreuse bévue nous en dit long sur l'homme qu'il est. Il aurait été parfaitement en droit d'infliger une sévère correction à ce maladroit et de briser définitivement sa carrière. Mais ce père de deux grands enfants a préféré le couvrir. Dans la police, en général, les agents doivent rendre compte des munitions qu'ils ont utilisées et celui-ci avait brûlé près de la moitié d'un chargeur. Mais grâce à des connaissances qu'il avait dans l'armée, Trouch se procura des balles pour remplacer celles qui avaient été perdues. Après une engueulade mémorable, la punition du jeune homme se limita à réparer le toit du véhicule de son supérieur. Dans un accident du même type, lors d'une surveillance dans la forêt, une autre jeune recrue tira par inadvertance plusieurs balles aux pieds de Trouch. Pourtant, à lui aussi, il donna une deuxième chance.

« Dans ces cas-là, j'applique les préceptes de la Bible, explique-t-il. “Au commencement était le verbe, puis vint l'action.” Il vaut toujours mieux donner un premier avertissement et si cet avertissement reste sans effet, alors on agit. C'est le principe que j'applique. Mais pas pour tout le monde. »

Trouch est un chrétien pratiquant dans une société laïque. À cet égard, sa patience, sa compassion et sa mansuétude pourraient presque passer pour des actes révolutionnaires dirigés contre un système qui ne fait plus preuve de ces qualités depuis longtemps. Mais s'il pardonne facilement les égarements dus à la jeunesse, à l'inexpérience et au désespoir, il y a des choses pour lesquelles il n'a aucune indulgence. En plus des jeunes maladroits, il doit aussi composer avec les vieux policiers cyniques. Au Primorié, comme ailleurs en Russie, les forces de l'ordre jouissent d'une sinistre réputation de corruption et de brutalité. Porteurs d'armes en bon état et libres d'aller où bon leur semble, ses membres sont impliqués dans beaucoup d'affaires de braconnage. Quand ils sont pris sur le fait, ils peuvent se révéler extrêmement dangereux, surtout dans les régions les plus reculées. Pourtant, un jour d'hiver, quand quatre policiers qu'il avait arrêtés sur une route secondaire refusèrent de sortir de leur véhicule, Trouch dégaina sa bombe lacrymogène et propulsa du gaz dans l'arrivée d'air de la voiture. Aujourd'hui, quand il évoque cet incident, il sourit de toutes ses dents et déploie ses bras en disant : « Et miracle ! les portières se sont ouvertes. » C'est à cause de situations comme celle-ci que les membres de l'inspection Tigre ne travaillent jamais seuls.

Avec sa zone de patrouille isolée, quand on sait avec quelle facilité les corps peuvent disparaître dans la taïga, Trouch aurait toutes les raisons de redoubler de prudence. Mais l'homme affiche une assurance contagieuse due pour une large part à la présence à ses côtés de Guitta, sa chienne laïka, une race assez proche du beagle. Ces deux-là sont inséparables. Guitta a sauvé la vie à son maître à deux reprises au moins et celui-ci lui a retourné la politesse un même nombre de fois. Elle est ses yeux, ses oreilles et son sixième sens dans la forêt. Il y a quelque chose de risible et de poignant à voir un si petit chien représenter tellement pour un homme si robuste. Pourtant ces deux-là sont unis par des liens profonds et intenses que seuls peuvent comprendre les membres de l'unité K-9 (la brigade canine de la CIA), les chasseurs de gibier d'eau et les non-voyants. Dans la forêt, Guitta l'aide à garder le moral, mais à la maison sa femme Lioubov est la gardienne de son cœur. Le couple est marié depuis quarante ans. Bien que mesurant une tête de moins que lui, cette femme au moral d'acier est le soutien affectif de son mari. Cette ancienne championne de kayak, prévenante et industrieuse, semble faite pour veiller sur les autres et leur préparer de bons petits plats. Iouri peut vous faire passer un sale quart d'heure dans la taïga, mais à la table de Lioubov le visiteur trouvera de quoi se requinquer.

Chez eux, dans leur appartement au cinquième étage, Trouch occupe tout l'espace, et le mobilier rudimentaire semble trop frêle pour supporter son poids. Dans le sanctuaire de son logement calme et accueillant, où Lioubov règne en maîtresse absolue, Iouri ne laisse traîner que peu d'indices de sa profession. Mais l'œil averti remarquera les *gyrias*, les haltères sphériques lustrées par l'usage, la couverture en peau de tigre sur le lit d'appoint et, suspendu dans l'entrée, le punching-ball de fortune rempli de son. D'autres signes se cachent dans les penderies et les tiroirs : une paire de skis de chasse dans le style oudégué, une griffe de tigre, un fusil de précision Dragounov et une balle déformée dont les stries sont encore remplies des fragments de chair d'un fauve que Trouch a abattu au printemps 1996.

4

Quel fut le marteau ? Quelle la chaîne ?
Dans quel brasier fut ton cerveau ?

William Blake, « Le Tigre »

L'incident du blaireau et du fusil fut la seule occasion où Trouch vit Markov vivant. Il avait sous-estimé l'individu en le prenant pour l'un de ces chômeurs qui chassent pour subsister et ne dédaignent pas de tuer un lynx ou un blaireau quand l'occasion se présente. Quand Trouch se retrouvait, comme cela lui arrivait souvent, dans cette zone trouble entre la rigueur de la loi et les circonstances propres à la vie d'un homme, c'était chaque fois pour lui une occasion de se rappeler combien la frontière qui sépare le bien du mal est imprécise. Mais ce jour-là dans la forêt, face à ce pauvre blaireau dans son baquet, comment aurait-il pu deviner le sort qui attendait Markov, un braconnier notoire en possession d'une arme illégale qui en avait plus qu'assez de croupir dans sa misère ? Et comment aurait-il pu deviner ce qui arriverait à Lev Khomenko ?

Lev, « le lion » en russe, était un chasseur et un herboriste de trente-six ans, originaire du village de Lessopilnoïe, près de la confluence de l'Oussouri et de la Bikine. Titulaire d'un diplôme en gestion de la chasse, il travaillait comme giboyeur professionnel pour Alouftchanski, la société d'administration de la forêt publique, qui organise le commerce de la fourrure et de la viande à l'échelle de la région. De mémoire de Russe, les années 1990 furent une période particulièrement dure, et pendant l'hiver 1996 Khomenko se retrouva sans emploi avec quatre enfants à nourrir. Il menait alors avec sa famille une existence marginale, à la lisière de la taïga. Leur maison de rondins délabrée, toute de guingois, menaçait de s'effondrer. Il y avait dans les murs des fissures assez larges pour y passer le poing. Un jour, pendant sa ronde, Trouch tomba sur Khomenko qui chassait dans la forêt. Procédant à un contrôle de routine de ses papiers, il constata que le fusil de l'homme n'était pas enregistré sous son nom, mais sous celui de son père. Trouch était parfaitement en droit de le lui confisquer, mais il eut pitié devant l'aspect misérable du contrevenant et fut impressionné de voir que tous ses autres papiers étaient en règle. Alors il le laissa repartir.

Peu de temps après, Khomenko fut pris en stop par un camion de transport de bois qui remontait la vallée de la Bikine. Il était chaussé de bottes fourrées en laine polaire faites pour la ville et portait un uniforme vert de forestier. Comme beaucoup d'autres, il chassait dans la taïga à l'aide d'une carabine à double canon, une arme relativement légère. Or il faut savoir que les carabines de ce type qui circulent dans les forêts du Primorié sont vétustes, voire très vétustes, et de mauvaise qualité. Leur portée létale ne dépasse pas cent mètres, et leur précision décroît au-delà de soixante-dix mètres, des performances dérisoires en comparaison de celles des armes de chasse moderne. La carabine de Khomenko n'était chargée que d'une seule balle de gros calibre dans le canon droit et de chevrotine dans le canon gauche. Ainsi armé, l'homme se croyait de taille à affronter n'importe quel gibier, gros ou petit. Il chassait seul. La couche de neige au sol atteignait vingt-cinq centimètres et la température était de – 40 °C.

Khomenko n'entendait que son souffle et le bruit de ses pas. À cette température, la forêt est aussi silencieuse et immobile que l'espace intersidéral, et à Khomenko qui marchait le visage découvert, elle devait sembler tout aussi glaciale. Rien ne bougeait. Les troncs blancs des bouleaux se dressaient tout droit sur la couverture neigeuse. Les chênes, les peupliers et les buissons, dont les gris et les bruns contrastaient avec le blanc de la neige, offraient certes des points de repère, mais ils pouvaient aussi cacher un danger. Il était environ midi quand Khomenko rencontra la piste d'un tigre. Les traces étant fraîches, l'homme décida de les suivre. Un camp de forestiers se trouvait non loin de là et le vigile, en voyant le chasseur approcher, sortit le saluer. Les deux hommes échangèrent quelques mots. Quand Khomenko lui expliqua qu'il était sur les traces d'un tigre, le gardien lui rapporta qu'il avait entendu des bruits de lutte dans les bois la nuit précédente. D'après lui, le fauve avait peut-être croisé la route d'un gros sanglier qu'il avait vu rôder autour du camp. Dans la région de l'Oussouri, les sangliers peuvent atteindre une taille impressionnante et certains pèsent plus de deux cent cinquante kilos. Ils se déplacent généralement en hardes mais celui-là, bizarrement, restait solitaire. Il était si énorme que le gardien l'avait appelé GAZ-66, du nom du modèle de camion militaire tout-terrain qu'il utilisait pour ses travaux dans la forêt. L'animal arborait de gigantesques défenses et face à lui le tigre avait trouvé à qui parler. La curiosité de

Khomenko était piquée. L'autre homme voulut le dissuader de partir seul sur les traces d'un animal très probablement blessé, mais il resta sourd à ses mises en garde.

Khomenko était un chasseur expérimenté, un véritable professionnel, et son intérêt pour cette bête était compréhensible. Des empreintes fraîches de tigre ne se rencontrent pas tous les jours et certains ont passé une vie entière dans la taïga sans jamais voir l'ombre d'un de ces fauves. Peut-être Khomenko fut-il poussé par la curiosité, peut-être avait-il très faim ou peut-être s'est-il imaginé qu'il venait de remporter le gros lot. Les tigres ont plusieurs surnoms dans la région. L'un d'eux est « Toyota », parce que dans les années 1990 on pouvait s'offrir une voiture japonaise pour prix d'une de ces bêtes. Le risque est bien sûr immense. L'animal est redoutable et le chasser constitue un crime fédéral, mais c'est également le cas de beaucoup de marchandises de contrebande, et Khomenko était aux abois. Pour s'en convaincre, il suffisait de regarder la masure qui lui servait de logement.

Cette nuit-là, en ne le voyant pas revenir, le vigile s'inquiéta. Le lendemain matin, avec d'autres bûcherons, il grimpa sur un bulldozer – car pour rien au monde il ne se serait aventuré dans la forêt à pied – et partit à sa recherche. Les hommes trouvèrent Khomenko à environ un kilomètre de là, allongé sur le dos dans une étrange posture et recouvert d'une mince pellicule de neige. Ils le laissèrent sur place et appelèrent la police qui arriva le lendemain. Pour ceux qui comprennent cette langue, toute l'histoire était écrite dans la neige.

À quelques centaines de mètres du camp des forestiers, Khomenko était arrivé à l'endroit où le veilleur de nuit disait avoir entendu des bruits de lutte, mais il n'avait trouvé aucune trace de sanglier. Les seules empreintes étaient celles de plusieurs tigres qui s'étaient probablement affrontés pour une querelle de territoire. En étudiant les lieux, Khomenko avait distingué deux jeux d'empreintes de fuite. L'une de ces traces était sanglante et c'est celle-là qu'il décida de suivre. Là encore, il n'eut pas à aller très loin. On ne saura jamais avec certitude ce qui est arrivé ensuite – si le tigre a révélé sa présence ou bien si Khomenko l'a repéré le premier. Quoi qu'il en soit, Lev Khomenko a vu ou senti la bête et a encore eu le temps d'ôter ses gants puis de les poser sans hâte sur la neige. Ses mains nues enfin libres de manier son arme, il s'est tourné vers l'endroit où se cachait le tigre et s'est déporté d'un côté puis de l'autre comme pour chercher le meilleur angle de tir. Mais le temps qu'il épaule son fusil, la bête avait déjà chargé. On imagine aisément l'effroi mêlé d'excitation qui s'empara de lui à cet instant, les battements accélérés de son cœur face à ces deux yeux flamboyants qui fondaient sur lui à une vitesse irréelle.

L'homme réussit apparemment à conserver son sang-froid, parce qu'il vida ses deux canons l'un après l'autre et non en même temps. Les deux projectiles atteignirent leur cible, mais sans aucun résultat. Le tigre s'avança à grands bonds, terrassa Khomenko d'un violent coup de patte puis le saisit entre ses mâchoires. Le chasseur portait un sac à dos de toile et, à voir le manche déchiqueté de la hache qui en dépassait, il ne faisait aucun doute que c'était par là que le tigre l'avait soulevé de terre. L'animal entreprit ensuite de secouer sa proie comme une poupée de chiffon, avec une telle violence qu'il lui fractura un poignet et les deux jambes. Cela fait, il le reposa sur le sol et s'éloigna.

Khomenko est sans doute resté inconscient un long moment. En revenant à lui, il s'est servi de sa main encore valide pour prendre son couteau, puis en rampant il est revenu sur ses pas.

On le retrouva congelé, non loin de ses gants qu'il avait pris le temps d'ôter, ses deux jambes démantibulées formant un angle étrange dans la neige. La température ce jour-là était de – 45 °C. Quand on souleva délicatement son corps pour le charger sur le bulldozer des forestiers, il était aussi raide qu'un mannequin.

C'est seulement après, en suivant les traces de fuite, que l'on comprit que le tigre n'avait jamais quitté les lieux. En dépit de l'intrusion d'une demi-douzaine d'hommes et d'un énorme engin de chantier, il était resté dans les parages à les épier. Comme le disait un chasseur de la taïga : « Le tigre a le temps de te voir cent fois avant que tu ne le repères. »

Le plus frappant dans cette histoire, c'est que Khomenko n'avait sur le corps que deux blessures visibles : une marque de griffe sur la face et des lacérations sur son bras fracturé. Le tigre ne le considérant pas comme une proie comestible, il l'avait probablement égratigné sans le vouloir. Il s'avéra par la suite que cet animal avait une griffe défectueuse qui ne se rétractait pas comme les autres. C'était probablement elle qui avait blessé Khomenko au visage et c'était encore elle qui permit ensuite à Iouri Trouch d'identifier les empreintes de ce tigre, de remonter sa trace et de l'abattre du haut du tracteur sur lequel il était juché. Trouch eut cependant beaucoup plus de mal à frapper à la porte de la masure où l'attendaient des visages inquiets. « J'étais bouleversé, avoue-t-il. J'en avais les larmes aux yeux. Sur le moment, quand j'ai vu dans quelles conditions ils vivaient, j'ai eu pitié de l'homme plus que du tigre. »

La situation était d'autant plus cruelle que le 26 janvier, trois jours à peine avant le drame, Trouch avait arrêté Khomenko et avait failli lui confisquer son arme.

À présent, près de deux ans après les faits, Markov à son tour était mort et une fois encore des vies seraient épargnées ou perdues selon que Trouch saurait ou non écouter ses intuitions. Pendant qu'assisté de Lazourenko et de Gorboroukov, il examinait le tapis de neige fondue et piétinée, cherchant à prendre la mesure de l'homme et du tigre, Busch et les amis du mort se chargèrent de rassembler les restes de Markov sur la couverture que Zaïtsev avait apportée à cet effet. Tous ces chasseurs avaient vu des bêtes tuées par d'autres bêtes et en avaient eux-mêmes massacré un bon nombre. Mais Markov était un être humain et un ami de surcroît. Or c'était comme s'il avait explosé, comme s'il avait été mis en pièces par une créature brutale et glaciale. Rassembler ses restes et les reconstituer était une tâche affreusement pénible, et les hommes hébétés travaillaient avec des gestes lents et mécaniques. « Essayons de ramasser tous les os, marmonna Onofreïtchouk plus pour lui-même que pour les autres. Ramassons-en autant que nous pouvons pour sa tombe. »

L'exécution stoïque des gestes à accomplir recelait une forme de sagesse, une aptitude à survivre coûte que coûte, proche d'un certain fatalisme. Or la fatalité a de tout temps joué un grand rôle en Russie où, pendant des siècles, les individus n'ont eu pour ainsi dire aucun contrôle de leur destinée. La fatalité peut être chienne et, comme Zaïtsev, Dvornik et Onofreïtchouk venaient de le découvrir, elle pouvait aussi être tigre. Dès ce moment, il fut clair pour tout le monde que ce qui venait de se produire n'avait rien d'habituel et n'était dû ni à la malchance ni à l'imprudence. Qu'avait bien pu faire Markov pour provoquer une telle hargne ? Ses amis, ceux-là mêmes qui avaient caché son arme avant l'arrivée de l'inspection Tigre, en avaient une petite idée.

En fouillant dans la pile de vêtements raidis par le sang séché, Busch sortit la gaine vide d'un coutelas, puis une petite trousse militaire de premiers secours, les seuls rescapés d'un équipement mis en pièces ou dispersé. « Où est le couteau ? » s'enquit le policier.

« Quelque part dans les bois, s'empressa de répondre Onofreïtchouk. Enterré dans la neige. »

Busch était jeune, mais pas idiot. Selon toute vraisemblance, le couteau et le fusil étaient cachés au même endroit. Sans insister davantage, il ouvrit la trousse de premiers secours. Elle ne contenait ni pansements, ni médicaments, juste des cigarettes. Une fois les affaires du mort rassemblées, Gorboroukov, Busch et les copains de Markov regagnèrent la cabane avec les restes du chasseur, tandis que Trouch et Lazourenko restaient sur place. Enfoncés jusqu'aux chevilles dans la poudreuse, les deux hommes remontèrent ensemble les traces de fuite. La piste était fraîche, aussi fraîche qu'elle pouvait l'être sans avoir l'animal dans son champ de vision. C'est bien connu, la neige étouffe les sons, or pour un tigre qui cherche à passer inaperçu elle est la meilleure des couvertures. À l'inverse, Trouch et son coéquipier, malgré tous leurs efforts, révélaient leur présence à chaque pas et devenaient aussi repérables qu'un avion sur un radar. Leur handicap était considérable face à un adversaire qui semblait s'être affranchi des contingences matérielles auxquelles eux-mêmes restaient enchaînés. Ce qu'ils suivaient n'était pas un animal, mais une contradiction en soi, un silence à la fois incarné et invisible. Ses empreintes et son odeur étaient les seuls indices qu'il ne pouvait dissimuler. Trouch avait déjà traqué et été traqué. Il savait donc très précisément de quoi il retournait : le tigre était désormais le maître du jeu et lui seul décidait de ce qui arriverait ensuite.

Trouch était encore sous le choc de ce qu'il venait de voir. Dans la lumière du jour déclinant, sachant qu'il n'avait pas reçu l'ordre d'ouvrir le feu, il hésitait. Il était certain que la bête qu'ils suivaient était d'une autre nature que celle qui avait causé la mort de Khomenko.

Compte tenu de l'incroyable audace du chasseur qui n'avait pas hésité à suivre sa proie avant de tenter de l'abattre, le tigre qui l'avait attaqué avait fait preuve d'une maîtrise de soi admirable. Les Russes qualifient de cannibales les tigres mangeurs d'hommes, mais l'animal qu'avait rencontré Khomenko n'entrait pas dans cette catégorie. Blessé à deux reprises, d'abord par son rival, puis par l'homme, il s'était contenté de neutraliser la dernière de ces menaces. Six mois plus tard, dans le village de Verkhnii Pereval, Trouch avait de nouveau croisé la route de ce vieux mâle qui s'était fait remarquer en tuant un jeune cheval puis en hissant sa carcasse par-dessus une clôture de près de deux mètres de haut. Attaquer pour se défendre et s'en prendre au bétail sont des comportements normaux chez un tigre, mais ce qui venait de se passer ici, à l'est de Sobolonié, était différent. Le tigre de Markov était d'un tout autre genre.

Trouch et Lazourenko continuèrent de suivre prudemment la piste sur environ cinq cents mètres. Ils notèrent qu'une empreinte sur quatre était tachée de sang, dont les gouttes chaudes avaient fait fondre la couverture de neige avant de rencontrer le sol gelé. Ces marques correspondaient à la patte avant droite. Certaines étaient entourées d'un anneau jaunâtre, signalant la présence de pus. Pourtant les quatre empreintes avaient la même profondeur, ce qui indiquait que la blessure bien qu'infectée n'était pas invalidante. Le tigre avançait d'un pas prudent et régulier, mais il restait impossible à localiser. Il avait très bien pu revenir sur ses pas pour les traquer à son tour. À cette pensée, Trouch sentit ses cheveux se dresser sur sa tête. Il était confronté à un étrange et terrible dilemme : son devoir lui imposait de continuer, mais il commençait aussi à comprendre pourquoi les amis de Markov, qui n'étaient pas des trouillards, avaient tellement peur. Craignant une embuscade, Trouch jugea donc plus prudent d'interrompre la traque et de rentrer à la cabane, une décision qui, bien que justifiée en la circonstance, reviendrait le hanter plus tard.

En se repliant vers la cahute de Markov, Trouch, Lazourenko et Gorboroukov remontèrent la trace d'arrivée du tigre, et ce faisant trouvèrent des indices à certains égards plus éprouvants pour leurs nerfs que le spectacle qu'ils venaient de voir. Près d'un couvercle de puits confectionné à l'aide d'un caisson de ruche, ils avisèrent la grosse louche à eau en aluminium dont Markov se servait pour boire. Elle était presque méconnaissable, mordue avec une telle sauvagerie qu'on croyait voir une passoire qui serait passée sous les roues d'un camion. Près d'elle, une casserole d'acier émaillé était lacérée de coups de griffes et toute déformée. Ils découvrirent aussi la hache de Markov, dont le manche avait été fendu à coups de dents. Ses latrines, ses ruches – tous les endroits qui avaient pu conserver son odeur – avaient été soigneusement fouillés et pour la plupart détruits. À l'extérieur du cabanon, la cuvette qui lui servait de lavabo avait été renversée, et près de la porte on distinguait une traînée de sang déposée par le tigre. L'animal avait laissé ses empreintes partout autour de la cahute et, çà et là, des marques plus profondes indiquaient les endroits où il s'était arrêté pour guetter avant de reprendre sa ronde. En un certain point situé à proximité du puits, il s'était visiblement reposé assez longtemps pour que la neige commence à fondre sous lui. Quand il s'était relevé, il avait laissé le moulage de sa fourrure dans la glace. Il était clair qu'il était resté sur les lieux longtemps – peut-être plusieurs jours –, en tout cas assez longtemps pour déféquer à deux reprises au moins et chaque fois à proximité de la cabane, comme s'il revendiquait la propriété des lieux et de tout ce qu'ils contenaient.

Les attaques d'animaux ne sont pas rares dans la taïga, mais cela n'a rien de surprenant quand sur un même territoire deux espèces d'ours et deux de grands fauves convoitent les mêmes proies que les humains. À Amgou, village reculé et particulièrement exposé, situé sur le littoral, une proportion inquiétante de la population masculine porte les stigmates de ces rencontres. Trouch lui-même a été attaqué par un ours. Toutefois, ces confrontations sont en général des réactions impulsives déclenchées par une menace imminente, par la surprise ou par la rivalité. Or tout ce que Trouch avait à présent sous les yeux laissait imaginer un tout autre scénario, et chaque nouvel indice venait étayer la théorie que son esprit était en train d'échafauder.

Les tigres chassent en embuscade et l'effet de surprise couplé à la célérité de l'attaque est précisément ce qui de tout temps a permis à ce prédateur solitaire de tuer un gibier rapide, et souvent dangereux, sous tous les climats et sur tous les terrains. Mais dans ce cas précis, l'animal n'avait nullement cherché à se cacher. Ne trouvant pas ce qu'il cherchait à proximité du puits ni autour de la cabane, il s'était allongé à découvert, près de la route d'accès, et il avait patiemment attendu. Mis bout à bout, ces indices révélaient une assurance et une détermination inquiétantes. Tandis que Trouch et son équipe rassemblaient les différents éléments, ils en arrivèrent à la conclusion que ce tigre n'était pas là pour chasser des animaux, ni même des êtres humains. Il était là pour chasser Markov.

5

Et ces espaces de puissance m'attirent, leur force redoutable pénètre le fond de mon être.

Nicolas Gogol, *Les Âmes mortes*

Le passé de Vladimir Markov avec les tigres, car il en avait un, ne suivait pas une progression linéaire. C'était plutôt une spirale descendante, dont les premiers cercles concentriques auraient pu passer aux yeux de tous pour des accidents de l'Histoire, tandis que les Russes y auraient vu des coups du sort. Définir ce qui a le plus influencé le destin de Markov – en dehors de Markov lui-même – revient à un pile ou face entre Mao Tsé-toung et la perestroïka. Sans la révolution culturelle et les âpres luttes de pouvoir au sein du parti communiste chinois, il y a fort à parier que Markov ne se serait jamais aventuré au-delà de l'Oural. Sans la perestroïka, il ne se serait pas retrouvé avec des milliers d'autres dans une situation désespérée, prêt à tout, y compris à tuer des tigres, pour se procurer de l'argent.

Vladimir Markov était né le 14 février 1951 à l'autre bout de la Russie, sur les décombres d'un empire traumatisé, où ses parents étaient moins des citoyens que des survivants. Sa famille vivait à Kaliningrad, ancien territoire allemand formant une minuscule enclave entre la Pologne et la Lituanie, sur la mer Baltique. Königsberg, capitale et port stratégique, n'était plus qu'un champ de ruines après avoir subi les bombardements intensifs des forces britanniques à l'été 1944, puis le pilonnage des Soviétiques pendant l'hiver et le printemps 1945. Après la guerre, Königsberg, rebaptisée Kaliningrad, était devenue le port d'attache de la flotte soviétique de la Baltique, à l'image de Vladivostok, son équivalent sur la côte Pacifique. Déclarée ville interdite, elle avait été fermée aux étrangers.

Cela se passait à l'époque où le monde occidental découvrait dans le roman *1984* une nouvelle réalité terrifiante. Or Kaliningrad collait à cette réalité au-delà de tout ce que George Orwell aurait pu imaginer. La nouvelle ville qui se bâtissait sur les décombres de l'ancienne Königsberg se convertissait à une forme d'urbanisme et de contrôle social propres à la période stalinienne. À la place des tours, des parapets et des gargouilles de l'époque médiévale, s'élevèrent des cages à lapins formant un morne paysage de béton. La seule touche de couleur était apportée par les fresques à l'image de Lénine, son fameux profil, avec sa barbe taillée en bouc, suivant d'un œil attentif les mouvements de chacun, et par les bannières de propagande dont les slogans s'insinuaient dans les esprits.

Lénine avait peut-être imaginé ce système, mais c'était Staline qui l'avait bâti. Un système capable de désorienter les individus et d'aliéner des populations entières de leur environnement physique et de leur identité profonde. Kaliningrad en était la parfaite illustration. Rasée, purgée, puis rebaptisée, la ville et la province furent repeuplées par des Russes. Les parents de Markov prirent part à cette vaste entreprise de révision géopolitique, mais dans leur cas cette délocalisation ne fut pas le fruit du hasard. Ilia Markov était mécanicien naval et, bien qu'il eût été blessé pendant la guerre, son savoir-faire était utile pour la flotte de la Baltique. Sa mère, après avoir elle aussi participé à l'effort de guerre, était désormais plongée dans ce mauvais rêve orwellien consistant à élever des enfants et à nourrir une famille sur les décombres d'une cité médiévale transformée en zone militaire et coupée du reste du monde.

La Grande Guerre patriotique à peine achevée, l'URSS avait commencé à se reconstruire et à s'armer en prévision de la guerre froide. Pendant que les ingénieurs perfectionnaient leur fameux AK-47 qui allait envahir le monde, et que les scientifiques procédaient aux essais des premières armes nucléaires soviétiques, le reste de la population tentait de survivre à la catastrophe provoquée par six années de conflit et par le règne psychotique d'un Staline qui faisait de leur vie quotidienne un enfer.

Dans les vingt années qui précédèrent la naissance de Markov, l'Union soviétique perdit environ trente-cinq millions de ses citoyens – soit plus d'un cinquième de sa population –, victimes de famines provoquées par l'État, de répressions politiques, de génocides et de guerres. Des millions d'autres furent emprisonnés, exilés ou bien déplacés en masse, sur des distances considérables. À l'exception peut-être de la Chine de Mao, on trouve peu d'exemples dans l'Histoire d'un pays aussi déchiré de l'intérieur.

En 1953, dès la mort de Staline, la nature perverse du système soviétique se révéla au reste du monde et il ne fallut pas longtemps avant que la solidarité confraternelle qui avait marqué les relations sino-soviétiques depuis 1949 ne commence à s'effriter. Les premières tensions apparurent à la fin des années 1950, quand Mao accusa le successeur de Staline, le modéré Nikita Khrouchtchev, d'avoir trahi l'idéal politique de Marx. La Chine, alors plongée dans les affres du Grand Bond en avant, copiait les décisions et les programmes politiques les plus désastreux de Lénine puis de Staline, provoquant la pire famine de son histoire – et peut-être même de l'histoire mondiale. Entre 1958 et 1962, le pays tenta par tous les moyens de créer l'illusion d'une industrialisation en produisant à tour de bras un acier de mauvaise qualité et parfaitement inutile, au détriment des denrées alimentaires de première nécessité. L'énormité du projet soustrayait d'importants contingents de travailleurs à l'exploitation de la terre et confisquait aussi leurs outils : dans le vain effort d'atteindre des quotas de production irréalistes, on fondit jusqu'aux pelles et aux socs de charrue. Dans l'espoir de sauver la face et de masquer le coût réel de son Grand Bond en avant, la Chine continua d'exporter ses céréales (vers la Russie, entre autres), déclenchant une famine qui décima les paysans par dizaines de millions.

Soucieux de reporter la faute sur quelqu'un d'autre, Mao reprocha à Khrouchtchev d'avoir rappelé ses conseillers techniques et réclamé le règlement de la dette colossale contractée par la Chine pendant la guerre de Corée. En réalité, le parti communiste chinois était en proie à une lutte féroce pour le pouvoir. Mao allait finir par l'emporter, mais à un prix très élevé pour la nation. Au Kremlin, après trente années de stalinisme, ce nouveau culte de la personnalité dont le Grand Timonier était l'objet rappelait de mauvais souvenirs et beaucoup le voyaient d'un très mauvais œil. C'est pourquoi l'Union soviétique prit ses distances avec son « petit frère » communiste. Les relations entre les deux pays se détériorant, des tensions apparurent le long de leur frontière commune qui mesurait à l'époque près de sept mille cinq cents kilomètres de long. Les vieilles querelles choisies comme prétextes par Mao remontaient à plus d'un siècle, toutefois elles servaient parfaitement ses intérêts.

Les anciennes blessures que Mao cherchait à rouvrir avaient été infligées à son pays au XIXe siècle, à l'époque où les superpuissances en formation se cognaient les unes aux autres comme autant de plaques tectoniques. Le monde tel que nous le connaissons aujourd'hui était en train de se dessiner, suivant des lignes de faille raciales, culturelles et géographiques. Vers 1850, la Chine se trouva en difficulté : enlisée dans les guerres de l'opium qui l'opposaient à la France et à l'Angleterre, elle était en outre affaiblie depuis de longues années par un mouvement de sédition qui laissait la Mandchourie sans aucun moyen de défense. La Russie impériale avait déjà tiré avantage de cette faiblesse sur sa frontière Pacifique en annexant, en 1858, les territoires disputés situés au nord de l'Amour. Deux ans plus tard, le tsar Alexandre II allait encore plus loin, obligeant la Chine à signer le traité de Pékin par lequel une autre partie de la Mandchourie extérieure – zone correspondant aujourd'hui au Primorié et au sud de la région administrative de Khabarovsk – était rattachée à l'empire russe. Or, au milieu des années 1960, ces régions étaient précisément celles que Mao semblait déterminé à reprendre.

Occupé à orchestrer son Grand Bond en avant et à prendre le contrôle du parti communiste chinois, le Grand Timonier critiqua publiquement le traité de Pékin, allant jusqu'à exiger des réparations de Moscou. En 1968, les relations sino-soviétiques étaient au plus mal. Conséquence de cette dégradation, un nouveau front s'ouvrit dans la guerre froide dans un endroit des plus étonnants, puisqu'il s'agissait d'une minuscule île sur l'Oussouri, à une trentaine de kilomètres à l'ouest de la ville natale de

Iouri Trouch. Les Russes l'appellent l'île Damanski et les Chinois Chen Bao (l'île au Trésor). Quel que soit son nom, cette zone régulièrement inondée n'abritait que des champs et des forêts et ne présentait aucun intérêt stratégique. Toutefois, par son emplacement équivoque sur l'Oussouri, elle remplissait les critères d'un Grand Timonier alors en quête d'un symbole unificateur rappelant les humiliations autrefois infligées à son pays par une nation impérialiste depuis longtemps disparue.

À l'hiver 1968, l'île et les rives environnantes devinrent le théâtre d'échauffourées de plus en plus violentes entre les gardes-frontière chinois et soviétiques. « Chaque Sibérien devait se battre contre une soldatesque chinoise armée de harpons, de pieux et de bâtons taillés en pointe », écrivit le lieutenant-général Vitali Boubenine. Cet officier aujourd'hui retraité fut décoré du titre de Héros de l'Union soviétique pour le courage dont il fit preuve au plus fort de cette crise. « Nous n'avions pas de gilets pare-balles à l'époque. Mes hommes ne portaient que de grosses vestes en peau de mouton. Les échauffourées étaient quotidiennes et… nous avons compris que nous ne tiendrions pas longtemps en nous battant à mains nues. Nous nous sommes procuré des lances pour tuer les ours et des massues à tête métallique semblables à celles des héros d'épopée… Ces armes se répandirent parmi les gardes-frontière stationnés dans la région. »

Vues de loin, à travers les branches des saules dénudés, ces batailles sur la neige baignée dans le clair de lune devaient beaucoup ressembler aux premiers affrontements entre Cosaques et Mandchous, trois siècles auparavant. L'opinion la plus largement répandue aujourd'hui est que Mao entendait tirer profit de ces rivalités ancestrales dans l'espoir de déclencher un élan de ferveur nationaliste qui servirait ses intérêts politiques. Toutefois, en cherchant querelle à la première puissance nucléaire mondiale, il adoptait une stratégie de la corde raide des plus risquées. Le 2 mars 1969, deux semaines après que Vladimir Markov eut atteint l'âge du service militaire, l'ordre strict de ne pas ouvrir le feu qu'avaient reçu les gardes-frontière fut enfreint lors d'une embuscade soigneusement orchestrée par les Chinois. Dans l'échange de tirs qui s'ensuivit, le premier de ce genre sur une frontière russe depuis la fin de la Seconde Guerre mondiale, trente et un gardes soviétiques furent abattus. Quelques jours plus tard, des milliers de soldats russes et chinois, renforcés par l'artillerie, se massaient sur les rives gelées de l'Oussouri.

Le 15 mars, trois jours avant le déclenchement par les États-Unis d'une campagne de bombardement du Cambodge qui allait durer quatre ans, l'île Damanski fut le théâtre d'une grande bataille dans laquelle périrent des centaines de soldats russes et chinois. Face à la perspective d'un conflit de grande ampleur, les deux pays revinrent ensuite à la raison et se replièrent sur leurs positions respectives. Mao ordonna le creusement d'un vaste réseau de tunnels sur la rive gauche de l'Oussouri, au prétexte de se prémunir contre une attaque nucléaire soviétique. De son côté, Moscou, se préparant au pire, envoya d'importants renforts le long de l'Oussouri et de l'Amour. Pendant ce temps, à huit mille kilomètres de là, Vladimir Markov recevait son ordre de marche. Fin 1969, vingt-neuf divisions de l'armée soviétique (soit près d'un demi-million d'hommes) se déployaient le long de la frontière, et le deuxième classe Markov se trouvait parmi eux. Pour le fils d'un marin de la Baltique, on aurait difficilement pu imaginer une affectation plus exotique et de plus mauvais augure.

Le culte du secret et la paranoïa cultivés par l'Union soviétique sont légendaires, parfois jusqu'à la caricature. Ils étaient pourtant bien réels. Les renseignements de toute nature faisaient l'objet d'un contrôle tellement strict que le citoyen ordinaire ne savait rien, quand il n'était pas délibérément désinformé, des régions politiquement sensibles. Or l'Extrême-Orient recelait beaucoup de ces régions abritant d'importantes exploitations minières, des camps d'internement et des bases militaires. Le Primorié et le sud de la région de Khabarovsk étaient pris en sandwich entre la Chine et la côte Pacifique (réputée vulnérable aux infiltrations des Japonais et des Américains), et c'est pourquoi la sécurité y était encore plus draconienne qu'ailleurs. Markov se déplaçait donc de zone interdite en zone interdite, découvrant des lieux dont les autres conscrits ignoraient jusqu'à l'existence. Après deux décennies d'ouverture relative, cette ignorance perdure aujourd'hui, bien que pour des raisons différentes. Interrogé à propos du Primorié, un jeune Moscovite éduqué s'apprêtant à intégrer l'une des plus prestigieuses écoles de musique des États-Unis répondit qu'il n'en avait jamais entendu parler. « Ça se trouve peut-être près de l'Iran », hasarda-t-il. Puis quand on lui demanda plus directement s'il existait des tigres en Russie, il répondit : « Seulement dans les cirques, je crois. » Dans l'esprit d'une grande partie de la population urbaine, la Russie s'arrête à l'Oural, quand elle va même jusque-là. Au-delà de cette frontière commence la Sibérie, autrement dit le désert. Et après ça ? Qui s'en soucie ?

L'Extrême-Orient, situé à la limite du monde connu, n'est qu'une espèce d'oubliette. Pour tout Russe européen, qu'il soit un simple travailleur ou un membre privilégié de la nomenklatura[1], un aller simple comme celui

1. Ce terme, qui signifie littéralement « liste de noms », désigne les élites gouvernantes du parti communiste qui détenaient des postes clés dans les plus hautes sphères de la société soviétique. Ces privilégiés, qui représentaient une infime proportion de la population, constituaient une sorte d'aristocratie, pareille à celle qui avait existé dans la Russie tsariste. *(N.d.A.)*

qu'avait reçu Markov équivalait à un bannissement. Ce trajet était celui qu'avaient emprunté des centaines de milliers d'exilés depuis l'époque tsariste. Les prisons et les camps de travaux forcés les plus célèbres du pays étaient implantés dans la région et parmi eux la redoutée île de Sakhaline, lieu de désolation absolue dont beaucoup ne revenaient jamais, qui fut l'objet d'une omerta pendant de longues années.

Même sans prendre en compte ce que Markov connaissait de sa destination avant son départ, le voyage en train qui le mena tout droit des zones fortement urbanisées bordant le rideau de fer jusqu'aux vastes étendues sauvages embrassant la côte Pacifique de l'URSS a dû lui sembler interminable et surtout constituer une expérience déboussolante. La distance de Kaliningrad à Khabarovsk, chef-lieu de la région, équivaut à un quart de tour du monde. En 1969, le voyage durait entre deux et trois semaines par le Transsibérien, ce train mythique qui avançait vers l'avenir avec une lenteur désespérante, à l'image d'un film en temps réel de la conquête puis de l'effondrement de l'Eurasie. Khabarovsk se situe sur un méandre stratégique de l'Amour, à une quinzaine de kilomètres de sa confluence avec l'Oussouri et de la frontière chinoise. La vallée de la Bikine et le village de Sobolonié – qui n'existait pas encore à l'époque où Markov débarqua dans la région – se trouvent à environ deux cent cinquante kilomètres au sud.

Il ne faut pas sous-estimer le changement radical qu'a dû représenter ce dépaysement pour le jeune provincial qu'était Markov. En dehors de la langue, rien n'était pareil à ce qu'il venait de quitter, et ses nouvelles fréquentations étaient pour la plupart des parias. Le servage n'avait jamais existé dans cette partie de la Russie et traditionnellement la région avait servi de refuge à des bandes multiethniques de brigands, de déserteurs, de braconniers et de trappeurs, sans oublier les vieux-croyants, des chrétiens orthodoxes fondamentalistes persécutés par les autorités, tous des réprouvés qui avaient préféré le bannissement volontaire à d'autres options encore moins plaisantes. En ajoutant à ce creuset la population des exilés russes et chinois ainsi que les Cosaques envoyés là par le tsar pour peupler et protéger cette nouvelle frontière, on obtient un mélange unique et extrêmement explosif.

Aujourd'hui, la vallée de la Bikine est considérée par les étrangers comme un lieu aussi dangereux pour les humains qui l'habitent que pour les animaux. Les villages isolés qui bordent la rivière vivent en autarcie et en marge de la loi. À deux journalistes étrangers en visite dans la région, un ami de Markov a un jour déclaré : « Vous êtes venus ici seuls ? Vous n'avez pas peur ? D'habitude les gens de l'extérieur ne viennent chez nous qu'en délégation. »

Certains indices portent à croire que Markov a trouvé dans cet environnement plus de liberté que de peur. Or en Union soviétique la liberté était un bien rare. Quoi qu'il en soit, il s'adapta et finit par se considérer chez lui dans ces confins sauvages, et l'armée ne fut sans doute pas étrangère à cette conversion.

Si l'on en croit ses amis et ses voisins, Markov avait été entraîné à la reconnaissance, et ses compétences – l'art de survivre dans la nature, de s'orienter, de masquer ses traces et de manier les armes – allaient lui servir à des usages qu'il ne soupçonnait pas encore. Denis Boukhine, un jeune trappeur originaire de Sobolonié, se rappellerait ensuite comment celui qu'il appelait affectueusement « oncle Vova » (un diminutif de Vladimir) lui avait appris à retrouver son chemin dans l'impénétrable forêt qui borde la Bikine.

Pendant son service militaire, Markov devint également parachutiste, peut-être parce qu'il était robuste et possédait une excellente coordination, mais peut-être aussi parce que, étant de petite taille (il mesurait un mètre soixante-huit, comme Staline), il avait quelque chose à prouver. Avec un coup de pouce supplémentaire du destin, il aurait pu sauter en même temps que Trouch, car ce dernier faisait son service militaire en 1969 et lui aussi était parachutiste. Seulement Markov, qui avait onze mois de plus que Trouch, avait déjà reçu son affectation au Turkménistan. Toutefois, après les incidents de l'île Damanski au printemps 1969, son bataillon fut mobilisé dans le Primorié et rappelé à la dernière minute.

En fin de compte, Markov n'eut jamais l'occasion d'éprouver ses aptitudes au combat, bien que la Russie et la Chine fussent restées sur le pied de guerre de longues années après la crise de l'île Damanski.[1] Les enjeux étaient tels que le Premier ministre chinois Chou En-lai et son homologue russe Alexeï Kossyguine jugèrent bon de se rencontrer en tête à tête afin de trouver une solution à cet empoisonnant différend frontalier. La réunion fut considérée comme un succès, pourtant Moscou maintint ses effectifs dans la région jusqu'au début des années 1970.[2] Lorsque Markov fut démobilisé en 1971, son père était mort. Dix ans plus tard, il perdait sa sœur. Il n'est jamais retourné à Kaliningrad (peut-être à cause de la distance) et, selon sa femme, Tamara Borissova, aucun des membres de sa famille encore en vie ne lui a jamais rendu visite à Sobolonié. S'ils l'avaient fait, ils n'auraient sûrement pas reconnu ce *taïojnik* endurci comme l'un des leurs.

---

1. Selon R. Craig Nation, le théâtre des opérations en Extrême-Orient durant cette période [les années 70 et 80] en arriva à « absorber pas moins d'un tiers des ressources de l'armée soviétique ». *(N.d.A.)*

2. L'île Damanski/Chen Bao fut officiellement cédée à la Chine par Boris Eltsine en 1991. *(N.d.A.)*

6

Le tigre répondit : « Ton fils s'est vanté. S'il est le plus fort, qu'il me tue; si je suis le plus fort, c'est moi qui le tuerai. Fais-lui part de mon ordre ! »

« Le brave Giliak et le tigre reconnaissant »,
conte recueilli par L. Y. Sternberg, vers 1900

C'est Andreï Onofreïtchouk, un petit homme aux doigts tachés de nicotine et au nez enfoncé, qui découvrit le corps de Markov dans la matinée du jeudi, soit un jour avant l'arrivée sur place de l'inspection Tigre. Familier de la cabane, il devait y retrouver Markov pour une partie de pêche sur glace, mais comme il s'était saoulé il était en retard d'environ une journée. Il avait fait du stop jusqu'à la bifurcation puis parcouru les derniers huit cents mètres à pied pour arriver peu avant midi. Tout d'abord, il remarqua une traînée de sang près de la route d'accès. « Au début, je n'ai pas bien compris ce que c'était, se souvient-il. J'ai pensé que Markov avait abattu un animal et qu'il n'avait pas nettoyé derrière lui. Ça m'a surpris, parce que d'ordinaire il faisait très attention à ce genre de détails. Il chassait sans permis et les gardes forestiers pouvaient débarquer à tout instant. Alors j'ai commencé à marcher en me demandant : mais qu'est-ce qui se passe ici ? Ensuite j'ai vu son chapeau. Il était défoncé, comme s'il avait reçu un coup sur la tête. À partir de là, mes idées se sont embrouillées. J'avais un mauvais pressentiment, mais je n'arrivais toujours pas à comprendre ce qui s'était passé. C'est alors que j'ai vu les empreintes du tigre.

« Tout d'abord, j'ai cru que Markov était seulement blessé et que je pourrais peut-être lui porter secours. J'ai continué à marcher, passant devant les lambeaux de ses vêtements. J'ai vu la patte du chien plantée dans la neige. J'ai avancé encore un peu, mais le tigre ne m'a pas laissé approcher. Je ne voyais plus Markiz – ni lui, ni elle [en russe, on prête souvent aux tigres le genre féminin], mais je l'entendais qui rugissait. Je n'arrivais pas à savoir d'où ça venait. À ce moment-là j'ai su qu'elle l'avait eu. Là-bas, cette foutue charognarde veillait sur son quartier de viande, elle était penchée sur lui et elle grognait. Je suis resté là un petit moment et puis lentement j'ai fait demi-tour. Je me disais : surtout ne commence pas à courir, parce qu'elle te rattrapera et te bouffera. »

Onofreïtchouk n'était pas armé. Il retourna à la cabane et alluma un feu dans le poêle qui avait refroidi. Il était très secoué. « J'avais la tête complètement vide. Vous savez, j'avais du mal à réaliser – après tout, c'était mon pote. Ça faisait tellement d'années qu'on parcourait ces bois ensemble. »

Il resta longtemps dans la cabane à boire du thé et à fumer cigarette sur cigarette. Il lui fallut s'y reprendre à trois fois avant d'avoir le courage de sortir de la hutte pour aller chercher de l'aide. Onofreïtchouk avait dix ans de moins que Markov, qui était pour lui une sorte de mentor. Il aimait la lecture, mais manquait d'ambition et ne possédait ni le talent ni la patience nécessaires pour être apiculteur ou trappeur. Il était avant tout un chasseur de gibier et un pêcheur – souvent sous la supervision de Markov – et vivait au jour le jour. Les deux hommes se partageaient cette cabane et se chamaillaient comme l'auraient fait des frères, mais ils finissaient toujours par se réconcilier. Markov était son meilleur copain.

Pourtant, ce soir-là, c'est à Danila Zaïtsev, leur ami commun, que revint le pénible devoir d'annoncer à Tamara Borissova ce qui était arrivé à son mari. Markov était absent du foyer familial depuis près d'un mois et Tamara attendait impatiemment son retour. « Le pire a été de le dire à sa femme, se rappelle Onofreïtchouk. J'avais peur d'aller chez elle seul, alors j'ai demandé à Zaïtsev de m'accompagner. Mais je n'ai pas réussi à entrer. Je suis resté dehors sur la route. "Vas-y, toi, je lui ai fait. Dis-lui." Parce que j'avais dans la tête l'image de lui, là-bas. C'était comme si je venais juste de le voir. »

Danila Zaïtsev – nez de travers, sourcils broussailleux, regard pénétrant – est un homme courageux et posé. Ce soir-là, il entra seul pour affronter Tamara Borissova. Il y mit les formes, mais personne ne sait comment annoncer ce genre de nouvelles. « Je voulais choisir mes mots avec soin, explique-t-il. Je lui ai dit qu'un tigre avait attaqué son mari et elle n'a pas compris tout de suite. Elle a cru qu'il avait survécu. »

Alors Zaïtsev essaya encore une fois. De la rue sombre et glacée, Onofreïtchouk tendait l'oreille. Il sut très précisément à quel moment Tamara Borissova comprit, au cri déchirant qu'elle poussa.

L'épouse de Markov fut comme prise de folie. Le chagrin lui fit perdre la tête. Elle insista pour voir son mari, le réclamant avec une telle insistance que ses amis eurent bien du mal à refuser. Ils furent cependant assez sages pour ne pas lui accorder ce qu'elle demandait. Ils avaient déposé les restes de Markov chez un dénommé Kouzmitch, un vieux charpentier qui vivait seul à la sortie du village. Avec quelques planches de pin coréen récupérées par Onofreïtchouk et Zaïtsev, Kouzmitch avait confectionné un cercueil en taille réelle. Cependant Markov ne pouvait pas être mis en terre tout de suite, parce que sa femme avait commandé pour lui un nouveau costume et peu importait qu'il n'y ait rien à mettre dedans. Tout l'univers de Tamara était en train de s'écrouler et elle avait besoin d'ordre dans ce chaos : il fallait que son mari soit enterré dans son nouveau costume. Ses amis accédèrent à sa requête, mais l'aller-retour jusqu'à Loutchegorsk, où se trouvaient les magasins les plus proches, prendrait une journée. Pendant ce temps, les copains de Markov allèrent préparer sa tombe.

Le cimetière est perché sur un tertre boisé, à environ huit cents mètres au sud du village. Un pin mort le domine de sa silhouette gigantesque. L'endroit n'est pas grand, parce que Sobolonié est un village récent, mais aussi parce que les gens employés par la société forestière et donc autorisés à y résider sont jeunes et meurent donc peu. Pourtant il y a eu quelques décès et le visiteur remarque une importante proportion d'enfants et de jeunes gens parmi les tombes marquées par des croix orthodoxes rudimentaires en fer forgé ou en bois peint, plus rarement par de vraies stèles funéraires. Quand la famille en a les moyens, une photographie émaillée du défunt est disposée sur la tombe. Aujourd'hui, ce cimetière est le dernier endroit où l'on peut encore voir un portrait de l'homme que fut Vladimir Markov.

Solidement charpenté, Markov avait des pommettes hautes, un regard mélancolique et un menton d'athlète. Onofreïtchouk et sa femme Irina lui trouvaient un vague air gitan. Mais Tamara Borissova est d'un avis un peu différent : « Il était russe, mais il avait dans les traits quelque chose d'arménien ou de géorgien. » En tout cas, ce quelque chose l'avait conquise. Markov était un bel homme, au teint mat, aux cheveux noirs et ondulés, aux yeux bleu-vert. Bien que de petite taille, il possédait une force exceptionnelle. Avant que la discothèque de Sobolonié ne soit détruite par un incendie, il y donnait parfois un coup de main et Tamara le revoit encore portant sans effort des barriques de cent litres.

Après son service militaire, Markov entra dans un établissement technique spécialisé dans les métiers de la forêt, puis partit travailler dans les bois du Primorié, non loin d'une ville baptisée du nom de l'explorateur Arseniev. Vers 1980, alors qu'il approchait de la trentaine et fuyait un mariage raté, il s'installa à Sobolonié, un village qui lui offrait davantage de perspectives. L'agglomération avait surgi de terre quelques années auparavant, construite par la Compagnie nationale des forêts de la moyenne Bikine, une société publique constituée à l'origine pour l'abattage et l'exploitation des peupliers, chênes et sapins séculaires de cette vallée. Le Primorié recèle la plus grande diversité d'essences de bois de charpente à l'est de l'Oural et, à l'époque, les régions de la moyenne et de la basse Bikine étaient largement sous-exploitées.

Sobolonié s'étend au bout d'une route qui, lorsqu'elle n'est pas enfouie sous la neige, peut passer en l'espace d'une heure de l'état de bourbier à celui d'un ruban de terre aride dont la poussière vous prend à la gorge. Au plus fort de son activité, le village a compté jusqu'à quatre cent cinquante habitants vivant dans des petites maisons de rondins construites en strates anarchiques sur une colline en surplomb de la rivière. L'atmosphère de l'endroit n'est pas sans rappeler celle des villes minières d'Amérique du Nord vers 1925, mais sans les rues tirées au cordeau. L'endroit n'a ni trottoir, ni chaussée asphaltée, ni système d'adduction. Les maisons sont chauffées au bois et l'eau est tirée au puits. Les téléphones, fixes ou portables, sont des objets rares. L'électricité, autrefois symbole de modernité pour les soviets et atout majeur de la compétition avec l'Occident, est produite par un générateur diesel installé à la sortie de la ville. Aux confins du village, la taïga s'étend à des kilomètres à la ronde.

Pour certains, Sobolonié offrait alors une vie rêvée : un logement décent, un emploi stable, un accès à une rivière regorgeant de poisson et, pour ceux qui savaient où chercher, une forêt regorgeant de noix, de baies sauvages, de plantes médicinales et de gibier. L'été, on pouvait même y cultiver de la pastèque. En outre, la compagnie mettait à la disposition des habitants une école, une clinique, une bibliothèque, un magasin, un centre récréatif et même un coiffeur. Sobolonié, à l'époque où Markov s'y installa, était un village où régnait l'optimisme. Les gens y venaient pour prendre un nouveau départ et ceux qui s'y installaient se disaient qu'ils avaient de la chance. De leur point de vue, le communisme était une réussite : ici, il semblait vraiment que l'homme, la nature et l'industrie pouvaient coexister pour le bien commun. La plupart de ces jeunes hommes et femmes venaient d'autres régions de l'Extrême-Orient, notamment de la région de Khabarovsk et de l'île de Sakhaline. Certains avaient même séjourné dans le Grand Nord. C'étaient des êtres rudes qui n'avaient pas froid aux yeux. Les femmes travaillaient, chassaient, buvaient et n'hésitaient pas parfois à jouer des poings comme des hommes. Markov avait rencontré Tamara dans la forêt où elle était employée à l'ébranchage, tandis que lui s'occupait de trier les troncs abattus. Divorcée comme lui, cette rencontre était pour elle une chance inespérée. « Au début, près de lui, j'avais l'impression d'être au paradis, se souvient-elle. Je me demandais : "Est-ce que je rêve ?" Il était toujours là pour m'aider. »

Ils eurent ensemble un fils né en 1982, ce qui porta à quatre le nombre d'enfants vivant sous leur toit. Tamara était profondément émue par l'affection que son nouveau mari témoignait aux jeunes enfants : « Il était d'une telle gentillesse. C'en était presque douloureux de le voir, se rappelle-t-elle. Quand un gamin de nos amis tombait malade, il lui apportait de la graisse de lynx qu'il avait lui-même réchauffée, même si c'était sa dernière goutte. Cet homme vous aurait donné sa chemise. »

Comme beaucoup de gens des régions rurales, Markov possédait de multiples talents. Bon soudeur, il avait fabriqué de ses mains une faucille et un marteau, symboles de l'Union soviétique, pour l'école du village. En plus de son emploi de forestier, il faisait équipe avec Danila Zaïtsev au générateur local et travaillait la nuit à la discothèque installée dans la salle des fêtes municipale. Sa formation lui permettait d'être trieur de troncs, chauffeur de poids lourds ou encore opérateur d'engins de chantier, mais ces compétences ne sont pas rares dans l'industrie forestière. Si Markov sortait du lot, c'était grâce à sa personnalité : doué d'humour et de charme, les gens appréciaient sa compagnie. Il savait rire des pires situations, et il y en a beaucoup dans un endroit comme Sobolonié.

Par un après-midi d'hiver, autour d'une tasse de thé extrafort, Irina et Andreï Onofreïtchouk me racontèrent l'anecdote suivante : « Une fois, commença Andreï, Markiz a passé la nuit chez nous. Notre plus jeune fils, Ivan, était tout petit, il ne marchait pas encore, et Irina l'avait porté dans la chambre où dormait Markiz… »

« J'ai assis Ivan sur une chaise à côté du lit, enchaîna Irina. La main de Markiz pendait comme ça [elle me montra sa paume tournée vers le ciel]. J'ai donné à manger à Ivan et je lui ai dit : "Attention, c'est chaud."

Le petit a goûté une cuillerée et puis soudain il a versé le reste de son assiette dans la main de Markiz.

« En sentant la chaleur, il s'est aussitôt réveillé. En un clin d'œil, bien que sortant d'un profond sommeil, il s'est mis à plaisanter : "Que vois-je ? Son altesse le tsar Ivan le Terrible en personne qui me donne à manger."

Ivan est grand aujourd'hui, reprit Andreï. Mais depuis ce jour-là il a gardé son surnom de Tsar. C'était la bénédiction de Markiz. »

Certaines plaisanteries de Markov étaient de vrais numéros. Pour les raconter, il prenait l'accent caucasien qui provoque l'hilarité des Russes de la même façon que l'accent du Sud fait rire les Américains. Staline était originaire du Caucase et pour les Russes d'un certain âge entendre cet accent fait encore froid dans le dos. [1] S'en moquer est un moyen pour les survivants de cette période de se débarrasser des dernières toxines qui les empoisonnent. Markov avait à son répertoire une série de questions posées par les auditeurs à une émission fictive de la radio arménienne. Née dans l'Union soviétique des années 1950, cette Radio Erevan imaginaire était connue de tous les Russes. Censée émettre depuis le sud du Caucase, elle prodiguait ses conseils sur des sujets allant de la sexualité à la doctrine socialiste. Son slogan résumait la réalité quotidienne de beaucoup de Soviétiques : « Demandez-nous ce que vous voudrez et nous vous répondrons ce que nous voudrons. »

En voici un exemple :

> Vous écoutez Radio Erevan. Nos auditeurs nous demandent :
>
> « Est-il autorisé de faire l'amour sur la place Rouge ? »

---

1. En étudiant les dossiers de détenus politiques emprisonnés par Staline, l'historien Roy Medvedev a estimé que deux cent mille personnes avaient été incarcérées pour avoir raconté des histoires drôles. *(N.d.A.)*

Nous leur répondons :
« Oui, mais seulement si vous voulez recevoir beaucoup de conseils. »

Le régime soviétique était la cible privilégiée de ces blagues :

Vous écoutez Radio Erevan. Nos auditeurs nous demandent :
« Pourquoi notre gouvernement semble-t-il si peu pressé d'envoyer nos hommes sur la Lune ? »
Nous leur répondons :
« Parce qu'ils pourraient refuser de rentrer au bercail. »

Markov avait une disposition naturelle pour ce genre d'humour et, pour son petit cercle d'auditeurs, il était un peu comme une radio pirate, une Radio Sobolonié, à lui tout seul.

Il devait aussi à son sens de l'humour et à sa nature joviale d'avoir attiré l'attention du patron de la compagnie, un homme que les centaines d'employés de l'entreprise connaissaient sous le nom de Boris Ivanovitch.[1] Avec ses nombreux talents, Markov ferait un excellent compagnon de route lors des longs trajets dans la taïga. C'est ainsi que Boris Ivanovitch le prit à son service comme chauffeur et que Markov devint l'une des rares personnes à avoir jamais conduit une limousine au pays du tigre. La Volga de Boris Ivanovitch était un curieux choix pour la région, car à l'époque soviétique cette berline considérée comme un modèle de luxe était réservée aux diplomates et hauts cadres du parti. Inutile de préciser qu'elle était mieux adaptée aux rues de Moscou ou

1. En russe, pour s'adresser à une personne plus âgée ou d'un rang social plus élevé, on l'appelle par son prénom, suivi de son patronyme, en omettant son nom de famille. Par exemple, « Boris Ivanovitch », ce qui signifie littéralement « Boris, fils d'Ivan ». *(N.d.A.)*

de Saint-Pétersbourg qu'aux routes forestières du Primorié. L'image est à la fois poignante et insolite. On imagine Markiz, petit homme farceur, en chemise blanche et pantalon assorti, véhiculant son puissant patron communiste en grand style à travers la boue, la poussière et la neige de la vallée de la Bikine. En comparaison des autres options qui s'offraient à lui, Markov tenait là un poste en or. Nul n'aurait pu soupçonner alors que lui reviendrait la distinction tragique d'être le seul chauffeur de Russie – et peut-être du monde – à finir dévoré par un tigre.

Par ailleurs, Markov, de même que Lev Khomenko avant lui, était enregistré en tant que chasseur professionnel auprès de la société Alouftchanski. Comme la majeure partie des trappeurs de la région, il n'en avait que pour la zibeline, sorte de grosse belette qui est au chasseur russe ce que le castor est à son homologue d'Amérique du Nord (Sobolonié tire son nom de cet animal). La société Alouftchanski leur achetait les peaux et la viande à des prix fixés par le pouvoir central, créant ainsi un marché national stable et sûr qui permettait aux hommes de tirer un revenu décent de la forêt. Jusque récemment encore, l'industrie de la fourrure en Extrême-Orient était l'un des piliers de l'économie locale et un fournisseur de premier plan du marché mondial. Au Primorié, comme autrefois aux États-Unis et au Canada, la fourrure est un thème récurrent de beaucoup de contes, histoires, récits de voyage et biographies. Elle est emblématique du statut de quasi-colonie dévolu à cette région riche en ressources naturelles mais pauvre en industries de transformation. Aujourd'hui encore, comme il y a trois siècles, les peaux sont expédiées à Irkoutsk, en Sibérie, à deux mille cinq cents kilomètres de là, pour y être traitées. Irkoutsk se situe à proximité du lac Baïkal, qui marquait autrefois la limite occidentale du territoire du tigre de l'Amour. Il y a un siècle, on pouvait encore voir sur le blason de sa province un tigre serrant entre ses dents une zibeline.

En plus d'être bon chanteur et d'animer les soirées, Markov aimait lire, et Tamara se rappelle que parmi ses lectures préférées, à côté des aventures de Dersou Ouzala, il y avait un autre livre dont il ne se lassait jamais : *Le Cavalier sans tête.* Inspiré d'une histoire vraie, ce récit publié en 1866 était l'œuvre d'un écrivain irlando-américain, le capitaine Mayne Reid, journaliste et aventurier, qui s'était battu pendant la guerre mexico-américaine. Ses écrits, largement oubliés par les lecteurs anglophones, ont connu un vif succès en Russie pendant l'ère brejnévienne. Theodore Roosevelt et Vladimir Arseniev en étaient friands, de même que Vladimir Nabokov qui, petit garçon, avait tellement adoré *Le Cavalier sans tête* qu'il en avait traduit une partie en alexandrins. La prose de Reid est riche, fleurie et sans doute un peu ampoulée selon les normes d'aujourd'hui. En Russie, ses livres ne font pas moins de cinq ou six cents pages. Mélange d'eau de rose et d'aventure, ils ont pour nom *La Piste de guerre* ou *À fond de cale.* L'un d'eux s'intitule même *Le Chasseur de tigre.* Tamara ne s'explique pas ce qui pouvait tellement captiver son mari dans *Le Cavalier sans tête,* mais elle se rappelle qu'il a lu ce livre au moins trois fois. « Tu vas finir par le connaître par cœur », le taquinait-elle.

Les années 1980 furent de bonnes années pour Markov. Sa situation professionnelle était stable et il menait une vie que certains qualifieraient d'équilibrée. Sa femme l'adorait. Mais quand il partait chasser et poser ses pièges dans la taïga en disparaissant parfois des semaines entières, elle se faisait un sang d'encre.

Assise dans sa cuisine, près du gros bloc de béton effrité qui leur sert de poêle, elle se souvient : « Quand il rentrait à la maison, il me racontait qu'il avait vu des empreintes de tigre. Je lui disais : "Tu dois être plus prudent quand tu es là-bas." Et lui me répondait : "Pourquoi j'aurais peur d'elle ? Ce serait plutôt à elle d'avoir peur de moi !" »

7

Confucius, longeant le mont T'ai, entendit une femme pleurer et gémir amèrement auprès des sépultures. Les mains appuyées sur la barre transversale de sa voiture, il salua et prêta l'oreille. Il envoya Tzeu lou dire à cette femme : « Madame, vous pleurez tout à fait comme une personne qui éprouve un grave chagrin. » « Oui, répondit-elle. D'abord le père de mon mari a été dévoré par un tigre; puis mon mari a péri de même; dernièrement, mon fils a connu le même sort. » « Pourquoi ne quittez-vous pas ce pays ? » demanda Confucius. Elle répondit : « C'est que le gouvernement ne vexe pas le peuple. » « Mes chers enfants, dit le Maître à ses disciples, n'oubliez pas cette parole. Un gouvernement tyrannique est plus cruel (et plus redouté) que les tigres. »

Confucius, *Le Livre des rites*

Au milieu des années 1980, l'inefficacité de la planification centralisée devenant plus manifeste et ses conséquences plus pénibles à endurer pour la population, l'Union soviétique commença à se déliter. Mais le pays était beaucoup trop instable et empêtré dans sa propre histoire pour se convertir progressivement à l'économie de marché et à la démocratie que celle-ci était supposée apporter. La transition ne pourrait pas s'opérer graduellement. Bien que timidement, Mikhaïl Gorbatchev avait ouvert la boîte de Pandore. À peine soulevé, le couvercle sauta. En Russie, les murs tombèrent. Le bloc communiste se désintégra et toute la frustration, le mécontentement, la rage et l'ambition sauvage réprimés pendant des décennies – voire pendant des vies entières – jaillirent tel un magma que rien ne pouvait contenir. Dans leur immense majorité, les Russes n'étaient absolument pas préparés à cette nouvelle ère de liberté pour tous.

Mais Radio Erevan restait en phase avec son temps :

> Nos auditeurs nous demandent :
> « Qu'est-ce que le chaos ? »
> Nous leur répondons :
> « Nous ne commentons pas l'économie politique. »
>
> Nos auditeurs nous demandent :
> « Qu'est-ce que le business à la russe ? »
> Nous leur répondons :
> « Voler de la vodka, la revendre et boire toute la recette. »

Beaucoup de Russes reprochent à Boris Eltsine d'avoir « tout détruit », mais il a été bien aidé. Soixante-dix ans après la révolution bolchevique, le même scénario sinistre se répéta : dans un grand retour de balancier, un pillage systématique du pays s'organisa. Des pans entiers de l'industrie furent privatisés à marche forcée et d'immenses territoires transformés en fiefs d'un nouveau genre. Sans conviction, on tenta de faire participer le petit peuple à cette mutation en lui distribuant des titres des sociétés privées qui venaient de se créer. Mais la plupart des gens n'avaient aucune idée de leur valeur et les revendirent aussitôt pour une bouchée de pain. Sous la présidence de Boris Eltsine, l'ignorance des masses et l'habileté d'une minorité permit la redistribution des richesses et des ressources la plus large, la plus rapide et la plus injuste que le monde ait jamais connu. La Russie assista à l'émergence d'un kleptocapitalisme à grande échelle, mais ce n'était pas la première fois. Sous le règne de Lénine, les bolcheviques n'avaient rien fait d'autre.

Le pillage qui avait succédé à la révolution de 1917 avait connu la même ampleur, mais avec des motivations et des méthodes encore plus radicales. Les violences qui firent suite à la révolution furent l'occasion d'une vaste spoliation des terres et des propriétés privées. Quiconque avait des employés ou des surplus de n'importe quoi devint un ennemi du peuple. Encouragées par les slogans complaisants du parti, tels que « Volons les voleurs » [1], des bandes de voyous, parfois amenées de l'étranger, se chargèrent du sale boulot pour le compte de Lénine, se livrant au brigandage, au vandalisme et au meurtre. Tout en prêchant la doctrine de Marx, Lénine pratiquait des méthodes dignes de Machiavel. Ainsi écrivait-il dans un mémorandum hautement confidentiel adressé au Politburo pendant la terrible famine de 1922 :

> C'est maintenant ou jamais. Alors que dans certaines régions où sévit la famine des gens en sont réduits à manger de la chair humaine et que des centaines voire des milliers de cadavres jonchent les routes, c'est maintenant que nous pouvons (et donc que nous devons) confisquer les biens de l'Église avec la plus grande sauvagerie et l'énergie la plus impitoyable… de façon à nous

1. En novembre 1918, au plus fort de la vague de pillage, six membres de la famille d'Arseniev, dont le père de l'écrivain, furent massacrés par des paysans du coin, avides de faire main basse sur leurs biens. *(N.d.A.)*

> constituer un fonds de plusieurs centaines de millions de roubles or… C'est maintenant que nous devons donner [au clergé] une leçon afin qu'ils n'osent même plus songer à nous opposer la moindre résistance pour les décennies à venir.

Sous Lénine, comme sous Eltsine, un petit cercle de privilégiés entretenant des liens étroits avec le Kremlin dirigeait ces réquisitions et en désignait les bénéficiaires. Ces abus de pouvoir commis pendant la période soviétique sont en partie responsables du cynisme qui règne parmi les dirigeants politiques actuels, comme un écho des premiers temps du communisme. Aujourd'hui, il se traduit par un capitalisme rapace et primitif. Dans le chaos qui a succédé à la vague de privatisation et au bradage des plus beaux fleurons de l'Union soviétique, Roman Abramovitch, jeune homme ambitieux et bien introduit, réussit à se faire élire gouverneur de la Tchoukotka et à s'approprier au passage les très lucratifs gisements de pétrole de cette vaste région autonome située dans l'Extrême-Orient russe. À l'âge de trente ans, Abramovitch était devenu l'un des hommes les plus riches du monde et il le demeure aujourd'hui (il a démissionné de son poste de gouverneur en 2008). Mais il n'est qu'un exemple parmi d'autres. En 2008, dix-neuf des cent plus grosses fortunes du monde étaient russes. Ce chiffre est particulièrement impressionnant quand on sait que d'ordinaire les grandes fortunes sont soit héritées soit bâties sur toute une vie. Or ces oligarques russes se sont enrichis pratiquement du jour au lendemain, et pour beaucoup d'entre eux avant d'atteindre la quarantaine.

Au début des années 1990, les entreprises publiques périclitèrent les unes après les autres. Elles se dégonflèrent telles des baudruches et parmi elles la compagnie qui était l'unique raison d'être de Sobolonié. Une vieille chasseuse, autrefois bûcheronne, connue sous le nom de Baba Liouda, résume ainsi la grandeur et la décadence de son village : « Quand nous sommes arrivés ici en 1979, tout était beau et neuf. Les routes étaient en bon état, les bûcherons abattaient des arbres nuit et jour. Nous avions la belle vie. Puis est venue la perestroïka et tout a été "réorganisé". Qui a besoin de Sobolonié aujourd'hui? Personne. »

La Compagnie nationale des forêts de la moyenne Bikine mourut d'une mort lente. Elle commença par se retirer de Sobolonié vers 1992, puis du village de Iassenovié. En 1994, l'exploitation s'était repliée sur Verkhnii Pereval, où elle finit par fermer complètement, laissant les habitants de Sobolonié face à une triste alternative : abandonner leur maison et leurs amis dans l'hypothétique espoir de trouver une meilleure vie ailleurs (une perspective peu réaliste dans la Russie du milieu des années 1990), ou bien rester et vivre de la terre, en réaction à un système dont les lois semblaient avoir été conçues à dessein pour punir les pauvres.

À cette époque, Markov, qui avait à peine quarante ans, avait passé plus de la moitié de sa vie d'adulte à Sobolonié. C'était là qu'il avait tous ses amis et ses attaches. Pour cette raison, et parce que la forêt lui offrait, à lui et à ses voisins, une sécurité qui n'avait pas d'équivalent ailleurs en Russie, il décida de rester avec deux cent cinquante autres habitants du village. Au cours des quinze années suivantes, ces gens reconstituèrent une forme de société primitive pratiquement livrée à elle-même. À cet égard, Sobolonié nous offre un avant-goût de ce que serait un monde post-industriel.

En 1997, Sobolonié, un village qui n'avait alors que vingt-cinq ans, tombait déjà en ruine. Bien que toujours habité, il y régnait une atmosphère de ville fantôme, de lieu déchu dont la vie s'écoulait lentement, laissant quelques rescapés lutter pour leur subsistance dans un paysage de désolation créé de main d'homme. Le bâtiment qui abritait la salle des fêtes municipale avait été détruit par un incendie, de même que plusieurs habitations, dont celle de Markov. La famille avait déménagé dans une autre maison, mais peu de leurs affaires avaient été épargnées par les flammes. Dans cette ambiance de décadence généralisée, le bâtiment en brique de deux étages qui abritait le générateur commença lui aussi à s'effondrer. Pourtant, à l'intérieur, la machine continuait à ronronner, pareille au cœur obstiné d'un village à l'agonie. Danila Zaïtsev, Markov et quelques autres organisèrent des tours de garde pour la veiller, se relayant pour dormir près d'elle dans une caravane décrépite.

À l'image de Tchernobyl, Sobolonié est une sorte de monument accidentel au désastre russe, à cette différence près que personne n'a jamais entendu parler de cet endroit hors de la vallée de la Bikine. Bien que saluée par les Occidentaux qui la considéraient comme un progrès, la perestroïka a causé et cause encore à la Russie un préjudice dont peu de gens à l'Ouest mesurent l'ampleur. Pour preuve, les Russes la surnomment entre eux la « Katastroïka ». Sobolonié, ce lieu où la civilisation telle que nous la concevons a cessé d'exister, en est un parfait exemple. La formule résumant l'incurie généralisée nous est donnée par le facteur local. Pour faire sa tournée, cet homme sillonne les routes de la taïga profonde au volant d'une fourgonnette du gouvernement ornée d'une bordure de passementerie et d'un drapeau américain suspendu à l'envers. En 2007, par une journée d'hiver, regagnant son véhicule après un arrêt dans les bureaux administratifs de Sobolonié, il prononça ces mots en secouant la tête avec réprobation : « Personne ne gouverne ici. C'est l'anarchie ! »

Pour se rendre compte de la façon dont les gens vivent ici au quotidien, il suffit de regarder Grigori Pechkov. L'homme tient la station à essence du village et, pour augmenter ses maigres revenus, il doit s'enfoncer jusqu'à mi-cuisse dans la neige par des températures inférieures à zéro pour ramasser des pommes de pin. Les Chinois, dont l'appétit vorace pour les ressources naturelles se fait fortement sentir dans cette partie de la Russie, apprécient le bois du pin de Corée et également ses pignons, qui sont pour eux un mets délicat. Pechkov peut gagner jusqu'à trente roubles (environ un dollar) par livre de pommes de pin qu'il trouve enfouies dans la neige. S'il prend le temps de les décortiquer, avec un peu de chance il peut obtenir jusqu'à cent roubles par livre. Certains pourraient penser que cette activité conviendrait mieux à un cochon ou à un écureuil et ils n'auraient pas tort, mais comme le dit une jeune femme nanaï d'un village voisin : « À Sobolonié, les gens ne vivent pas, ils survivent. »

Parfois, ils n'y arrivent même pas.

Dans de pareilles circonstances, l'humour de Markov devenait un bien inestimable. Pour les gens qui le connaissaient, l'homme était comme un rayon de soleil dans un paysage de désolation. Le comique de situation tel que le pratiquait Markov passe difficilement la barrière de la langue, car il dépend moins de la chute de l'histoire que d'une alchimie liée aux circonstances. Il est une condition indispensable à la survie en Russie, pays où les offenses et les privations semblent plus fréquentes qu'ailleurs et peuvent à la longue briser un individu. Un jour, pendant un long trajet en bus à travers le Primorié, un jeune homme prénommé Guena, montrant une bouteille de vodka qu'il avait apportée, s'exclama : « Ce n'est pas de la vodka, c'est une machine à voyager dans le temps ! » L'humour joue un rôle similaire : il fait paraître le voyage moins long et surtout il adoucit les coups répétés que vous assène la vie quotidienne en Russie. Markov avait ce don de défier la gravité du moment et de transformer les choses cassées, les projets avortés en brèves échappées d'humour absurde. « Je ne sais pas pourquoi, mais sa langue marchait comme ça, se souvient son jeune voisin, Denis Bouroukhine. Quel que soit le sujet, il arrivait toujours à en trouver le côté comique. »

Heureusement qu'il leur restait l'humour, car pour le reste, le circuit d'approvisionnement en produits de première nécessité était en si piteux état que des villages isolés comme Sobolonié se trouvaient complètement coupés du monde. En outre, avec un taux d'inflation qui approchait les mille pour cent en 1993, le rouble n'avait pratiquement plus aucune valeur. Dans les années suivantes, son cours se stabilisa, mais de manière très relative. Entre 1990 et 1995, les Russes ont vu les prix doubler et même tripler chaque année. Puis en 1997, ce fut la chute libre et le rouble connut un sort semblable à celui du mark allemand avant la Seconde Guerre mondiale. Alors que dix ans plus tôt un rouble aurait permis d'acheter un paquet de cigarettes, cinq cornets de glace ou un déjeuner pour deux dans une cafétéria, désormais il ne valait plus un clou. Le 1er janvier 1998, un mois après la mort de Markov, le nouveau rouble était mis en place. Cette mesure qui revenait à dévaluer la monnaie nationale eut pour effet de ramener le taux de change à un niveau plus raisonnable, mais elle finit de vider le maigre bas de laine que possédaient encore les Russes. Quand on sait que cette dévaluation était la septième que connaissait le pays en un siècle, on comprend mieux pourquoi les Russes, cyniques et blasés, semblent ne plus avoir foi qu'en leur carré de pommes de terre.

Pour les habitants des villages de Sobolonié et de Iassenovié, ces changements n'ont pas fait grande différence. Pour ceux qui avaient encore un réservoir où la verser, se procurer de l'essence était une affaire de plusieurs jours et trouver de l'argent pour la payer pouvait prendre encore plus longtemps. La monnaie papier faisait certes toujours partie de leur économie, mais elle n'était plus le principal moyen d'obtenir des produits de première nécessité. La forêt l'avait supplantée, cette bienfaitrice et ultime ressource que Sacha Dvornik et beaucoup d'autres qui dépendent d'elle surnomment avec tendresse « Taïga Matouchka », mère Taïga.

Quand les Russes s'épanchent sur leur pays, ils parlent volontiers de la « mère Russie », un terme affectueux qui ne désigne pas la nation et encore moins ses élites dirigeantes, mais la terre. Le lien profond qui les rattache à leur sol transcende tous les autres, à l'exception peut-être des liens familiaux. De même, ce peuple entretient avec la forêt et ses créatures, plantes et bêtes confondues, un rapport singulier qui semble avoir déserté l'Occident depuis des lustres. C'est un contact intime, presque une dépendance, qui offre un contraste saisissant avec la volonté aussi capricieuse qu'inquiétante d'un État s'acharnant à détruire l'environnement. À partir de la mi-mai, par exemple, la grande majorité des Russes de tous horizons se consacre au travail de la terre avec une dévotion et une authenticité qui ferait pâlir d'envie beaucoup d'Occidentaux se prétendant défenseurs de la nature. Mai, en effet, est le mois où l'on plante les pommes de terre et tout le monde s'attelle à la tâche. C'est une tradition, un rituel, mais aussi un moyen de passer l'interminable hiver russe et de compenser des salaires qui restent trop bas, même quand ils sont versés. Une réalité qui n'a pas échappé à la sagacité de Radio Erevan :

> Nos auditeurs nous demandent :
> « Est-il possible de joindre les deux bouts avec son seul salaire ? »

Nous leur répondons :
« Nous n'en savons rien, nous n'avons jamais essayé. »

Avant la révolution, on parlait du tsar comme du « Petit Père » (le grand étant bien sûr Dieu lui-même). Cette idée d'un être (humain) suprême qui unifie, protège et guide le pays est une notion qui remonte à Ivan le Terrible, le premier tsar de toutes les Russies. Ce souverain habile, sanguinaire et expansionniste, instaura l'ordre qui allait régner dans le pays pour les cinq siècles à venir et son héritage est encore bien vivace en Russie, où Vladimir Poutine est présenté comme un « tsar bienveillant », comme « l'homme fort de la Russie », voire comme « l'homme de fer » à l'instar de Staline dans les années 1930. Ce sont des titres glorieux, surtout dans l'esprit d'une majorité de Russes qui estiment que leur pays est un membre du monde occidental mésestimé et entouré d'ennemis. D'où l'immense popularité dont jouit Vladimir Poutine, y compris dans les régions reculées du Primorié, et le culte dont Staline est encore l'objet chez des millions de ses compatriotes. En résumé, l'État russe est une entité masculine et paternaliste, obsédée par la culture du secret, xénophobe et surarmée, mais aussi faillible, bornée et prompte à trahir les siens. Depuis un siècle, en réalité, les habitants de ce pays n'ont plus foi en rien. Ce n'est pas un hasard si le taux de divorce y est l'un des plus élevés au monde, si les enfants y sont élevés par des femmes seules (même quand elles vivent en couple). Les pères, eux, se saoulent, multiplient les aventures d'un soir, délaissent leur famille, renoncent, en un mot, et meurent jeunes. Quand le père disparaît et qu'il n'y a pas de grands-parents vers qui se tourner, il ne reste aux enfants qu'une alternative en dehors de l'orphelinat : la lutte quotidienne aux côtés de la mère ou la rue et ses dangers. La taïga offre un mélange des deux.

Après la fermeture de la Compagnie des forêts et leur abandon par l'État, les travailleurs de la vallée de la Bikine se jetèrent dans les bras rudes mais généreux de la mère Taïga, qui leur ouvrait un horizon d'expédients aussi illégaux que périlleux, où la vodka des bouilleurs de cru allait souvent de pair avec les cartouches de fusil de fabrication artisanale. Ce stigmate de trahison et d'abandon a eu pour corollaire la nature fusionnelle du lien unissant les mères à leurs enfants – en particulier à leur fils unique (Joseph Staline en fut un parfait exemple). Le même lien fusionnel qui unit la mère Taïga à ses fils désespérés.

En 1997, Sobolonié était devenu un lieu extrêmement malsain. Le moral des habitants était au plus bas et l'alcoolisme, déjà inscrit dans la culture locale, prit des proportions alarmantes. Les objets commencèrent à se détériorer, à brûler dans des incendies, les gens se mirent à mourir. Aujourd'hui, trois des cinq enfants de Baba Liouda, la chasseuse, reposent au cimetière du village. « On ne peut plus appeler ça une vie, dit-elle. On se contente d'exister. »

Dans de telles circonstances, la notion de temps telle que nous la connaissons devient floue et perd tout son sens. À Sobolonié, la seule chronologie est celle de la subsistance. Quand vous n'avez pas d'argent, que vous vivez en marge de la société, au fond des bois, le rythme régulier des montres et des calendriers n'a plus la même importance. Si vous avez de la chance, peut-être que l'arrivée du chèque de votre maigre pension marquera le passage des mois, mais si cet argent est aussitôt dépensé en vodka, il ne servira qu'à vous faire perdre un peu plus votre notion du temps. Au final, il ne reste donc que cette chronologie de la subsistance, alternant périodes d'oisiveté forcée et périodes d'activités saisonnières réglées sur les cycles naturels du poisson, du gibier, des abeilles et des pommes de pin. À ces activités s'ajoutent la plantation des pommes de terre et parfois l'embauche occasionnelle d'une équipe de bûcherons ou d'ouvriers pour la construction d'une route. Les gens obéissent à un calendrier ancestral, étranger à beaucoup d'entre nous, bien que des millions d'êtres humains à travers le monde continuent de vivre selon son rythme.

Markov a tout fait pour échapper à la dépression et à l'inertie qui accablaient ses voisins. Le moyen qu'il avait trouvé était de passer de plus en plus de temps dans la taïga. « C'était un gars bien, se souvient Irina Pechkova, son ancienne voisine. Il connaissait tout de la forêt, absolument tout. Il était capable de trouver n'importe quelle racine. Une fois, il a même sauvé des petits oursons. »

« Il était toujours affairé, ajoute Denis Bouroukhine. On ne peut pas se permettre de flemmarder dans la forêt. Il faut faire du feu, puiser de l'eau. Il faut vérifier ses pièges et ses filets, chasser pour la viande. Bref, vous n'arrêtez jamais. »

Signe qu'il était peut-être conscient d'un besoin d'ordre et de discipline, Markov avait un réveil dans sa cabane. Mais plus un homme passe de temps dans le monde primitif et solitaire de la taïga, plus il lui devient difficile d'obéir aux exigences de la vie domestique. À l'époque où Trouch croisa sa route et lui confisqua son arme, Markov avait déjà coupé les ponts avec la vie du village. À l'occasion d'une brève visite chez les siens, Vassili Dounkaï, un chasseur nanaï, exprimait en ces termes le dilemme auquel est confronté le *taïojnik* : « La taïga est ma maison. Quand je rentre chez moi, j'ai l'impression d'être un invité. Beaucoup de chasseurs éprouvent la même chose. Je suis rentré depuis une semaine à peine et déjà j'en ai plus qu'assez. »

Vassili Solkine, cinéaste, rédacteur en chef d'un magazine, spécialiste des panthères et aussi chasseur, est un ami de Dounkaï. Comme lui, ce quinquagénaire a passé des mois entiers seul dans la taïga. Formé comme reporter de guerre et propagandiste pour la flotte du Pacifique, il a rendu sa carte du parti à la fin des années 1980 pour devenir un chanteur folk dissident. Cet homme grand et sec, au tempérament nerveux, porte les cheveux longs et une barbe et vient travailler à l'Institut géographique d'Extrême-Orient en jean, T-shirt et bottes de cow-boy. Son éducation et son expérience lui permettent d'exprimer mieux que quiconque l'état d'esprit du *taïojnik* et Solkine compatit au sort de Markov. « L'isolement total est l'épreuve la plus difficile que puisse connaître un individu, explique-t-il. L'être humain est une créature éminemment sociale, et ses actes sont déterminés à quatre-vingt-dix pour cent par le regard des autres. Seul, sans aucun témoin, il apprend qui il est en réalité. Parfois, cela conduit à des découvertes stupéfiantes. Quand plus personne ne le surveille, l'homme peut facilement régresser à l'état d'animal. Plus la peine de se raser, de se laver ou de tenir propres ses quartiers d'hiver. Il peut vivre dans le foutoir, personne ne sera là pour le voir. Il peut tirer sur un tigre ou choisir de ne pas le faire. Il peut détaler comme un lapin face au danger et personne n'en saura rien. Il faut avoir en soi cette chose, cette force pour survivre sans aucun regard autour de soi. Markov l'avait.

« Une fois que tu as surmonté l'épreuve de la solitude, poursuit Solkine, tu as en toi-même une confiance totale et rien ne peut plus te briser. Tous les changements, y compris les changements de système politique, ne t'affecteront plus autant, parce que tu sais que tu es capable de t'en sortir seul. Karl Marx a dit : “La liberté est l'intellection de la nécessité. » [1] J'avais appris ça à l'université,

1. Cette citation, souvent attribuée à Marx, est en réalité une phrase d'Engels paraphrasant Hegel. *(N.d.A.)*

mais il m'a fallu passer un certain temps dans la taïga pour comprendre ce que cela signifie. Si tu piges ça, tu survivras dans la taïga. Si tu penses que la liberté c'est l'anarchie, tu es fichu.

« Ça devient comme une drogue. Il te faut ta dose. C'est donc un sentiment étrange que tu ressens quand tu reviens [à la civilisation] parce que, dans la taïga, la seule chose qui compte, ce sont les balles de ton fusil. Mais dès que tu remets le pied en ville et que tu vois un autobus approcher, tu comprends que tes balles n'ont aucune espèce d'importance dans cet autre monde. Tout d'un coup, tu as besoin d'argent – de drôles de bouts de papier dont tu ne pourrais même pas te servir pour allumer un feu – et ton fusil ne t'est plus d'aucun secours. La transition peut parfois être très difficile. »

Dans le bureau de Solkine, parmi plusieurs crânes de félins exposés sur une étagère, je reconnais celui d'un tigre. En l'examinant de plus près, je distingue les trous laissés par les balles. À la façon dont ils sont disposés, je devine que l'animal a été abattu de face, à bout portant. « Les braconniers aussi peuvent avoir du courage », me dit Solkine.

En dehors des réserves naturelles du Primorié, la vallée de la Bikine est l'une des zones les plus sauvages de ce territoire, et Markov avait appris à bien la connaître. Précédemment, il avait chassé et entretenu des ruches en amont de la rivière, à Oulma, un petit village accessible uniquement par bateau ou par motoneige. Entre ses explorations locales et ses migrations saisonnières, il avait acquis une connaissance exhaustive de la région et de ses habitants éparpillés sur d'immenses distances. Ici aussi, son charme avait agi. Il s'était lié d'amitié avec Ivan Dounkaï (le père de Vassili), une sorte d'ermite qui l'avait autorisé à chasser sur son territoire. C'est à cette époque que la spirale avait commencé à se refermer sur lui.

Dans la taïga, il existe des marchés, petits mais bien développés, pour toutes sortes de produits de la forêt, allant du miel aux pignons de pin et des champignons aux racines médicinales. Au Primorié, la collecte du ginseng, de la laminaire – une algue comestible – et du trépang (ou bêche de mer) a été, avec le métier de trappeur ou de chasseur d'or, l'une des premières activités économiques de la région et reste rentable aujourd'hui encore. Jusque dans les années 1970, le pavot était ouvertement cultivé dans certains villages. Il l'est toujours. Toutefois, comme pour la marijuana apparue plus récemment, les plantations se font désormais plus discrètes.

Avant que Markov ne s'y installe, sa cabane était utilisée par son ami Danila Zaïtsev pour la préparation d'huile d'aiguilles de sapin, remède traditionnel supposé guérir tous les maux, de la toux aux rhumatismes. Après la perestroïka, la demande pour cette huile s'effondra et l'installation fut laissée à l'abandon. Secondé par son ami Zaïtsev, Markov déplaça l'abri jusqu'à la clairière ensoleillée où il se trouve toujours, cerné par des empreintes de tigre. Ce lieu devait lui servir de base pour la chasse, mais avec l'aide de Zaïtsev il y installa également une exploitation d'une quarantaine de ruches. Avec le miel produit, pour se faire un à-côté, les deux hommes brassaient aussi de la *medovoukha,* une sorte d'hydromel. Markov avait apparemment un don d'apiculteur. « Il aimait les abeilles, se rappelle son fils Alexeï, qui a les mêmes yeux, les mêmes pommettes hautes et la même stature que son père. Et elles le lui rendaient bien. Il allait travailler sur ses ruches torse nu. Il n'avait pas peur d'elles. » Il était tellement à l'aise en leur compagnie, que les abeilles venaient en grappes se poser sur sa peau et ne le piquaient que très rarement.

C'est à partir de ce terrain de chasse que Markov se lança vraiment dans le braconnage. Ses armes n'étaient évidemment pas enregistrées et il fabriquait lui-même ses balles. Il vivait dans un dénuement absolu. Quand il parvenait à abattre un cerf ou un sanglier, il en troquait la viande contre des produits de première nécessité : sucre, tabac, thé et poudre (notons au passage que ce mode de vie était celui de Dersou Ouzala quand Arseniev fit sa connaissance en 1906). Grâce à la taïga, il assurait sa subsistance et celle de sa famille. Mais en 1997, après des années de cette vie ascétique, sa santé flancha. Gros fumeur, Markov approchait de la cinquantaine dans un pays où l'espérance de vie pour les individus de sexe masculin ne dépasse pas cinquante-huit ans et moins encore pour un homme de sa condition. Quand Iouri Trouch l'avait rencontré l'année précédente, il avait été frappé par son regard maladif. Ses yeux étaient jaunâtres et injectés de sang. C'étaient peut-être les séquelles d'une récente beuverie ou bien le symptôme d'un mal plus sérieux. Mais Markov avait d'autres problèmes, car une mauvaise chute sur ses skis de chasse, plusieurs années auparavant, l'avait laissé avec une patte folle. Il n'était plus capable de couvrir les mêmes distances à pied ni de porter les mêmes charges qu'autrefois. Il devait changer de mode de vie, mais sans argent, il n'avait aucun moyen d'améliorer sa situation.

Beaucoup d'entre nous arrivent tôt ou tard à un moment dans leur existence où ils prennent conscience que leur chemin s'est éloigné des ambitions de leur jeunesse. En Russie, des générations entières sont passées par là. Mais depuis 1989, une nouvelle frontière s'est ouverte, apportant des occasions de s'enrichir, surtout dans des activités illicites. Pétrole, bois de charpente, êtres humains, tigres, tout ici représente un marché potentiel et la frontière qui sépare les politiciens du crime organisé, l'entreprise légale du business mafieux, est devenue tellement floue que plus personne ne semble la voir. C'est l'Est sauvage et le commerce y est florissant. Dans le triangle d'or de Vladivostok, le long des rues Aleoutskaïa et Svetlanskaïa, le commun des mortels peut voir parader ceux que l'on appelle ici les « nouveaux Russes » : des femmes aux longues jambes perchées sur de hauts talons, le visage enfoui dans le col de leurs grands manteaux de zibeline et de vison, leurs visages fardés masqués par d'amples capuches; des hommes en costume européen filant à travers les rues au volant d'un 4 × 4 Toyota à conduite à droite, fraîchement débarqué du bateau qui l'a importé du Japon.

Cette soudaine opulence est d'abord passée inaperçue de Markov, mais il a fini par en entendre parler, notamment à la télévision. Or il connaissait déjà le plaisir de conduire une voiture de luxe. Au Primorié, beaucoup de gens qui font cuire leurs repas sur un poêle à bois et tirent leur eau du puits communautaire se demandent eux aussi comment ils pourraient se tailler une part de cet appétissant gâteau. Pour certains, le meilleur moyen est de réussir un gros coup et dans la forêt, ce gros coup, c'est le tigre. Le garde-chasse Evgueni Voropaïev avait été chargé d'abattre un animal agressif qui rôdait aux alentours de Vladivostok. Un beau jour, il reçut la visite d'un représentant d'un gang mafieux : « Il m'a fait une offre, dit-il. Cinquante mille dollars américains pour le tigre – viande, peau et tout. » L'homme marque une pause, le temps que ce chiffre produise son effet. « Cinquante mille dollars si je le transportais jusqu'à la frontière. »

Markov lui aussi avait entendu ce genre d'histoires, qui tenaient autant de la vérité que de la légende urbaine. Quoi qu'il en soit, tout le monde savait que les Chinois avaient des goûts curieux, que certains étaient très riches et qu'ils avaient aussi un libre accès à la Bikine qui coule directement jusqu'à leur frontière. Pour quelqu'un d'aussi fauché que Markov, même une petite partie de cette somme aurait représenté un pactole considérable, mais cet argent ne lui tomberait pas du ciel. Il allait falloir prendre de gros risques, le genre de ceux que l'on prend en tentant de revendre une valise pleine de cocaïne volée.

8

Comment combattrais-tu cette rage ? ô beauté
Toi la fleur la plus faible et la plus solitaire !

William Shakespeare, Sonnet 65

Il est aujourd'hui établi que l'animal que nous appelons tigre existe sur cette planète depuis le Pléistocène (période comprise entre 1,81 million d'années et 10 000 ans avant notre ère). Les plus vieux fossiles de tigre authentifiés datent d'environ deux millions d'années et ont été découverts en Chine, région où beaucoup de scientifiques pensent que l'espèce serait apparue avant de se disperser sur le reste du continent. Le territoire originel du tigre était immense. Il s'étendait sur cent degrés en longitude et soixante-dix degrés en latitude et recouvrait la quasi-totalité de l'Asie, avec des zones d'implantation plus marquées en Sibérie et au Moyen-Orient. Il y a cinq cents ans, on signala la présence de grands prédateurs, très certainement des tigres, dans les vallées de la Volga et du

Dniepr, à quelques jours de route de Kiev. Des fossiles de tigre furent également retrouvés au nord et à l'est de ce berceau, au Japon et sur la côte russe du détroit de Béring, ce qui soulève la question suivante : pourquoi ce prédateur habile et adaptable n'a-t-il pas poursuivi son avancée ? Les vastes forêts de feuillus et de résineux de la vallée de l'Oussouri sont très proches des forêts primaires qui existaient en Europe et en Amérique. Il est assez perturbant d'imaginer l'un de ces grands fauves dans un tel paysage, car cela implique que le tigre aurait pu s'infiltrer en Europe et dans le Nouveau Monde. S'il en avait eu le temps et l'occasion, il aurait donc pu théoriquement sortir d'Asie pour s'imposer dans toutes les forêts situées entre le détroit du Bosphore et la Manche, entre le Yukon et l'Amazone. Pourtant rien de tel n'est arrivé. La raison pour laquelle le tigre n'a pas colonisé l'Amérique reste un mystère. A-t-il été rebuté par le froid du Grand Nord en atteignant le pont continental que formait alors la Béringie ? Par la rareté de la végétation où s'embusquer ? A-t-il été stoppé dans sa progression par le lion des cavernes ?

Les conditions de vie sous les hautes latitudes ont toujours été précaires et selon certaines estimations l'Extrême-Orient russe n'a jamais abrité plus d'un millier de tigres. En raison du climat extrême et de ses conséquences sur l'abondance du gibier, la population des grands mammifères est généralement plus dispersée dans la taïga que sous les tropiques. Pour satisfaire leurs besoins alimentaires, les tigres de l'Amour doivent donc couvrir un territoire beaucoup plus vaste que d'autres sous-espèces. Au Primorié, ces étendues sont parfois si vastes qu'après avoir tenté de suivre plusieurs spécimens lors de leurs migrations hivernales, Lev Kaplanov, un pionnier de la recherche sur cet animal dans les années 1940, en a conclu que le tigre de l'Amour n'était ni plus ni moins qu'un vagabond. « Pendant l'hiver, la vie du tigre solitaire n'est qu'une succession de longs déplacements, écrivit celui qui fut en son temps le plus fervent défenseur de l'espèce. Le tigre est un nomade par nature. »

C'est en 1758 que le tigre fut pour la première fois classifié comme une espèce à part entière. En 1844, les sous-espèces que sont le tigre coréen, le tigre de Mandchourie, le tigre de Sibérie, le tigre de l'Oussouri, le tigre laineux et le tigre de l'Amour furent regroupées sous la même dénomination de *Felis tigris altaica.* Depuis lors, cet arbre taxonomique a été marqué de plusieurs odeurs successives, tant et si bien que lesdites sous-espèces ont été rebaptisées à sept reprises. Le dernier à s'être prêté à l'exercice était un dénommé Nikolaï Baïkov, membre à vie de la Société pour l'étude du territoire de la Mandchourie et de l'Académie des sciences russes. Dans une monographie intitulée *Le Tigre de Mandchourie*, Baïkov commence par un hommage à l'explorateur Vladimir Arseniev ainsi qu'au romancier Mayne Reid, l'auteur du *Cavalier sans tête.* Cela fait, il avance une thèse osée qui n'aurait pas manqué de séduire ces deux âmes romantiques : selon lui, l'animal à qui il attribue la nouvelle classification de *Felis tigris mandchurica* n'est pas un tigre ordinaire, mais un fossile vivant dont les origines remonteraient au Pliocène et qui mériterait à ce titre d'être considéré comme une espèce distincte. « Son corps massif et son squelette puissant sont des restes de quelque chose d'ancien et d'obsolète, écrivit-il en 1925. Le représentant du félin géant présent en Extrême-Orient est… excessivement proche, par sa structure anatomique comme par son mode de vie, du fossile que nous connaissons sous le nom de *Machairodus,* ou tigre des cavernes, un contemporain de l'ours des cavernes et du mammouth laineux. »

Baïkov étayait sa théorie par des dessins détaillés du crâne des deux animaux, faisant apparaître entre eux une étroite ressemblance. Le *Machairodus*, grand félidé à dents de sabre, a vécu il y a deux à quinze millions d'années et a cohabité avec nos ancêtres protohumains. Des spécimens de cette espèce ont été retrouvés partout dans le monde. La thèse, exaltante bien qu'erronée, d'un chaînon manquant survivant qui se cacherait dans les montagnes de la Mandchourie suscita beaucoup d'émoi dans les musées et les zoos de l'époque et contribua à l'essor d'un marché de spécimens vivants. Baïkov mit tout en œuvre pour imposer son idée et, en un certain sens, ses efforts continuent de porter leurs fruits (et de semer la confusion).

Aujourd'hui encore, il est considéré comme acquis que le tigre de l'Amour est le plus grand félin existant, et les mesures relevées sur un échantillon des nombreux crânes retrouvés ici et là en Asie accréditent cette thèse. Car s'il fallait le représenter sur un graphique, le crâne du tigre de l'Amour occuperait un champ à part, tant il s'écarte de la moyenne. De ce point de vue, on comprend mieux ceux qui voudraient le classifier comme une espèce à lui tout seul. Le fait qu'il prospère dans des conditions qui tueraient les autres tigres est un argument supplémentaire en faveur de cette théorie, et c'est ici que les considérations de taille et de climat semblent avoir conspiré pour nous faire croire à l'existence d'un survivant de l'ère glaciaire. Baïkov et d'autres ont amplement disserté sur la stature massive du tigre de l'Amour, auquel on a parfois prêté des dimensions extraordinaires. Ainsi, des publications tout ce qu'il y a de plus sérieuses ont écrit qu'il pouvait mesurer jusqu'à cinq mètres de long pour un poids de quatre cents kilos. Finalement ces chiffres nous en disent plus sur nous-mêmes que sur les tigres. Notre imagination les voit plus grands qu'ils ne sont. Du reste, quiconque a approché un tigre de l'Amour vous dira que ces bêtes sont assez gigantesques comme ça et qu'il n'est pas nécessaire d'en rajouter. Le spécimen aux babines retroussées que l'on peut admirer dans la galerie de la biodiversité, au muséum d'histoire naturelle de New York, n'a rien à envier par sa taille impressionnante à l'ours polaire exposé dans la salle adjacente, consacrée à la vie des océans.

Si le tigre de l'Amour a pris de telles dimensions dans l'imagination populaire, c'est aussi qu'il y avait beaucoup plus de spécimens à observer à l'époque de Baïkov et de ses contemporains. Or cette population plus nombreuse devait forcément compter dans ses rangs des individus particulièrement gigantesques. Mais il existe une autre explication : la queue d'un tigre, qui représente jusqu'à un tiers de sa taille, peut être augmentée de dix pour cent si on tend la peau quand elle est encore fraîche et humide, technique expliquée par le *Bengal Sporting Magazine* dans un article de 1834 qui aurait pu s'intituler : « Gagnez cinquante centimètres sur votre peau de tigre ». Ajoutez à ces pratiques une pincée d'exotisme, un goût pour les trophées de chasse et des instruments de mesure pas très fiables, et vous obtenez tous les ingrédients d'un mythe. Mais comme beaucoup de bonnes histoires, ces récits de records donnent toujours l'impression d'être de seconde main.

Néanmoins de réelles tentatives ont été faites pour fixer ces grands fauves dans l'espace réel. Dans son ouvrage *The Big Game of Asia and North America* (1915), le dernier livre d'une élégante collection de quatre volumes consacrée à la chasse dans le monde, Ford Barclay a estimé la taille d'un tigre abattu dans la région de Vladivostok à très exactement quatre mètres et onze centimètres du museau à la queue. Par ailleurs, Barclay avait interrogé le fameux auteur et taxidermiste anglais Rowland Ward, lequel lui avait affirmé qu'une peau vendue à Londres et provenant de la même région « avait dû appartenir à un animal mesurant près de quatorze pieds [quatre mètres vingt-sept]. » C'est à peu près la taille d'une petite voiture. Si cette estimation est exacte, cela ferait du tigre de l'Amour le mammifère terrestre carnivore le plus grand (voire le plus lourd) de la création. Ward, homme minutieux et scrupuleux, est l'auteur d'un ouvrage intitulé *The Sportsman's Handbook to Practical Collecting and Preserving Trophies*, réédité une douzaine de fois entre 1880 et 1925, période du plus fort engouement pour la chasse au gros gibier. Pendant sa longue carrière, Ward avait vu et naturalisé beaucoup de tigres. On peut donc ajouter foi à son estimation. Cependant, si de tels monstres ont jamais habité la jungle boréale de l'Extrême-Orient russe, ils ont aujourd'hui bel et bien disparu. Si Baïkov et Barclay ont pu se livrer à leurs audacieuses estimations, c'est parce qu'à leur époque la chasse au tigre était pareille à une déferlante, une gigantesque vague sur le point de se briser.

De leur côté, les tigres, il faut le dire, n'ont guère épargné la race humaine. En Inde, des mangeurs d'hommes légendaires ont tué et dévoré beaucoup de gens avant d'être finalement abattus par des chasseurs. Un certain nombre de ces cas ont été relatés par Jim Corbett, célèbre chasseur de tigres et naturaliste. Il est impossible de mesurer les pertes que ce fauve a fait subir à l'espèce humaine au cours de l'Histoire, mais un spécialiste a estimé qu'il avait coûté la vie à près d'un million d'Asiatiques en quatre cents ans, principalement en Inde et dans l'est du continent.

En Corée, en Mandchourie et en Asie du Sud-Est, le tigre était considéré à la fois comme un animal sacré et un fléau. Jusqu'en 1930 environ, ces animaux ont représenté un tel risque qu'en Corée du Nord, la plupart des offrandes déposées sur les autels bouddhistes étaient des prières de protection contre eux. Et pourtant ils étaient tenus en haute estime, notamment parce qu'on disait qu'ils faisaient eux aussi des offrandes aux dieux en leur apportant les têtes coupées de leurs victimes, une croyance probablement née du fait que les tigres décapitent leurs proies. Les petites gens hésitaient à se venger d'un mangeur d'hommes, par crainte qu'il n'en prenne ombrage et ne contre-attaque. Leur quotidien était donc un tiraillement constant entre leur souci d'éviter ces dieux en maraude et le désir de se concilier leurs bonnes grâces.

Selon Dale Miquelle, spécialiste américain des tigres, le nombre relativement faible d'attaques recensées en Russie par rapport à la Corée au début du siècle dernier ou à la région des Sundarbans aujourd'hui s'explique par l'apprentissage : « Quand les gens n'ont aucun moyen de se défendre [c'est-à-dire pas d'armes à feu], les tigres le savent et les inscrivent sur leur liste de proies potentielles, explique-t-il. En revanche, dans les endroits où la population est lourdement armée [comme en Russie], ils rayent les humains de leur liste. En conclusion, il faut leur apprendre que l'homme est dangereux et je crois que cela est vrai pour la plupart des grands carnivores. »

Ce raisonnement vaut pour beaucoup d'endroits, mais au Primorié, l'expérience des Oudégués et des Nanaïs le met à mal. Bien qu'ils aient élu domicile dans un territoire où patrouillent régulièrement des tigres, le nombre des cas d'attaque n'atteint pas des proportions équivalentes à celles de la Chine et de la Corée voisines. Plus au sud, le long de la frontière chinoise, les cas de tigres mangeurs d'hommes étaient monnaie courante et la vénération dont ils étaient pourtant l'objet a donné lieu à de curieuses collisions culturelles. En 1899, Harry Caldwell, un missionnaire méthodiste venu des montagnes de l'est du Tennessee, s'établit dans la province du Fujian. Ce chasseur ne mit pas longtemps à comprendre que les tigres qui pullulaient dans la région dévoraient ses ouailles. Pourtant, à son grand étonnement, ses paroissiens semblaient vénérer ces animaux presque autant que des vaches sacrées. Armé de sa carabine et du psaume 117, Caldwell entreprit donc d'abattre tous les tigres qui croisaient sa route, mais il s'aperçut ensuite que les dépouilles rapportées des collines par ses coolies étaient accueillies avec scepticisme par les villageois. Les anciens déclarèrent qu'il manquait à ces bêtes certains attributs du grand fauve ; ce qu'ils voulaient dire en réalité, c'est que si ce diable d'étranger avait réussi à les tuer, il ne pouvait pas s'agir de vrais tigres. « Les deux premières prises de mon père furent dénigrées sous ce prétexte, écrivit son fils, John, dans ses mémoires parues sous le titre *China Coast Family*. Les sages du village annoncèrent à la foule réunie que ce n'étaient nullement des tigres, mais d'autres bêtes malfaisantes déguisées en tigres.

« Selon ces sages, si ces animaux étaient bien de ceux que redoutaient les démons et les esprits maléfiques, on aurait dû trouver le caractère chinois [Wang 王] signifiant "le seigneur" ou "l'empereur" dans les marques imprimées sur leur front. Une autre bête tuée par mon père, un superbe mâle dont il était très fier, [fut elle aussi] disqualifiée… Ils décrétèrent qu'il n'avait pas pu naître de parents tigres et qu'il était l'avatar d'un animal ou d'un poisson vivant dans l'océan. »

Plus au nord, les paysans mandchous prêtaient au fauve les mêmes qualités indescriptibles que les Oudégués et les Nanaïs, lesquels allaient parfois jusqu'à abandonner un village lorsque ses abords étaient fréquentés par des tigres (ce qui pourrait expliquer la faible fréquence des attaques chez ces populations). Mais en Corée, quand tout avait échoué – le Bouddha, les chamans et votre bonne étoile – il restait un lieu vers lequel se tourner. Bien avant les Russes en Extrême-Orient, les membres de la Guilde des chasseurs de tigres s'étaient déjà taillé une réputation de guerriers de grande bravoure en Asie du Nord-Est, et leurs prouesses étaient légendaires. Cette organisation militaire apparue sous la dynastie des Yi (1392-1897) comptait dans ses rangs à la fois des chasseurs et des soldats de métier. Entre autres exploits, elle aurait repoussé, dit-on, les attaques des Français en 1866 puis des Américains en 1871. Les chasseurs occidentaux vouaient une immense admiration à leurs homologues coréens qui se servaient encore de fusils et de pistolets à mèche, des armes médiévales dont la conception remontait au XIVe siècle. Elles ne pouvaient tirer qu'un seul coup et à très courte distance. Comme l'a écrit un historien : « Ceux qui rataient leur cible… ne survivaient pas assez longtemps pour le regretter. »

Quand ils n'étaient pas occupés à défendre leur roi, les membres de la Guilde pourchassaient les tigres mangeurs d'hommes et autres panthères agressives. La dévotion à leur art confinait à un culte, l'un de leurs principaux objectifs étant de s'approprier la puissance et le courage du fauve en le tuant et en le consommant (même si, quand ils le pouvaient, ils vendaient des parties de l'animal aux Chinois). Vers 1930, Iouri Iankovski, un célèbre chasseur russe, rapporte avoir assisté à l'un de ces rituels : « Bientôt, nous fûmes confrontés à une scène des plus étonnantes. Un Coréen coiffé du chapeau conique en feutre bleu des chasseurs de tigres de la Guilde était adossé à un arbre et tenait un fusil à mèche d'un autre âge… [Un autre] était agenouillé sur le sol et buvait du sang dans un bol qu'il tenait contre la gorge d'un tigre mort. » [1]

Cette croyance dans les vertus énergisantes de la consommation de son adversaire fonctionnait dans les

1. Ce geste semble être sans âge : dans les archives nationales américaines, une photographie datée du 25 mai 1970 montre le sergent de marine M. L. Larkins présentant le cœur d'un tigre d'Indochine qu'il vient d'abattre à son officier supérieur, le lieutenant-colonel W. C. Drumwright. *(N.d.A.)*

deux sens. On pensait en effet que le tigre augmentait sa force en dévorant le corps et l'esprit d'un être humain. Une fois absorbée, l'âme de la victime devenait une sorte de guide captif secondant l'animal dans sa recherche d'autres proies humaines. Ce raisonnement peut paraître fantaisiste, toutefois il est indiscutable que la force et le savoir acquis par la consommation de viande humaine influencent le comportement ultérieur d'un mangeur d'hommes.

Cependant l'appétit que les tigres ont pour nous fait pâle figure au vu de notre convoitise à leur égard. L'homme chasse le tigre depuis des millénaires, mais récemment notre vénérable relation avec lui s'est envenimée, prenant un tour dont les conséquences se sont fait sentir jusque dans nos rapports avec les autres espèces animales. C'est un peu le syndrome du loup dans la bergerie : il massacre tout ce qu'il peut pour le seul plaisir de massacrer. Les hommes, eux, tuent jusqu'à ce qu'il n'y ait plus de bénéfice à en tirer. Dans le cas de la loutre de mer, ce tournant s'est produit entre 1790 et 1830, dans celui du bison américain entre 1850 et 1880; pour le cabillaud de l'Atlantique, des siècles de pêche intensive ont pris fin en 1990. Ces massacres à grande échelle présentent une certaine analogie avec les marchés financiers, auxquels ils sont souvent liés, et se terminent toujours de la même façon. Le poète canadien Eric Miller a su, mieux que quiconque, trouver les mots pour décrire l'état d'esprit qui conduit à ces excès :

Une corne d'abondance !
Le plaisir absolu de tuer sans avoir jamais l'impression de soustraire
à la somme savoureuse de l'infinité !

Mais l'infinité est une construction de l'homme qui n'a pas de sens dans le monde naturel. Dans la nature, tout est fini, en particulier la population des carnivores. L'ordre *Carnivora* des mammifères mangeurs de viande représente environ un dixième de l'ensemble des espèces de mammifères, mais seulement deux pour cent de leur biomasse totale. Les prédateurs situés en haut de la chaîne alimentaire, tels que les grands fauves, ne représentent qu'une infime partie de cet ordre déjà réduit, et en un siècle, de 1860 à 1960, les chasseurs de gros gibier ont encore contribué à le diminuer. En décembre 1911, le roi George V fraîchement couronné participa au Népal à un *shikar*, un safari à dos d'éléphant, au cours duquel il massacra avec sa suite trente-neuf tigres en l'espace de dix jours. Mais ces gens étaient des amateurs en comparaison du colonel Geoffrey Nightingale. En effet, avant d'être terrassé sur son cheval par une mort soudaine en tentant de tuer une panthère d'un coup de lance, l'homme avait abattu plus de trois cents tigres dans l'ancien État indien du Hyderabad. En 1959, le maharajah d'Oudaïpour se vantait d'avoir abattu mille tigres « au bas mot ». Dans une lettre au biologiste George Schaller, le rajah de Sourgouja écrivit : « Mon tableau de chasse compte 1150 tigres (mille cent cinquante seulement). »

Quand des Russes comme Iankovski allaient chasser au début du siècle passé, ils partaient pour des expéditions de plusieurs semaines et parcouraient entre quinze et vingt-cinq kilomètres par jour à travers les montagnes. En Russie, depuis la fin du XIXe siècle, on considère que pour une chasse au tigre l'effectif doit être de quatre hommes au minimum. La même règle s'applique à la capture de tigres, une pratique extravagante qui ne tomba en désuétude qu'au début des années 1990. Avec pour tout équipement des chiens de chasse, des branches d'arbre et de la corde, des hommes traquaient puis attrapaient des tigres de l'Amour vivants, généralement pour le compte de jardins zoologiques et de cirques. Pour des raisons évidentes, ils préféraient les petits, mais des spécimens adultes ont également été capturés de cette façon. Il est inutile de préciser que les hommes qui participaient à ces expéditions étaient formés sur le tas et que dans ces conditions extrêmes toute erreur due à l'inexpérience était forcément fatale. Leur courage fit écrire à un biologiste spécialiste des tigres : « Non, les *bogatyri* [héros épiques] ne sont pas une espèce éteinte en Russie. »

L'un des derniers et des plus fameux attrapeurs de tigres fut un dénommé Vladimir Krouglov, qui avait appris son métier avec le vieux-croyant Averian Tcherepanov. La méthode de Tcherepanov exploitait l'une des principales faiblesses du fauve, à savoir son manque d'endurance à la course. Un tigre est capable de marcher pendant des jours, mais il ne peut courir que sur de courtes distances. C'est la raison pour laquelle leur capture était toujours organisée pendant l'hiver, de préférence dans une neige épaisse qui avait l'avantage de réduire considérablement la durée de la poursuite. Dès que les chiens sentaient un tigre, ils étaient lâchés et la meute le prenait en chasse jusqu'à ce que l'animal à bout de course ne se retourne pour se battre. Tandis que la meute le tenait aux abois, les hommes s'en approchaient armés de longues branches fourchues et réussissaient, on ne sait comment, à plaquer l'animal au sol. Puis, par un mouvement rapide et soigneusement chorégraphié, ils lui immobilisaient les pattes et la tête, l'entravaient et le fourraient dans un sac. Tout cela était bien sûr beaucoup plus facile à dire qu'à faire. Néanmoins, en 1978, la méthode de la fourche et de la corde permit à Krouglov d'enfermer dans son sac une tigresse qui pesait près de cent cinquante kilos. De mémoire d'homme, il est l'un des rares à avoir réussi à attraper plusieurs tigres par les oreilles et à y avoir survécu assez longtemps pour le raconter. « Je n'ai jamais laissé à personne d'autre le soin de s'occuper des oreilles, expliqua-t-il à Dale Miquelle en 2001. Vous savez, elles sont comme un poste de commande. Vous pouvez immobiliser les dents d'un tigre rien qu'en lui manœuvrant les oreilles. »

Krouglov mourut d'un accident stupide en 2005. Après avoir survécu à plus de quarante captures de tigres vivants et échappé aux nombreux périls qui ôtent prématurément la vie aux hommes russes, il fut tué à l'âge de soixante-quatre ans par la chute d'un arbre. Mais son héritage perdure dans le sud de la région de Khabarovsk, sur les cinquante-trois mille kilomètres carrés du centre de réhabilitation Outios pour animaux sauvages, qu'il a lui-même fondé en 1996 et qui est aujourd'hui administré par son fils et sa fille. Peu d'étrangers se sont essayés à attraper vivantes des bêtes sauvages en Extrême-Orient. Pourtant, dans son œuvre en cinq volumes *The Naturalist in Manchuria* parue en 1922, un certain Arthur de Carle Sowerby, explorateur britannique et sinophile, nous relate la capture suivante : « Quand je l'ai attrapée, la bête n'était que rage, claquant ses mâchoires avec fureur, se mordant elle-même et mordant tout ce qui passait à portée de ses dents acérées. J'ai souvent constaté des réactions de ce type chez les taupes », écrivit-il sans la moindre trace d'ironie.

En 1925, Nikolaï Baïkov estimait à une centaine le nombre de tigres décimés chaque année dans la région de la Grande Mandchourie (qui comprend le Primorié et la péninsule coréenne) et presque tous étaient destinés au marché chinois. « [Durant la saison des amours,] il est arrivé qu'un courageux chasseur, croisant un groupe de cinq ou six tigres, abatte les animaux l'un après l'autre, sans bouger de sa place », rapporta-t-il.

Entre les chasseurs de trophées, les attrapeurs de tigres, les pièges divers et variés (à fusil, à fosse ou à collet), les appâts empoisonnés à la strychnine ou raccordés à des engins explosifs déclenchés par les morsures, ces animaux étaient assiégés de toute part. Alors même que le livre de Baïkov était mis sous presse, son « tigre de Mandchourie » était menacé de rejoindre le mammouth laineux et l'ours des cavernes au cimetière des espèces disparues. Vers le milieu des années 1930, prenant conscience de cette menace, quelques hommes commencèrent à se demander ce qu'ils étaient sur le point de perdre.

Lev Kaplanov était de leur nombre. Né à Moscou en 1910, il était d'une génération plus jeune qu'Arseniev, mais de la même trempe. Dans une lettre à un ami proche, il écrivit que quand il était enfant dans la partie européenne de la Russie il avait rêvé de chasser le tigre, mais qu'en trouvant sa vocation en Extrême-Orient il avait compris que la poursuite sans effusion de sang, bien que moins excitante, serait d'un plus grand bénéfice et pour le tigre et pour la science. C'était une façon de penser originale à une époque où les recherches sur le tigre se résumaient à ce que l'on pourrait appeler de la « zoologie au fusil ». En dehors de Frederick Champion, l'un des pionniers de la photographie animalière (et chasseur de tigres repenti), Kaplanov fut le premier à relater par écrit comment il traquait les fauves sans intention de les tuer. Son attitude avait quelque chose de radical, surtout dans un coin reculé d'un pays traumatisé, dont les contacts avec le monde extérieur étaient désormais restreints. Les notions de conservation et de réserves naturelles n'étaient pas nouvelles, en revanche l'idée de les appliquer à une espèce qui n'était pas un gibier et de surcroît dangereuse avait un caractère totalement inédit. Mais Kaplanov n'aurait jamais pu réaliser son projet sans les conseils et le soutien de Konstantin Abramov, le fondateur et directeur de la plus grande réserve de biosphère du Primorié, le *zapovednik* (« la zone protégée ») du Sihoté-Aline, et de Iouri Salmine, zoologiste talentueux et cofondateur de la réserve.

Un adage populaire dit que la Russie ne se comprend pas avec l'esprit. Le *zapovednik* en est une bonne illustration. Malgré leur dédain affiché pour la nature, les autorités soviétiques ont également donné leur feu vert à des projets de conservation parmi les plus draconiens au monde. Un *zapovednik* est une réserve de vie sauvage dans laquelle seuls les gardiens et les scientifiques sont autorisés à pénétrer, à l'exclusion de toute autre personne. Les seules dérogations sont accordées aux invités – pour la plupart des collègues scientifiques –, sur autorisation écrite du directeur. Il existe un grand nombre de ces réserves, réparties sur tout le territoire de la Russie, et leur taille varie de plus de quarante et un mille kilomètres carrés à seulement une trentaine de kilomètres carrés. Le *zapovednik* du Sihoté-Aline a été créé en 1935 dans le but de favoriser la reconstitution de la population des zibelines, une espèce pratiquement décimée par la volonté du Kremlin de profiter à fond du marché florissant de la fourrure aux États-Unis. Depuis lors, le rôle des zones protégées a évolué pour englober également la préservation des espèces animales et végétales non commerciales.

Depuis son importation d'Occident dans les années 1860, cette approche globale de la conservation a coexisté dans la conscience des scientifiques russes avec une conception plus utilitaire de la nature. Elle repose sur une idée d'une simplicité trompeuse : on ne doit pas se contenter de protéger les espèces, il faut aussi protéger l'ensemble du système dans lequel évoluent ces espèces, et pour ce faire il faut l'isoler, le soustraire à toute interférence humaine et laisser la nature faire son travail.

Cette politique fédérale de non-intervention est en contradiction avec la doctrine communiste qui conçoit la nature comme une machine démodée nécessitant d'être révisée de fond en comble. Pourtant l'idée a fait son chemin et s'est même généralisée sous le régime soviétique, si bien qu'à la fin des années 1970 près de quatre-vingts pour cent des sites initialement recommandés en 1917 par la commission permanente sur la conservation de la Société russe de géographie étaient désormais protégés (même si parfois leur taille avait été réduite au fil du temps).

À l'époque de Kaplanov, le *zapovednik* du Sihoté-Aline couvrait une superficie d'environ dix-huit mille cent trente kilomètres carrés[1] de forêt vierge tempérée au cœur du Primorié. La présence de tigres dans le parc naturel ne devint cependant évidente que lorsque les gardes et les scientifiques repérèrent leurs traces alors qu'ils travaillaient à recenser la population des zibelines et des cerfs, d'un plus grand intérêt commercial. C'est à partir de ce moment que Salmine, Abramov et Kaplanov effectuèrent le premier comptage systématique de tigres jamais entrepris. Chasseur chevronné et cadet du trio, Kaplanov se chargea du travail sur le terrain. Durant deux hivers, en 1939 puis en 1940, il couvrit une distance de plus de mille cinq cents kilomètres, sillonnant la chaîne montagneuse du Sihoté-Aline dans les tempêtes de neige et par un froid polaire, couchant à la dure et se nourrissant des proies tuées par les tigres. Le bilan de l'opération fut accablant. Assisté de deux gardes forestiers qui l'aidaient à traquer les animaux, à établir les estimations et à interroger les chasseurs aux quatre coins du Primorié, Kaplanov arriva à la conclusion qu'il restait à peine une trentaine de spécimens de tigres de l'Amour

1. En 1997, sa surface s'était beaucoup réduite, puisqu'elle n'était plus que d'environ quatre mille kilomètres carrés.

dans l'ensemble de la Mandchourie russe. Dans la vallée de la Bikine, il n'en trouva pas un seul. Avec juste une douzaine de femelles reproductrices encore présentes en Russie, il ne suffisait plus que de quelques coups de fusil et d'une série d'hivers rigoureux pour que la sous-espèce désormais répertoriée sous le nom de *Panthera tigris altaica* s'éteigne totalement.

En dépit d'une opinion publique et d'une idéologie d'État très hostiles au tigre, Kaplanov et ses collègues comprirent que ces créatures faisaient partie intégrante du paysage de la taïga, et tant pis si les marxistes ne leur trouvaient pas de rôle à jouer dans la transformation de la société. À cette époque, pareille façon de penser frisait la sédition et c'est ce qui rend plus remarquable encore l'entreprise de ces hommes, car s'il était dangereux d'être un tigre, il l'était tout autant d'être un Russe désormais.

Après la révolution de 1917, l'ancienne « république d'Extrême-Orient » fut la dernière à tomber entre les mains des bolcheviks et ne se rendit qu'après une terrible guerre civile qui ne prit fin qu'en 1923. Au départ, le conflit mettait en présence une mosaïque de nations : Tchèques, Ukrainiens, Coréens, Cosaques, Canadiens, Chinois, Japonais, Français, Italiens, Britanniques et Américains. Mais la zone des combats se transformant en un dangereux asile d'aliénés à ciel ouvert, les étrangers abandonnèrent le terrain. En 1920, il ne restait plus que trois armées en présence – les Rouges, c'est-à-dire les bolcheviks, les Blancs, leurs opposants politiques, et les Japonais. En comparaison des atrocités commises par les Russes, la brutalité des troupes japonaises pourrait passer pour un modèle de retenue. Au printemps 1920, les Rouges massacrèrent gratuitement des milliers de Russes blancs et des centaines de Japonais, dont ils incendièrent les villages. En représailles, les Blancs arrêtèrent le commandant bolchevique des opérations militaires en Extrême-Orient, l'enfermèrent dans un sac postal et le portèrent jusqu'à une gare située sur le trajet du Transsibérien. Là, ils le livrèrent à un sympathique Cosaque. Le dénommé Bochkarev réquisitionna une locomotive et fit brûler vif son prisonnier dans la chaudière en compagnie de deux autres officiers de haut rang (ces derniers, eux aussi livrés dans des sacs postaux, avaient été abattus au préalable).

Les bolcheviks finirent par prendre le contrôle de la région, mais la paix ne s'installa pas pour autant et les vainqueurs se livrèrent à des campagnes de répression de plus en plus sanglantes. Les plus célèbres goulags de Russie, notamment les gisements d'or de la Kolyma, se trouvaient en Extrême-Orient. Au cours des années 1920 et 1930, leur population s'accrut aussi régulièrement que se remplirent leurs cimetières. Déjà frappés par « le plus vertigineux déclin du niveau de vie que l'Histoire ait jamais connu par temps de paix », pour reprendre les termes d'Alec Nove, un spécialiste de l'économie soviétique, à partir de la fin des années 1930 les citoyens russes furent arrêtés et exécutés selon un système de quotas. Ce fut une époque de terreur absolue. Dans ce pays des merveilles qu'était devenue la Russie, Staline incarnait la reine de cœur et tout un chacun pouvait se retrouver dans le rôle d'Alice.

L'année 1937 marqua le point culminant des purges. Nul n'était plus à l'abri. Paysans, enseignants, scientifiques, populations indigènes, vieux-croyants, Coréens, Chinois, Finlandais, Lituaniens, membres du parti, peu importait qui l'on arrêtait du moment qu'on remplissait les quotas. Au Primorié, le chef d'accusation imaginaire le plus souvent invoqué était l'espionnage pour le compte des Japonais, mais il y en avait de plus absurdes encore. La torture était banale. Au plus fort des purges, un millier de personnes environ étaient exécutées quotidiennement. En 1939, la Russie entra en guerre sur plusieurs fronts. Du coup il n'y eut plus besoin de purger, il suffisait d'expédier les indésirables en première ligne. Selon une estimation, quatre-vingt-dix pour cent des hommes oudégués et nanaïs en âge d'être incorporés moururent sur le champ de bataille. Les autres furent enrôlés de force dans des fermes collectives, et des millions de citoyens soviétiques de toutes ethnies furent déportés au goulag.

Sous Staline, la science elle aussi fut emprisonnée, entravée et muselée par une interprétation particulièrement rigide de l'idéologie marxiste, laquelle déclarait en substance que l'humanité devant accomplir son destin de grand maître rationnel de toute la création, il fallait contraindre mère nature à plier, et au passage radicalement la transformer. Au milieu des années 1930, les partisans de la défense de l'environnement avaient été réduits au silence d'une façon ou d'une autre et leurs idées remplacées par des slogans du genre : « Nous ne pouvons attendre de charité de la nature. Il faut lui arracher ses fruits. » En 1926, Vladimir Zazoubrine, premier président de l'Union des écrivains sibériens, déclara lors d'une conférence :

> Que le fragile sein vert de la Sibérie se vête de l'armure bétonnée des villes, qu'il s'arme des canons de pierre des cheminées d'usine et se ceigne du ruban des voies ferrées. Que la taïga soit brûlée et abattue, que la steppe soit piétinée… Ce n'est que dans le ciment et le fer que l'union fraternelle de tous les peuples, le pacte de fer de l'humanité pourra être forgé.[1]

Quelques tenants de la ligne dure du marxisme croyaient sincèrement que les plantes et les bêtes, incapables de

1. Zazoubrine fut arrêté et exécuté entre 1937 et 1938 (la date reste indéterminée). Cinquante ans plus tard, en 1988, l'idéologue en chef du Kremlin, Vadim A. Medvedev, concédait enfin que « des "valeurs universelles" telles que la prévention des guerres et des catastrophes écologiques doivent avoir la primauté sur la lutte de classes ». *(N.d.A.)*

démontrer leur utilité pour l'humanité, devaient purement et simplement être éradiquées. Face à un dogme aussi hostile, le tigre n'avait pas la moindre chance. Rangé d'emblée dans la catégorie de la « faune nuisible », il était devenu une sorte d'ennemi de l'État à fourrure. Ses rayures devinrent des cibles. Sans décret officiel ni offre de récompense, chacun désormais se sentit libre de tirer à vue. Très appréciés des officiers de l'armée et de la marine stationnés dans le Primorié, les tigres étaient en outre l'objet d'un marché transfrontalier. Dans de telles circonstances et compte tenu du taux de mortalité élevé chez ceux qui osaient émettre la plus petite critique vis-à-vis du régime, il semble incroyable que quelqu'un ait eu l'audace de prendre leur défense. Pourtant, en 1941, Lev Kaplanov mettait le point final à son traité intitulé *Le Tigre dans le Sihoté-Aline,* dans lequel il préconisait d'instaurer sans délai un moratoire de cinq ans sur la chasse à ce grand fauve.[1] Cette même année, son collègue Iouri Salmine allait franchir une étape supplémentaire en publiant dans une revue nationale un appel urgent à une interdiction totale de la chasse au tigre dans l'Extrême-Orient russe. C'était la première fois dans l'Histoire que quelqu'un plaidait publiquement pour qu'il soit mis fin à l'extermination de ces animaux.

La Seconde Guerre mondiale, en vidant la forêt des hommes valides et armés, fut une période faste pour le tigre de l'Amour, mais elle décima les rangs de ses défenseurs. Seul Abramov survécut. Apparatchik de longue date, il avait su habilement arbitrer les conflits entre avancées scientifiques et appartenance au parti. Iouri Salmine, en revanche, fut envoyé au front et n'en revint pas. En 1943, à l'âge de trente-trois ans, Lev Kaplanov fut assassiné par des

1. Ce traité ne fut publié qu'en 1948 dans un livre novateur signé de Kaplanov : *Tigr, izioubr, los* (*Le tigre, le cerf de Sibérie et l'élan*). *(N.d.A.)*

braconniers dans le sud du Primorié, où il avait été récemment promu à la tête de l'important Lazovskii Zapovednik. Son corps caché dans les profondeurs de la forêt ne fut retrouvé qu'au bout de deux semaines et dut être transporté à bras d'hommes sur une civière en branches de cerisier spécialement confectionnée à cet effet. C'était en mai, les arbres étaient en pleine floraison et les hommes qui le portèrent ce jour-là se souviennent des fleurs qui entouraient son corps. Depuis lors, Kaplanov est devenu une sorte de martyr local sacrifié à la cause du tigre de l'Amour.

Une enquête fut ordonnée, mais le curieux manque d'empressement manifesté par l'inspecteur dépêché de Moscou ajouta encore à la complexité d'une affaire déjà trouble. Les gens qui ont connu Kaplanov et qui sont au courant des détails du dossier restent convaincus que l'homme qui a été envoyé en prison n'était pas le coupable et que l'assassin, un personnage bien connu dans la ville de Lazo, n'a jamais été inquiété. Il avait pris la sage précaution de déménager à une vingtaine de kilomètres de là, dans une petite bourgade au bord d'une rivière. À cet endroit, dominant la plaine alluviale, une crête montagneuse hérissée de pierres évoque une énorme mandibule de tigre. La canine à elle seule mesure plus de trente mètres de haut.

Aujourd'hui, le traité de Kaplanov reste un ouvrage majeur dans l'étude des tigres en général et plus particulièrement du tigre de l'Amour, qu'il a contribué à hisser du statut de vermine et de trophée à celui d'icône. En 1947, la Russie fut le premier pays au monde à le déclarer espèce protégée. Toutefois, cette protection restant très insuffisante, le braconnage et les captures d'animaux vivants perdurèrent. Malgré tout, depuis soixante ans, la population des tigres de l'Amour a retrouvé un niveau pérenne, ce qui n'est malheureusement pas le cas des autres sous-espèces de tigre. En dépit de l'importante augmentation du braconnage observée depuis quinze ans, l'animal n'est plus considéré comme immédiatement menacé.

Mais cette évolution s'est faite au prix de certains sacrifices. Depuis l'effondrement de sa population, le tigre de l'Amour semble ne plus pouvoir atteindre la taille qui était la sienne autrefois. Ce ne serait pas la première fois que l'on observerait ce genre de sélection anthropogénique : à peu près à la même époque, l'élan d'Amérique du Nord-Est a connu une évolution similaire. Les chasseurs sportifs réclamaient des mâles à grands bois et les guides locaux n'étaient que trop contents de les satisfaire. C'est ainsi que les élans aux plus larges ramures furent éradiqués de l'espèce, laissant les mâles à bois plus petits transmettre leur hérédité de génération en génération. Selon certains scientifiques, le tigre de l'Amour aurait subi le même processus de « formatage de trophée », si bien qu'après la guerre on n'a plus observé parmi eux de spécimens d'une taille supérieure à celle de leurs congénères du Bengale. Aujourd'hui, au Primorié, il serait bien difficile de trouver un tigre de l'Amour pesant plus de deux cent trente kilos, ce qui reste malgré tout un poids respectable pour un fauve. L'animal qui a tué Vladimir Markov n'a jamais été pesé, mais en y repensant plus tard, Sacha Lazourenko, le second de Trouch, a eu ce commentaire : « Depuis que je travaille ici, jamais je n'ai vu un tigre aussi gros que celui-là. »

9

Les hommes portent leur supériorité à l'intérieur; les bêtes à l'extérieur.

Proverbe russe

Après la découverte des restes de Markov, l'inspection Tigre interrogea les dernières personnes à l'avoir vu en vie. Bûcherons russes ou chasseurs indigènes, tous étaient des hommes, bien évidemment. Ils étaient une demi-douzaine au total et, bien que vivant très loin les uns des autres – certains lieux n'étant même pas desservis par une route –, tous affirmaient avoir vu Markov quelques heures avant sa mort. L'un d'eux s'appelait Ivan Dounkaï et il se trouvait être le témoin clé.

Dounkaï était un ancien du peuple nanaï, originaire du village indigène de Krasnyi Iar (la Rive rouge), à environ vingt-cinq kilomètres en aval de Sobolonié. Situé sur la rive gauche de la Bikine, l'endroit est resté inaccessible par la route jusqu'à la construction d'un pont dans les années 1990. Environ six cents personnes y vivent : des

Oudégués et des Nanaïs, mais aussi quelques épouses de Russes ethniques [1], des officiels et autres pièces rapportées. On dit qu'Arseniev et Dersou seraient passés dans le coin en 1908. Or s'ils y revenaient aujourd'hui, ils ne seraient pas surpris par ce qu'ils y trouveraient. Des canoës et de graciles pirogues qui portent ici le nom d'*omorotchki* sont alignés le long de la rive, du bétail folâtre sur la chaussée non asphaltée et dans les rues proprettes tout est en bois, des clôtures des jardins jusqu'aux trottoirs. Le bois de chauffage est livré sous forme de troncs d'arbre que l'on débite en bûches en fonction des besoins. L'endroit a tout du *shtetl* dans le film *Un violon sur le toit*, sauf qu'ici les visages ont des traits asiatiques. Les seuls éléments de modernité sont la lumière électrique, de rares voitures et motoneiges et quelques maisons extravagantes dessinées par un artiste ukrainien, dont l'une ressemble à un tigre montrant les dents.

Ivan Dounkaï était une sorte de Dersou Ouzala des temps modernes, le dernier lien avec une époque où pour les habitants autochtones le tigre était le maître absolu de la forêt. Il est mort en 2006. De son vivant, il était un elfe au regard scintillant dont émanaient une douceur et une sagesse d'un autre âge. Forestier de talent formé à la vieille école, il était connu et respecté dans tout le territoire de la moyenne Bikine. Il possédait un surnom que l'on pourrait traduire par « Dans le monde des animaux ». Pour Ivan Dounkaï, la taïga était la source de toute chose et le tigre y occupait la place d'honneur. En 2004, alors qu'il avait environ soixante-quinze ans, interviewé par un documentariste anglais du nom de Sasha Snow, il déclara : « Le tigre est une créature rusée mais magnanime. Vous sentez sa présence, mais vous ne

1. Le terme de « Russe ethnique » désigne la majorité slave qui représente environ quatre-vingts pour cent de la population du pays et tend à se concentrer dans la partie occidentale, « européenne », de la Russie. *(N.d.A.)*

pouvez pas le voir. Il se cache si bien qu'on finit par le croire invisible comme un dieu. Les Russes disent : "Remets-t'en à Dieu, mais garde l'œil ouvert." Nous [les Nanaïs] ne comptons que sur nous-mêmes tout en priant le tigre de nous venir en aide. Nous vénérons sa force. »

Au cours de sa longue vie de chasseur à Krasnyi Iar, Ivan Dounkaï a sillonné un vaste territoire recouvrant en partie la région dite de la Panchelaza. Ce toponyme, qui remonte à l'époque de l'occupation chinoise, désigne une zone giboyeuse d'environ deux cent soixante kilomètres carrés formant un quasi-quadrilatère délimité par trois rivières – l'Amba à l'est, la Takhalo à l'ouest et la Bikine au sud. Selon Alexandre Konchuga, un chercheur oudégué, le nom de ces rivières signifie respectivement le diable, le feu et la joie. Les deux premières sont tributaires de la troisième. Bien avant l'arrivée de Markov dans la région, ce magnifique et dangereux sanctuaire avait été désigné, du moins par son nom, comme une sorte d'empyrée, à cheval entre le paradis et l'enfer. En effet, le concept d'*amba* – nom que Dersou donne au tigre – désigne tout à la fois l'animal et un esprit malin, et pas seulement parce que le tigre peut se révéler aussi dangereux que le diable lui-même.

Le monde des esprits des Nanaïs, des Oudégués et de leurs voisins du nord, les Orotchis, est hiérarchisé (c'est le cas dans beaucoup de cultures) et l'*amba* y occupe l'un des échelons les plus bas et les plus proches de la terre. Si un homme a la malchance d'attirer son attention, l'*amba* se manifestera à un niveau interpersonnel et non à un niveau communautaire ou cosmique. Dans la plupart des cas, il prendra l'apparence d'un tigre. Ces deux entités sont si étroitement associées qu'aujourd'hui, dans le Primorié, le mot *amba* est employé comme un synonyme de tigre, y compris par ceux qui ignorent l'autre signification de ce mot.[1] Sans doute parce qu'elle est restée longtemps préservée, la zone abrite une population de tigres d'une densité peu commune. C'est dans cette enclave située à l'ouest de la rivière Amba que Markov avait installé sa cabane de chasseur avec la bénédiction de Dounkaï.

À l'époque, ce dernier vivait dans sa propre hutte, à environ six kilomètres en direction du sud-ouest, dans l'entrelacs marécageux que forme la confluence de l'Amba et de la Bikine. Après la mort de sa deuxième femme, il avait abandonné sa maison de Krasnyi Iar pour se consacrer totalement à la taïga, à l'image de Dersou après que toute sa famille eut succombé à la variole. Parce que son territoire de chasse était bien trop vaste pour un seul homme (un Russe du coin, un peu facétieux, l'estimait aussi grand que la France), il l'avait partagé avec ses fils. L'un d'eux, Mikhaïl, possédait une cahute sur l'Amba, à l'est de celle de Markov. De même que son frère Vassili, qui chassait un peu plus à l'est, il ne semblait rien trouver à redire à la présence du nouveau venu sur le territoire de son père. Dans l'esprit de ces hommes, Markov n'était qu'un *taïojnik* qui s'efforçait de gagner sa subsistance vaille que vaille. Selon leur propre terme, il était *normalnyi* – un type tout ce qu'il y a d'ordinaire.

Les détails de leur arrangement – si toutefois l'affaire ne s'était pas résumée à une demande de Markov et à un simple acquiescement de la part de Dounkaï – n'étaient connus que d'eux. Tous deux étaient d'un physique agréable et d'un tempérament facile, tous deux connaissaient et aimaient la taïga et avaient les mêmes centres d'intérêt. Ils étaient bons amis : à l'époque où Markov

1. *Amba* est un mot d'origine toungouze, d'une famille de langues qui inclut entre autres le mandchou, l'oudégué et le nanaï. Dans son sens premier, il signifie « grand ». Les Mandchous ont pris Pékin en 1644 et leur dynastie Ch'ing a régné sur la Chine jusqu'en 1911. Ils ont parfois utilisé ce vocable pour désigner le rang de chef. *(N.d.A.)*

découvrait encore la Panchelaza, Dounkaï l'avait hébergé, parfois pendant plusieurs semaines. Leur amitié, bien que réelle, était sans cérémonie. Quand l'un d'eux avait besoin d'une tasse de thé, de vivres ou d'un endroit où habiter quelque temps, l'autre lui rendait ce service. Comme souvent dans la forêt, leurs rencontres étaient spontanées. Ils n'avaient pas besoin de s'appeler pour prévenir de leur arrivée et de toute façon ils n'auraient eu aucun moyen de le faire. Pour Ivan Dounkaï, Markov était une présence familière dans la forêt, au même titre que les tigres. Il lui arrivait de tomber sur lui par hasard. Mais la plupart du temps, il relevait seulement ses traces et les inscrivait dans un schéma mental plus vaste. « On peut lire la taïga comme un livre ouvert, expliquait-il. Cette branche est pliée ? Pourquoi ? Quelle sorte d'animal est passée par ici ? La branche est cassée, c'est qu'une personne est passée. C'est intéressant ! Si un animal cesse de faire attention à toi, c'est peut-être qu'il en a vu un autre. Alors, tu dois trouver ce qui l'a distrait. C'est ainsi qu'on nous a appris et c'est ainsi que j'enseigne à mes fils. »

Par un après-midi d'hiver ensoleillé, à l'Institut géographique d'Extrême-Orient, à la périphérie de Vladivostok, Dmitri Pikounov, biologiste spécialiste des tigres, m'a raconté au sujet de Dounkaï une anecdote qui aurait pu sortir des pages de *Dersou Ouzala*. Les joues roses, le regard bleu perçant, les cheveux gris clairsemés taillés en brosse, Pikounov est un homme robuste d'un peu plus de soixante-dix ans qui a consacré une grande partie de sa carrière à étudier et à écrire sur les tigres de la vallée de la Bikine. C'est lui qui le premier a évoqué l'accident survenu à Markov en 1998 dans un magazine local consacré à la nature, *Zov Taïgui* (*L'Appel de la taïga*). À l'instar de Dounkaï, Pikounov est un héritier de la vieille école et, comme tous ceux qui furent les pionniers de la défense des tigres, c'est par la chasse qu'il est arrivé à la conservation de la nature. Fine gâchette, il a obtenu le titre de Maître des sports au ball-trap, ce qui lui a valu d'entrer dans l'équipe nationale de tir. « Je suis d'une très grande adresse avec les armes », déclare-t-il sans fausse modestie.

Son père, un métallurgiste très respecté employé dans une fabrique de chars d'assaut, avait pour lui d'autres projets et l'encouragea à faire carrière dans sa branche. Si Pikounov avait écouté ses conseils, il aurait connu la sécurité d'une existence de privilégié, mais le maniement des armes et la traque du gibier lui plaisaient davantage et il préféra s'inscrire à un cours de gestion de la chasse à l'Institut d'Irkoutsk. À l'époque, la scolarité était gratuite et la sélection par conséquent très sévère, mais Pikounov excellait dans son domaine. Son diplôme en poche, il fut embauché pour diriger l'association de chasse de la flotte du Pacifique et ses cinq mille membres inscrits dans le Primorié. De là, il fut invité à rejoindre la division d'Extrême-Orient du ministère de l'Environnement en tant que chercheur. « Je passais six mois par an dans la taïga, explique-t-il dans son bureau défraîchi avec vue sur la baie de l'Amour prise dans les glaces. Même pendant mes congés, je prenais mon fusil, je signais un contrat de chasse au sanglier ou au cerf et je vendais la viande. »

Pour mieux exprimer la force de son amour obsessionnel de la taïga, il cite un proverbe russe qui parle du loup : « Tu peux lui donner à manger tant que tu voudras, il continuera à regarder la forêt. » Pikounov allait pourtant devoir attendre dix ans avant de voir son premier tigre. Une silhouette furtive entraperçue au bord d'une rivière. « Ses yeux d'un blanc tirant sur le vert étaient flamboyants, se souvient-il. Il était gigantesque, mais pas du tout agressif. Il se tenait tout simplement là, avec son regard de feu. »

L'une de ses attributions était de recueillir des données pour le recensement du gibier, un travail beaucoup plus simple à accomplir en hiver quand les empreintes sont plus faciles à repérer et à dénombrer. Mais il n'était pas le seul sur ces traces, les tigres et les panthères les suivaient aussi, et c'est ainsi que Pikounov se découvrit une passion qui n'allait plus le lâcher. À partir de 1977, il se mit à suivre les tigres pendant de longues périodes afin d'estimer combien de bêtes ils tuaient, une information cruciale pour les organismes qui ont vocation à gérer l'habitat naturel, les espèces de gibier et le contingent de chasseurs. « Quand je travaille sur le terrain, je ne me sépare jamais de mon arme, explique-t-il. Ainsi je me sens plus en sécurité, même si c'est une protection purement psychologique. J'ai le sentiment intime que si je ne lui fais aucun mal, le tigre ne se montrera pas agressif envers moi. » Une fois, il a pisté le même tigre pendant six semaines, dormant littéralement dans ses pas, tout comme l'avait fait Kaplanov à quarante ans de là. « Même quand j'étais sur ses traces et que je me nourrissais de la viande de ses proies, jamais aucun tigre ne s'est montré agressif envers moi. »

Aujourd'hui, bien qu'ayant souffert d'une grave attaque cardiaque, Pikounov garde des mains étonnamment puissantes et des opinions très affirmées. Parmi ses collègues, il suscite des avis tranchés, mais son attitude bravache s'adoucit quand il évoque le souvenir de celui qu'il appelait affectueusement « Vania » Dounkaï. Il parle de lui avec la même tendresse et le même respect qu'Arseniev avait pour Dersou, et pour des raisons similaires. Sur une période d'une trentaine d'années, les deux hommes ont passé de nombreux mois ensemble à traquer le gros gibier dans la taïga, et Pikounov a beaucoup appris en observant son compagnon. Aujourd'hui encore les *taïojniki*, quand ils vont dans la forêt, n'emportent avec eux qu'un équipement sommaire : des bottes fourrées à semelle de feutre, un pantalon en laine, une veste et des mitaines, quelques menus objets dans un sac à dos en toile souple et, pour transporter les charges lourdes, de la viande par exemple, une sorte de brancard en bois d'érable tressé qu'ils promènent dans le dos à la manière des Oudégués. Pour avancer dans la neige, ils se servent de skis traditionnels, larges et courts, que l'on appelle des *okhotniki* (des chasseurs). Beaucoup de *taïojniki* (y compris Markov) les fabriquent eux-mêmes.

Pendant l'hiver 1974, Dounkaï et Pikounov pistaient des ours dans la vallée de la Bikine quand une soudaine tempête s'est levée. La couche de neige au sol était mince quand ils étaient partis ce matin-là, si bien qu'ils avaient laissé leurs skis au camp. Quand le blizzard arriva sur eux, ils étaient encore loin de leur base et très mal équipés pour des conditions climatiques extrêmes. En temps ordinaire la visibilité est déjà réduite dans la forêt, mais quand la neige et le vent s'en mêlent, on peut se retrouver rapidement désorienté. Le tapis de neige s'épaississant de minute en minute, les deux hommes comprirent qu'ils devaient trouver sans tarder une solution pour se sortir de là. Alors que Pikounov songeait à remonter en courant la trace de leurs pas qui se comblait très vite, Dounkaï s'arrêta et tira une hachette de son sac à dos. Il trouva un arbre au tronc large comme sa jambe, l'abattit, découpa dans le tronc un morceau de la longueur d'un ski puis le débita en planches. « La neige nous arrivait déjà à la taille, se souvient Pikounov. On n'aurait jamais pu s'extirper de là sans skis et Vania nous en a fabriqué sans outils, en se servant seulement d'un couteau et d'une hachette. Cet homme avait tous les dons. »

En plus d'avoir des mains en or, Dounkaï entretenait un rapport extraordinaire avec son environnement. À bien des égards, son train-train quotidien était très proche de celui d'un tigre. Comme lui, il consacrait une grande partie de son temps à observer, déchiffrer, cataloguer mentalement et souvent sur des trajets très fréquentés. De même que nous connaissons les chiens et les chats dans notre voisinage, Dounkaï connaissait les bêtes autour de lui, y compris les tigres. Et eux aussi le connaissaient. Bien qu'ayant passé plus de soixante-dix ans dans la taïga, à pied la plupart du temps et en couchant sous la tente, Dounkaï n'a jamais eu de gros problèmes avec un tigre. Certes, il avait perdu un certain nombre de chiens, mais rien de plus sérieux. Les chiens semblent réveiller chez le tigre l'instinct et le goût de tuer qu'il a pour les loups. En Extrême-Orient, nombreux sont les chasseurs, les fermiers ou les propriétaires de datchas qui en se réveillant un beau matin n'ont plus trouvé qu'une chaîne brisée là où était leur chien. Le propriétaire d'un de ces molosses à qui l'on demandait ce qu'il avait entendu au moment de l'attaque répondit avec aigreur : « Du silence. » C'est le prix à payer pour vivre sur le territoire des tigres, une forme de tribut ancestral à l'espèce.

Ivan Dounkaï l'avait compris. Il savait que tuer les chiens est dans la nature du tigre et il savait aussi qu'un jour ou l'autre il serait dédommagé. Les chasseurs oudégués et nanaïs s'efforcent de se concilier les bonnes grâces du fauve, d'abord en restant hors de sa route, ensuite en lui laissant une partie de leur butin. De temps à autre, ces faveurs leur sont rendues. Des habitants du cru, russes et autochtones, se plaisent encore à raconter que les tigres laissaient de la viande pour « Oncle Vania », parfois des carcasses entières. Une personne extérieure y verrait une simple coïncidence ou croirait à des racontars de bonne femme mais, considérées du point de vue du *taïojnik* traditionnel, ces histoires relèvent de la simple logique, parce qu'à sa façon Dounkaï avait fait de même pour les tigres. Dans l'esprit de cet homme, pareil arrangement relevait du plus parfait bon sens. Après tout, pour lui les skis poussaient bien sur les arbres et pouvaient apparaître par miracle quand on avait besoin d'eux. Quand les créatures qui vous entourent vous maintiennent en vie, vos relations avec elles en sont nécessairement modifiées. Votre survie physique et psychologique l'exige. « Le tigre m'aidera, a déclaré un jour Dounkaï. Parce que je le lui ai demandé. »

Dans une forêt en bonne santé, il existe un échange constant des ressources, pareil au flux et au reflux de la marée. Aussi involontaire que l'étiquette régissant l'ouverture d'une trace dans la neige en hiver, ce partage passif de la nourriture fait partie intégrante de la coexistence dans la nature sauvage. À cet égard, la « culture » de la chasse telle que la pratiquent les prédateurs et les charognards se rapproche beaucoup de l'idéal communiste imaginé par Marx : « De chacun selon ses capacités, à chacun selon ses besoins. » Ainsi, ce que le bulldozer est à la voirie, le tigre l'est à la chaîne alimentaire : parmi les animaux de la taïga, il n'existe aucun autre pourvoyeur plus efficace et plus généreux que lui. En tuant régulièrement de gros gibiers tels qu'élans, sangliers ou cerfs, le tigre nourrit une pléthore de petits animaux, d'oiseaux et d'insectes, et bien sûr le sol. Chaque fois, c'est un sang nouveau qui est injecté dans le corps de la forêt. Aléatoires mais réguliers, ces apports de substance vitale alimentent aussi les humains et pas seulement des chasseurs-biologistes voraces comme Dmitri Pikounov. Car des chasseurs nanaïs et oudégués mais également russes se nourrissent parfois des bêtes mortes que leur abandonnent les tigres.

En 1969, George Schaller, l'auteur de *The Deer and the Tiger*, une étude majeure des relations entre le prédateur et sa proie, a effectué plusieurs expéditions pédestres dans le parc national du Serengeti, en Tanzanie, en compagnie de l'anthropologue Gordon Lowther. Les scientifiques qui se penchent sur les origines de l'homme tentent généralement de comprendre nos ancêtres par l'étude des fossiles et par une comparaison avec les primates actuels. Toutefois, certains d'entre eux, à l'image de Schaller et Lowther, travaillent sur l'hypothèse que l'observation du comportement d'autres prédateurs grégaires tels que les lions, les hyènes ou les chiens sauvages, pourrait mieux les renseigner sur la manière dont l'humain a évolué en communautés de chasseurs-cueilleurs. Au départ, les deux chercheurs se sont surtout concentrés sur les techniques de chasse, les modes de communication, le partage de la nourriture, et ne s'attendaient pas du tout à l'importante découverte qu'ils allaient faire : en suivant un lion mâle pendant trois semaines d'affilée, ils notèrent qu'« il n'avait rien tué et pourtant avait mangé par sept fois, soit en se nourrissant de charognes soit en se joignant à d'autres lions pour dévorer la proie que ceux-ci venaient de tuer ». De là, ils s'intéressèrent de plus près aux comportements du charognard et se demandèrent si nos ancêtres avaient pu survivre en ne se nourrissant que de restes.

Schaller et Lowther ont continué leur marche, mais cette fois, au lieu de voir les grands troupeaux de zèbres, de gnous et de gazelles comme de la viande sur pattes qu'il fallait soumettre par la force, ils les imaginèrent comme un festin mouvant, dont les reliefs auraient pu nourrir une horde opportuniste de pré-hominidés frêles et désarmés, agissant non en chasseurs mais en cueilleurs. Comme c'était la saison du vêlage, les deux hommes se concentrèrent sur les petits. En l'espace de deux heures, ils estimèrent à près de quarante kilos la quantité de viande disponible soit sous forme de jeunes animaux faisant des proies faciles soit sous celle de carcasses. Lors de leur sortie suivante, ils ne s'intéressèrent qu'à la consommation de charognes, une activité qui pouvait être pratiquée en toute saison, contrairement à la chasse d'animaux nouveau-nés. En une semaine et vingt heures de marche (avec l'aide d'une voiture pour leurs déplacements d'un lieu à un autre), ils arrivèrent à un total de plus de quatre cent cinquante kilos de morceaux comestibles d'animaux (vivants ou morts). Considérant que a) ils n'étaient que deux hommes, et non une grande famille ni un clan et que b) l'expérience était menée dans une région où le gibier présentait de fortes similitudes avec les concentrations d'animaux migrateurs qui avaient existé à la préhistoire, Schaller et Lowther en conclurent que « dans des conditions similaires un groupe d'hominidés carnivores aurait pu survivre en se nourrissant de charognes ou d'animaux malades [et jeunes] ».

Cela peut sembler une évidence aujourd'hui, mais à la fin des années 1960, la théorie de ces deux chercheurs était révolutionnaire. En effet, les anthropologues et les archéologues de l'époque étaient majoritairement des hommes. La chasse incarnant à leurs yeux l'épopée primitive de nos ancêtres – une épopée essentiellement virile –, le sujet avait fait couler beaucoup d'encre et déchaîné l'imagination des chercheurs.[1] Cette vision de notre évolution avait suscité un énorme enthousiasme et donné lieu à ce que l'on appela « l'hypothèse de la chasse », une théorie qui connut un renouveau spectaculaire dans les années 1960 et 1970. C'est en effet à cette époque que le dramaturge et scénariste Robert Ardrey, qui possédait une formation en anthropologie, publia une série de livres à fort retentissement dont le succès culmina avec la sortie en 1976 de son best-seller *The Hunting Hypothesis* (*Et la chasse*

1. À quelques rares exceptions près, comme les Inuits et les baleiniers de l'île de Lamalera en Indonésie, la viande fraîche n'a jamais constitué la base de l'alimentation des hominidés. *(N.d.A.)*

créa l'homme). Dans ses écrits, Ardrey popularisa une conjecture qui circulait tel un serpent de mer depuis près d'un siècle parmi les chercheurs en sciences sociales. Sa théorie dite du « singe tueur », *Killer Ape*, fut en partie influencée par son expérience traumatisante de reporter lors de la révolte Mau-Mau au Kenya. Ardrey la résumait ainsi : « Si, parmi tous les membres de la famille des primates à laquelle nous appartenons, l'être humain est unique, y compris par la noblesse de ses aspirations, c'est parce qu'il est le seul depuis des millions et des millions d'années à avoir constamment dû tuer pour survivre. »

Son raisonnement était le suivant : à cause de l'environnement dans lequel nous évoluons et des différentes causes de stress auxquelles nous sommes exposés, l'acte de chasser – de tuer – a été essentiel à notre survie et a fait de nous ce que nous sommes. Toutes les caractéristiques qui nous définissent – des outils au langage, de la division du travail entre hommes et femmes à notre appétit pour la guerre – puisent leurs racines dans cet acte primitif. L'hypothèse de la chasse (ou théorie du singe tueur) suscita une forte adhésion en son temps, un succès qui peut sans doute s'expliquer par le fait que beaucoup de ses adeptes venaient de traverser une période de violence sans précédent pendant la Seconde Guerre mondiale, sans parler du conflit au Viêt-Nam, qui hantait la conscience des scientifiques occidentaux. La communauté des chercheurs se débattait donc avec des questions fondamentales sur la nature profonde de l'homme et se demandait comment celui-ci avait évolué en un chasseur-tueur d'une telle férocité. Les anthropologues n'étaient pas seuls à s'interroger. Au début des années 1950, au moment où Ardrey mûrissait son premier livre sur le sujet, Robinson Jeffers, l'un des six poètes américains à avoir jamais fait la couverture du magazine *Time*, composait les vers suivants :

Ne blâmez pas l'homme : ses ancêtres aux abois l'ont fait
ce qu'il est :
Les autres singes anthropoïdes étaient à l'abri
dans la grande forêt vierge du Sud et ont à peine évolué
en un million d'années : mais la race des hommes fut
façonnée par la violence et la douleur...
... une blessure s'ouvrit dans son cerveau
quand la vie devint trop dure, et ne s'est jamais refermée.
C'est là qu'il apprit la religion tremblante et le sacrifice
du sang,
là qu'il apprit à massacrer les bêtes, à tuer ses semblables,
et à haïr le monde.

Cette blessure originelle dont nous parle Jeffers, quelle qu'en soit la cause, ne fut probablement pas infligée à l'homme par les grands fauves du Paléolithique. Aussi tentant soit-il d'imaginer des chasseurs de l'âge de pierre, lances à la main, encerclant un tigre à dents de sabre, l'homme et le fauve étaient probablement bien trop intelligents, spécialisés et pragmatiques dès cette époque pour se préoccuper l'un de l'autre. Cela étant, la prédation a été un thème récurrent depuis notre apparition sur la planète et la nécessité de faire face à cette menace, comme celle d'affronter la faim, la soif, le climat, la compétition et les périls des déplacements par voie de terre nous a fait évoluer jusqu'à l'état qui est le nôtre aujourd'hui. Les membres du sous-ordre des hominiens, dont nous sommes les descendants directs, se sont différenciés des chimpanzés voilà approximativement six millions d'années. Or, il ne fait aucun doute que les fauves nous ont mangés, au moins occasionnellement, depuis nos débuts communs dans ce monde.

En comparaison de ces confrontations mythiques, le « charognage » paraît nettement moins exaltant. C'est cependant cette activité de collecte de restes de viande et d'autres aliments qui a certainement permis à nos ancêtres de survivre. Décrivant le retour triomphal dans leur village d'un groupe de chasseurs du désert du Kalahari, l'ethnographe Lorna Marshall résume ainsi le dilemme éternel des cueilleurs : « Nous avons entendu des bruits de voix dans le campement, un brouhaha grandissant qui culmina en un bourdonnement pareil à celui d'abeilles surexcitées. Des gens se sont précipités vers les chasseurs... certains dansaient en bondissant sur place, les enfants poussaient des cris perçants et couraient en tous sens... je dois admettre que jamais je n'ai vu les femmes accueillies avec de telles effusions de joie quand elles rentraient au village avec leur provision de légumes. »

Et pourtant, contre toute logique apparente, la pratique de la cueillette pourrait avoir influencé notre relation avec les grands fauves bien plus que la chasse ne l'a jamais fait. Au cours de leurs expériences de charognage, Schaller et Lowther observèrent un phénomène dont les implications furent probablement bien plus déterminantes pour les premiers humains que la collecte aléatoire de viande abandonnée : « Sur les sept hardes de lions que nous avons rencontrées pendant notre marche, toutes ont pris la fuite quand nous nous sommes approchés d'eux à une distance comprise entre quatre-vingts et trois cents mètres. » [1] Si un groupe de grands prédateurs comme les lions détale à la vue de deux hommes sans armes, alors on peut se demander ce que serait leur réaction face à une horde de cinq, dix, voire vingt chasseurs hurlant, brandissant des bâtons et jetant des pierres. Il est concevable qu'enhardie par l'expérience de même que par la puissance acquise grâce au développement de son cerveau et ses progrès techniques, une telle horde ait pu se nourrir des ressources du Serengeti pendant plusieurs

1. Schaller a émis l'hypothèse que cette fuite pouvait être liée au souvenir que les lions gardaient d'avoir été chassés par des Massaï. *(N.d.A.)*

centaines de milliers d'années sans avoir jamais besoin de se servir d'une lance. En poussant plus loin ce raisonnement, essayons de nous représenter ces hominidés : un mètre cinquante à peine, dépourvus de griffes et de crocs, pleinement conscients de leur nature de proies potentielles et néanmoins capables d'intimider les créatures les plus redoutables de leur univers pour leur dérober leur nourriture. Avant la découverte du feu, les premiers hommes auraient donc été des magiciens du Paléolithique, des illusionnistes, des maîtres de la manipulation qui ont cru si fort à leur suprématie et l'ont si bien jouée qu'ils ont fini par en faire une réalité. Au moins à la lueur du jour.

Elizabeth Marshall Thomas, auteur des *Chats et leur culture* et de *The Old Way*, fait partie des rares privilégiés qui ont pu tester cette théorie *in situ*. Elle a eu la chance de séjourner pendant de longues périodes chez les Bushmen du Kalahari avant leur assujettissement et leur colonisation par les fermiers boers et tswana. En 1950, à son arrivée, l'écosystème dans la partie centrale du Kalahari était encore préservé. Les Bushmen y étaient les seuls humains présents et ils avaient vécu là pendant des millénaires dans les conditions où Elizabeth Marshall les trouva. Dans le cas du peuple !Kung, on peut dire que le Paléolithique n'a véritablement pris fin qu'en 1965. Elizabeth Marshall avait dix-neuf ans quand elle arriva dans la région avec sa famille. Pendant que sa mère, Lorna Marshall, une danseuse de ballet, se reconvertissait en ethnographe de renommée mondiale, et que son jeune frère, John, âgé de dix-huit ans, entreprenait ce qui allait devenir un classique du film documentaire, Elizabeth observait et prenait des notes.

Les Bushmen, avec qui ils vivaient et voyageaient, formaient un peuple peu nombreux. Légèrement vêtus et armés, leur vie s'organisait autour d'un ensemble de points d'eau fiables. Leur régime alimentaire était d'une variété surprenante, couvrant toute la gamme des aliments, du melon à la viande. L'une de leurs denrées de base était la noix de mongongo, laquelle, à l'image du pignon de pin coréen, existait en abondance et se conservait bien. La chasse était pratiquée le plus souvent à l'aide de flèches empoisonnées, mais ce poison (l'un des plus mortels au monde) n'étant pas à effet immédiat il fallait pister deux fois le gibier – une première fois pour le localiser et une deuxième fois pour le retrouver après qu'il avait été touché. La chose pouvait prendre des jours et il arrivait parfois que les chasseurs en arrivant enfin à leur proie découvrent que les lions s'en étaient emparés avant eux. Elizabeth Marshall fut frappée par la façon dont ces hommes composaient avec cette compétition assez décourageante : au lieu d'abandonner l'animal ou de tirer des flèches sur les lions, ils s'en approchaient calmement puis expliquaient aux fauves que cette proie ne leur appartenait pas et les priaient de partir. Si les lions restaient sourds à ces exhortations courtoises mais fermes, une ou deux mottes de terre étaient lancées dans leur direction. Il n'en fallait pas plus à ces hommes qui parfois étaient en nombre bien inférieur aux lions pour récupérer leur prise. Cette absence de tension dramatique pourra paraître décevante au lecteur moderne, mais elle éclaire d'un jour nouveau l'histoire de nos relations avec les grands prédateurs.

Il faut bien garder à l'esprit que toutes les parties en présence se connaissaient depuis toujours. Depuis des millénaires, les lions avaient grandi dans la conscience de l'existence des Bushmen et ceux-ci avaient été élevés en étant conscients de l'existence des lions. Chacun appartenait donc à l'univers de l'autre et s'il y avait eu entre eux des déséquilibres, ils avaient été réglés bien avant la construction des pyramides. Autrement dit, il existait une culture – ce qu'Elizabeth Marshall décrit comme « un réseau de comportements socialement transmis » –, chacune des parties en présence ayant été formée dès son plus jeune âge à tenir le rôle qui lui revenait. Pour les Bushmen cela se traduisait par une vigilance d'oiseau. Sans cesse sur le qui-vive, ils ne s'éloignaient jamais du groupe à la nuit tombée, le moment préféré des prédateurs du désert pour passer à l'action, et gardaient un feu allumé jusqu'au matin. La conscience ininterrompue qu'ils avaient d'être des proies potentielles dictait leur mode de vie. Le désert était pour eux pareil à une route dangereuse. Métaphoriquement (et métaphysiquement) parlant, ces hommes savaient à quel moment ils pouvaient la traverser sans risque. « Par ici, les lions ne s'attaquent pas aux hommes, expliquait à Elizabeth Marshall un vieux chasseur dénommé ≠Toma. Là où ils ne sont pas chassés, les lions ne sont pas dangereux. Et nous, nous vivons en paix avec eux. »

Si l'on remplace ici le mot « lion » par celui de « tigre », ces paroles pourraient être sorties de la bouche de Dersou Ouzala, d'Ivan Dounkaï, de Dmitri Pikounov ou de n'importe quel habitant de Sobolonié.

Ce pacte de non-agression entre les Bushmen et les lions du Kalahari, pour ancien qu'il fût, restait néanmoins précaire, et les rencontres entre eux étaient électriques. « Derrière notre feu, des yeux brillaient dans le noir, écrivit Elizabeth Marshall. Ils se situaient à une telle hauteur par rapport au sol que nous avons d'abord pensé voir des ânes. » *N!i*, le mot !kung pour désigner le lion, était prononcé avec la même circonspection que le nom d'un dieu et rarement pendant la journée (pourquoi appeler l'animal, alors qu'il est endormi et inoffensif?). Certaines personnes semblaient entretenir des liens surnaturels avec ces animaux et, selon une croyance largement répandue, des lions-garous hantaient le désert.

Certains pouvaient franchir d'un bond d'immenses distances et provoquer une éclipse simplement en couvrant le soleil de leur patte. Les Bushmen, à l'instar des indigènes du Primorié, vivaient au contact de leurs dieux. Face à l'un de ces fauves, le Bushman s'adressait à lui en termes respectueux, l'appelant « grand lion » ou « vieux lion », de même que les Oudégués (et les Mandchous) parlaient du tigre en l'appelant « vieil homme » ou « vieux tigre ». En chinois, le tigre se dit *laohu* [虎], un mot signifiant littéralement « le vieux tigre ».

Ces croyances et ces rapports entre les fauves et les hommes remontent à des temps très anciens, et les cavernes du Paléolithique visibles à Chauvet-Pont-d'Arc, en Ardèche, en donnent une illustration très vivante. Ces peintures au charbon et à l'ocre réalisées il y a plus de trente mille ans sont deux fois plus vieilles que celles de la grotte de Lascaux et sont remarquables tant par la précision du trait que par la place prépondérante qu'y occupent les fauves. Le site compte soixante-treize images de lions, soit plus que dans l'ensemble des cavernes répertoriées en Europe. Les lions des cavernes étaient plus gros que le plus gros de nos fauves actuels. Or ceux qui ont réalisé ces dessins semblent avoir passé beaucoup de temps à observer ces animaux en liberté et de très près. L'attention portée aux détails – jusqu'aux poils de la moustache et à la représentation subtile des comportements propres aux lions – nous parle encore aujourd'hui. Toutefois, à côté de ces illustrations très réalistes, on aperçoit aussi un lion aux pattes terminées par des sabots et une espèce de bison-garou, ou de minotaure préhistorique, qui pourrait être d'essence chamanique. Mises bout à bout, ces parois aux somptueuses illustrations composent un récit changeant, mélange d'épopée, d'enluminures et de reportages du *National Geographic*, une vaste lanterne magique actionnée par l'énergie du feu. Il est certes bien naturel de s'extasier sur la modernité des artistes de l'époque, mais d'aucuns pourraient y voir une marque de condescendance. Après tout, ces peintres rupestres, à la fois chasseurs, conteurs et chamans, étaient déjà des *Homo sapiens* dotés d'un cerveau et d'un corps identiques au nôtre. Ils ne différaient de nous que par l'étendue de leurs connaissances et leurs conditions d'existence.

Ces « hommes des cavernes », comme on les a appelés, au mode de vie très proche de celui des « hommes de la brousse » dans les années 1950, disposaient comme eux de multiples occasions d'observer leur environnement, avec à la clé les mêmes motivations et probablement les mêmes émotions (certains groupes de Bushmen pratiquaient aussi l'art rupestre). À l'échelle du Paléolithique, trente mille ans ne représentent pas grand-chose et rien ne nous permet de supposer – toutes choses étant égales par ailleurs – que nos rapports avec les grands fauves aient beaucoup évolué. Sur la base des preuves accumulées, il n'est pas exagéré de conclure que les peintres rupestres de Chauvet, les Bushmen du Kalahari et les peuples indigènes du Primorié partageaient la même perception des grands félins avec qui ils cohabitaient. Ils voyaient en eux des créatures puissantes, à la fois terrifiantes, fascinantes et surnaturelles, qui donnaient à leur vie un sens et leur procuraient parfois aussi de la viande. La prédation ne semblait pas être la première de leur préoccupation.

Mais en 1997, dans la vallée de la Bikine, cet ordre primitif avait été bousculé. Le risque d'attaque était désormais bien réel. La situation était si atypique dans cette région que Sacha Lazourenko, le coéquipier de Trouch, devant les restes de Markov, en vint à se poser la question suivante : « Mais qu'a-t-il bien pu faire pour que ce tigre lui en veuille à ce point? »

10

Tout ressemble à la vérité, tout peut arriver à un homme.

Nicolas Gogol, *Les Âmes mortes*

Une première réponse à la question de Lazourenko fut prononcée sans ambages à quelques mètres de là : « Qui le saura jamais ? À quoi bon se le demander ? »

Elle sortait de la bouche d'un ami de Markov. Il y avait dans la voix d'Andreï Onofreïtchouk une certaine rudesse qu'il aurait été naturel de mettre sur le compte de la nervosité et de la fatigue. Mais une oreille soupçonneuse aurait pu l'interpréter autrement, car sa réponse était venue trop vite, comme si l'homme était sur la défensive. Or sachant que c'était lui qui avait retrouvé et dissimulé le fusil que Markov détenait sans permis de port d'arme, il semblait que la question de Lazourenko avait fait mouche. Ce dernier s'en tint là, mais le sentiment dominant dans l'équipe de Trouch en ce samedi 6 décembre 1997 était que les amis de Markov avaient resserré leurs rangs. Sur le lieu de l'attaque, l'empreinte qu'avait laissée le fusil du disparu était encore visible dans la neige, mais nul ne paraissait savoir ce que l'arme était devenue. Des trois comparses, seul Onofreïtchouk fut soumis à un interrogatoire formel ce jour-là, et par Trouch en personne. Bien que brève, sa déposition s'avéra cohérente : il décrivait la découverte de l'attaque le matin précédent, le tigre qu'il avait entendu rôder dans les parages, l'instant de stupeur dans la cabane de Markov puis sa course effrénée jusqu'au camp forestier pour chercher des secours.

L'endroit situé à environ un kilomètre et demi au sud-est de la cabane à travers la forêt avait tout d'un campement de gitans. De ce rassemblement de roulottes – identiques à celle de Markov, sauf qu'ici elles avaient conservé leurs roues –, il se dégageait une impression de dénuement total. Le propriétaire des lieux, un certain Piotr Jorkine, était un buveur invétéré, un personnage fort en gueule promis à une mort prématurée. Il payait ses employés à la petite semaine et à bien des égards son exploitation était l'exemple type de la façon dont tournait une entreprise après la perestroïka. Une douzaine d'hommes s'y relayaient en équipes de douze heures. Ils travaillaient vingt jours d'affilée suivis de cinq jours de repos. Leurs salaires, s'élevant pourtant à des millions de roubles, couvraient à peine la note d'épicerie. En comparaison des conditions de travail chez Jorkine, les années 1980 pouvaient passer pour une époque bénie. Denis Bouroukhine, le jeune ami de Markov, y avait fait un bref passage. Au bout d'un mois, il avait démissionné quand il avait compris qu'il vivrait mieux avec ce qu'il parviendrait à tirer de la forêt.

Les hommes employés par cette société avaient échoué là après la déconfiture de la Compagnie nationale des forêts. Ils connaissaient les tigres. Ils connaissaient aussi Onofreïtchouk, mais jamais ils ne l'avaient vu avec la tête qu'il faisait en arrivant à leur campement en ce vendredi

5 décembre. Le compagnon de Markov était livide et visiblement choqué quand il vint leur demander leur aide. « J'avais l'impression d'être dans un rêve », se souvient-il. Pourtant, bien que secoué, il insistait pour qu'on n'ébruite pas l'incident. Les hommes déjeunaient dans la roulotte qui leur servait de cantine quand il débarqua. « Il est arrivé et m'a appelé dehors », se souvient Sergueï Louzgane, un bûcheron au poitrail de taureau, dont le nez autrement parfait est bizarrement dévié d'un côté. « Il avait un drôle de comportement. "Surtout, tu gardes ça pour toi", qu'il m'a fait. Quelqu'un avait été tué par un tigre, je voyais pas ce qu'il y avait à cacher là-dedans. C'était pas une réaction normale, alors je lui ai dit : "Bordel, mais qu'est-ce que tu me chantes ? Un mec est mort, nom de Dieu ! C'est pas un chien que tu peux enterrer dans un trou et oublier ensuite. Il faut prévenir la police. On peut pas faire autrement." »

Comprenant qu'il ne pourrait pas étouffer l'affaire, Onofreïtchouk finit par céder. Louzgane alla trouver son patron pour lui raconter l'histoire à peine croyable d'Onofreïtchouk, après quoi les trois hommes s'entassèrent à bord du petit 4 × 4 Niva de Jorkine, en compagnie d'un certain Evgueni Sakirko, un bûcheron à la face rubiconde d'alcoolique et au nez écrasé recousu comme un sac de jute. Le camp étant très isolé et qui plus est entouré de forêts où pullulaient le gibier et les tigres, on y conservait des armes, et les hommes prirent la précaution d'emporter deux carabines. Le fusil de Markov, où qu'il se trouve, ne leur serait d'aucun secours, parce que toutes ses munitions étaient restées dans la cartouchière harnachée au mort.

En approchant de la cabane, les hommes crièrent et tirèrent des coups de feu pour annoncer leur arrivée. L'un d'eux, trouvant un tuyau, se mit à cogner dessus. La scène n'était pas sans rappeler l'entrée des chasseurs dans *Pierre et le loup*, un mélange de bravade et de peur que la musique de Prokofiev restitue avec beaucoup de justesse. Partant de l'endroit où la neige était piétinée et tachée de sang, les hommes remontèrent le sillon large et peu profond qui s'enfonçait dans les bois. Plus que par la largeur de cette traînée, ils furent impressionnés par les empreintes de pas laissées de chaque côté. Mâle ou femelle, ce tigre était assez grand pour pouvoir traîner le corps d'un homme adulte entre ses jambes. Cette fois, l'animal ne révéla pas sa présence. Échaudé par ses précédents contacts avec des armes à feu et comprenant qu'il n'avait pas l'avantage, il avait préféré abandonner le terrain et se retirer discrètement de ce premier cercle où il se nourrissait et se reposait depuis maintenant deux jours. Mais il rôdait toujours dans les parages. Les hommes le sentaient. Leurs nerfs à fleur de peau leur disaient qu'il n'était pas très loin, mais comment savoir avec toute cette adrénaline qui courait dans leurs veines ?

D'après les souvenirs que Sakirko a gardés de cette journée, ils parcoururent une dizaine de mètres depuis la route d'accès avant de trouver le couteau de Markov. Sakirko le décrit comme un banal couteau d'office, pareil à ceux qu'on utilise pour couper les légumes. Onofreïtchouk le subtilisa comme il l'avait fait avec le fusil. Sakirko fut troublé de voir ce couteau si près du lieu de l'attaque et se demanda si dans une dernière tentative pour sauver sa vie Markov s'en était servi alors que son corps était entraîné vers les bois. Ils aperçurent ensuite l'empreinte de pas d'un chien et Onofreïtchouk la reconnut aussitôt. Elle appartenait à Strelka (la Flèche), la plus expérimentée des chiennes de chasse de Markov. Personne n'a pu établir si elle avait été tuée en même temps que son maître ou avant lui, bien qu'on pût raisonnablement supposer qu'elle avait péri en essayant de le protéger. À cause des rompis et de l'épais tapis de broussailles, les hommes ne virent pas le corps avant d'être arrivés sur lui. À ce moment-là, le rêve au ralenti que vivait Onofreïtchouk tourna au cauchemar. Car il voyait pour la première fois la dépouille de celui qui avait été son ami. Markiz gisait sur le dos, décapité, éventré et rigidifié par le froid. Le premier instant d'horreur passé, Onofreïtchouk ressentit un immense vide. Puisqu'il ne pouvait plus porter secours à son compagnon, le moins qu'il pût faire était de couvrir son corps et de rassembler ses restes.

L'Église orthodoxe russe a été interdite par le régime soviétique pendant quatre-vingts ans, mais beaucoup de ses rituels ont survécu et notamment ceux des obsèques. Or le cérémonial des funérailles exige un corps intact. D'abord parce que ce corps est une offrande à Dieu, ensuite parce que la dépouille mortelle doit être exposée dans son cercueil pendant deux jours avant la mise en terre de sorte que la famille et les amis puissent veiller le défunt et lui faire leurs adieux. Onofreïtchouk espérait donc le récupérer afin d'empêcher qu'il ne subisse d'autres attaques. Mais Jorkine, qui entre-temps avait pris la tête des opérations, ordonna de ne rien toucher pour les besoins de l'enquête, car les autorités devaient maintenant être prévenues. Il avait face à lui des hommes simples qui avaient grandi sous le communisme. Il était le chef et personne ne discuta. C'est Jorkine qui le premier alerta l'administration de Sobolonié, laquelle à son tour prévint l'inspection Tigre un peu plus tard dans l'après-midi. (Après le départ de Jorkine et de ses hommes, le tigre allait entraîner le corps de Markov dans les profondeurs de la forêt jusqu'au lieu où Trouch le retrouverait le lendemain.) Ignorant la procédure à suivre en pareille circonstance, les autres furent sans doute soulagés de le voir prendre l'initiative. Toutefois, tous étaient des chasseurs expérimentés et tous remarquèrent les trois logements vides dans la cartouchière que le mort portait à la taille. Ils connaissaient Markov et savaient que son arme de prédilection était un fusil à un coup de calibre 16, une arme de puissance moyenne, idéale pour le gibier à plumes voire pour un cerf, mais trop légère pour un tigre, à moins de réaliser un tir exceptionnel. En supposant que Markov ait eu le temps de s'en servir, il n'avait eu qu'une seule chance de faire feu. Son adversaire ne lui aurait pas laissé le loisir de recharger son arme. Seuls ses amis qui avaient retrouvé son fusil pouvaient s'imaginer la frénésie de ses derniers instants.

Le samedi 6 décembre dans la soirée, Trouch prit les dépositions des bûcherons du camp forestier. Le premier auquel il parla était un conducteur de bulldozer dénommé Viktor Issaïev, un homme affable, approchant de la quarantaine, qui semblait singulièrement peu marqué par ses conditions de vie dans la forêt. Au contraire de ses amis et voisins qui en portaient les stigmates bien visibles et paraissaient beaucoup plus vieux que leur âge, Issaïev était aussi frais et dispos que s'il sortait du sauna. Il avait le regard vif, les lèvres charnues et les joues pleines et roses d'un homme en parfaite santé. Son secret, quel qu'il fût, était inconnu de tous, y compris de lui-même, car pour le reste il ne se différenciait en rien de ses collègues : un bûcheron de la vallée de la Bikine, un travailleur précaire sans aucun projet d'avenir ni moyen de partir ailleurs.

Le mercredi 3 décembre, Issaïev se trouvait dans la roulotte de la cantine quand Markov s'était présenté à l'heure du dîner. Le soleil était déjà couché depuis plusieurs heures et dans la forêt il faisait nuit noire. Seul un mince croissant de lune était visible à travers les troncs noirs des arbres. Markov marchait depuis midi et arrivait de la cabane d'Ivan Dounkaï, à environ six kilomètres à l'est, sur l'Amba. Issaïev se rappelait qu'il avait laissé son fusil dehors, ce qui n'avait rien d'inhabituel pour un braconnier, surtout en cette période de l'année, et qu'il portait aussi un couteau et une cartouchière. Quand les hommes lui proposèrent de rester dîner, Markov déclina leur offre, alors même qu'il venait de marcher plusieurs heures par une température de – 30 °C. « Il avait l'air d'avoir un peu peur, se souvient Issaïev. D'ordinaire il était très bavard, mais pas cette fois. Il n'était pas de bonne humeur. »

Markov avait dit à Issaïev, Louzgane, Sakirko et aux deux autres bûcherons présents dans la roulotte qu'il recherchait ses chiens et qu'il ne pouvait pas rester. Il possédait trois chiens, mais ce soir-là un seul d'entre eux, un corniaud au pelage noir hirsute répondant au nom de Jack, se trouvait avec lui. Les deux autres, Strelka et Belka (l'Écureuil), restaient introuvables et Dounkaï ne les avait pas vus. D'habitude un grand flou régnait sur la question. Les gens ignoraient qui possédait quels chiens et en général on pouvait se passer de le savoir. Mais dans le cas d'un chasseur, leur importance était primordiale, tout particulièrement quand ils avaient pour maître un pauvre hère. Les chiens sont les assistants, les collègues, les compagnons et les gardiens du braconnier. Nul mieux qu'eux ne sait garder un secret. Souvent, l'homme et ses chiens se tiennent chaud la nuit et l'éternel optimisme de ses compagnons lui donne une raison de se lever le matin. Mais en présence d'un tigre, ils peuvent aussi signifier un arrêt de mort pour leur maître.

Interrogés séparément, Sakirko, Louzgane et Issaïev se rappelèrent tous que Markov semblait s'inquiéter pour ses chiens, qu'il avait refusé de manger le repas chaud qu'on lui servait et décliné leur offre de l'héberger pour la nuit bien qu'il fît dehors un froid glacial. Il n'était pas dans son assiette. On le sentait agité et pressé de repartir. Seul Sakirko se rappela que Markov avait parlé d'un tigre et déclaré : « Je ferais mieux de rentrer, si je ne veux pas que les chiens se fassent tuer. » Les inquiétudes du braconnier l'avaient étonné. Beaucoup de gens voyaient des tigres dans la Panchelaza, et qui n'avait pas perdu un chien ou deux au fil des années ?

Le jour de la visite de Markov, Sakirko et Issaïev avaient tous deux repéré les traces fraîches d'une tigresse et de son petit à environ un kilomètre du camp. Tous les hommes de Jorkine connaissaient cette femelle. Comme le font tous les tigres, elle parcourait son territoire en décrivant des cercles concentriques et repassait dans le coin toutes les semaines ou tous les quinze jours. Une aubaine pour un braconnier. Le risque d'être découvert était infime et pour sortir la carcasse de la forêt il suffisait de la dissimuler dans un chargement de bois. Pourtant, les hommes lui avaient laissé la vie sauve, moins par respect de la loi que par respect pour elle. Comme beaucoup de gens dans la vallée de la Bikine, ils se disaient que s'ils la laissaient tranquille, elle ne les toucherait pas. Entre les hommes et les tigres de la Panchelaza les relations étaient tellement tranquilles que l'idée qu'une personne puisse être attaquée et qui plus est dévorée par l'un de ces fauves était aussi improbable que de recevoir une météorite sur la tête. Ils étaient ce que sont pour nous les voitures : tout le monde sait qu'elles sont dangereuses et qu'elles peuvent tuer, et pourtant la plupart des gens ont appris à composer avec elles.

À un certain moment, probablement dans la journée du dimanche 7 décembre, Sacha Lazourenko reçut l'ordre de partir à pied interroger Ivan Dounkaï à sa cabane. Cette déposition était cruciale, car il était possible que Markov ait fait des confidences au vieux chasseur nanaï. Mais quelque chose ne se passa pas comme prévu. Il semble désormais que l'interrogatoire n'a jamais eu lieu. Lazourenko, comme Trouch, est un homme grand, élancé et industrieux. Son visage rond est barré d'une moustache taillée et ses yeux d'un bleu pâle se cachent derrière des paupières tombantes. Originaire d'un village situé au sud de Loutchegorsk, sur l'Oussouri, c'est un *taïojnik* pur jus et comme beaucoup de ses semblables il affectionne les tenues de camouflage vert kaki. Son excellente connaissance de la région lui a valu d'être sélectionné pour intégrer l'inspection Tigre dans les rangs de l'équipe de la Bikine. Sacha Lazourenko était le bras droit de Trouch et celui-ci lui aurait confié sa vie. En dépit de l'absence de déposition écrite, Trouch reste convaincu que Lazourenko a bien rencontré Dounkaï, sans doute parce que son coéquipier lui a affirmé l'avoir fait. Plus personne ne sait maintenant, car Lazourenko a récemment souffert de graves problèmes de santé et sa mémoire de ces événements est pareille à un paysage obscurci par les nuages. Certains détails restent vivaces, tandis que d'autres se sont perdus dans les ténèbres.

Néanmoins, il reste le récit que Dounkaï a fait de sa dernière rencontre avec Markov : « Il est venu me trouver [le 3 décembre], a expliqué l'homme au documentariste Sasha Snow. La nuit tombait quand il est arrivé. Il m'a déclaré : "Il y a un tigre dans le coin." "Où ça ?", je lui ai demandé. Il m'a répondu que l'animal se cachait. "Quand comptes-tu me rendre visite ? m'a-t-il demandé. Viens avec moi maintenant et nous irons chasser ensemble." "Comment je peux aller chasser en pleine nuit ? je lui ai fait. Écoute, j'ai préparé de la soupe. Mangeons ensemble." Mais il a insisté et dit qu'il devait repartir tout de suite. Puis quand je lui ai demandé s'il reviendrait le lendemain, il m'a répondu qu'il avait beaucoup à faire. »

Markov avait refusé le lit que lui offrait Dounkaï. Bien qu'il fasse nuit dehors, il était reparti à travers la forêt en direction du camp de Jorkine. Il n'avait pas parlé de rechercher ses chiens. Selon Dounkaï, c'était même le contraire, c'étaient les bêtes qui donnaient l'impression de rechercher leur maître. « Ce qui m'a semblé curieux, c'est qu'après son départ, j'ai aperçu son chien. J'ai trouvé ça étrange, parce que d'habitude un chien de chasse ne quitte pas son maître. »

Markov n'avait pas pour habitude d'enchaîner ses chiens (en partie à cause de la menace des tigres) et il n'y avait aucune raison qu'il se soit trouvé séparé d'eux, sauf s'il était arrivé quelque chose d'inhabituel. Quand on sait qu'un bon chien de chasse a des sens surdéveloppés, qu'il connaît parfaitement son territoire et voue une loyauté sans faille à son maître, on comprend mieux pourquoi Dounkaï avait du mal à croire qu'un de ceux de Markov et a fortiori les trois aient pu non seulement perdre leur maître mais aussi se séparer de leurs deux compagnons. Dans la Panchelaza, cela ne pouvait signifier qu'une seule chose.

Les chiens de Markov suivaient semble-t-il leur propre circuit. En bons pisteurs qu'ils étaient, ils décrivaient des cercles concentriques en s'éloignant de l'endroit où ils avaient vu pour la dernière fois l'objet de leur recherche, sans oublier d'aller jeter un coup d'œil chez les voisins. La seule personne vivant plus près de Markov que les bûcherons du camp forestier était une sorte d'ermite. Ce curieux petit homme à la voix éraillée par le tabac se faisait appeler du surnom qu'on lui avait donné en prison. Koptchonyi (le Fumé) arborait une chevelure et une moustache identiques à celles de Staline. Âgé d'une cinquantaine d'années, il ne mesurait pas plus d'un mètre cinquante. Il vivait à un kilomètre et demi de Markov, en direction du sud-ouest, et travaillait à temps partiel comme gardien de nuit pour Jorkine. Le reste du temps, il vivait à l'écart du monde et dans une solitude équivalente à celle de Dounkaï, sauf dans les rares moments où il se rendait à Sobolonié pour s'approvisionner et aller au bain de vapeur. N'ayant pas les moyens de se construire une cabane, il vivait dans ce qui n'était guère plus qu'un trou dans le sol. Ceint de murs bas et fermé par un auvent, l'endroit n'était qu'une cave sommaire et un habitant de Moscou ou de Saint-Pétersbourg n'aurait pas soupçonné qu'un homme puisse y vivre. Entourée d'une forêt épaisse et accessible uniquement par un sentier étroit et sinueux, la masure de Koptchonyi semblait sortie d'un conte de fées ; on aurait pu la croire habitée par une sorcière ou par un gnome. Pour la trouver, il fallait être mené jusqu'à elle par quelqu'un qui connaissait le chemin. Markov s'y arrêtait parfois pour boire une tasse de thé et ce jour-là au moins un de ses trois chiens y est allé pour le chercher.

Les tigres ne sont pas rares dans l'univers de Koptchonyi. « Il m'arrive d'en croiser un quand je vais aux latrines ou quand je sors pêcher », explique l'homme. Il connaissait bien la tigresse qui hantait les abords du camp forestier. « Je la voyais souvent quand j'allais au village. Un jour que je marchais sur la route, j'ai aperçu quelque chose devant moi. En m'approchant, je l'ai vue. Sa patte était grande comme ça. » Il place ses deux mains de part et d'autre de sa tête. « Elle était là depuis un moment et je lui ai dit : "Ça fait un sacré bail que tu m'attends, hein ? Tu m'as vu arriver de loin." »

Ivan Dounkaï décrit des expériences très similaires : « Le tigre a quelque chose d'hypnotique. Elle s'approche tout doucement, sans aucun bruit, et tu ne sais même pas qu'elle est là. Mais quand quelque chose ne lui plaît pas, elle s'arrête et te regarde fixement. Alors il se produit une sorte d'échange muet : c'est à qui baissera les yeux le premier. Dans ces cas-là, il ne faut jamais tourner les talons, parce que l'odeur de la peur se répand très vite. Il faut reculer tout doucement, surtout si le tigre a une proie ou si c'est une femelle avec ses petits. Elle fait un pas, tu fais un pas. Il ne faut surtout pas s'enfuir. Quand finalement tu sors de la zone qu'elle considère comme son territoire, alors seulement tu peux prendre tes jambes à ton cou. »

Précisons au passage qu'on a vu des tigres adopter le même comportement : s'éloigner prudemment d'une voiture et détaler à fond de train une fois qu'ils se croyaient hors de vue.

Bien qu'isolé du monde et haut comme trois pommes, Koptchonyi ne connaissait pas la peur. Il avait trouvé sa place dans l'écosystème de la Panchelaza et il s'y sentait bien. « Je n'ai jamais eu aucun conflit avec eux », déclare-t-il à propos des tigres. Son monde était un endroit paisible régi par une logique pragmatique et légèrement absurde qu'on aurait pu croire sortie d'un sketch de Laurel et Hardy. Quand je lui demandai s'il avait jamais discuté de l'accident survenu à Markov avec Ivan Dounkaï, il me répondit : « Non, nous n'en avons jamais parlé, parce qu'il a su sans que je lui en parle et moi je savais sans qu'il m'en parle, alors qu'est-ce qu'on aurait bien pu se dire ? »

Les attaques mortelles par des tigres sont des événements exceptionnels en Russie et Trouch n'avait été confronté qu'à un seul incident de ce type dans sa carrière. L'essentiel du travail de son inspection concernait des faits beaucoup moins graves de braconnage et autres infractions du même genre. En général, les interrogatoires se limitaient aux suspects immédiats, en incluant parfois un intermédiaire. Des informateurs locaux pouvaient aussi jouer un rôle dans ces affaires. Pour Trouch, l'accident de Khomenko avait été la première enquête impliquant la mort d'une personne. Mais, bien que perturbant, le cas était typique d'une attaque d'animal contre un humain. La provocation était établie et, personne n'ayant cherché à dissimuler des preuves, le dossier avait été rapidement clos. Du point de vue de la justice humaine, la mort de Khomenko était un homicide involontaire, un réflexe de défense ayant entraîné la mort sans intention de la donner. À l'inverse, l'attaque contre Markov avait un caractère plus sinistre et se rapprochait davantage d'un meurtre prémédité dénotant une intention évidente de tuer. Toutefois, à ce stade précoce de l'enquête, personne, Trouch pas plus qu'un autre, ne mesurait encore la menace que représentait ce tigre pour la population. Trouch espérait que Markov, comme Khomenko, serait un cas isolé et que l'animal retournerait à ses proies habituelles, à présent que les compteurs étaient remis à zéro.

Mais il était déjà trop tard. Le tigre avait franchi le point de non-retour. Le dernier interrogatoire ce jour-là était celui de Piotr Jorkine et Trouch ne se fit certainement pas un ami quand il lui confisqua les munitions de son fusil qui n'était pas enregistré. Jorkine proféra alors une menace que Trouch a retranscrite mot pour mot : « Je peux te dire une chose. Si un tigre a décidé de chasser un homme, tu ne pourras rien faire pour l'arrêter. » Jorkine avait le verbe haut et parlait souvent à tort et à travers, mais cette fois ses propos se révélèrent prophétiques. Le temps que Trouch regagne Loutchegorsk et finisse de taper son rapport le dimanche après-midi, le tigre s'était remis en chasse.

11

L'histoire des félins est une histoire de viande.

Elizabeth Marshall Thomas,
Les chats et leur culture

Le costume pour l'enterrement de Markov arriva de Loutchegorsk le samedi 6 décembre. Cet après-midi-là, Zaïtsev, Dvornik et Onofreïtchouk ramassèrent du bois et se rendirent au cimetière. Jamais éloigné de leurs pensées, le tigre bougeait lui aussi, mais les hommes ignoraient où. Loin d'eux, espéraient-ils. Jusque-là, les tigres avaient été pour eux une abstraction. De tout temps il y avait eu des rumeurs, des empreintes et des chiens qui disparaissaient, mais à présent ils étaient devenus une réalité. Ce tigre était là, tout près d'eux, comme une présence viscérale, comme s'il avait atteint une taille critique qui l'avait fait passer dans une dimension plus tangible. Aucun d'eux n'avait jamais ressenti sa proximité comme ce jour-là, à la cabane de Markov, et leur conscience était tourmentée par ce souvenir. La forêt était toujours la même, mais pour eux rien n'était plus comme avant. Désormais, ces hommes pensaient à leurs enfants différemment et s'inquiétaient de savoir où ils pouvaient être.

Après avoir dégagé la neige amoncelée à l'emplacement de la tombe, ils allumèrent un feu pour réchauffer la terre. Depuis un peu plus d'un mois, la température dans la vallée de la Bikine n'était jamais remontée au-delà de − 10 °C et depuis quelque temps elle avait même dégringolé à − 40 °C. Le sol gelé jusqu'à une profondeur de près d'un mètre était dur comme du béton. Le feu allait devoir brûler toute la nuit. Au matin, ils reviendraient avec des pelles et des pioches pour creuser la tombe. Dans la soirée, plongés dans un brouillard éthylique, les trois hommes et deux de leurs voisins prirent ce qui restait du joyeux drille qu'avait été Markiz et déposèrent cette dépouille dans le cercueil, en l'arrangeant au mieux à l'intérieur du costume. Après quoi, ils glissèrent un paquet de cigarettes dans sa poche de poitrine, recouvrirent le corps d'un drap blanc et clouèrent le couvercle de la bière.

Le lendemain matin, la maigre population de Sobolonié forma une procession pour se rendre au cimetière. Les villageois suivirent à pied le cercueil transporté dans un camion. La température en ce dimanche était de − 30 °C. Il n'y eut ni chants, ni trompettes, ni bannières comme autrefois, avant l'époque soviétique. « Personne n'a desserré les dents, se souvient Baba Liouda. Ce que le tigre avait fait nous laissait tous sans voix. On est venus, on a pleuré et on l'a enterré. »

Tamara Borissova tenait à peine sur ses jambes. Il n'y avait pas d'église à Sobolonié. Il y avait bien une femme chaman, une *chamanka*, qui vivait à Krasnyi Iar, mais aucun prêtre à cent kilomètres à la ronde, conséquence de quatre-vingts ans de communisme, si bien que les villageois se chargèrent personnellement d'enterrer leur défunt. Sans guide suprême au-dessus de sa tête, avec pour seule aide de vieux vestiges sacramentels, chacun d'eux, dans la solitude de son cœur, dut décider de ce que serait l'éternité pour celui qui avait été leur voisin et leur ami.

Mais Markov s'était déjà transmué. Il s'était transformé en une énergie brute, éminemment terrifiante. Tandis que ses proches descendaient dans la tombe un cercueil trop léger, la chair et le sang de Markov galvanisaient un tigre affamé, une bête blessée se dirigeant tout droit sur Sobolonié, à travers la forêt.

Un tigre à l'affût peut donner l'impression d'une redoutable compétence, mais les apparences sont trompeuses. Pour survivre, un tigre doit tuer un gros animal par semaine et rate sa proie entre trente et quatre-vingt-dix pour cent du temps, une inefficacité qui représente pour lui une importante déperdition d'énergie. Si bien que, blessé ou non, il n'y a pas de repos pour lui, pas de période d'hibernation comme chez les ours, pas de division du travail comme chez les lions et pas de migration vers de plus verts pâturages comme chez les ongulés. Le tigre, surtout le tigre mâle, est assez semblable au requin. Solitaire comme lui, son temps se passe à chasser, puis digérer, puis chasser encore, jusqu'à sa mort.

Les périodes de reproduction lui offrent une brève distraction. Le temps des amours, qui se situe généralement au cœur de l'hiver, donne lieu à des comportements dans lesquels tous les humains se reconnaîtraient. Arthur Strachan, chasseur, écrivain et artiste britannique, nous décrit la rencontre de deux tigres du Bengale devant une proie :

> … le mâle s'approcha lentement, feignant l'indifférence, tandis que le corps de sa compagne s'enfonçait graduellement dans le sol, pareil à celui des chats à l'approche de leur proie.

> Le regard brillant, les oreilles rabattues et la queue s'agitant comme un fouet, son attitude pour l'heure était celle d'une épouse aimante. Quand le mâle ne fut plus qu'à quelques pas, elle bondit vers lui comme pour l'anéantir, souleva l'une de ses pattes avant et lui caressa le museau d'un geste tendre. Puis elle releva la tête et l'embrassa.
>
> Le mâle resta d'abord froid à ces démonstrations d'affection, mais quand ensuite elle se frotta contre ses jambes et joua à les mordiller, il condescendit à s'allonger. Il s'ensuivit un simulacre de lutte entre les deux superbes bêtes. Tout se déroula dans un silence absolu. On n'entendait que le cliquetis que faisaient leurs dents en se heurtant quand leurs gueules grandes ouvertes se rencontraient.
>
> Tantôt, étroitement enlacés l'un à l'autre, ils jouaient à se donner des coups de leurs pattes arrière, tantôt ils se frappaient délicatement de leurs pattes avant. Ils se roulèrent ainsi par terre pendant près d'un quart d'heure…

Ces tendres moments sont cependant rares dans la vie d'un tigre. Une fois les petits mis au monde, la femelle doit continuer à chasser seule, et redoubler d'efforts car il faut maintenant nourrir les tigreaux et les protéger des pulsions infanticides du mâle. Si le tigre a un goût inné pour la viande, son aptitude à s'en procurer doit s'acquérir. En moyenne, une portée compte entre un et quatre petits, qui passeront les deux premières années de leur vie avec leur mère. Celle-ci les tiendra au chaud, les protégera et les nourrira. Elle leur apprendra à chasser en organisant pour eux des démonstrations afin de leur enseigner les techniques d'affût et d'attaque, puis de leur permettre de s'exercer en toute sécurité sans qu'ils soient blessés ou meurent de faim à cause de leur incompétence, et tout cela en veillant à satisfaire les besoins colossaux de son propre estomac. L'apprentissage est long et difficile. Dans la taïga, les hivers rudes, les accidents de chasse et les mâles hostiles font beaucoup de victimes parmi les jeunes, en particulier les mâles.

Lorsque vient le moment pour la tigresse de s'en séparer, ses petits ont pratiquement atteint leur taille adulte et ne sont plus qu'à un ou deux ans de leur maturité sexuelle. Certains ne s'en vont pas très loin, mais ce sont surtout des femelles qui règnent sur un territoire moins étendu et auront plus de chances d'être tolérées par leur mère et par le mâle dominant de leur périmètre. Mais un jeune mâle de deux ou trois ans est entièrement livré à lui-même. Pour des raisons de génétique et de compétition, sa mère n'en veut pas près d'elle. Il est donc comme un adolescent à peine pubère chassé du domicile familial et obligé de s'en sortir seul dans la rue. Il est possible qu'il réussisse, mais il y a aussi de fortes probabilités qu'il n'y parvienne pas. Il peut finir embroché par un sanglier, avoir la mâchoire brisée par un élan ou être attaqué par un ours. Le mâle dominant, s'il ne le tue pas carrément, peut l'évincer, auquel cas le jeune, dépourvu de territoire, sera contraint de vivre d'expédients.

Il est périlleux d'être un amateur dans ce purgatoire sylvestre. Il suffit d'un accident provoqué par une voiture, un piège ou un chasseur – sans parler des températures glaciales ou d'un long épisode de neige – pour avoir raison de lui. S'il se retrouve sans territoire, l'animal encore incompétent aura la ressource de s'en prendre au bétail et aux chiens. Si la taïga ne l'a pas achevé, c'est un fermier qui le fera. Quoi qu'il en soit, il faut parfois plusieurs années de cette existence dangereuse et marginale avant qu'un tigre mâle n'acquière la capacité et la volonté de marquer et de défendre son propre territoire. Mais aussi fort et habile soit-il, la bataille pour cette suprématie, même s'il la gagne, peut le laisser grièvement blessé. La nature a doté ces animaux d'armes si meurtrières qu'un combat singulier peut rapidement tourner au massacre. Il est presque impossible d'affronter ces crocs, ces griffes et cette puissance musculaire sans risquer de sérieux dommages. Bref, l'initiation que subit un jeune tigre mâle est longue, ardue et périlleuse, et ceux qui parviennent à survivre sont les spécimens les plus redoutables.

Le mardi 9 décembre, l'attaque dont Markov avait été victime faisait la une des journaux du matin. « La loi de la jungle » titrait l'édition locale de la *Komsomolskaïa Pravda* (*La vérité des jeunes communistes*) – nom quelque peu risible pour cet ancien organe de propagande transformé en journal à sensation. Près d'une photo choc montrant la gueule d'un tigre, on pouvait lire : « La tigresse venge la mort de ses petits. »

L'enquête sur la mort de Markov n'était ouverte que depuis trois jours et déjà les faits, la rumeur et les erreurs humaines tissaient un écheveau dont il serait difficile de démêler les fils. L'inspection Tigre faisait de son mieux, mais avait des informations contradictoires. Au cours de leurs patrouilles, Trouch et ses hommes avaient posé des questions et interrogé leurs informateurs sur place, et les bruits qui leur revenaient sur les activités de Markov sonnaient juste. Un thème récurrent s'en dégageait : avant l'attaque, l'homme avait eu des problèmes avec un tigre. Il s'était passé quelque chose entre eux et l'animal ne le laissait plus tranquille. Mais pour compliquer les choses, il n'y avait pas qu'un tigre, et pas qu'une seule histoire non plus. L'année précédente, Markov avait passé de plus en plus de temps dans sa cabane et durant cette période son chemin avait croisé celui de plusieurs de ces animaux, peut-être attirés par ses chiens ou par autre chose. En tout cas, la Panchelaza semblait être devenue une zone d'intense activité des tigres.

Des gens qui le connaissaient bien, en particulier un certain Sergueï Boïko, habitant à Iassenovié, pensaient que Markov avait récemment tué un bébé tigre. Ancien bûcheron, Boïko est un barbu bien charpenté, d'environ quarante-cinq ans. Bien qu'il ne boive pas, tout dans sa stature et ses manières fait penser à un Bacchus russe. « On ne peut rien garder secret dans la taïga, explique-t-il, campé dans son allée où picorent quelques poules. La police n'est pas toujours au courant, mais nous, nous le sommes toujours. » L'homme a travaillé avec Markov et Onofreïtchouk et il n'ignore rien de l'existence d'un *taïojnik.* « J'ai vécu toute ma vie dans la taïga, dit-il. J'ai fait toutes sortes de choses, y compris braconner. Je ne vous mentirai pas là-dessus. »

Boïko a eu plus de chance que les autres, il a trouvé un emploi stable dans une équipe de maintenance sur l'un des nouveaux ponts qui enjambent l'autoroute, à une dizaine de kilomètres de la cabane de Markov. Les tigres rôdent en permanence autour de leurs fragiles baraquements et les chiens de garde n'y font pas de vieux os. L'un de ses collègues, un vieil homme au visage émacié qu'on croirait sorti tout droit d'un daguerréotype, promène sur lui une gamelle en aluminium criblée de trous de la largeur d'un doigt qui ont été percés par les crocs d'un tigre un peu trop curieux. Boïko est convaincu que l'attaque contre Markov est liée à sa tentative, avec l'aide d'autres gens du coin et notamment d'Onofreïtchouk, d'exterminer une famille entière cet hiver-là. « Ils étaient là-bas ensemble, dit-il. L'un d'eux avait un calibre 16, un autre un calibre 12 [un fusil plus puissant]. Ils ont grièvement blessé la femelle, qui s'est enfuie en remontant la rivière, mais comme il neigeait ils ne l'ont pas retrouvée. Le petit est resté sur place et ils l'ont tué. Ils ont échangé sa peau contre une Bourane [une motoneige de fabrication soviétique]. »

Dmitri Pikounov, qui a de très nombreux contacts dans la vallée de la Bikine, a entendu la même histoire et l'a jugée crédible. Véridique ou non, ce scénario était net et sans bavure, tout comme l'histoire de Khomenko : Markov, braconnier notoire, chassant sans vergogne des tigres en violation de la législation fédérale, tue un petit puis est exécuté à son tour par la mère blessée et assoiffée de vengeance. Affaire classée. Cette version des événements, fournie par des gens proches du mort, mais non des témoins oculaires, avait inspiré les gros titres des journaux et laissé espérer à Trouch un dénouement heureux, la tigresse repartant dans la forêt après avoir assouvi son désir de vengeance.

Cette histoire recèle en outre une réciprocité de sinistre nature, car avant d'être dévoré par l'un d'entre eux, il semble que Markov ait mangé du tigre. « Ça a le goût de poulet », aurait-il confié à Denis Bouroukhine.

« Je n'aurais pas pu dire s'il était sérieux, déclare ce dernier. Avec Markiz on ne savait jamais à quoi s'en tenir. »

Mais Evgueni Smirnov, un garde-chasse établi à Krasnyi Iar, avait entendu la même rumeur et ne l'avait pas jugée bizarre du tout.

Selon Smirnov, la viande de tigre est succulente, pas autant que celle du lynx, mais un délice de la forêt pour ceux qui ont envie d'y goûter. Iouri Trouch a même une recette pour la préparer. En effet, quand il a dépecé le tigre de Khomenko avec des villageois du coin, il a passé un marché avec eux. Il pouvait prendre la peau et les os et eux garderaient la viande. Mais à peine avait-il tourné le dos que quelqu'un en avait profité pour dérober la tête. Quand Trouch avait découvert l'identité du voleur, il était allé le trouver pour lui demander ce qu'il comptait en faire. « J'allais en faire un aspic », avait répondu l'homme tout penaud.

C'étaient des années de vaches maigres. Au Primorié, les temps restent durs et beaucoup des gens qui vivent dans la vallée de la Bikine ont beau avoir le ventre vide, ils sont aussi pleins de ressources insoupçonnées. Pour un homme dans la situation de Markov il est parfaitement raisonnable, et même justifié, de manger le produit de sa chasse quel qu'il soit. « J'ai goûté le tigre, a admis Trouch. Ainsi que toute ma famille. C'est un goût inhabituel, légèrement sucré, mais je n'y touche plus, pas depuis que j'ai vu un tigre dévorer une vache en décomposition en 2000. La viande grouillait de vers et il l'a mangée. »

Parallèlement à l'histoire de la tigresse vindicative, d'autres rumeurs tout aussi plausibles circulaient dans la vallée, mais à ce stade de son enquête Trouch n'en tint pas compte. C'est ici qu'il fut brièvement trahi à la fois par son autorité naturelle et par son expérience encore limitée en matière d'empreintes de tigre. Car il y avait une incohérence évidente entre les histoires aussi convaincantes qu'erronées qu'il tenait de ses informateurs et la reconstitution bien plus tangible des faits restée gravée dans la neige. La vérité se trouvait dans les empreintes, et bientôt il apparaîtrait hélas que les traces observées autour de la cabane étaient bien trop grosses pour avoir été laissées par une femelle.

Néanmoins la théorie de la femelle vengeresse trouva une nouvelle confirmation quand un piège à tigres fut retrouvé à environ quatre cents mètres de la cabane de Markov. C'était du matériel professionnel et celui qui l'avait installé connaissait son affaire. Il s'agissait d'un solide enclos en bois mesurant un mètre quatre-vingts de haut, un mètre vingt de large et six mètres de long. Au niveau de l'extrémité fermée se trouvaient un poteau et une chaîne destinés au chien vivant qui devait servir d'appât. Entre l'entrée et l'appât, on avait disposé plusieurs pièges à loups enterrés dans le sol et des collets en câble épais. Dans la taïga, un dispositif de ce type ne peut avoir qu'un seul usage, et sa découverte conforta Trouch et les autres dans l'idée que Markov avait franchi le pas, passant du braconnage artisanal de subsistance à la chasse industrielle pour alimenter le marché noir.

Quand Ivan Dounkaï apprit ce qui était arrivé à son ami, il fut abasourdi : « Comme je ne l'avais pas vu pendant quatre jours, je suis parti à sa recherche. Je suis arrivé là [au camp forestier de Jorkine] et ils m'ont dit : "Markov s'est fait dévorer par un tigre." Comment une chose pareille avait-elle pu arriver ? Ça n'avait pas de sens ! On n'avait jamais rien entendu de tel ! "Dévoré", qu'est-ce qu'ils voulaient dire par là ? Est-ce qu'il avait vraiment été mangé ? »

Mais Sergueï Boïko fut beaucoup moins surpris, peut-être parce qu'il savait ce que l'on gagne à contrarier un tigre : « Un jour, avec un autre chasseur, nous avons pris sa proie à un tigre. Nous l'avons vu s'en éloigner et nous sommes allés nous découper un morceau de viande. On n'a pas tout pris, parce qu'on ne peut pas tout prendre. C'est une loi de la taïga : il faut partager. Mais le lendemain, quand nous sommes revenus sur les lieux, nous avons vu que le tigre n'avait pas touché à ce que nous lui avions laissé. À compter de ce jour, nous n'avons plus jamais rien attrapé. Le tigre détruisait nos pièges et faisait fuir les animaux qui s'approchaient de nos appâts. Dès qu'une bête s'en approchait, il rugissait et tout le monde décampait. Pendant une année entière, ce tigre ne nous a pas laissés chasser. Nous avons reçu une bonne leçon. » Et de conclure : « Laissez-moi vous dire une chose : le tigre est un animal singulier, très fort, très intelligent et très vindicatif. »

L'expérience qu'a vécue Boïko n'a rien d'exceptionnel. Le sens du territoire et la rancune tenace du tigre de l'Amour sont avérés et légendaires. Le plus étonnant et le plus terrifiant avec les tigres est leurs aptitudes pour ce qu'il faut bien appeler la pensée abstraite. Ils peuvent très rapidement assimiler des données nouvelles – des indices, si l'on préfère –, les relier à une source, voire à une intention, et réagir en conséquence.[1] Sergueï Sokolov est un ancien garde-chasse qui travaille désormais comme chercheur à l'Institut pour la gestion durable des ressources du Primorié. « Il est scientifiquement prouvé que plus un animal a une alimentation diversifiée, plus son intelligence est développée », explique-t-il.

Pour démontrer la complexité du processus de réflexion chez le tigre, Sokolov relate l'aventure arrivée à un chasseur de sa zone de gestion située dans le cours supérieur de la rivière Perevalnaïa, au sud du mont du Tigre, dans le centre du Primorié :

« Il n'y avait pas beaucoup de sangliers dans le coin, car ils ne trouvaient pas de quoi se nourrir. Pour couronner le tout, un tigre venait régulièrement rôder sur le territoire du chasseur, faisant fuir les rares sangliers encore présents. L'homme décida donc de s'en débarrasser et plaça un piège à fusil. La première fois, l'arme n'étant pas correctement installée, le coup partit sans toucher sa cible, lui emportant juste un peu de fourrure. Le chasseur remit son piège en place. Plus tard, en observant ses traces, il vit que le tigre, ayant touché le fil du traquenard et entendu le coup de feu partir, avait ensuite reculé lentement pour se lancer à la recherche de celui qui avait installé le piège et qui cherchait par conséquent à l'éliminer. L'animal avait compris. Sans prendre la peine de

1. Par exemple, les tigres sont très forts pour différencier le bruit d'un avion de celui d'un hélicoptère ; les premiers, n'étant pas une menace pour eux, ne suscitent qu'indifférence, tandis que les seconds, parce qu'ils peuvent servir à les repérer, provoquent aussitôt une réaction de fuite ou d'attaque. *(N.d.A.)*

suivre ses empreintes de pas, il s'était dirigé tout droit vers sa hutte, comme s'il avait une boussole.

« L'homme m'a raconté : "Je coupais du bois près de ma cabane quand tout à coup j'ai senti qu'on m'observait. Je me suis retourné et j'ai vu le tigre à une trentaine de mètres de moi. Il avait les oreilles rabattues, prêt à m'attaquer." Illico, il s'est précipité à l'intérieur de sa hutte et n'en est plus ressorti pendant trois jours, même pas pour pisser. Il a dû se soulager dans une cuvette. Il n'était pas très instruit et d'ordinaire il n'écrivait jamais à personne, mais pendant ces trois jours, comme il le dit lui-même, il s'est découvert une vocation. "Comme Tolstoï, j'ai écrit un roman-fleuve sur ce qui m'arrivait", parce qu'il était persuadé que le tigre finirait par avoir sa peau et il voulait qu'au moins les gens sachent ce qui s'était passé. Au bout de trois jours, il s'est quand même décidé à sortir. Il a scruté les abords de sa cabane et a trouvé l'endroit où le tigre l'avait attendu. En se fiant à la quantité de neige qui avait fondu, il a estimé que l'animal était resté là plusieurs jours. Après ça, le tigre a déserté le territoire du chasseur. »

Vladimir Chtchetinine, ancien chef de l'inspection Tigre et spécialiste des attaques perpétrées par les tigres de l'Amour, a recueilli un certain nombre d'histoires au cours des trente dernières années. « Mon équipe et moi-même avons enquêté sur huit cas au moins, déclarait-il en mars 2007. Et nous sommes tous arrivés à la même conclusion : si un chasseur tire sur un tigre, celui-ci le traquera et le retrouvera, même si cela doit lui prendre deux ou trois mois. Un tigre attendra patiemment l'homme qui lui a tiré dessus, celui-là et pas un autre. »

Les huit affaires en question présentaient toutes les mêmes caractéristiques : l'animal avait pu identifier son agresseur, il avait eu l'occasion de le prendre en chasse et il possédait un tempérament l'inclinant à le faire. Dans un court passage évoquant les attaques contre les humains, l'encyclopédie *Mammifères de l'Union soviétique* précise que « d'ordinaire, les animaux ciblés par des tirs, blessés ou traqués passent à l'offensive et il est rare qu'une attaque se produise sans aucune provocation ». Ces réactions témoignent d'une réflexion abstraite. Au cours de leur évolution, les tigres ont appris à réagir aux agressions venant d'autres animaux, mais pas aux menaces éloignées que sont les coups de feu. Ils ne comprennent pas non plus ce que sont les fusils et comment ils fonctionnent. Le raisonnement qui les amène à établir une relation entre une explosion dans l'air, une douleur qu'ils peuvent ressentir sans la voir et un être humain à une dizaine de mètres d'eux relève donc presque par définition d'une abstraction. Beaucoup d'animaux de plus grande taille sont capables de faire ce lien, mais peu réagiront comme un tigre. Si vous associez à cela une longue mémoire, vous vous retrouvez avec un épineux problème.

Chris Schneider, un vétérinaire américain établi dans l'État de Washington, a personnellement pu constater la nature rancunière du tigre. Au cours de sa carrière, il a soigné beaucoup d'animaux de cirque, y compris des fauves, auxquels il a parfois administré des sédatifs en leur faisant une piqûre douloureuse dans la croupe. Il s'écoulait parfois un an avant que les tigres qu'il avait traités ne repassent en ville, pourtant dès que Schneider apparaissait, les animaux ne le quittaient plus des yeux. « J'ai changé de chapeau, j'ai essayé de me déguiser, dit-il. Mais à l'instant où j'entrais dans la pièce, le tigre ne me lâchait plus et se tournait pour rester face à moi quand je me déplaçais autour de lui. C'était troublant. » Pour qualifier le regard de ces fauves, il dit qu'il est « perçant ». « Leur regard vous traverse littéralement. Ce sont des prédateurs très concentrés. Je suis persuadé que ces animaux m'auraient réglé mon compte s'ils en avaient eu l'occasion. »

Les Américains John Goodrich et Dale Miquelle, les deux biologistes de terrain qui dirigent le projet du Tigre de Sibérie organisé par la Société de conservation de la vie sauvage dans la réserve du Sihoté-Aline, ont vécu l'expérience inverse. Pendant plus de quinze ans, ces deux hommes ont habité et travaillé à Terneï, sur la côte est du Primorié. Pendant toutes ces années, ils ont capturé, endormi, examiné et marqué des dizaines de tigres, certains même plusieurs fois. Bien qu'ayant longuement séjourné sur le territoire de ces bêtes, ils n'ont jamais connu de cas de vengeance. « En tant que biologiste, j'ai beaucoup de mal à y croire, déclare Miquelle quand on l'interroge sur ce genre de comportements. Mais en tant que mythe et que perception locale des tigres, je trouve ça intéressant. »

« Si ces animaux étaient vindicatifs, renchérit Goodrich, je serais déjà mort. »

On ignore si les tigres sont capables de distinguer les humains qui les blessent intentionnellement de ceux qui les attrapent pour les étudier et les relâcher ensuite dans leur territoire sans leur faire de mal. Il n'y a donc pas moyen de concilier ces deux opinions divergentes, toutes deux fondées sur une longue expérience du terrain. Au final, tout est peut-être affaire de contexte et de caractère des protagonistes. Sans compter, comme le dit Miquelle, « qu'entre ce que les tigres font et ce qu'ils sont capables de faire, il y a un grand pas ».

Pour savoir si l'on peut ou non parler de vengeance, il sera sans doute plus utile de s'intéresser aux questions de territoire et de propriété. Comme chez les chasseurs humains, ces deux notions sont difficilement dissociables dans l'esprit du tigre. Les tigres, en particulier les mâles, sont réputés pour leur possessivité instinctive. Cette caractéristique intrinsèque influence considérablement leur comportement pour tout ce qui touche au territoire, à l'accouplement et à la nourriture. Mâles et femelles défendent leur fief avec férocité, mais le mâle en particulier gardera le sien aussi jalousement qu'un seigneur du Moyen Âge ou qu'un parrain de la mafia. Le tigre de l'Amour se considère comme le maître absolu de son royaume. Du fait de la position qu'il occupe dans la hiérarchie de la forêt, la seule force à laquelle un mâle se soumettra sera celle d'un autre spécimen plus puissant que lui ou parfois celle d'un grand ours brun. Dans la taïga, rien ne peut rivaliser avec lui et c'est pourquoi on en a vu qui, menacés ou attaqués, grimpaient dans des arbres pour frapper des hélicoptères ou fonçaient tête baissée vers une arme à feu.

Entre deux tigres, les affrontements vont rarement jusqu'à la mort, parce que tuer un puissant adversaire est un acte dangereux qui requiert une énergie phénoménale. Dans la nature, il est rare que la mort soit une fin en soi. Si on tue une proie, c'est uniquement pour la garder immobile le temps de la dévorer. De même, en cas de différend territorial, le but n'est pas d'exterminer son rival, mais d'établir sa domination et de le persuader d'aller ailleurs. En général, les animaux (y compris les tigres) évitent autant que possible les conflits, parce qu'en se battant on se fait mal et que les conditions de vie dans la nature sont trop exigeantes pour qu'on prenne un tel risque. Les prédateurs – léopards ou loups solitaires, par exemple – préfèrent abandonner une proie qui leur est disputée plutôt que risquer d'être blessé. Mais les tigres sont différents. Avec ses sujets, le tigre de l'Amour mâle peut se montrer féroce, retors et vindicatif. En outre, il n'hésite pas à s'en prendre à ses rivaux plus jeunes, voire à ses propres petits. Selon les observations de chasseurs et de biologistes, il semble qu'il tue parfois des ours, juste pour ce qui serait à nos yeux une affaire de principe. Les animaux grégaires peuvent parfois se lancer dans des attaques d'une sauvagerie gratuite, mais aucun animal solitaire ne montre autant d'ambition et de perfidie que le tigre.

Au Primorié, il arrive très fréquemment que des tigres attaquent et dévorent des ours noirs ou bruns, ce qui est étonnant car d'ordinaire aucun animal sain d'esprit n'oserait s'attaquer à ces créatures. L'ours brun russe appartient à la même espèce que le grizzli d'Amérique et peut parfois peser pas loin de cinq cents kilos. Leur férocité et leur force sont légendaires. Pourtant, on en a vu détaler à la vue d'un tigre. « En janvier 1941, je suis arrivé sur la piste d'un très gros ours brun, écrivit Lev Kaplanov. Ayant accidentellement croisé la route d'une famille de tigres, il avait fui à toutes jambes. »

D'un point de vue purement pratique, un ours brun, même de taille moyenne, peut parfaitement rivaliser avec un tigre. Dans ce cas, qu'est-ce qui pousse ce dernier à chercher des noises à un adversaire aussi dangereux ? Et ensuite pourquoi continue-t-il le combat – comme cela s'est vu – au point de démembrer son ennemi et de disperser ses extrémités sur le champ de bataille ? Ses motivations restent en partie obscures, mais la découverte et la description de telles scènes peuvent largement expliquer pourquoi des indigènes comme Mikhaïl, le fils d'Ivan Dounkaï, disent de lui – et non de l'ours brun – qu'il est le « tsar de la forêt ». [1]

1. Au Primorié, l'ours occupe néanmoins une place d'honneur dans le panthéon des peuples premiers. Les Nivkhs (ou Guiliaks), une tribu de la côte dont le territoire historique jouxte celui des Nanaïs et des Oudégués, ont poussé leur dévotion au point de dédier un culte à cet animal : un ours est capturé vivant, abrité et nourri, parfois pendant plusieurs années, avant d'être sacrifié rituellement et mangé. On ne connaît pas d'exemple de peuple indigène ayant tenté la même chose avec un tigre. *(N.d.A.)*

Avant l'arrivée des chercheurs d'or chinois et des colons russes, les conflits entre les hommes et les tigres étaient rares dans la région qu'occupe maintenant le Primorié. Le gibier y était abondant, la population humaine relativement réduite et l'espace largement suffisant pour tout le monde dans la vaste jungle tempérée du littoral de la Mandchourie. En outre les Mandchous, les Nanaïs, les Oudégués et les Orotchis, tous des peuples toungouzes habitués depuis toujours à vivre aux côtés des tigres, connaissaient leur place. Animistes, ils tenaient l'animal en très haute estime et s'efforçaient de rester hors de son chemin. Mais avec l'arrivée des colons russes au XVIIe siècle, cet équilibre soigneusement préservé commença à se détériorer. À Krasnyi Iar, les gens racontent encore ce que leurs grands-parents ont éprouvé en voyant pour la première fois des Russes, ces colosses aux cheveux roux, aux yeux bleus et à la peau aussi blanche que celle d'un cadavre.

Parmi ces nouveaux arrivants se trouvaient des missionnaires orthodoxes. Bien que désarmés, ces hommes firent de gros dégâts dans la société indigène par la rigidité de leurs convictions. Le mot « chaman » vient du toungouze, et dans l'Extrême-Orient du milieu du XIXe siècle, le chamanisme vivait son âge d'or. Pour les chamans et leurs adeptes qui croyaient sincèrement aux dieux qu'ils servaient et aux pouvoirs qu'ils manipulaient, se voir méprisés par les missionnaires, traités comme quantité négligeable par les gouvernements étrangers et supplantés par la technologie eut des effets dévastateurs. Au plan psychologique, cette déchéance de leur statut fut comparable à celle que connut l'aristocratie russe après l'arrivée au pouvoir des bolcheviks.

Au Primorié, ce traumatisme fit ressentir ses effets jusque dans les années 1950. L'écrivain oudégué Alexandre Kontchouga est le descendant d'une lignée de femmes et d'hommes chamans et a grandi à leurs côtés. « Les pouvoirs publics n'interdisaient rien, explique-t-il. Ils laissaient faire. Vous voulez battre le tambour en pleine nuit ? Ça vous regarde. Mais localement, certains officiels étaient hostiles à nos croyances. En 1955, j'étais encore étudiant à l'époque, des policiers sont venus chez la grand-mère de mon cousin. Quelqu'un avait dû moucharder et la dénoncer comme *chamanka*, parce qu'ils lui ont confisqué ses tambours pour les brûler. Elle n'a pas pu le supporter et s'est pendue. » Le tambour est la membrane par laquelle le chaman communique avec le monde spirituel et s'élève jusqu'à lui. Pour un chaman, le tambour est un organe vital et vivre sans lui est inconcevable.

Si l'ordre spirituel et social fut perturbé, l'environnement aussi connut d'importantes mutations. Une histoire nanaï recueillie vers 1915 commence ainsi : « Il était une fois, avant que les Russes ne brûlent la forêt... » À cet égard, comme à beaucoup d'autres, l'expansion des Russes vers l'est offre de nombreuses similitudes avec celle des Américains vers l'ouest. Ici comme là-bas, la frontière fut d'abord un monde de négociants en fourrures, de chercheurs d'or et d'explorateurs ouvrant la voie par terre et par mer. Ils furent bientôt suivis par les colons, les soldats, les industries d'exploitation des ressources naturelles, la marine et pour finir le chemin de fer. Toutefois, la Russie est presque deux fois plus grande que les États-Unis, si bien que même si les Russes avaient plus d'un siècle d'avance, leur progression fut ralentie par un ensemble de facteurs économiques et politiques, ainsi que par des difficultés tout simplement liées à l'immensité géographique. Pourtant, dès 1850, il était clair que rien ne serait jamais plus comme avant des deux côtés du Pacifique Nord.

Si l'on pouvait mettre à plat le globe terrestre et faire défiler en simultané l'histoire récente de l'Eurasie et des

Amériques, on assisterait à une explosion d'énergie venant d'Europe et balayant ces régions d'un mélange d'idéologie, de technologie, de contamination virale et d'alcoolisme. En Russie, les premiers vecteurs de ces transformations furent les Cosaques, les conquistadors de l'Eurasie. Cavaliers, mercenaires et aventuriers légendaires, ils formaient la garde des tsars et endurèrent les pires privations pour ouvrir la Sibérie, d'abord au commerce des fourrures puis à la colonisation. Ils infligèrent aussi de terribles souffrances aux peuples indigènes qu'ils rencontrèrent dans leur avancée épique vers les côtes de l'Arctique et du Pacifique. Beaucoup d'autochtones, mais aussi des Mandchous et des Coréens, furent massacrés et les survivants rançonnés. Mais la rapacité des Cosaques ne se limitait pas aux fourrures. Quand les Mandchous eurent vent de leur arrivée prochaine, leur premier réflexe fut d'évacuer toutes les femmes.

Après la défaite de la Russie en Crimée, en 1856, l'Extrême-Orient était la dernière direction vers laquelle pouvaient encore se tourner les ambitions impériales, et les Cosaques se chargèrent d'établir des colonies le long de l'Amour, en violation d'un traité vieux de deux cents ans avec la Chine. À partir de ces premières bases fortifiées, *ostrogui* en russe, l'empire lança son annexion du Primorié. À la fin du XIXe siècle, les Cosaques occupaient la quasi-totalité de la Mandchourie septentrionale. « Ces êtres à moitié sauvages, au regard noir et farouche, sont les meilleurs cavaliers qui soient au monde et font fi de votre vie comme de la leur », écrivait Sir John Foster Fraser, un correspondant britannique qui séjourna quelque temps parmi les Cosaques en 1901 sur sa route vers Harbin, ville édifiée par les Russes à environ trois cents kilomètres à l'intérieur de la Mandchourie chinoise. Fraser fut à la fois touché par le sens de l'hospitalité de ces soldats et impressionné par leur fougue et leur courage. « Pour les charges [de cavalerie], aucune troupe ne peut les égaler… Qui a entendu un Cosaque pousser son chant étrange et poignant la nuit, au milieu d'une plaine silencieuse comme la mort, ne pourra jamais l'oublier. »

Certains chefs cosaques s'affranchirent totalement de la loi au point de devenir des seigneurs de guerre et des pirates qui n'auraient rien eu à envier à un Cortés. Même après l'instauration d'un semblant d'État de droit au Primorié, l'extorsion, le brigandage transfrontalier et les meurtres racistes restèrent monnaie courante tout au long du XXe siècle (et depuis la perestroïka, on observe une recrudescence de ces pratiques).

Les rares Russes qui, à l'image d'Arseniev, de Trouch et de Markov, firent volontairement le voyage jusqu'au Primorié, puis décidèrent de s'y implanter, ont en commun d'avoir un tempérament curieux et aventurier confinant au romantisme. Ces hommes entretiennent une relation intense avec ce qui les entoure et s'ils décident de vivre dans cette région, c'est parce que la Russie n'offre nulle part ailleurs un environnement naturel aussi complexe, exotique et stimulant pour les sens. Mais la jungle boréale n'est pas du goût de tous et a eu raison de beaucoup de nouveaux arrivants. Nombre des premiers colons trouvèrent que la vie y était si éloignée de ce qu'ils avaient quitté et si difficile, qu'ils plièrent bagage et battirent en retraite. Or, rappelons-le, le chemin inverse pouvait leur prendre des années. Vassili Solkine, ce spécialiste des panthères qui a appris à chasser dans la partie occidentale de la Russie, n'a aucun mal à comprendre la désorientation des nouveaux arrivants : « J'avais le sentiment d'avoir pénétré dans un jardin botanique, écrivit-il. La forêt ne me paraissait ni naturelle ni normale. Elle était trop exotique avec toutes ses différentes espèces.

J'étais comme un enfant. Mes aptitudes de chasseur ne m'étaient plus d'aucun secours. »

Quoi qu'il en soit, quand un Russe avait accompli le trajet jusqu'à la côte – souvent parce qu'il était exilé – il y restait dans la plupart des cas et tout ce qu'il avait connu dans sa précédente vie était relégué au rang de souvenir. En 1870, Vladivostok avait une population d'environ sept mille personnes venant de toute la Russie et du Pacifique. Cette ville qui allait devenir la capitale régionale ressemblait à San Francisco, en plus petit et plus primitif. Idéalement située, elle possédait en outre des ressources naturelles en abondance. L'océan Pacifique lui offrait une ouverture sur le monde et encourageait des rêves de grandeur. Certains de ces rêveurs venaient d'au-delà des mers. En plus de la Chine, la Russie avait réussi à battre l'Angleterre, la France et les États-Unis dans sa course pour revendiquer ce port idéal de par sa position stratégique et sa configuration, un havre où, disait-on, toutes les flottes d'Europe auraient pu être cachées en toute sécurité. L'époque était dure, mais porteuse d'espoir. Elle était aussi très imbibée. En 1878, l'accise sur les ventes d'alcool au Primorié rapporta vingt fois plus que toutes les autres sources de revenus.

Dans toutes ces villes établies à la frontière, les femmes étaient très sous-représentées, si bien que les hommes célibataires devaient se trouver d'autres distractions. L'une d'elles était un jeu à mi-chemin entre la chandelle et la roulette russe. Vers 1895, un vieil homme rescapé de ce jeu fut interrogé par Dmitri Shreider, un chercheur et auteur de récits de voyage, dont le livre *Nach dalnyi vostok* (*Notre Extrême-Orient*), l'un des premiers consacrés à la région, fut « approuvé par les censeurs du tsar » en 1897. En voici un extrait, qui n'a rien à envier aux récits fantastiques de Gogol :

– Il y a quelques années de cela [vers 1870], à l'époque de tous ces vains espoirs d'unité et de cohésion, est apparu ici le « club Lancepoupov ».
– Quel genre de club était-ce et quel but poursuivait-il ?
– Son but ? Lutter contre le morcellement et l'aliénation de notre société. Ses membres devaient à l'origine se réunir pour des débats et des échanges d'idées, mais il n'a pas fallu longtemps avant que le club Lancepoupov ne dégénère en une chose absurde dont il m'est encore pénible d'évoquer le souvenir.
Après un instant de silence, mon interlocuteur reprit d'une voix hésitante :
– Par exemple, que diriez-vous de jouer à un jeu appelé « la chasse au tigre » ?
– La chasse au tigre ? J'ignorais qu'il existait un tel jeu.
– Je l'ignorais aussi, mais après avoir vécu un certain temps là-bas, j'en ai appris l'existence. Je me souviens très bien de ce jeu, surtout quand le temps est à la pluie ou à la neige…
Sur ce, l'homme roula la manche de sa redingote et dénuda son bras. En le regardant, je notai la présence d'une grande cicatrice au-dessus du coude. La blessure avait de toute évidence été infligée par une arme à feu et, pour la première fois, je remarquai que mon compagnon n'arrivait pas à bien remuer son bras.
– Tout cela ne m'explique rien, lui dis-je. Et que viennent faire les tigres là-dedans ?
– Vous ne comprenez pas ? Bien sûr, marmonna l'homme avec embarras. Comment le pourriez-vous… de tels jeux n'existent nulle part ailleurs. J'étais le tigre ! s'exclama-t-il soudain, et son visage franc s'éclaira d'un large sourire.
– Vous ?
– Oui, moi. Vous semblez surpris, mais c'est très simple : pour commencer nous désignions l'un d'entre nous – moi-même par exemple – pour être le tigre. Après quoi nous sortions tous les meubles de la pièce, couvrions les

fenêtres avec des tapis et éteignions les lumières. Les autres membres du club étaient les chasseurs. Ils se tenaient au milieu de la pièce, le visage tourné vers l'extérieur, armés de revolvers. Dans cette disposition, ils tiraient dans toutes les directions où ils croyaient entendre le tigre (c'est-à-dire moi). Bien évidemment, j'avais ôté mes souliers et vidé mes poches de tout ce qui aurait pu tinter. Je courais le long des murs en chaussettes en essayant d'être aussi silencieux qu'un tigre. Mais une fois, j'ai failli à mon rôle. J'ai trébuché et récolté une balle dans le bras. J'ai eu de la chance qu'elle n'ait pas touché le cœur.

Je n'en croyais pas mes oreilles.

– Mais ce n'est pas un jeu, c'est un meurtre ! Obstruer les fenêtres, éteindre les lumières et tirer des coups de feu sur un être humain ! Vous auriez pu être tué.

– Comme vous le voyez, je suis toujours en vie. De toute façon, nous avions une autre vision des choses. D'une certaine façon, c'était divertissant. Certes, avec les lampes allumées, la mort devenait une possibilité, mais dans le noir le tigre se transformait en un vrai tigre. Du reste, le règlement précisait bien qu'on ne pouvait tirer que dans les jambes.

– Mais vous avez été touché au coude !

– C'était un accident. J'étais tombé.

– Comment avez-vous pu accepter de prendre part à un jeu aussi insensé ? Pardonnez ma franchise.

– Comment ? À présent, bien sûr, je ne puis y penser sans éprouver de la terreur. Mais en ce temps-là, ce n'était rien. La vie ne valait pas grand-chose.

– Et vos autres passe-temps, étaient-ils tous aussi… divertissants ?

– Non, ils étaient plus conventionnels.

À l'époque où les membres du club Lancepoupov chassaient des tigres humains, la famille Iankovski était sur la trace de tigres bien réels. Mikhaïl Iankovski, Polonais de haute lignée, s'était battu dans le mauvais camp lors de l'insurrection contre l'occupation de son pays par les Russes en 1863. Pour ses crimes, il avait été condamné à huit ans de déportation en Sibérie, dont les dix-huit premiers mois furent passés à marcher jusqu'à son lieu de captivité. Il faudrait attendre quarante ans pour que le chemin de fer arrive dans la région et la route, à peine praticable d'un bout à l'autre de l'année, n'était guère plus qu'une piste pour les caravanes, mais sans les chameaux et sans le romantisme. Des processions de déportés épuisés et rongés par la vermine avançaient vers l'est d'un pas lourd, tandis que des cortèges de chariots transportant du thé chinois roulaient vers l'ouest, leurs roues enfoncées jusqu'aux moyeux dans la boue, leurs chevaux comme leurs conducteurs tourmentés par des escadrilles de moustiques et de mouches piqueuses. Pendant l'hiver, il faisait si froid que l'air se transformait en glace dans les naseaux des chevaux, obligeant les conducteurs à s'arrêter régulièrement pour retirer ces bouchons qui risquaient de tuer leurs bêtes par suffocation. Malgré tous leurs efforts, les chevaux mouraient et les essieux cassaient constamment. « La route est dure, dure, mais le devient encore plus quand on se dit que cette bande de terre affreuse et cabossée, frappée de variole, est presque la seule artère unissant l'Asie à l'Europe ! », écrivait Tchekhov lors de son voyage à travers le pays au printemps 1890.

Mikhaïl Iankovski bénéficia d'une remise de peine à l'occasion d'une amnistie décrétée par le tsar Alexandre II, mais il fut libéré à la seule condition qu'il ne retournerait jamais dans l'ouest de la Russie. Iankovski respecta cet accord et connut une existence hors du commun dans ce qui était la dernière acquisition du tsar, d'abord en dirigeant une mine d'or sur une île de la mer du Japon, puis en descendant jusqu'en Corée en jonque et en remontant ensuite la côte à cheval, ce qui fut pour lui l'occasion de découvrir, au sud de Vladivostok, une péninsule battue par les vents (et sans moustiques). À peine eut-il revendiqué l'endroit, qu'il fut mêlé à une guerre de clans avec des brigands mandchous. Ces *hong huzi* (les barbes rouges), ainsi qu'on les appelait, avaient brûlé la maison d'un autre colon nouvellement arrivé, pendu le corps de sa femme au crochet d'une lampe et enlevé son fils. Iankovski et cet homme affligé s'allièrent à des chasseurs coréens et prirent en chasse les brigands jusqu'à la frontière chinoise où, lors d'un échange de coups de feu, Iankovski abattit le chef de la bande. Après cet épisode, il se bâtit une vraie forteresse avec des murs en adobe à l'épreuve des balles et se lança dans l'élevage des chevaux et des cerfs. [1]

Les jeunes cerfs sont appréciés pour leur viande mais leur ramure encore tendre (*pantui*) est aussi très recherchée par les Coréens pour ses propriétés rajeunissantes. Certains amateurs poussaient si loin leur engouement qu'ils restaient alignés près de l'enclos de Iankovski pendant que les ramures étaient découpées sur la tête des cerfs vivants afin de pouvoir boire directement le sang qui giclait des moignons. Or les tigres ont des goûts très similaires, et la famille Iankovski n'était pas installée depuis un an qu'elle dut faire face à ses premières pertes. Entre 1880 et 1920, les fauves décimèrent une bonne partie de leur cheptel, chevaux et cerfs, mais aussi leurs chiens. Un jour, l'un d'eux alla jusqu'à désarçonner un de leurs journaliers.

---

1. Mikhaïl Ivanovitch Iankovski (Jankowski) fut aussi un naturaliste amateur qui découvrit de très nombreuses espèces d'oiseaux, de scarabées et de papillons en Extrême-Orient, dont certaines portent encore son nom et dont d'autres, encore plus nombreuses, ont été vendues par lui à des musées et des collectionneurs européens. Son fils, Iouri, fut un chasseur de tigres réputé et publia deux recueils de mémoires, dont l'un en russe qu'il intitula *Cinquante ans de chasse au tigre* (1944). *(N.d.A.)*

Aux yeux des colons russes, les tigres n'étaient que des malandrins à quatre pattes et la famille Iankovski organisa les représailles.[1] À la différence des animistes oudégués natifs de la région et des bouddhistes chinois ou coréens qui s'y étaient implantés les premiers, les chrétiens russes se comportaient en propriétaires des lieux et non en simples habitants. À l'image des rapports entre les lions et les humains dans le désert du Kalahari, la rupture se produisit avec l'introduction des animaux domestiques. Mais le problème n'était pas tant les animaux que l'attitude des éleveurs qui arrivaient en conquérants sans aucun savoir ni désir de connaître la culture locale. À l'image des colons de l'autre côté du Pacifique, eux aussi se sentaient investis d'une mission divine. Ils étaient mandatés, bien souvent par le tsar lui-même, et sur la question du droit de propriété et des prédateurs ils adoptèrent une approche orthodoxe inspirée de l'Ancien Testament.

À cela s'ajoutait un état d'esprit d'assiégés exacerbé par les menaces bien réelles que représentaient les brigands et les bêtes sauvages. En Russie, les loups ne se contentaient pas de tuer le bétail, ils s'attaquaient aussi aux hommes et ceux qui avaient fait le voyage jusqu'à la côte Pacifique n'avaient pas l'intention de composer avec eux, pas plus qu'avec les tigres. Ils avaient déjà traversé beaucoup trop d'épreuves.

Pendant soixante ans, trois générations de Iankovski ont chassé le tigre en Russie, en Mandchourie mais aussi en Corée du Nord, où une partie de la famille s'était exilée après la révolution de 1917. Ce qui était à l'origine un réflexe de légitime défense devint pour eux un sport. Ils offraient même leurs services de guides à d'autres chasseurs. Quand ils le pouvaient, ils vendaient la

1. « On dit que soixante-cinq tigres furent tués dans le district [de Vladivostok] l'année qui précéda mon arrivée », écrivit en 1879 le missionnaire et voyageur britannique Henry Landsdell. *(N.d.A.)*

dépouille et les acheteurs étaient toujours chinois. Le petit-fils de Mikhaïl, Valeri, a participé à certaines de ces expéditions et en 2008, à l'âge de quatre-vingt-dix-sept ans, il en garde un souvenir très vivace. Comme ce vétéran depuis longtemps disparu du club Lancepoupov, Valeri Iankovski nous permet d'entrevoir un monde qui a cessé d'exister. « Les Russes étaient probablement les plus agressifs, après eux venaient les Coréens », rapporte-t-il en toute sincérité dans une lettre où il raconte sa jeunesse sur la côte Pacifique.

> Nous chassions l'hiver, avec des chiens et des carabines légères, sans jamais recourir aux pièges et aux poisons.[1] Mais quand il nous arrivait d'abattre un tigre, c'était plus par accident que par intention réelle. Ce n'était pas pour nous un commerce permanent. Quand nous en prenions un, les apothicaires chinois nous l'achetaient tout entier. Ils s'intéressaient tout particulièrement à la viande, au cœur et aux os. On prêtait bien sûr à la viande de tigre des propriétés surnaturelles. Le cœur surtout était censé vous rendre plus courageux. Nous-mêmes ne consommions pas la viande, mais j'y ai goûté un jour, en 1943 – bouillie et cuisinée avec du *miso*. Elle était grasse et j'ai été surpris par sa forte saveur, comparable à celle du mouton.
>
> En Corée, les tigres tuaient parfois des gens dans les régions de forêt profonde et, quand cela arrivait, la famille du chasseur désertait le coin. J'ai vu de mes yeux des cabanes dont la porte avait été arrachée par des tigres et j'ai entendu des histoires de tombes fraîches qu'ils avaient ravagées, mais je n'ai pas personnellement assisté à de telles scènes.
>
> Par tempérament, le tigre est rusé, prudent et sanguinaire. Quand vous marchez sur ses traces, vous sentez à

1. Comme l'ont fait et continuent de le faire certains chasseurs asiatiques. *(N.d.A.)*

> chaque instant sa présence menaçante. Un jour, mon père a été attaqué par un tigre blessé et s'il en a réchappé c'est grâce à mon frère qui a abattu l'animal. À cette époque, dans la région de Vladivostok, ils étaient les principaux tueurs de bétail. [Comme mon grand-père,] mon père leur a déclaré la guerre et il en a inscrit sept à son tableau de chasse. Ils étaient nos ennemis mortels.

La vision du monde que nous livre ici Iankovski semble figée dans l'ambre. Bien qu'appartenant à la même génération que Dersou Ouzala et Ivan Dounkaï, son expérience des tigres est radicalement différente de la leur. Cent ans plus tard, la description que nous donne Vassili, le fils d'Ivan Dounkaï, des rapports qu'il entretient avec ces fauves offre un contraste saisissant avec celle du colon russe : « Vous savez, dans la taïga, il y a deux chasseurs : l'homme et le tigre, expliquait-il en 2007. En tant que chasseurs professionnels, nous nous respectons mutuellement. Il suit son chemin et je suis le mien. Il arrive parfois que nos routes se croisent, mais chacun veille à ne pas gêner l'autre. La taïga est son domaine, il y est le maître. Je suis moi aussi maître en mon domaine, mais lui vit dans la taïga en permanence et moi non. »

Cette différence d'attitude entre les Iankovski et les Dounkaï trouve son origine dans un conflit fondamental opposant les colons et les peuples indigènes, mais aussi les colons et les tigres sur la question du rôle dévolu à l'homme dans la nature. Au Primorié, les pionniers russes pleins d'ambition agissaient avec la certitude d'avoir été élus pour régner sur la terre, de même que Noé, le premier des pionniers, avait reçu sa mission de Dieu :

> 1 : Soyez féconds, multipliez, emplissez la terre.
> 2 : Soyez la crainte et l'effroi de tous les animaux de la terre.

Cet extrait du chapitre 9 de la Genèse contient implicitement l'idée qu'il n'y a pas de place pour deux rois sur le trône de la forêt. Cependant, dans un autre contexte, ces mots pourraient s'appliquer aux tigres autant qu'aux hommes. Car Dieu met la terre et toutes ses créatures à leur entière disposition :

> 3 : Tout ce qui se meut et possède la vie vous servira de nourriture, je vous donne tout cela au même titre que la verdure des plantes.

En 1857, quand le Primorié était encore territoire chinois, du moins sur le papier, le gouverneur de Sibérie orientale (représentant du tsar et donc de Dieu en Extrême-Orient) tint à peu près le même langage à une assemblée de colons sur le départ : « Que Dieu vous accompagne, mes enfants ! Vous êtes libres désormais. Travaillez cette terre, faites-en une terre russe et démarrez une nouvelle vie. » Les Iankovski, comme beaucoup d'autres pionniers, prirent ces paroles à cœur et mirent en pratique leur message dans les forêts du Primorié. Malheureusement pour eux, les tigres s'étaient déjà attribué la part du lion. Après deux millions d'années d'évolution, cela fait seulement deux cents ans que les hommes leur contestent la primauté sur la forêt et sur ses habitants. Les tigres ont beau posséder de formidables qualités d'adaptation, ils n'ont pas encore réussi à s'accommoder de ce changement dans leur environnement. Or si on ajoute à ce manque de flexibilité des hommes armés, bardés de convictions et entourés d'animaux domestiques, on obtient les ingrédients d'un cocktail détonant.

Voilà peut-être l'explication de ce qui est arrivé à Markov. S'il n'avait pas eu de fusil et s'il n'avait pas été étroitement lié à des animaux qui déchaînent les instincts meurtriers du tigre, la probabilité d'un conflit aurait été nulle et il y a fort à parier que cet homme serait toujours en vie. Sans arme à feu et sans ses chiens, il se serait senti moins fort et le tigre moins menacé. Même s'il y avait eu un sanglier mort gisant entre eux sur la neige, l'un et l'autre auraient réagi différemment à la situation. Le tigre, comme l'ours, feint de charger pour intimider l'adversaire et dans la plupart des cas il n'attend de lui qu'une marque de soumission. Si Markov s'était incliné devant la suprématie du tsar des forêts, tout le monde aurait pu poursuivre tranquillement sa vie de chasseur. Mais le fusil et le chien sont l'identité du *taïojnik.* Un homme tel que Markov n'aurait pas pu concevoir de vivre sans eux. En outre, cette forme de soumission ne vient pas naturellement aux Russes européens. Et en admettant même que Markov ait voulu éviter un affrontement avec le tigre, il n'a peut-être pas supporté de voir ses chiens menacés ou blessés. Ivan Dounkaï était prêt à offrir ses chiens en sacrifice, pas Markov.

Un incident survenu en octobre 2008 en Colombie-Britannique montre jusqu'où un chasseur peut aller pour protéger ses chiens. Dans la forêt entourant la ville de 100 Mile House, Jim West, un bûcheron et chasseur de quarante-cinq ans, était sorti pister l'élan avec ses deux labradors retriever. West expliqua à Carole Rooney du *100 Mile House Free Press* qu'il n'était pas armé et marchait contre le vent. « Soudain, j'ai entendu un souffle et un grognement à ma droite et quand je me suis retourné j'ai vu un ours noir à moins de deux mètres de moi. » C'était une femelle accompagnée de ses deux petits. Surprise, l'ourse qui devait peser un peu plus de cent dix kilos attaqua. « Je n'ai même pas eu le temps de me jeter à terre comme j'aurais dû le faire, raconta West. J'ai donc commencé à la frapper à la gueule. Elle a sursauté et m'a envoyé un coup de patte qui m'a ouvert la lèvre supérieure, alors je suis tombé et elle m'a sauté dessus, m'a déchiré le cuir chevelu et mordu au bras gauche. »

Les chiens s'en sont alors mêlés et ont voulu chasser l'ourse. Celle-ci a délaissé leur maître pour s'occuper d'eux, mais dès que West a tenté de se relever, elle s'est retournée et l'a de nouveau attaqué. Les chiens sont venus à la rescousse de plus belle et l'ourse les a encore pourchassés. Allongé par terre, la tête et les bras en sang, West ne savait plus quoi faire. Ce sont ses chiens qui lui ont donné la motivation et la clarté d'esprit pour réagir. « J'ai entendu un de mes chiens japper », poursuit West, un homme vif et sec qui doit mesurer environ un mètre soixante-quinze (soit moins que l'ourse si elle était dressée sur ses pattes arrière). « J'ai pensé : je ne te laisserai pas tuer mon chien. Je me suis levé. Il y avait un bâton à mes pieds. Je l'ai ramassé et quand j'ai levé les yeux j'ai vu l'ourse en train de me foncer dessus. Alors j'ai dit tout haut : “À nous deux, sale garce !” J'ai levé mon bâton et je l'ai frappée entre les oreilles. Ça l'a arrêtée net. Elle a secoué la tête, elle était sonnée, et j'ai compris que si je m'arrêtais là cette ourse allait m'attaquer encore, parce que je savais que si je tombais une troisième fois je ne me relèverais plus. J'ai donc cogné comme si j'enfonçais un clou jusqu'à ce qu'elle tombe à terre. Alors j'ai vu du sang couler de son nez, j'ai lâché le bâton, enroulé ma chemise autour de ma tête et dit à mes chiens : “On y va, les enfants !” »

West reçut un traitement parce qu'il était en état de choc et eut droit à soixante points de suture au cuir chevelu, au visage et aux bras.

« Aucun de nous n'avait jamais rien entendu de tel, déclara Darcy MacPhee, le responsable de terrain qui dirigea l'enquête, à la tête de l'équipe d'investigation sur les attaques de prédateurs en Colombie-Britannique.

L'ours est un animal du genre robuste, alors cette version des faits nous a laissés plutôt sceptiques. »

Du fait des circonstances très exceptionnelles, il fut procédé à une autopsie poussée, laquelle confirma que West avait effectivement fracassé le crâne de l'ourse. « Dans une situation pareille, votre choix se résume à vivre ou à mourir, expliqua l'homme par la suite. La plupart des gens sont trop terrifiés pour penser à vivre. »

Tout porte à croire que dans le feu de l'action Markov s'est trouvé face à la même alternative. Tout le monde connaissait l'affection qu'il portait à ses chiens et c'est peut-être ce qui a motivé ses actes. Dans une posture analogue, avec un fusil chargé dans les mains, Jim West n'aurait pas hésité. « Face aux situations extrêmes, les gens se rangent en deux catégories, explique Vassili Solkine. Il y a ceux qui prennent peur et réfléchissent ensuite et ceux qui réfléchissent d'abord et prennent peur après coup. Dans la taïga, seuls ceux de la deuxième catégorie survivent. »

Markov appartenait sûrement à la deuxième catégorie, mais cela n'a pas suffi.

Compte tenu des premiers indices étayant la théorie selon laquelle la mort de Markov était due à la vengeance d'une tigresse, Trouch ne s'attarda pas sur l'éventualité que l'attaque avait pu être déclenchée par un affrontement entre le fauve et les chiens du chasseur. Mais il est vrai qu'il avait d'autres chats à fouetter. Après son enquête sur les lieux de l'agression de Markov le samedi 6, puis son retour à Loutchegorsk, il passa les journées du 8 et du 9 décembre à répondre aux questions de la presse et à rédiger un communiqué pour la radio et la télévision afin de mettre en garde les habitants de la vallée de la Bikine et de prévenir tous les autres de ne pas se rendre dans cette zone. Cela fait, il reprit normalement son travail. Il recommença à patrouiller et à répondre aux appels dans d'autres parties de son district.

Mais à Sobolonié, rien n'était plus pareil. En plus de pleurer la mort de Markov, les habitants du village vivaient désormais dans la peur et se demandaient qui serait le prochain. « La tigresse va-t-elle quitter la région, maintenant qu'elle a assouvi sa vengeance ? se demandait le présentateur du journal télévisé local. Ou alors, que le ciel nous en préserve, va-t-elle nous causer d'autres chagrins ? »

12

Deux catégories de bêtes entrent dans le complexe du mythe : celles qui tuent le chasseur et celles en qui il se métamorphose.

Joseph Fontenrose,
Orion : The Myth of the Hunter and the Huntress

Dès le départ, il n'a pas fait l'ombre d'un doute dans l'esprit de Sacha Lazourenko que le tigre était un mâle et qui plus est un mâle d'une taille exceptionnelle. S'il s'était rangé à l'avis de Trouch, son supérieur hiérarchique, s'il s'était effacé devant les preuves circonstancielles attestant la thèse de la tigresse vengeresse, c'est parce qu'au début de l'enquête le sexe de l'animal ne semblait pas être un élément déterminant. Pour estimer la taille d'un tigre, la meilleure méthode consiste à mesurer l'empreinte de ses pas. En règle générale, les chasseurs et les zoologues mesurent celle des pattes avant et plus exactement celle de leur talon, *piatka* en russe. L'intérêt de ce repère est sa constance : n'étant constitué que d'un seul gros coussinet, il garde toujours la même largeur, contrairement aux orteils qui s'écartent et se resserrent à chaque pas. En outre, c'est sur lui que repose le poids de l'animal, si bien que ce talon laisse dans le sol une empreinte plus marquée et profonde. Dans le cas d'une femelle de grande taille, ce talon mesurera entre neuf et dix centimètres sur sa partie arrière, tandis que pour un mâle il pourra aller jusqu'à treize centimètres ou plus. Chez le tigre de l'Amour, un *piatka* de quinze centimètres dénote un spécimen gigantesque, obligatoirement un mâle pesant entre deux cent vingt et trois cent vingt kilos environ, soit plus que n'importe quel lion.

Les relevés sur les lieux de l'accident de Markov avaient été pratiqués dans des conditions idéales. La neige cette année-là avait été peu abondante, si bien que tout était resté en surface, comme disent les chasseurs. Dans le souvenir de Lazourenko, l'empreinte du talon était de treize centimètres et demi, alors que pour Trouch elle n'était que de douze centimètres. Mais cette différence n'était pas déterminante en soi. Que son talon soit de douze ou de treize centimètres, ce tigre était non seulement le plus gros de la Panchelaza, mais le plus gros à plus de quatre-vingts kilomètres à la ronde, et Markov, sans qu'on sache comment, avait réussi à s'en faire un ennemi.

Né peu après la perestroïka, le tigre avait environ six ans, c'est-à-dire qu'il était tout juste en âge de se reproduire. Où qu'il ait choisi de vivre, il y était sans nul doute le mâle dominant. Après un bon repas, il devait peser dans les deux cent vingt kilos et malgré ce poids il était capable de franchir d'un bond une clôture de trois mètres de haut ou la largeur d'une rue.

Il est possible de connaître le sexe d'un tigre en observant simplement sa gueule. Celle du mâle est plus grosse et plus large, son cou présente une collerette ressemblant à une crinière, et des favoris broussailleux ornent sa mâchoire inférieure. Comme chez les hommes, le nez du mâle est plus fort que celui de la femelle. Le tigre de la Panchelaza présentait un nez de ce type et, de même que l'arcade sourcilière ou la mâchoire proéminente chez les athlètes, c'était un signe que l'animal avait atteint sa maturité sexuelle et qu'il possédait une nature dominatrice. Mais le nez d'un tigre donne aussi d'autres indications : ses poils étant plus fins et plus courts que sur le reste du corps, c'est l'un des rares endroits où l'on peut voir les cicatrices laissées par les combats. Or il s'avérerait par la suite que le nez de ce spécimen en était couturé et que l'animal avait reçu beaucoup d'autres blessures. Bien qu'encore jeune, c'était déjà un vétéran, et il possédait donc toutes les qualités requises pour régner en maître sur son territoire pendant de longues années.

À l'époque où son chemin croisa celui de Markov, cette bête devait être pleinement équipée pour affronter le climat de l'Arctique : elle était parfaitement isolée du froid par son épaisse fourrure que ses cousins du sud du continent n'auraient jamais. Celle-ci se composait d'une première couche de duvet laineux recouverte de jarre, un poil plus long et dru. Vu sous un certain angle, son pelage semblait aussi fourni que celui d'un lynx. Sa queue était un gros serpent velu de la grosseur d'un bras d'homme. Ce tigre d'hiver n'était pas la créature svelte et langoureuse des étendues herbeuses et des forêts tropicales, mais un seigneur trapu bâti pour les montagnes, la neige et la nuit solitaire, une créature resplendissante et imposante sous la lumière froide et bleutée de la lune.

Le 6 décembre, écarté du corps de Markov par Trouch et ses hommes, le tigre était parti vers l'est en claudiquant. De temps en temps, il s'arrêtait pour soigner sa jambe blessée, lécher le sang et ronger le pus qui se formait dans la plaie, et surtout pour s'efforcer d'apaiser la douleur aiguë et incessante. De loin, la langue d'un tigre paraît rose et lisse, mais en réalité elle est hérissée de barbillons pareils à des épines. Inclinés vers la gorge, ils forment une surface si abrasive qu'elle peut arracher les poils d'un animal et le dépecer comme une râpe. Passée sur la patte blessée du tigre, elle aurait le même effet. Au cours des prochains jours, ces périodes de marche et de récupération allaient se succéder plus ou moins régulièrement, mais à ce stade, l'animal, bien que blessé, était encore en parfaite condition physique. Le gibier de la forêt lui avait fourni une nourriture abondante et il pouvait puiser dans les réserves qu'il avait accumulées pendant l'automne et le début de l'hiver, avant que ses dernières rencontres ne modifient son régime alimentaire et son mode de vie.

Ses pas le conduisirent ainsi jusqu'à l'autoroute et jusqu'à un camp de cantonniers dont la puanteur âcre des excréments s'échappant des latrines dans l'air immobile et glacial dut exercer sur lui un pouvoir d'attraction aussi irrésistible que le chant des sirènes. Comme c'était le week-end, les soldats affectés à l'entretien de l'autoroute avaient été ramenés par camion à leur base de Khabarovsk et seuls deux gardes étaient restés pour veiller sur les baraques et le matériel. De leur caravane, les deux hommes avaient une vue directe sur le cabanon des latrines et ce qu'ils virent ce jour-là les glaça d'effroi.

Le tigre suivait une piste humaine mais aussi, volontairement ou non, il reconstituait une histoire, qui était peut-être celle d'un crime. Désormais, il avait une connaissance intime de l'odeur de Markov dans toutes ses nuances, ce parfum de sang, de sueur, de viscères et de chien, mêlé à l'odeur de la poudre, du feu de bois, de la vodka et du tabac. Ces deux êtres vivaient désormais en symbiose. Si Markov avait été irrémédiablement transformé, le tigre aussi. Jamais auparavant il n'avait eu ce genre de contact avec un être humain et cette expérience avait fait de lui un autre animal. Une mutation fondamentale s'était opérée en lui. Désormais, il était à l'affût de la moindre trace de Markov et de ceux qui sentaient comme lui, quelque aspect qu'ils puissent prendre.

Markov rendait souvent visite au camp des cantonniers, ainsi qu'il le faisait au camp des forestiers. Ici comme là-bas des hommes vivaient sur place et avaient donc à leur disposition des réserves de tous les produits dont le *taïojnik* a besoin : de l'huile alimentaire, du riz, des pommes de terre et des cigarettes, peut-être même un peu de vodka. En revanche, la viande fraîche manquait, si bien que lorsqu'il tuait une grosse pièce il en apportait un morceau au camp pour le troquer contre des provisions. Trouch avait interrogé les deux veilleurs. Apprenant d'eux que Markov était passé les voir dans le mois qui avait précédé sa mort avec un morceau de sanglier, il avait immédiatement pensé que cette viande avait dû être volée à un tigre.

L'une des occupations du tigre en tant que gardien de territoire est de tenir un inventaire. Il doit savoir ce qui est disponible et en quelle quantité. Ainsi Andreï Onofreïtchouk affirmait en avoir vu venir régulièrement « pour nous compter », comme il disait. Or quel meilleur lieu pour cela que les latrines. La puanteur qui s'en dégage est à peine supportable, mais c'est justement pour cette raison qu'elles sont une mine d'informations. Les tigres marquent leur territoire de diverses façons : en griffant les arbres, en labourant le sol, en déféquant ou bien en diffusant un mélange d'urine et de musc à l'odeur très forte et persistante. Pour cette dernière méthode, ils choisissent de préférence un coin abrité – sous des buissons, sous un arbre incliné ou sous des rochers – afin que leur empreinte dure le plus longtemps possible. Les latrines sont l'équivalent humain de ce marquage olfactif. Elles sont un creuset d'odeurs différentes et à cet égard aussi utiles à ces fauves que peut l'être le fichier du personnel à un chef d'entreprise. De ce concentré de pestilences, une créature aux sens aussi affûtés que le tigre pourra glaner toutes sortes de renseignements : le nombre de personnes présentes, leur sexe, leur tempérament, leur état de santé et bien évidemment leur régime alimentaire. Au milieu de la cacophonie olfactive qui se dégageait du camp des cantonniers, on peut deviner que deux odeurs se distinguaient plus particulièrement des autres : celle de Markov et celle du sanglier, ou plus exactement celle du dernier sanglier que le tigre avait tué. Certes la viande était maintenant impropre à la consommation, mais l'animal n'en considérait pas moins qu'elle lui appartenait et, pour la récupérer, il entreprit de démonter les cabinets planche par planche.

En temps normal, le menu d'un tigre se compose d'un nombre limité d'espèces, mais il peut se diversifier à l'infini en fonction des circonstances pour inclure des lézards, des serpents, des tortues, des grenouilles, des crocodiles, des crabes, des poissons, des phoques, mais aussi des herbes, des baies, des pignons de pin, du bétail, des œufs, des singes, de la bouse de vache, des os, des charognes, des asticots, des termites, des criquets, des oiseaux, des porcs-épics, des fourmiliers, des blaireaux, des zibelines, des écureuils, des chats, des chiens, des chiens sauvages, des loups, des rats, des souris, des lapins, des ours, des lynx, des panthères et même d'autres tigres. Pourtant malgré cet éclectisme, on a du mal à comprendre ce qui pourrait pousser l'un de ces animaux à mettre en pièces des latrines pour en dévorer le contenu. Un tel comportement de la part de ce tigre était étrange et peut-être sans précédent. Mais si l'une des dernières personnes à avoir utilisé ces toilettes était Markov et si celui-ci ainsi que les autres ouvriers du camp avaient mangé de la viande que cette bête revendiquait comme sienne, alors ce geste s'expliquait. Trouch était persuadé que l'animal avait senti l'odeur de Markov ou celle de la carcasse qui lui avait été volée. Pour le biologiste Dmitri Pikounov, c'est la faim qui l'avait poussé à de telles extrémités. Pourtant, pas plus tard que la veille, l'animal s'était copieusement nourri du corps de Markov et de ses chiens. En outre, des poils de sanglier étaient mélangés aux excréments retrouvés près du cabanon. Il n'était donc pas affamé, tout au moins pas encore. Un tigre malade ou blessé peut se passer de nourriture pendant une, voire deux semaines si nécessaire, et celui-là disposait de proies potentielles aux alentours. Sachant cela, la théorie selon laquelle ce spécimen serait devenu enragé en sentant dans ces latrines quelque chose qui lui appartenait devient tout à fait plausible. « Pendant toute la durée de l'enquête, nous nous sommes demandé pourquoi il en avait après cet homme, pourquoi il le traquait sans répit, déclare Trouch. Comme s'il avait un compte à régler avec lui. » Peut-être voulait-il tout simplement récupérer ce qu'il considérait comme son bien.

Sans arme et sans véhicule, les deux gardiens du camp ne purent rien faire, sinon pisser dans un seau, surveiller à travers la vitre et prier que le tigre ne fasse pas subir à leur caravane ce qu'il avait fait subir au solide cabanon des latrines, à trente mètres de là. En fin de compte, le tigre les garda en otage pendant vingt-quatre heures après avoir abandonné Markov et marché sur une dizaine de kilomètres en direction de l'est. Les veilleurs avaient bien des voisins au camp d'entretien du pont de la Takhalo, mais aucun moyen de communiquer avec eux. Sergueï Boïko était de service ce week-end-là. Ayant eu vent de l'attaque contre Markov, il décida de rendre une visite de courtoisie aux cantonniers dans la journée du dimanche. En entendant son véhicule approcher, le tigre se retira vers un poste d'observation caché dans les arbres.

Les deux otages, qui avaient eux aussi entendu le bruit du moteur, entrouvrirent la porte de leur caravane et firent signe au nouveau venu de ne pas quitter sa voiture. « Il y a un tigre ! » lui crièrent-ils. Sans tenir compte de leur mise en garde, Boïko marcha jusqu'à la caravane, y entra et prit le thé avec les deux hommes. Il savait ce que c'était que d'avoir des problèmes avec un tigre, mais il n'en avait aucun avec celui-là en particulier. Dans son esprit, il n'avait donc pas à redouter une confrontation, et beaucoup de gens du coin pensaient comme lui. Mais ses hôtes, des citadins venus de Khabarovsk, n'étaient pas au courant de cette entente secrète de la taïga et en l'occurrence leur ignorance leur a sans doute sauvé la vie.

Au cours des quatre jours précédents, le tigre avait franchi un point de non-retour. Il était entré dans un territoire inconnu tant pour lui que pour les êtres humains qui l'entouraient. Un nouveau schéma comportemental s'était constitué et tous les liens qui l'avaient uni aux hommes et à sa propre nature étaient rompus. Dès lors, tout devenait possible. Un animal domestique peut revenir à l'état sauvage – un chien se mettre à tuer des moutons, par exemple – mais l'inverse est également vrai. Une bête sauvage peut développer une familiarité dangereuse avec l'univers des créatures domestiquées. Que dire d'un tigre qui se met à dévorer des êtres humains et leurs excréments et à démolir des choses fabriquées de main d'homme au risque de se blesser ? Qu'il est enragé ? Qu'il a perdu tous ses repères ? Ou tout simplement qu'il est en voie de s'adapter à un nouvel ordre des choses ? Parfois, peut-être vaut-il mieux ne pas savoir.

En tout état de cause, ce tigre était désormais lié au monde des hommes comme jamais un animal ne devrait l'être, ne serait-ce qu'au plan métabolique. Contaminé qu'il était par les balles et par le sang de son ennemi, il était devenu une créature qui n'existe pas en Occident, une sorte de tigre-garou. Les mythes des Oudégués du Sud, dont la population se concentre aujourd'hui autour de l'agglomération de Krasnyi Iar, mettent en scène un *amba* d'un genre particulier appelé *egoule*. Martina Nadejda, une ancienne, en parle comme d'une créature gigantesque au corps recouvert de fourrure « semblable à un tigre » qui dévore les gens. Il est impossible de dire aujourd'hui si ces monstres furent d'abord repérés dans l'environnement avant de recevoir un nom ou bien s'ils furent conçus par l'imaginaire collectif dans un but particulier. Cependant les choses ne sont jamais décrites et nommées sans une bonne raison. Dans le conte oudégué intitulé « Ouza et l'egoule », Ouza et son frère aîné, deux héros légendaires, chassent dans la vallée de la Bikine quand leur embarcation est soudain attaquée par un *egoule*. Le bateau est mis en pièces et Ouza est dévoré par la bête. Mais par miracle il survit et parvient à s'échapper du ventre de l'*egoule*. Il tue la créature puis installe son domicile dans une tente qu'il a confectionnée avec sa peau et ses os.

Hélas, dans la Panchelaza des années 1990 les héros tels qu'Ouza n'étaient pas légion. L'*egoule* des temps modernes put donc continuer à gambader à son aise, pris au piège entre le monde des bêtes et celui des hommes, à la fois concentré et débridé. Il n'existait pas de loi pour le contenir et pas de paroles connues pour le rappeler. Quand le tigre quitta le camp des cantonniers dans la journée du dimanche 7 décembre, il traversa la surface gravillonnée de l'autoroute et descendit la rivière Takhalo en direction de la Bikine. Dans sa poitrine battait un cœur de la taille d'une tête d'enfant qui mélangeait le sang vicié au sang pur et le propulsait toujours plus loin.

13

Interroge pourtant le bétail pour t'instruire.

Job 12, 7

Si un lion pouvait parler, nous ne le comprendrions pas.

Ludwig Wittgenstein

Néanmoins, si considérable qu'elle soit, la différence entre l'esprit de l'homme et celui des animaux les plus élevés n'est certainement qu'une différence de degré et non d'espèce.

Charles Darwin

Mais c'est bien des hommes. Bien que vêtus d'une autre manière, ils connaissent la fraude, la colère et tout le reste. Ils sont comme nous.

Vladimir Arseniev, *Dersou Ouzala*

En 1909, Jakob von Uexküll, un baron estonien converti à la physiologie, faisait découvrir au monde le concept d'*Umwelt*. Jakob von Uexküll est considéré comme l'un des pères de l'éthologie, autrement appelée « écologie comportementale ». Cette discipline encore jeune a pour but d'étudier le comportement et l'organisation sociale à travers le prisme de la biologie. « Pour ce faire, écrivit Uexküll dans son livre *Milieu animal et milieu humain*, nous devons commencer par imaginer autour de chaque créature une bulle de savon imaginaire qui représentera son monde propre, rempli des perceptions qu'elle est seule à connaître. Quand nous pénétrons nous-mêmes dans l'une de ces bulles, ce qui nous est familier... est transformé. » Uexküll a donné à cette bulle le nom d'*Umwelt*, mot emprunté à l'allemand qu'il a utilisé pour désigner le monde subjectif d'un animal. L'*Umwelt* d'un individu coexiste avec l'*Umgebung* – un terme par lequel Uexküll désigne l'environnement objectif, un endroit qui existe en théorie mais que nul d'entre nous ne peut véritablement connaître du fait des limitations inhérentes à nos *Umwelten* respectives. En plus d'être délicieux à prononcer, les mots *Umwelt* et *Umgebung* nous offrent une grille d'exploration et de description du monde tel qu'il est perçu par d'autres créatures.

Ainsi, dans l'*Umgebung* que constitue le trottoir d'une grande ville, l'*Umwelt* de la propriétaire d'un chien est très différente de celle de son animal. La femme remarquerait un écriteau « Soldes » dans une vitrine, un policier marchant vers elle ou un tesson de bouteille sur son chemin, tandis que son chien aurait les sens excités par un fumet de viande rôtie sortant du système d'aération d'un restaurant, par une odeur d'urine sur une bouche d'incendie ou par quelques miettes de beignet près du tesson de bouteille. D'un point de vue objectif, la propriétaire et son chien cohabitent dans la même *Umgebung*, mais leur *Umwelt* respective leur en donne des visions très différentes. Pourtant ces deux univers parallèles peuvent posséder des traits communs : comme sa maîtresse, le chien doit être prudent quand il traverse la rue et tous deux prêteront attention aux autres chiens, bien que pour des raisons différentes. Une façon de se représenter ces deux *Umwelten* en chevauchement est d'attribuer une couleur aux centres d'intérêt de chacune des deux créatures à mesure qu'elles se déplacent dans l'espace. Le potentiel graphique de l'expérience est aussi vaste que fascinant, d'autant plus qu'il est possible de l'affiner en jouant sur l'intensité de la couleur, un peu comme une caméra infrarouge restitue les différences de température. Ainsi, le chien et sa maîtresse remarqueront la ventilation du restaurant, mais l'animal y accordera une signification nettement plus prononcée, sauf si sa maîtresse est affamée.

Uexküll était doué d'une imagination très romantique, toutefois tempérée par la rigueur intellectuelle et l'érudition. À l'université de Hambourg où il enseignait, il fonda en 1926 un institut de recherche environnementale (Institut für Umweltforschung), le premier établissement à mettre en pratique ces méthodes. [1] Les diverses *Umwelten* qu'Uexküll s'efforça de décrire et d'illustrer couvraient tout le spectre du vivant, des êtres humains aux choucas des tours, en passant par les tiques et les concombres de mer. S'appuyant sur les dernières découvertes concernant les processus biologiques de ces créatures, ses descriptions offrent une lecture passionnante et recèlent aussi des trésors de pensée empathique. « La tique, privée d'yeux, trouve le chemin de son poste de garde à l'aide d'une sensibilité générale de la peau à la lumière. Ce brigand de grand chemin, aveugle et sourd, perçoit l'approche de ses proies par son odorat, écrit Uexküll. L'odeur de l'acide butyrique, que dégagent les follicules

1. L'institut fut fermé en 1960. En 2004, l'université rassembla toutes ses archives dans un fonds. *(N.d.A.)*

sébacés de tous les mammifères, agit sur elle comme un signal qui la fait quitter son poste de garde et se lâcher en direction de sa proie. » Avec l'aide de la science et de l'imagination, Uexküll tentait de se glisser à l'intérieur du corps et du système sensoriel d'autres créatures, à l'image de Merlin métamorphosant le jeune roi Arthur en divers animaux dans le roman de T. H. White *L'Épée dans la pierre.* Ses descriptions et ses analyses extrêmement détaillées sont d'autant plus remarquables quand on sait le désintérêt et l'incompréhension générale de ses contemporains pour l'expérience subjective des autres espèces. « Ces différents mondes qui sont aussi multiples que les animaux eux-mêmes, écrivit-il en 1934, ouvrent à tous les amoureux de la nature de nouvelles contrées d'une telle richesse et d'une telle beauté qu'une promenade y vaut largement le détour, même si elles ne sont visibles qu'à l'œil spirituel et imperceptibles à l'œil physique. »

D'abord réservées aux spécialistes, ses idées se diffusèrent au grand public dans les années 1960 quand, à la faveur du mouvement pour les droits civiques, l'expérience individuelle et même les droits des animaux commencèrent à être pris plus au sérieux (avec pour résultat notable la promulgation de l'Animal Welfare Act en 1966). Toutefois, il subsiste un fossé entre les béhavioristes purs et durs et les éthologues. Les premiers récusent la notion d'une conscience chez les animaux. Ils ne voient en eux que des machines biologiques obéissant à un ensemble d'instincts et de réactions primaires qui échappent à toute forme de conscience. C'est ici que le langage, qui nous différencie des autres êtres vivants, devient notre plus grand handicap. Comme l'a écrit l'auteur scientifique Stephen Budiansky dans *If a Lion Could Talk,* « nous n'avons aucun moyen de décrire les processus cognitifs sans faire intervenir les mots ». En fin de compte, tout se résume à un problème d'*Umwelt.* Nous sommes tellement prisonniers de notre réalité subjective qu'il nous faut mobiliser toute notre volonté et notre imagination pour nous en extraire afin de nous ouvrir à l'expérience et à l'essence d'un autre être, voire d'une autre personne.

En réalité, la capacité à pénétrer dans la bulle, dans l'*Umwelt,* d'une autre créature est moins une aptitude nouvelle qu'un art ancestral oublié. Pour être couronnée de succès, la chasse est finalement une affaire d'empathie : la réussite de l'entreprise dépend de la capacité du chasseur à pénétrer dans l'*Umwelt* de sa proie, parfois même au point de se déguiser en cet animal et d'en imiter le comportement. L'aptitude de nos ancêtres à analyser et copier la nature d'un animal, mais aussi à s'identifier à lui, est ce qui leur a permis de prospérer physiquement et psychologiquement dans des environnements hostiles. Chez les peuples chasseurs – les Oudégués, les !Kungs, les Haïdas ou les Sioux – les animaux n'étaient pas qu'une simple nourriture, ils étaient aussi des parents, des compagnons spirituels, des guides pour la chasse, des sources de pouvoir et un lien avec le monde. Par la force des choses, les frontières entre les *Umwelten* des humains et des bêtes étaient définies de façon moins rigide. Aujourd'hui encore, dans la vallée de la Bikine, beaucoup de gens conservent ces aptitudes et ce type de relations avec le monde animal. Certains chasseurs parlent avec les tigres et sont capables de reconnaître le gibier au flair. En 2007, par une banale journée d'hiver, Iassenovié, village majoritairement peuplé de Russes, offrait encore le spectacle d'un cercle d'hommes en treillis et tenues de camouflage, au centre duquel un individu chargeait et tournoyait en tenant sur son front la ramure d'un élan.

« Toutes les espèces ont été modelées par les forces de l'évolution pour répondre à des besoins immédiats, a écrit George Page dans son livre inspiré de sa série d'émissions télévisées *Inside the Animal Mind.* Plus une espèce a besoin de développer sa conscience, plus elle développe sa conscience. À défaut de quoi elle s'éteint. » Georges Leroy, naturaliste et garde-chasse de Louis XIV à Versailles, eut de multiples occasions d'observer les relations entre les prédateurs et leurs proies et, pour lui, si les loups sont beaucoup plus intelligents que les cerfs, c'est parce qu'autrement ils mourraient de faim. En effet, les cerfs disposent d'une nourriture abondante et stable d'année en année, tandis que le loup pour s'alimenter doit s'attaquer à des proies mobiles et qui plus est déterminées à ne pas se laisser manger. Pour survivre, les prédateurs doivent donc activement – et consciemment – élaborer des stratégies de chasse en s'adaptant aux événements aléatoires d'un environnement changeant et au besoin en influant sur eux. Ce n'est pas chose aisée, comme le confirmeront tous les chasseurs et tous les hommes d'affaires, car les règles de ce jeu favorisent presque toujours la proie.

Vassili, le fils d'Ivan Dounkaï, qui a partagé son territoire de chasse avec les tigres pendant toute sa vie, fait le même constat. En mars 2007, par un froid mordant, il s'efforça de m'expliquer sa relation avec le tigre en des termes que même un néophyte pourrait comprendre : « Un chasseur ne peut compter que sur lui-même, déclara-t-il. Quoi qu'il lui arrive, personne ne viendra à son aide. Si bien que tous les gens qui vivent comme moi ont développé une intuition aiguë. En outre, nous transportons dans nos têtes l'expérience léguée par nos ancêtres. C'est ainsi que fonctionne un homme dans la taïga. Tout comme lui, le tigre est un chasseur qui doit réfléchir au meilleur moyen d'attraper sa proie. La situation n'est pas la même pour les sangliers ou les cerfs. Eux n'ont qu'à se nourrir des feuilles ou des pommes de pin tombées des arbres. Eux n'ont pas besoin de penser. Le tigre, si. »

Clark Barrett est professeur à la faculté d'anthropologie de l'université de Los Angeles et spécialiste de la dynamique entre le prédateur et sa proie. Pour décrire l'avantage dont dispose le cerf dans cette relation, il invoque le principe du « partout ailleurs » : il suffit à la proie d'être ailleurs que son prédateur – qu'importe que la distance entre eux soit de quelques pas ou d'un continent entier – pour survivre un jour de plus. Le prédateur, au contraire, doit se trouver *précisément* au même lieu et au même moment que sa proie, à défaut de quoi il mourra de faim. Maîtriser à la fois l'espace et le temps – en plus de connaître parfaitement le terrain et le comportement de sa proie – est donc pour le prédateur une question de vie ou de mort. Bien sûr, la chasse en meute augmente considérablement ses chances, mais à la différence du loup ou du lion, le tigre est un solitaire, la difficulté pour lui est donc beaucoup plus grande. Ne possédant ni l'endurance nécessaire pour pourchasser sa proie jusqu'à l'épuisement, ni le nombre pour l'encercler et la harceler, sa stratégie doit donc se rapprocher de celle d'un assassin isolé. Il doit pénétrer intimement l'*Umwelt* de sa victime, une *Umwelt*, soit dit en passant, dont l'évolution pendant des millions d'années a rendu l'espèce extrêmement sensible à la présence des fauves. En outre ses proies se déplacent généralement en troupeaux. Des dizaines de paires d'yeux, de narines et d'oreilles, ajoutées à des décennies d'expérience collective de fuite devant le tigre, font d'une harde de cerfs ou de sangliers un corps aussi vigilant et réactif qu'un agent des services secrets. Pour renverser le jeu en sa faveur, le fauve doit par conséquent se plier à une contradiction. Cet animal à la présence imposante et au charisme extraordinaire doit arriver à se placer dans un état de quasi-non-existence lorsqu'il évolue dans l'environnement immédiat de sa proie aux sens exacerbés. Des témoins autochtones et russes parlent d'un phénomène presque métaphysique pour décrire sa faculté de s'effacer totalement et de se fondre dans le paysage. Dans la vallée de la Bikine, les gens sont convaincus que si un tigre a décidé de s'en prendre à vous, vous ne le verrez pas venir. À l'exception de l'ours polaire qui lui aussi prend sa proie par surprise, aucun autre mammifère terrestre de cette taille ne dépend pour sa survie de sa capacité à se rendre invisible.

Iouri Trouch respectait ces qualités chez le tigre. Tandis qu'il examinait les lieux de l'attaque, puis rédigeait son rapport d'enquête le week-end suivant, il fit un réel effort pour comprendre cette bête, pour entrer dans son *Umwelt* et imaginer comment elle voyait Markov et les autres humains. Puis il procéda de même avec Markov, s'acharnant à reconstituer son *Umwelt* et son emploi du temps dans les jours qui avaient précédé sa mort. Iouri Trouch est un homme réfléchi et prudent dans ses jugements. Quand il avance une chose dont il n'est pas sûr, il ne craint pas d'avouer son ignorance. Toutefois, sur un point précis, il ne doutait pas d'avoir raison : « Je suis sûr à cent pour cent que Markov a tiré à bout portant sur ce tigre depuis sa cabane. »

Les faits se sont probablement déroulés ainsi : le 1er ou le 2 décembre, soit un jour ou deux avant sa mort, Markov sort chasser avec ses chiens, seul ou bien accompagné d'Onofreïtchouk. Il n'est pas exclu que d'autres personnes aient également été présentes. Les chiens courent sans doute devant lui, suivant une piste ou cherchant à en flairer une, quand ils tombent sur la dépouille d'un sanglier tué depuis peu. Markov est là pour chasser, il se déplace donc avec son fusil, son sac à dos et peut-être une hachette. Arrivant à la hauteur de ses chiens, il voit le sanglier et comprend sans peine que la bête a été tuée par un tigre. Il scrute les alentours, observe le comportement de sa meute et en conclut que la voie est libre. Il n'est pas assez fou pour faire main basse sur la carcasse entière, mais il peut en prélever un cuissot ou deux pourvu qu'il soit capable de les porter. Son forfait accompli, il se dépêche de regagner sa cabane, tout heureux de sa bonne fortune. Il faut préciser que, dans la Panchelaza du milieu des années 1990, un trésor de cette nature avait beaucoup plus de valeur que les roubles. Dès son retour, il entrepose une partie de la viande à bonne distance de sa hutte, dans un couvercle de puits qu'il s'est confectionné avec un caisson de ruche. Puis il emballe le reste, part le troquer au camp des cantonniers et ne rentre chez lui qu'à la tombée du jour.

Entre-temps, le tigre est revenu chercher sa proie. Voyant qu'il en manque un morceau, il en prend ombrage. Peut-être mange-t-il et prend-il un peu de repos, peut-être se lance-t-il sans attendre sur la trace des voleurs. Il sait très exactement ce qu'il cherche. Il est facile de suivre à l'odeur la piste d'un homme et de plusieurs chiens. Il fait déjà nuit quand il arrive chez Markov. Les faits se déroulant début décembre, il est donc 16 h 30 passées. Il arrive par l'est, du lit de l'Amba, et il tombe immédiatement sur le garde-manger où le braconnier a caché la viande.

Par la suite, quand Trouch examina ce couvercle de puits aménagé dans le ruisseau, à l'est de la cabane, il constata que le caisson de ruche avait été renversé et qu'on en avait tiré un objet qui pouvait être un cuissot de sanglier congelé. Il s'attarda sur les lieux juste le temps nécessaire pour établir, avec l'aide de Lazourenko, que le tigre était bien venu de cette direction et que le garde-manger était le premier endroit qu'il avait fouillé. Il nota toutefois qu'à cet endroit la marque d'un animal au repos

Liouti, au centre
de réhabilitation de la faune
sauvage dirigé
par Vladimir Krouglov

Cosaques avec un tigre, vers 1885 (© Vladimir Trofimov)

Arseniev et Dersou, vers 1907
(© Association de recherche de la région de l'Amour)

Nikolaï Baïkov avec un tigre, vers 1925

Iouri Iankovski avec des tigres, vers 1930 (© V. Iankovski)

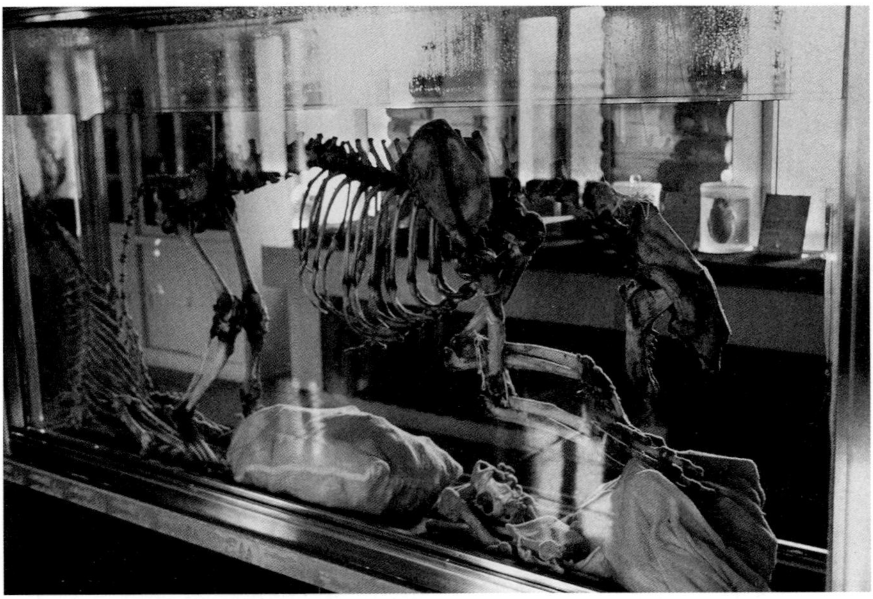

Vin de tigre, parc des Tigres de Harbin (© John Vaillant)

Sobolonié, avec les montagnes du Sihoté-Aline à l'arrière-plan (© John Vaillant)

Rue principale, Krasnyi Iar
(© John Vaillant)

Camion Kung avec plantes de ginseng
(© John Vaillant)

Loutchegorsk (© Sasha Snow)

La cabane de Markov (© Iouri Trouch)

La tombe de Markov (© John Vaillant)

Iouri Trouch, 2004 (© Sasha Snow)

Ivan Dounkaï (© Sasha Snow)

Evgueni Smirnov (© John Vaillant)

Dmitri Pikounov (© John Vaillant)

Vladimir Chtchetinine, vers 1997 (© David Higgs)

Danila Zaïtsev (© John Vaillant)

Iouri Pionka en patrouille, sur la Bikine (© David Higgs)

Vladimir Chibnev (© John Vaillant)

Koptchonyi (© John Vaillant)

Anatoli Khobitnov (© A. Khobitnov)

Pionka, Chibnev et Gorboroukov ; image tirée d'une vidéo tournée juste après la mort du tigre, 21 décembre 1997 (© Iouri Trouch)

Main de l'auteur
et empreinte d'un tigre femelle
(© John Vaillant)

Traces de tigre
(© John Goodrich)

laissait supposer que le tigre avait passé là un moment, peut-être le temps pour lui de dévorer la viande qu'il venait de récupérer.

De là, le tigre marche vers la cabane, marquant une courte halte près des latrines. Les chiens, où qu'ils soient, ont commencé à donner l'alerte. Arrivé à la cabane, il fouille les lieux, semant la pagaille et déchiquetant à pleines dents les affaires de Markov dans sa rage à retrouver l'homme, ses chiens et la viande dérobée (cependant les dommages peuvent avoir été causés quand la bête est revenue plus tard pour une ultime tournée de surveillance). Pendant ce temps, à l'intérieur, Markov est probablement occupé à cuisiner un morceau de sanglier (que le tigre a peut-être déjà senti), et comprend vite qu'il est dans de sales draps, car il devine la raison de la présence de ce fauve enragé près de sa cabane. L'animal encercle la caravane à la recherche d'un moyen de s'y introduire ou de s'en prendre aux chiens qui, à ce moment-là, sont peut-être à l'intérieur ou bien cachés sous la cabane. Markov prend peur. Sa masure est faite de simples planches dont les interstices ont été comblés avec des chiffons pour stopper les courants d'air. Elle n'offre pas un abri solide. À présent, il comprend sûrement qu'il a volé le mauvais tigre et que pour se sortir de ce mauvais pas il va devoir faire autre chose que fumer nerveusement cigarette sur cigarette. C'est alors qu'il s'empare de son fusil.

Ici, le scénario présente une faille. En effet, comment Markov a-t-il pu prendre son arme? À cause des problèmes de condensation et de rouille, il la conservait à l'extérieur, à température constante. Toutefois, comme il faisait nuit et qu'il n'avait plus à redouter une patrouille, il l'avait peut-être posée dehors, près de la porte, avec sa cartouchière. Auquel cas, il avait une chance de pouvoir l'attraper si le tigre se trouvait à ce moment-là de l'autre côté de la caravane. Il est également possible qu'il ait posé son arme à l'intérieur, sur le plancher. Quand la température tombe à moins trente, dans les cabanes mal isolées il peut régner au sol et jusqu'à hauteur des genoux une température glaciale, parce que la chaleur du poêle a tendance à monter et qu'elle se dissipe très vite. Quoi qu'il en soit, Markov parvient à prendre son fusil tandis que ses chiens geignent et aboient. Il faut qu'il agisse, mais dès qu'il lève le canon de son arme à hauteur de la fenêtre, les pièces en acier de même que les douilles en cuivre des cartouches se mettent à suinter sous l'effet du brusque changement de température. À ce rythme, il ne faudra pas longtemps avant que la poudre soit endommagée, si ce n'est pas déjà fait. Dehors, c'est la nouvelle lune. La visibilité est donc mauvaise, mais Markov entend le tigre qui à ce stade ne cherche plus à être discret. Il a peut-être déjà tué l'un des chiens, une offense que beaucoup de *taïojniki* considéreraient comme une justification suffisante pour ouvrir le feu. Et Markov dépend de sa meute pour sa subsistance. L'homme est terrifié, en rage, et peut-être un peu ivre. Son cabanon, pour humble qu'il soit, est son domaine et se trouve maintenant assiégé par un tigre.

En plus de ses petites fenêtres et de la porte, la caravane est munie de plusieurs ouvertures permettant de tirer au cas où un cerf ou un sanglier viendrait rôder dans les parages. D'une certaine manière, cette cabane est une sorte d'affût. Markov fait passer le canon de son arme à travers l'une de ces meurtrières et tire à bout portant, espérant atteindre l'animal à la tête ou dans la poitrine. Il entend un rugissement furieux, puis des branches piétinées. Le fauve semble avoir décampé. Le cœur battant à tout rompre, Markov recharge immédiatement son fusil. Il est impossible de rester imperturbable face à l'attaque d'un tigre et nul ne saurait dire qui de Markov ou de ses chiens est le plus terrifié. Convaincu que son assaillant a été mis en fuite, du moins pour le moment, il éprouve un besoin irrépressible de fumer. Si ses chiens sont dehors et n'ont pas tous détalé, peut-être les fait-il entrer à ce moment-là. Il les caresse, tout en fumant, et reprend peu à peu ses esprits. Il évalue les dégâts et se demande comment se tirer d'affaire. Il vient de commettre un délit fédéral, mais ce n'est sans doute pas le premier et, si l'animal en réchappe, cette entorse à la loi sera le cadet de ses soucis. La loi du tigre est pour l'heure beaucoup plus préoccupante. Il va devoir réfléchir à un moyen de résoudre ce conflit et ne sera pas en paix avant de l'avoir trouvé.

Aussi sûr que soit Trouch de sa version des faits, d'autres interprétations sont possibles et, parmi elles, celle de Vassili Dounkaï qui a parlé de l'affaire avec son père Ivan à l'époque. « Markiz avait abattu un sanglier non loin de la cabane de mon père, se souvient-il. Un tigre l'a trouvé et l'a mangé. Voyant cela, Markiz lui a tiré dessus et bien évidemment l'animal a détalé. Blessé, il n'a pas pu tuer la moindre proie pendant une semaine. »

Pour un chasseur non motorisé, démembrer un sanglier peut prendre plusieurs jours, ce qui signifie que même si Markov a rapporté un premier chargement chez lui, il restait sur place une bonne centaine de kilos de viande. S'il peut arriver à un humain de se servir dans les restes d'un tigre, l'inverse est également vrai. On ignore quel a été au juste le rôle des chiens dans cette version des événements. Confrontés à un animal menaçant, les chiens de chasse ont une fâcheuse tendance à se réfugier auprès de leur maître, l'exposant ainsi au danger. Si cela s'est produit, ou bien si sa meute a été attaquée, Markov s'est sans doute senti obligé d'ouvrir le feu. Quoi qu'il en soit, il n'a eu que quelques secondes pour se décider.

Cette version des faits est corroborée par le garde forestier Evgueni Smirnov qui dirigeait l'équipe d'intervention Taïga, un petit groupe d'hommes chargés de la surveillance sur le terrain. Bien que de nationalité russe, Smirnov résidait à Krasnyi Iar et était marié à une autochtone respectée dans sa communauté, ce qui lui permettait d'avoir accès à des informations qui auraient facilement échappé à un étranger tel que Trouch. Présent quotidiennement aux abords de la rivière et au fait de tous les bruits qui circulaient dans le coin, Smirnov pouvait prendre le pouls de la population des chasseurs et braconniers locaux. Le clan Dounkaï comptait parmi ses voisins et, sitôt qu'il apprit la mort de Markov, l'homme enfourcha sa Bourane pour se rendre à la cabane d'Ivan Dounkaï, à la confluence de l'Amba et de la Bikine.

« D'abord, je voulais savoir d'où venait ce tigre, dit-il. Oncle Vania [le surnom de Dounkaï] m'a montré des empreintes de sangliers longeant la Bikine, des empreintes que le tigre avait suivies. Il m'a dit : "Jenia [un diminutif d'Evgueni], ce n'est pas mon tigre. Il a dû venir du haut de la rivière." C'est comme ça que j'ai su que ce tigre s'était aventuré hors de son territoire habituel. Oncle Vania a pris peur quand je lui ai appris que Markov était impliqué dans un trafic, qu'il piégeait des tigres pour vendre leur peau. Il comprenait parfaitement que si Markov l'avait blessée avant de se rendre à sa cabane [celle de Dounkaï], cette bête après avoir réglé son compte à Markov pouvait s'en prendre à lui. »

Il s'avère aujourd'hui qu'Evgueni Smirnov est la seule personne impliquée dans la partie scientifique de l'enquête qui se soit effectivement entretenu avec Ivan Dounkaï au moment de l'accident. Il faut savoir que les citoyens russes, surtout les plus âgés d'entre eux, ont appris souvent à leurs dépens que l'information est une arme susceptible de se retourner contre eux à chaque instant. Pour protéger leurs amis et leurs voisins, ils partagent parcimonieusement les renseignements qu'ils détiennent et arrangent la vérité selon l'identité de celui qui les interroge. Abattre un tigre est un délit très grave. À choisir entre l'inspection Tigre, des journalistes étrangers et un personnage connu et respecté comme Smirnov, qui plus est marié à une femme native de la région, c'est bien sûr à ce dernier qu'ils se confieraient plus facilement. C'est pourquoi sa version des faits doit être considérée avec beaucoup de sérieux, en dépit des divergences importantes qu'elle présente par rapport à celle de Trouch, fondée en grande partie sur la capacité de déduction (certes excellente) de ce dernier.

« Rappelons-nous que l'année n'a pas été bonne pour les tigres, poursuit Smirnov. La population des sangliers est en déclin, car ces bêtes sont très sensibles aux maladies. La nourriture manquant, le tigre, contraint d'étendre son territoire de chasse, a descendu la rivière pour y chasser des sangliers et s'était retrouvé par inadvertance sur le territoire de quelqu'un d'autre. Il se trouvait aux abords d'une route quand il a tué ce sanglier. Or, au même moment, Markov passait par là avec ses chiens. Ceux-ci se sont rués sur le fauve qui en a éliminé un. Soit parce qu'il a pris peur, soit parce qu'il ne savait pas quoi faire d'autre, Markov a ouvert le feu sur lui. Hélas pour lui, le tigre avait eu le temps de mémoriser son odeur et dès lors il l'a pris en chasse. Il y avait beaucoup de monde dans le coin, des soldats, des bûcherons, des apiculteurs. Pourtant il les a tous évités et n'a attaqué personne. Car il cherchait un homme et un seul. Quand Markov a compris que le tigre en avait personnellement après lui, il a fui.

« Il avait peur de rentrer chez lui, parce qu'il savait qu'il n'avait pas tué l'animal. Il a parcouru à toutes jambes les quelque six kilomètres qui le séparaient de la cabane d'oncle Vania et il s'est caché là avec l'espoir que la bête finirait par s'en aller. Oncle Vania a bien vu que Markov n'était pas dans son assiette, qu'il avait la tête ailleurs et semblait effrayé, mais il ne lui a pas posé de questions. Ce n'est qu'au bout de plusieurs jours que Markov lui a avoué qu'il avait tiré sur un tigre en le blessant. Alors oncle Vania lui a dit : "Écoute-moi bien, va au village ou ailleurs, mais tu dois quitter la taïga. Le tigre finira par avoir ta peau." C'est alors qu'il est parti.

« Entre-temps, le fauve avait fini de manger ce qui restait du sanglier. Ayant trouvé la trace de Markov et de son rucher, il a décidé de l'attendre. Les tigres sont dotés d'une excellente isolation contre le froid. Quand un de ces animaux passe une nuit entière couché à un endroit, la chaleur de son corps ne fait pas fondre complètement la neige. Il est évident que celui-ci avait patienté très longtemps, parce que la neige avait entièrement disparu sur la zone où il était resté. Il a attendu longtemps. Il a attendu le temps qu'il fallait. »

Tel que Smirnov comprenait les choses, Markov avait fait une halte au camp forestier de Jorkine en espérant trouver quelqu'un pour le reconduire à la cabane. Mais comme il était arrivé dans la soirée, tous les véhicules lourds avaient été parqués pour la nuit et leurs radiateurs vidangés [1]. Jorkine était déjà rentré chez lui et il n'y avait aucun véhicule disponible. Pour une raison inexpliquée – peut-être ses chiens qui avaient poursuivi leur route –, Markov n'avait pas voulu rester.

En dépit de leurs divergences, on retrouve dans ces différentes versions des faits un thème commun, celui des

1. Dans les régions reculées comme la vallée de la Bikine, il est difficile de se procurer de l'antigel, si bien que la nuit les radiateurs des gros engins sont vidangés dans un seau et au matin, avant le lever du soleil, un ouvrier allume un feu, fait fondre l'eau qui a gelé pendant la nuit puis remplit les radiateurs pour une nouvelle journée de travail. *(N.d.A.)*

chiens et de la viande, les deux choses susceptibles de déclencher des conflits entre humains et tigres dans la forêt. À cet égard, cette affaire est exemplaire et en parfaite cohérence avec le comportement des divers acteurs impliqués. Markov, pour sa part, connaissait sans conteste les tigres et les légendes locales circulant parmi les autochtones et parmi les Russes, mais les seules attaques dont il pouvait avoir entendu parler étaient trois cas motivés par des représailles à la suite d'une agression par des humains. Au milieu des années 1980, une femme de Iassenovié avait eu le bras estropié pour avoir chassé, armée d'une hache, un tigre de sa basse-cour. Un homme qui s'était porté à son secours avait lui aussi été blessé avant que le tigre ne soit finalement abattu. Puis en 1996, sur la Bikine, un autochtone répondant au nom d'Evgueni Nekrassov avait tiré sur une famille depuis son embarcation : la femelle avait répliqué en bondissant sur son bateau. Il n'avait dû sa survie qu'à l'intervention de sa compagne qui se trouvait là et qui avait tué la tigresse d'un coup de fusil. La même année, à environ cent soixante kilomètres à l'est, sur le versant Pacifique de la chaîne du Sihoté-Aline, deux braconniers avaient été dévorés à quelques jours d'intervalle par un tigre privé de l'usage de sa patte avant droite à cause d'un piège.

Selon Evgueni Souvorov, journaliste et écrivain originaire du Primorié, qui a étudié le sujet à fond, le milieu des années 1990 a été marqué par une augmentation des attaques de tigres. En 1996, au moins cinq personnes furent tuées et plusieurs autres grièvement blessées. Certaines de ces agressions étaient des réponses à une provocation, mais d'autres pas du tout. Dans son livre *Zapovednoïe Primorié,* il cite les vers d'un garde-chasse confronté chaque jour à ce risque dans l'exercice de son métier :

J'ai lu quelque part que le tigre n'est pas dangereux,
On dit que le tigre n'attaque pas,

Mais une chose me chiffonne.
Est-ce que le tigre est au courant ?

Au Primorié, entre 1970 et 1994, six affaires ont été classées comme des attaques de tigres non motivées. Dans quatre d'entre elles, le prédateur avait traqué ses victimes comme des proies. Toutefois, il est difficile d'affirmer en quoi leur histoire personnelle ou un moment de désespoir a pu prédisposer ces animaux à chasser les humains. Selon Souvorov, pendant cette période, les attaques dirigées contre des gardes-frontière en patrouille étaient « monnaie courante ».

Pour la première moitié du XXe siècle, les données dont nous disposons sont pour le moins fragmentaires, toutefois on ne relève aucun cas de tigre mangeur d'hommes dans tout l'Extrême-Orient russe entre les années 1920 et 1950 (sans doute parce que la population du tigre de l'Amour y était à son plus bas niveau historique). Quoi qu'il en soit, les rapports d'attaques antérieures sont des récits anecdotiques recueillis par des voyageurs et, en dehors du cas d'un lépidoptériste allemand dont les restes ne purent être identifiés que par son filet à papillons et ses boutons de veste, elles concernaient surtout des chasseurs russes esseulés, des ramasseurs de ginseng chinois et coréens et des ouvriers des chemins de fer, dont certains auraient été arrachés de leur lit dans leur sommeil. Des chasseurs d'or chinois comptaient aussi au nombre des victimes d'une vague d'attaques sans précédent rapportée par le célèbre explorateur russe Nikolaï Prjevalski, alias « Donnez-moi une compagnie de soldats et je conquiers la Chine ». Selon lui, en 1867, sur la rivière Chkotovka, dans le sud du Primorié, vingt et un hommes furent tués et six autres blessés par des tigres.

Où que se situe la vérité entre les versions de Trouch, de Smirnov et de Vassili Dounkaï, Markov avait toutes les raisons de croire que le tigre allait le pourchasser. On ignore combien de temps exactement il est resté cloîtré dans sa cabane après avoir tiré sur son assaillant, mais au matin du 3 décembre quelque chose lui a donné le courage, ou bien l'a forcé, à sortir et à entreprendre le périlleux trajet d'environ six kilomètres jusqu'à l'Amba. Peut-être cherchait-il ses chiens, peut-être était-il en quête de renforts pour achever le tigre. On ignore aussi si la recherche de profit est un paramètre dont il a tenu compte dans ses calculs. Toutefois, au lieu d'aller directement chez son ami Ivan Dounkaï, il est parti en direction du nord-est pour rendre visite à Mikhaïl, le frère de Vassili. Mikhaïl n'a jamais été interrogé par l'inspection Tigre, mais en mai 2008 il m'a livré le récit de sa dernière rencontre avec Markov.

Trapu et charpenté, la petite cinquantaine, Mikhaïl Dounkaï est un chasseur et un trappeur, comme Ivan et Vassili. Son épaisse crinière brune qui lui retombe en frange sur le front forme la seule ligne droite sur son visage rond. Son regard noir est vif sous ses paupières tombantes. Mikhaïl entretenait d'excellents rapports avec Markov, avec qui il partageait depuis des années ses repas, sa vodka et son toit, ainsi que le faisait son père. Quand Markov se présenta à sa cabane sur l'Amba peu après midi, le 3 décembre, il était visiblement dans tous ses états. « Il était remonté contre le tigre », raconte Mikhaïl dans l'une des artères principales de Krasnyi Iar, une route défoncée, tapissée de bouses de vache, creusée de fondrières et de flaques d'eau laissées par la fonte des neiges. « Il pestait contre lui et promettait d'exterminer tous les tigres. "Y en a beaucoup trop", qu'il disait. J'ai bien vu qu'il se faisait du mauvais sang, parce qu'il n'a rien avalé. Il n'a même pas pris une tasse de thé. Il ne faisait que fumer comme un pompier et tirait sur ses cigarettes en se plaignant qu'elles n'étaient pas assez fortes. "Je sais, on va s'en rouler avec de la *makhorka*" [1], qu'il a dit. Pendant une demi-heure, il a grillé cigarette sur cigarette. »

Beaucoup d'Oudégués et de Nanaïs, y compris Ivan Dounkaï, pensent comme Piotr Jorkine que lorsqu'un tigre vous a dans le collimateur, il n'y a pas grand-chose que vous puissiez faire pour lui échapper. « Il était condamné, déclare platement Mikhaïl. Il suffisait de regarder ses yeux pour s'en convaincre. Ils étaient étrangement vides, comme morts. Ce tigre était furieux et rancunier et Markiz avait forcément fait quelque chose pour le mettre en pétard. Personnellement, je pense qu'il a essayé de l'abattre et que l'autre n'a pas apprécié. Si ce tigre s'était senti en faute, s'il avait commis une mauvaise action comme de lui tuer l'un de ses chiens, par exemple, il ne se serait pas acharné comme ça. Il serait parti. »

Les anthropologues qui étudient les peuples indigènes relèvent souvent chez eux une propension à anthropomorphiser les créatures animales. Si elle a fourni d'excellents résultats dans les activités de chasse chez les !Kungs et les Nanaïs (entre autres), cette tendance à prêter aux animaux des émotions et des motivations humaines pose problème aux scientifiques occidentaux, parce que la réalité dont elle relève est très difficile à reproduire en laboratoire et à défendre dans une publication. De telles assertions s'apparentent à ce que les légistes et les philosophes désignent par le terme d'« arguments inductifs ». Anecdotiques et impossibles à prouver, elles laissent un vaste champ aux ratiocinations et aux chicanes sémantiques. Mais surtout elles passent à côté de l'essentiel,

1. Mot d'argot désignant un tabac à rouler au goût très fort. *(N.d.A.)*

à savoir que, dans cette forme de communication trans-espèces, la question n'est pas tant que les animaux soient humanisés ou les humains « animalisés », mais que chacune des parties en présence soit tout bonnement sensible aux nuances de la présence et du comportement de l'autre. Si vous passez la majeure partie de votre vie dans un environnement naturel, en symbiose avec les animaux qui vous entourent, vous développez *nécessairement* une certaine affinité avec ces créatures, même sans intention consciente.

Un exemple éloquent de cette intimité involontaire nous est fourni par un événement qui s'est passé en mai 1940, dans le pays qui porte aujourd'hui le nom de Namibie. Après avoir fui le régime nazi, deux géologues allemands, Henno Martin et Hermann Korn, préférèrent se perdre dans le désert plutôt que de risquer l'internement dans leur pays d'accueil, l'Afrique du Sud, en tant qu'ennemis étrangers. Les deux hommes connaissaient bien le désert, où ils avaient beaucoup voyagé. Après de sérieux préparatifs, ils chargèrent dans un camion leurs bagages réduits à l'essentiel ainsi que leur chien Otto et s'enfoncèrent dans le vaste labyrinthe du canyon de Kuiseb, à près de deux cents kilomètres au sud-ouest de la capitale Windhoek. Craignant à chaque instant d'être découverts, souffrant de la faim et de la soif, tels des anachorètes persécutés, ils vécurent dans des grottes et des abris en pierre, chassant avec des munitions durement rationnées et dormant près de leurs proies pour éloigner les hyènes. Pendant deux ans et demi, ils survécurent dans ce monde souterrain aride, dans un environnement où la faune et la flore n'avaient guère évolué depuis un million d'années.

Le canyon de Kuiseb abritait des réservoirs de dernier ressort. Quand les mares des plaines venaient à se tarir, léopards, chacals, hyènes, autruches, antilopes et zèbres descendaient dans les profondeurs de cette gorge pour chercher des sources et des puits au milieu des pierres. Pour Martin et Korn, le corollaire de cet exil volontaire dans un lieu déserté par les humains fut une immersion totale dans le monde animal. Scientifiques de formation, les deux hommes étudièrent avec enthousiasme et rigueur leurs nouvelles conditions de vie, ce que Martin relate en détail dans son récit autobiographique *La guerre venue, nous sommes partis dans le désert* (1957). Il y décrit comment son camarade et lui furent contraints de s'adapter à leur existence rudimentaire centrée sur une trinité de besoins élémentaires : abri, eau et nourriture. Avec tout de même une touche quelque peu surréaliste, puisqu'une génératrice fonctionnant à l'énergie éolienne leur permettait d'écouter la radio. Ici, dans la forteresse du désert, sous le ciel nocturne illuminé par la constellation de la Croix du Sud, des troupeaux de zèbres troublaient la nuit du claquement de leurs sabots et la soif faisait oublier toutes les autres préoccupations, ici les nouvelles de la guerre en Europe sonnaient comme des appels de détresse venus d'une autre planète. Ces hommes furent littéralement pris entre deux mondes. Leur condition d'individus recherchés et de réfugiés du XXe siècle fuyant le fascisme et la guerre les obligea à redécouvrir des compétences et des instincts restés dormants depuis l'âge de pierre.

La plus grande partie de l'année, en dehors de quelques buissons et de rares arbres, le désert du Namib présente une étendue parfaitement nue, si bien que les deux fugitifs durent se nourrir essentiellement de viande. Les animaux devinrent donc leur premier centre d'intérêt. Ils étaient les moyeux autour desquels tournait leur vie. Leurs balles étant vieilles et peu puissantes – au point qu'elles rebondissaient sur le crâne de leurs proies –, Martin et Korn pour être certains de faire une prise devaient furtivement approcher les bêtes d'assez près pour les atteindre avec un arc et des flèches. Mais bien que régressant chaque jour davantage vers un mode de vie primitif, les deux fugitifs étaient encore capables de prendre assez de recul pour étudier leur propre comportement, comme s'ils étaient à la fois les sujets et les observateurs d'une expérience. « Nos vêtements, constamment encroûtés de sang et de sueur, étaient déchirés par l'usure, cuits par le soleil, découpés comme au rasoir par les rebords tranchants des cailloux sur lesquels nous rampions pour surprendre le gibier, écrivait Martin. Finalement, nous renonçâmes aux chaussettes, et même au pantalon… Nous étions nus, à part une serviette nouée autour des reins. Nos mains avides brisaient les côtes d'une antilope… nos bouches perdues dans la broussaille d'une barbe de trois semaines mastiquaient la chair grillée avec des mouvements de fauve. Mais nos pensées étaient plus libres que jamais, et après le repas, le violon d'Hermann fit jaillir son chant dans le grand silence. » À un certain point, Korn va même jusqu'à écrire : « Mon âme d'homme primitif a trouvé son paradis. »

Tandis qu'ils s'habituaient à vivre selon les rythmes ancestraux du Namib, alternant périodes de crue et de sécheresse, de chasse et de repos, Martin et Korn étudièrent les animaux qui les entouraient. Fascinés par leurs liens sociaux, leurs hiérarchies et leurs échanges avec les autres espèces, ils commencèrent à s'identifier à eux, ce qui était peut-être inévitable. « Ils étaient comme ces gens qu'on rencontre chaque jour dans la rue sans connaître leur nom, écrivit Martin. En peu de temps, ils sont devenus pour nous des voisins. » Ce fatras désolé mais étonnamment vivant de rochers et de buissons formait une sorte d'*Umwelt* communautaire et à son contact les deux explorateurs se prirent d'une forte empathie envers leurs cohabitants. « Nous avons appris à deviner leurs humeurs et leurs intentions à leur port de tête ou à leur façon de poser les sabots. Nous avons fini par les comprendre et par comprendre leur conduite comme tout un chacun comprend ses amis sans qu'il soit besoin de parler… Plus nous vivions au contact des animaux et plus il devenait clair à nos yeux que dans leur comportement bêtes et hommes étaient étroitement liés. »

Martin ne laissait pas d'être impressionné par la subtilité des interactions et des manifestations de conscience qu'il pouvait observer autour de lui : des zèbres mâles rivaux se relayant à la même mare, écartant les pierres de leurs pattes pour accéder à l'eau ; une femelle autruche déployant ses ailes pour arrêter ses congénères, car elle venait de détecter un danger ; un babouin démontant une paire de jumelles et dévissant soigneusement toutes les pièces ; une hyène cédant le passage à un léopard sur la piste puis, celui-ci passé, marquant son indignation par un rire en cascade. « Jamais encore je ne m'étais rendu compte à quel point les "faiblesses humaines" restaient toujours des "faiblesses animales" », écrivit Martin.

Toutefois c'est dans les transformations de son propre psychisme que Martin fit les découvertes les plus surprenantes. À leur arrivée dans le canyon, il rêvait des gens et des lieux qu'il venait de quitter. Mais à mesure que défilaient les mois, puis les années, « les animaux y occupèrent une place grandissante et la distinction entre les hommes et les bêtes s'estompa ». Le subconscient de Martin – son *Umwelt* intérieure – se calibrait peu à peu pour s'adapter à une réalité qui, pour être atavique, n'en était pas moins nouvelle. Cette expérience d'immersion était de celles dont rêvent les psychologues et les anthropologues et elle offre un élément d'explication à la place prépondérante qu'occupent les figures animales dans les peintures rupestres du Sud de l'Europe et du désert du Kalahari. « Ici peut-être se trouve l'origine de la mythologie… dans laquelle humains et animaux se mélangent et fusionnent »[1], conjecturait Henno Martin.

Si l'on considère qu'il a fallu seulement deux ans à un scientifique allemand, citadin de surcroît, pour (re)découvrir ce lien ancestral avec le monde animal à un niveau de profondeur impressionnant (le fond d'un canyon africain, rien de moins), on imagine aisément l'intimité et l'empathie que peuvent éprouver des chasseurs indigènes comme Ivan ou Mikhaïl Dounkaï après une vie entière passée dans la taïga. Si l'on sait en outre que les Dounkaï portent en eux plusieurs siècles de mémoire collective et d'expérience de la faune locale, leur interprétation des échanges entre tigres et humains n'en a que plus de poids. « Le tigre est puissant, fort et juste, affirme Mikhaïl Dounkaï. Il faut le respecter. Vous pensez qu'il ne comprend pas notre langage, mais rien ne lui échappe. Il peut lire dans l'esprit d'une personne. Alors, si vous pensez : "C'est un mauvais tigre et je n'ai pas peur de lui", il vous arrivera quelque chose de mal et vous n'aurez à vous en prendre qu'à vous-même. Il commencera par vous avertir, mais si vous vous obstinez à ne pas comprendre, alors il vous punira sévèrement. »

Mikhaïl avait un point de vue intéressant sur le partage des proies dans la forêt et Markov, s'il en avait eu

---

1. En septembre 1942, les deux géologues durent retourner à la civilisation quand Korn contracta une forme aiguë de béribéri (une maladie causée par une déficience en vitamine B). Ils furent jugés sous plusieurs chefs d'inculpation, mais le magistrat qui présidait le tribunal, impressionné par leur histoire, leur épargna la prison. Les autorités les remirent au travail et leur connaissance intime du pays fut exploitée afin de trouver des sources d'eau pour les fermiers. Korn trouva la mort dans un accident de voiture en 1946, mais Martin vécut jusqu'en 1998, des années qu'il consacra à des travaux novateurs dans le domaine de la géologie, notamment dans celui de la tectonique des plaques, ainsi qu'à l'enseignement universitaire et à la publication de plusieurs livres et monographies. Son œuvre lui valut de nombreuses récompenses internationales. Depuis lors, une route a été creusée à travers le canyon de Kuiseb, lequel fait désormais partie du parc national de Namib-Naukluft. *(N.d.A.)*

connaissance, n'aurait peut-être pas connu le même sort. « Un jour, un tigre a tué un sanglier à une dizaine de mètres de ma cabane, raconte-t-il. Au matin, j'ai vu le sanglier mort et le tigre assis près de lui. Alors j'ai commencé à lui parler : "La taïga est vaste, je lui ai dit. Pourquoi viens-tu tuer un sanglier ici ? Va, profite du reste de la taïga, mais ne viens pas faire ça près de ma cabane." Le tigre est resté immobile à m'écouter et puis il est parti. Plus tard, j'ai vu qu'un morceau du sanglier – un cuissot – avait été laissé pour moi. Le reste avait été mangé et le tigre avait laissé place nette.

« Mais je n'ai pas pris la viande, parce que si vous la prenez, vous êtes redevable et vous devez donner quelque chose en retour. Alors j'ai dit : "Merci bien, mais j'ai déjà ma propre viande. Ne te vexe pas si je ne la prends pas. C'était généreux à toi de la partager avec moi." Si vous acceptez la viande d'un tigre, explique Mikhaïl, vous aurez l'impression de lui devoir quelque chose et alors vous aurez peur de lui. »

Tel que Mikhaïl Dounkaï voit les choses, accepter cette viande revient à accepter une faveur du parti communiste ou de la mafia : une fois que vous êtes leur obligé, il est parfois très difficile de se libérer de leurs griffes. Markov n'avait peut-être pas pleinement saisi la nature du contrat qu'il avait souscrit, à supposer bien sûr qu'il se soit effectivement servi sur la proie du tigre. D'une génération plus ancienne, Ivan Dounkaï en acceptait les termes rigoureux, ce qui n'était pas le cas de son fils. Que le zoologue Dmitri Pikounov ait réussi à prélever si facilement de la viande sur une bête tuée par un tigre tient très probablement au fait qu'il ne s'est pas approché de la carcasse avant que le fauve en ait terminé avec elle. Car le tsar est toujours le premier à manger.

Mikhaïl Dounkaï se demandait sincèrement comment Markov avait pu se fourrer dans un tel pétrin avec ce tigre.

« Markiz était un homme bon. Toujours optimiste, toujours de bonne humeur. Il était honnête et fort. Je n'arrive pas à m'expliquer comment tout ça a pu arriver, mais cette histoire avec le tigre l'a écarté du chemin de la vie. J'ai voulu le convaincre de passer la nuit chez moi, je lui ai conseillé d'arrêter de se faire du mouron, de prendre du recul pour réfléchir à la situation. “Si tu ne lui as rien fait de mal, il ne te fera rien, je lui ai dit. Alors ne t'avise pas de l'embêter et n'oublie pas que tu vis dans la taïga. Il peut t'écraser comme une mouche. »

Mais à ce stade, le sort de Markov était déjà scellé et son destin fut sans doute précipité par un trait particulier de son caractère : « Quand Markiz commençait quelque chose, il allait jusqu'au bout », déclare Mikhaïl.

« Considérez la situation du point de vue du tigre, dira plus tard Trouch. Il a lancé un défi à Markov. Pour lui, soit vous partez, soit vous réglez le problème face à face et que le plus fort gagne. Markov a décidé de relever le défi. Volodia Markov avait encore une chance de quitter la taïga. S'il l'avait saisie, il serait encore en vie. Il a eu ce choix. »

Il reste la question de savoir pourquoi Markov est parti seul faire une longue marche en forêt, alors qu'il savait qu'un tigre furieux était à ses trousses. Par bravade ? Pour rechercher ses chiens ? Ou bien dans l'intention de finir ce qu'il avait commencé ? Mikhaïl Dounkaï pense que la réponse est ailleurs. Pour lui, Markov était déjà sous la coupe du tigre quand il l'a vu ce matin-là. « Le tigre lui avait déjà volé son âme, dit-il. J'ai eu un chien autrefois. Un beau jour, il est subitement devenu très nerveux, irritable et agressif. Il s'est mis à me mordre et à vouloir s'enfuir. Le lendemain, un tigre l'a tué. Si ce chien était devenu mauvais, c'est parce que le tigre possédait son esprit. Il ne le voyait pas, mais le tigre l'attirait de loin comme un aimant. C'est comme de l'hypnose, il s'insinue dans votre tête. L'homme ou bien le chien ne comprend pas ce qui lui arrive ni ce qu'il fait. Il va quelque part sans avoir les idées claires. »

Il existe d'autres théories, mais aucune n'explique mieux l'étrange comportement de Markov ni pourquoi les gens qui l'ont croisé ont été frappés de voir qu'il n'était plus lui-même, pourquoi, refusant le repas et le gîte qu'on lui offrait, il a préféré repartir seul, à la nuit tombée, vers un lieu que son adversaire ne connaissait que trop bien. Mais le plus déroutant, ce sont ses empreintes et la façon dont, kilomètre après kilomètre, elles mènent vers l'Amba à travers la taïga, directement jusqu'à la route du tigre. Tout comme est déroutant le fait que le fauve ne l'ait pas pourchassé, mais l'ait patiemment attendu devant sa porte, comme l'aurait fait un chien ou un tueur à gages. Un être humain n'aurait pas pu échafauder une revanche plus implacable.

14

Quand nous contemplons la nature, nous ne voyons que les survivants.

Stephen Budiansky, *If a Lion Could Talk*

La nature de la relation unissant les grands fauves aux primates est restée d'une constance stupéfiante au fil du temps. Peu importe que les primates en question soient des *taïojniki* armés de fusils, des chasseurs !kungs, des australopithèques au stade préverbal ou de simples babouins. Quand il s'agit de notre peur immanente des fauves, rien n'a changé en cinq millions d'années, hormis nos techniques pour la gérer. D'où les similitudes frappantes entre le comportement de l'équipe de Trouch à la cabane de Markov et celle d'un troupeau de macaques dans la savane africaine. Dans la journée, réunis en groupes défensifs, les hommes comme les singes se déplaceront à découvert et iront parfois jusqu'à affronter les grands fauves. Mais sitôt la nuit tombée, ils rentreront bien vite se mettre à l'abri dans leurs quartiers pour y attendre l'aube, blottis les uns contre les autres.

Pour connaître la façon dont l'homme cohabitait avec les grands fauves et autres prédateurs avant l'invention des outils et du feu, des paléoanthropologues ont choisi comme élément de comparaison les babouins dans la savane. Parmi ces chercheurs, le Sud-Africain Charles K. Brain est l'un des plus distingués. Ce paléontologue a passé les années 1960 et 1970 à exhumer des fossiles d'hominidés et d'animaux dans des grottes de la vallée de Sterkfontein, au Transvaal. À cette occasion, il a longuement observé un troupeau de babouins troglodytes vivant dans les environs du site. Par les nuits très froides, ce groupe d'une trentaine d'individus s'abritait dans des cavernes qui s'enfonçaient profondément dans les falaises. Une nuit, Brain fit une chose qu'aucun homme moderne n'avait jamais faite : « Je me suis caché dans la caverne, écrivit-il. Et je n'ai révélé ma présence qu'après que les babouins s'étaient installés pour dormir. En dépit du chahut que déclencha mon apparition, les singes n'ont pu se résoudre à quitter leur abri à la nuit tombée. »

Brain n'offre pas plus de détail de cette nuit au contact de la nature, peut-être parce qu'il préfère nous laisser imaginer ce que fut l'expérience de se trouver enfermé dans l'obscurité d'un lieu confiné en compagnie de plusieurs dizaines de babouins rendus fous de panique. Toutefois, il en a retiré de précieuses informations. Ainsi a-t-il été frappé de voir que l'obscurité et ce qu'elle pouvait dissimuler était à ce point terrifiante pour les singes, que cette peur prenait le pas sur celle que provoquait la découverte d'un intrus de grande taille dans leur repaire. Que croyaient-ils que cachaient ces ténèbres ? Au XXe siècle, à l'époque où Brain leur fit sa visite surprise, on pense naturellement aux lions, aux léopards et aux hyènes. Mais trois millions d'années plus tôt, l'inventaire des prédateurs qui les attendaient – et qui attendaient nos ancêtres par la même occasion – à la sortie de cette grotte devait être nettement plus intimidant. Il comptait plusieurs espèces de loups et d'hyènes, certaines aussi grosses que des lions, mais aussi des grands félidés – dents de sabre et autres – dont les variétés étaient beaucoup plus nombreuses et diverses qu'aujourd'hui. Et comme si cela ne suffisait pas, il y avait aussi les rapaces qui s'attaquaient aux plus jeunes jusqu'à trois ou quatre ans, âge au-delà duquel les petits devenaient trop lourds pour être emportés, mais pas pour être tués.

Autre détail intéressant relevé par Brain : l'étroite corrélation entre la présence des babouins et celle d'endroits sûrs où s'abriter la nuit. Là où il n'y avait ni falaises ni grottes, il n'y avait pas de singes. Si l'on compare la conception que les babouins se font de leur sécurité et celle d'un village amérindien, d'un château fort ou d'un immeuble d'habitation, les similitudes sont troublantes. Partout où nous allons, dans tous les milieux et sur tous les terrains, l'idée que nous nous faisons d'un sanctuaire ne varie guère. Un simple trou suffira. C'est ainsi qu'une grotte, un igloo, un bunker ou un camion des surplus de l'armée russe constituera un abri universellement reconnu, en tout temps et en tout lieu.

C. K. Brain est un scientifique majeur, pas seulement à cause des babouins qu'il a étudiés ou des fossiles qu'il a sortis de terre, mais parce que ce faisant il a réfuté la théorie du singe tueur. Par son ouvrage majeur *The Hunters or the Hunted ? An Introduction to African Cave Taphonomy*[1] (1981), il a remis en cause les thèses d'Ardrey et de nombre de ses collègues. Il y présente son étude exhaustive des

1. La taphonomie est l'étude de la décomposition des organismes et des processus connexes, jusqu'à la fossilisation. *(N.d.A.)*

fossiles découverts par lui-même et par d'autres dans la vallée de Sterkfontein, un lieu qui a reçu depuis le titre de « berceau de l'humanité ». Ses conclusions sont radicales pour son époque, puisqu'il affirme que nos ancêtres ne pratiquaient ni la chasse ni le meurtre gratuit. Quand ils se battaient, c'était pour défendre leur vie contre des prédateurs bien mieux équipés qu'eux.

Du point de vue d'un paléoanthropologue, le site de Sterkfontein et la vallée voisine de Swartkrans sont de véritables gisements. Depuis près d'un siècle, des chercheurs fouillent les grottes et les carrières que recèlent ces vallées arides situées à l'ouest de Johannesburg. Des centaines de fossiles de babouins et de premiers hominidés y ont été mis au jour, y compris des squelettes intacts qui pour certains avaient plus de trois millions d'années. La région, désormais inscrite au patrimoine mondial de l'Unesco, a également fourni certains des premiers indices d'une maîtrise du feu (un million d'années avant J.-C.). Brain fut tout particulièrement frappé de constater que beaucoup de ces os fossilisés, notamment d'hominidés, portaient des traces de prédation. Des grands fauves et des hyènes hantaient aussi ces grottes. Ils continuent de le faire et ils nous offrent de précieux indices sur nos expériences primitives au contact d'animaux dangereux.

Il est indiscutable que le monde habité par nos ancêtres hominidés était un endroit où il ne faisait pas bon vivre au niveau du sol. Nous étions plus petits que nous le sommes aujourd'hui et tout nous paraissait gigantesque. Nos voisins carnivores, aux yeux desquels nous passions certainement pour du petit gibier, nous étaient supérieurs en tout. Cette longue phase de précarité qui a marqué le premier stade de notre développement, avant que nous n'apprenions à maîtriser les outils et le feu, pourrait bien nous avoir infligé cette fameuse blessure dont parle Robinson Jeffers dans un poème sans titre qui pose une question pressante :

> Mais d'où est venue la race de l'homme ? Laissez-moi deviner.
> Un changement climatique a détruit les vastes forêts du Nord,
> Obligeant les grands singes à choir de leurs arbres…
> Ils durent descendre sur terre, où la verdure poussait encore,
> Où de petits animaux pouvaient être glanés. Mais là-bas, les grands mangeurs de chair,
> Le tigre, la panthère, l'ours horrible et maladroit, les hordes incessantes de loups,
> Faisaient de la vie
> Un rêve de mort. Voilà pourquoi l'homme fait ces rêves,
> Et tue par pure terreur.

Celui qui a composé ces vers il y a plus de cinquante ans n'était pas un scientifique. Néanmoins cette histoire séculaire, sorte de synthèse entre notre bannissement du jardin d'Éden et le traumatisme causé par notre chute d'un état de grâce arboricole, reste parfaitement cohérente avec les thèses actuelles de beaucoup de paléontologues et paléobotanistes. Si l'on se fie à certains fossiles découverts au Transvaal, dans la gorge d'Olduvai en Tanzanie et ailleurs, nous pouvons affirmer que nous sommes tombés de haut et qu'une fois descendus des arbres nous n'avons pas pu y remonter. Il y a environ deux millions et demi d'années, l'*Homo habilis*, successeur de l'australopithèque, a commencé à utiliser des outils. Jusque-là nous n'avions que peu de défenses naturelles en dehors de notre tête : une vision stéréoscopique, une bonne ouïe, un odorat relativement sensible et un cerveau qui ne mesurait qu'un tiers de sa taille actuelle. En d'autres termes, nous n'étions guère plus évolués que des babouins ou des chimpanzés.

On peut dès lors concevoir que des générations successives de fauves aient enseigné à leurs petits comment chasser les primates. De même que les lions rencontrés par Elizabeth Marshall Thomas au Kalahari semblaient avoir inscrit dans leur culture la prohibition de la chair humaine, l'inverse est également possible. La plus célèbre affaire d'animaux mangeurs d'hommes eut pour décor le district de Njombe, dans l'actuelle Tanzanie. Entre 1932 et 1947, une harde de seulement quinze lions tua à elle seule quelque mille cinq cents êtres humains, avant que George Rushby, légendaire chasseur d'éléphants britannique reconverti en garde-chasse, ne les extermine jusqu'au dernier, ce qui lui prit une année entière. « Si un mangeur d'hommes continue de tuer et de dévorer des gens pendant un certain temps, il finit par acquérir une habileté quasi surnaturelle, écrivit-il dans ses mémoires, *No More the Tusker.* Voilà pourquoi traquer et abattre un tel lion est une tâche ardue et de longue haleine. »

On a observé chez les prédateurs, grands et petits, un phénomène désigné par l'euphémisme d'« élimination des surplus ». Il s'agit en fait d'une boucherie aussi spontanée que frénétique. Bien que les lions soient connus pour s'y livrer, ce n'est pas dans cette démarche que tuaient ceux de Njombe. Le phénomène touche également les panthères, les tigres, les loups, les hyènes, les ours polaires, les orques et d'autres espèces. Peu de temps après que les mangeurs d'hommes de Njombe eurent été éliminés, un collègue de Rushby fut le témoin d'un incident de ce type au parc national de Kruger, à quatre cents kilomètres à l'est de la vallée de Sterkfontein. Le colonel James Stevenson-Hamilton y travaillait comme garde forestier lorsqu'il assista à ce qu'il décrivit comme un massacre de babouins par une harde de lions. Il semble qu'un groupe de ces singes qui s'approchait d'un point d'eau n'avait pas remarqué la présence des lions sommeillant non loin de là. Les fauves se réveillèrent et deux femelles allèrent furtivement se cacher près du sentier de passage des babouins. Quand elles bondirent sur eux, les singes pris de panique s'enfuirent, fonçant tout droit sur le reste de la harde. « Les babouins étaient visiblement trop terrifiés pour songer à leur échapper en grimpant aux arbres, écrivit Stevenson-Hamilton. Ils se couvrirent la face de leurs mains tandis que les lions les assommaient à grands coups de pattes. »

Cette description du colonel aurait aussi bien pu s'appliquer à des paysans massacrés par des hordes barbares. Le plus poignant dans son récit est la résignation des victimes. Sans espoir d'échapper à leur sort, les primates cherchèrent un ultime refuge dans l'écran de leurs mains. L'image est d'autant plus émouvante que ces mains pourraient être les nôtres. Peut-être est-ce l'éventualité d'une telle catastrophe qui empêcha les babouins de fuir leur grotte la nuit où Brain leur causa une immense frayeur. Mieux valait perdre un ou deux membres que de risquer que le groupe soit entièrement décimé.

Même si des millions d'années nous séparent d'eux, il est toujours troublant d'imaginer une famille d'australopithèques pris au piège dans le veld, trop loin d'un arbre où ils pourraient grimper. Il n'est pas besoin que de tels incidents se produisent souvent pour que l'effroi gagne toutes les créatures alentour. Aujourd'hui encore, des régions entières peuvent se trouver entièrement paralysées par la présence d'un seul fauve mangeur d'hommes, au point de laisser pourrir sur pied des récoltes pourtant vitales. Une sidération de même nature frappa Sobolonié. Ses habitants étaient pour la plupart armés, mais confrontés à une menace de cette nature, la démoralisation peut être profonde. Si l'on imagine ces deux mains comme un refuge métaphorique, on peut légitimement se demander si ce n'est pas ce que le sommeil et la grotte représentèrent pour nous autrefois : un moyen à peine plus fiable de faire barrage à l'horreur qui menaçait à chaque instant de notre vie à l'état de veille, une façon de la reléguer dans le néant, de nier son existence au moins jusqu'à ce que revienne la lumière du jour.

Voilà qui nous invite à l'humilité. D'un autre côté, si une créature a réussi à survivre et à se multiplier dans un environnement aussi hostile, on peut raisonnablement en déduire que rien ne l'arrêtera. Avec le temps, elle sera capable de coloniser la terre entière, et c'est ce qu'elle a fait. De ce point de vue, l'Afrique du Sud fut moins le berceau de l'humanité que son creuset. Si la savane fut bien telle que Brain et d'autres la conçoivent, alors elle constitua le plus difficile des terrains d'essai pour les créatures lentes, faibles, à la peau fine mais à l'agilité mentale grandissante que nous étions. Pour les tenants de l'évolutionnisme, l'âpreté d'un tel environnement a produit la sélection naturelle indispensable à notre développement et nous fournit un exemple premier de ce qu'Arnold Toynbee a appelé « le grand défi ».

Brain a trouvé des preuves pour étayer cette théorie dans les grottes du Transvaal et peut approximativement situer le moment auquel ces cavernes, où nous avons tout d'abord été transportés pour être dévorés, se transformèrent en refuges d'où nous pûmes activement repousser les prédateurs. Il fallut l'émergence d'une nouvelle espèce pour inverser le rapport de forces et cette espèce fut notre ancêtre direct, l'*Homo habilis.* La transition a dû être tout à la fois exaltante et angoissante. Favorisée par l'apparition d'un cerveau plus volumineux, des outils puis du feu, elle a profondément transformé les rapports entre les premiers humains et les animaux qui les chassaient, même de façon occasionnelle.

Prédateurs ou proies, nous sommes tous des créatures opportunistes et des êtres d'habitudes. Ainsi, une panthère ou une troupe d'hyènes, si elle a échoué suffisamment souvent dans ses tentatives de nous capturer et été efficacement repoussée, modifiera son régime alimentaire en conséquence et se reportera, par exemple, sur les babouins qui restent aujourd'hui encore inscrits à son menu. Une fois cette nouvelle configuration établie, les descendants des prédateurs « convertis » perpétueront ces changements d'alimentation. Nous avons de bonnes raisons de penser que les premiers humains, à l'instar des !Kungs parmi les lions et des Oudégués parmi les tigres, surent établir avec ces prédateurs une cohabitation active bien que circonspecte, au lieu de demeurer leurs victimes chroniques.

Toujours est-il que le jeu n'était pas gagné d'avance. Et il faudra encore environ cinq millions d'années avant que les hominidés – probablement parvenus au stade de l'*Homo erectus* – acquièrent le cerveau, les outils et les jambes nécessaires pour quitter l'Afrique sains et saufs. Mais partout sur leur route les guettaient des fauves, des hyènes et des loups, et c'est sans doute l'une des raisons qui expliquent pourquoi la plupart de nos cousins hominidés se sont éteints. Il est frappant de voir qu'à la différence d'autres espèces, nous sommes la seule branche de la famille qui ait survécu au voyage. Orphelins de l'évolution, nous formons un chaînon isolé, ce qui nous place en étrange compagnie, puisque nous partageons notre solitude génétique avec l'ornithorynque, le gavial du Gange et le cœlacanthe.

Aujourd'hui, les fantômes de nos ancêtres continuent de nous hanter. Nous leur devons certains traits familiaux qui ont persisté à travers les âges et continuent d'influer sur nos comportements, nos réactions et notre attitude face au monde qui nous entoure. Dans une étude visant à mettre en évidence une parenté d'instinct entre les humains modernes et leurs ancêtres primitifs, Richard Coss, chercheur en psychologie à l'université Davis de Californie, a recréé une savane artificielle en y implantant certains éléments indispensables du décor : un acacia, un gros rocher et une crevasse. Après avoir montré ce paysage rudimentaire à un groupe d'enfants américains d'âge préscolaire, il y introduisit un lion virtuel. Puis il demanda aux enfants de dire où ils iraient se cacher pour se mettre à l'abri. La plupart choisirent l'acacia ou la crevasse, un seul sur six désigna le rocher. Vierges de toute expérience de la savane et de ses prédateurs et ne possédant des lions qu'une connaissance sommaire sans doute basée sur quelques dessins animés, plus de quatre-vingts pour cent de ces enfants ont néanmoins correctement évalué le risque et y ont donné la réponse appropriée. Le faible échantillon qui avait opté pour le rocher n'aurait pas échappé au prédateur et aujourd'hui encore, après des millions d'années de sélection naturelle, il subsiste dans l'espèce humaine ce petit pourcentage d'individus capables de choix fatals.

Anthropologue à l'université de Los Angeles, Clark Barrett a abordé la question sous un angle différent et, comme Coss, il a choisi des enfants pour l'aider à y répondre. On a observé que dès l'âge de neuf mois les bébés comprennent la notion de poursuite et sont capables de distinguer le chasseur du chassé. Mais Barrett voulait savoir à quel âge les enfants étaient capables d'attribuer des motivations à différents animaux dans des situations où eux-mêmes n'étaient pas impliqués, contrairement à l'expérience du lion de Coss. En d'autres termes, il voulait savoir à quel âge se développe une « théorie de l'esprit animal », outil intellectuel dont les chasseurs !kungs et oudégués, par exemple, se servent pour anticiper le comportement de leur gibier et échapper aux prédateurs. Pour mener l'expérience dans les conditions les plus neutres possibles, il constitua deux groupes d'enfants âgés de trois à cinq ans, l'un de jeunes Allemands, l'autre de jeunes Shuars – ex-Jivaros, tribu de chasseurs-cueilleurs établie dans le bassin de l'Amazone, en Équateur. Inutile de préciser que du point de vue de leurs références culturelles et de leur rapport aux animaux, les deux groupes étaient aux antipodes l'un de l'autre. L'expérience était d'une élégante simplicité. Au moyen d'un jouet représentant un lion et d'un autre représentant un zèbre, Barrett posa à chaque enfant la question suivante : « Que veut faire le lion quand il voit le zèbre ? »

Le résultat fut surprenant. Dans les deux groupes, soixante-quinze pour cent des enfants de trois ans répondirent à peu de chose près : « Le lion veut chasser/mordre/tuer le zèbre. » (Il faut rappeler que ces enfants étaient tout juste en âge de parler et que leur connaissance du monde et leur exposition aux médias étaient très différentes.) Quand Barrett posa la même question aux enfants de quatre et cinq ans, tous furent capables d'anticiper les intentions prédatrices du lion. Barrett poussa l'expérimentation un peu plus loin, et leur demanda : « Quand le lion attrapera le zèbre, qu'arrivera-t-il ? » À cette question, cent pour cent des enfants shuars âgés de trois ans répondirent à quelques variations près : « Le lion fera du mal/tuera/mangera le zèbre. » Seuls les deux tiers du groupe des enfants allemands du même âge, plus protégés et influencés par les médias, firent la même réponse. Mais quand Barrett interrogea le groupe des enfants de quatre à cinq ans, il apparut que tous avaient conscience que le zèbre était en péril.

Ce qu'il y a de remarquable dans cette expérience, c'est qu'elle démontre que des enfants très jeunes, indépendamment de leur environnement culturel, de leur niveau d'apprentissage et de leurs conditions d'existence, sont capables de comprendre les mécanismes fondamentaux de la prédation, même ceux qui n'ont jamais vu un lion ou un zèbre ailleurs qu'à la télévision et ne connaissent rien de la vie en Afrique subsaharienne. Barrett en a acquis la conviction que notre connaissance inhérente de ces relations primordiales est un héritage génétique nourri par des millions d'années d'une expérience durement acquise. Au cours des âges, ces informations étaient indispensables pour survivre jusqu'à notre maturité sexuelle et c'est pourquoi les jeunes enfants continuent d'être fascinés par les dinosaures et autres créatures monstrueuses. Barrett appelle cela le « syndrome de Jurassic Park ».

Lorsque nous avançons en âge, notre aptitude à discerner les motivations gagne en complexité, et plusieurs études ont démontré que nous sommes aptes à déterminer le comportement et l'intention d'un animal à la simple vue d'une infime partie de ses extrémités et de ses articulations, le reste du corps étant complètement masqué. Cette compétence est essentielle pour distinguer nos amis de nos ennemis et le prédateur de la proie quand nous n'avons accès qu'à des informations parcellaires, ce qui est le cas dans les hautes herbes, dans les forêts denses ou encore la nuit. Aujourd'hui, cette acuité visuelle est ce qui permet aux pilotes de chasse de reconnaître un appareil allié en l'espace d'une fraction de seconde et ce qui nous permet de rester en vie sur la route, même en cas de circulation intense. Mais c'est dans un bar plein à craquer que se révèle tout le potentiel de ce don ancestral, quand nous jaugeons des partenaires potentiels sous leur tenue vestimentaire.

Des chercheurs du Centre de psychologie évolutive de l'université de Santa Barbara ont voulu affiner cette théorie et savoir si les gens accordent davantage d'attention à certaines choses, par exemple aux animaux, qu'à d'autres. Pour ce faire, ils ont montré à des étudiants de premier cycle des photographies associées par paires. Elles représentaient des scènes diverses, la deuxième image contenant chaque fois un détail différent par rapport à la première. La seule instruction donnée aux étudiants était d'indiquer s'ils avaient remarqué la différence, en quoi elle consistait et à quel moment ils l'avaient notée. Il y avait des catégories animées et inanimées. Dans la deuxième image pouvait surgir tantôt un pigeon, tantôt une voiture ou un arbre. Il est très vite apparu que les sujets étaient bien meilleurs à repérer la présence d'un animal, ce qu'ils faisaient dans quatre-vingt-dix pour cent des cas. À l'inverse, quand on ajoutait à la photo une brouette ou un énorme silo à grain, seuls deux tiers des étudiants le remarquaient. Le taux de réussite atteignait son point culminant quand la modification portait sur un homme et un éléphant, avec cent pour cent des participants relevant leur présence. Ces taux relatifs de réussite restèrent constants, y compris quand on ajouta à des scènes de savane africaine dans un cas un éléphant camouflé et lointain, et dans un autre une fourgonnette rouge vif : moins des trois quarts des sujets remarquèrent l'apparition du véhicule.

Joshua New et ses collègues publièrent le résultat de leur expérience dans la revue *Proceedings of the National Academy of Sciences* avec la conclusion suivante : « Ces résultats impliquent l'existence d'un système de surveillance visuelle fondé sur des critères immémoriaux de repérage des animaux. » Autrement dit, nous sommes programmés pour remarquer les animaux. « Les gens ont la phobie des araignées, des serpents et d'autres créatures qui étaient des menaces pour nos ancêtres, expliqua en 2007 le Dr New à un journaliste. Il est très rare de rencontrer quelqu'un qui ait la phobie des voitures ou des appareils électriques, choses qui sont pourtant pour nous une menace bien plus grande que le tigre. Il est donc très intéressant de se demander pourquoi le tigre continue d'attirer notre attention. »

Certains indices laissent à penser que si les tigres et leurs semblables continuent d'attirer notre attention, c'est parce que c'est grâce à cette vigilance que nous avons autrefois évité d'être capturés par eux. Voilà pourquoi il est impossible de ne pas se demander quelles pensées ont traversé l'esprit de Markov et de Khomenko dans leurs derniers instants, car ce qu'ils ont vécu à ce moment-là était à la fois incongru, étranger à notre quotidien et en même temps curieusement familier. Une part de nous-mêmes ressent encore le besoin de savoir.

Dans le débat sur nos origines et notre nature revient sans cesse la question de notre fascination pour les monstres, mais seulement pour certains d'entre eux. Ce livre en est un bon exemple. Personne ne prendrait la peine de le lire s'il parlait d'un cochon ou d'un élan (voire même d'un humain) s'attaquant à des bûcherons désœuvrés. Le tigre en revanche a droit à tout notre intérêt. Il fait vibrer une corde au plus profond de nous et la raison à cela, aussi dérangeante qu'elle puisse paraître, est que manger de la chair humaine fait partie des caractères acceptables de sa nature, ce dont notre propre nature est à son tour informée. À l'inverse, un cochon ou un élan se livrant à de tels actes nous horrifierait et ne ferait certainement pas résonner en nous le même écho.

Tant qu'ils sont carnivores et/ou humanoïdes, l'aspect des monstres importe peu. Tyrannosaure Rex, dents de sabre, grizzli, loup-garou, vampire, Grendel, Moby Dick, Joseph Staline, le diable et autres incarnations de la Bête suscitent une sombre fascination, en grande partie due à leur capacité de nous exterminer consciemment et à dessein. Ce qui unit ces créatures, anciennes ou modernes, imaginaires ou réelles, belles ou répugnantes, animales, humaines ou divines, c'est leur force surhumaine, leur fourberie malveillante et surtout leur appétit capricieux et souvent vengeur envers nous. C'est ainsi que nous les imaginons, c'est ce que nous attendons d'elles, ce sont les termes de notre accord. En ce sens, l'infinie capacité qu'ont les prédateurs de nous subjuguer – de « captiver notre attention » – remplit une fonction qui va bien au-delà du frisson morbide. Elle nous renvoie à la réalité quotidienne des babouins dans la savane, cette réalité qui fut la nôtre autrefois. Dans le sud de la Tanzanie, dans la région des Sundarbans au Bangladesh, comme dans beaucoup de zones de guerre de par le monde, cette réalité est encore celle de beaucoup d'hommes.

Avec le temps, ces monstres ou plus exactement le danger qu'ils représentent se sont imprimés dans notre inconscient et s'y sont installés durablement. En échange de quoi, nous leur avons montré une loyauté à toute épreuve, au point de les recréer sans cesse dans toutes nos formes d'expression, à toutes les époques et dans toutes les cultures, en les adaptant à l'air du temps. Ces créatures sont un ingrédient essentiel du ciment qui nous lie les uns aux autres et à nous-mêmes. Sans nos réseaux sociaux et sans la fragile carapace technologique derrière laquelle nous nous croyons protégés, le sort de Markov et de Khomenko pourrait être le nôtre. Notre inconscient et nos mythes sont là pour nous le rappeler à chaque instant.

Deuxième partie

POTCHEPNIA

15

Il est dans l'ordre des choses dans les contes populaires [...] qu'un parent achète sa propre sauvegarde en sacrifiant son fils à un animal féroce ou à un ennemi surnaturel.

C. F. Coxwell, *Siberian and Other Folk Tales*

Sobolonié faisait partie de ces lieux coutumiers de la tragédie, mais les drames qui s'y déroulaient d'ordinaire étaient de malencontreux accidents principalement dus à l'alcoolisme. Ces malheurs à répétition avaient donné naissance à une forme d'humour macabre dont la causticité n'épargna pas même Markov. Au village, certains étaient convaincus qu'il avait appelé sa propre mort en volant sa proie au tigre. « C'était devenu une espèce de plaisanterie entre nous, avouera un habitant. On disait qu'il avait apporté cette viande à ses propres funérailles. »

Fondée ou non, cette blague était aussi une façon de détourner de soi le mauvais sort, puisqu'elle s'appuyait sur la croyance selon laquelle les tigres n'attaquent jamais sans provocation. Sans cette armure psychologique, comment ces gens auraient-ils trouvé le courage de vivre dans la taïga ? Cependant, dans la semaine qui a suivi la mort de Markov, la possibilité qu'il puisse exister des exceptions à cette règle a hanté les esprits. La rumeur de l'étrange conduite du tigre aperçu au camp des cantonniers s'était déjà répandue dans toute la vallée et nul ne doutait qu'il s'agissait du même animal. Nonobstant leurs autres sentiments à l'égard des tigres, les villageois de Sobolonié avaient un grand respect pour leur intelligence et leurs exploits de chasseurs. L'idée qu'une telle puissance puisse se diriger contre eux et les frapper au hasard les terrifiait. La présence de la bête avait jeté un sortilège sur le village. La forêt était la seule raison d'être du hameau et pour ses habitants la mère Taïga était ce qui se rapprochait le plus d'une divinité. Quand tout le reste avait échoué – et c'était le cas –, elle était la dernière à rester à leurs côtés. Si maintenant la taïga se retournait contre eux, où trouveraient-ils refuge ?

Durant les jours qui suivirent la mort de Markov, rien ne changea vraiment pour Denis Bouroukhine et son meilleur ami, Andreï Potchepnia, hormis le vide laissé par la mort de leur « oncle » Markiz, un homme qu'ils avaient connu et apprécié. Denis et Andreï venaient de terminer leur service militaire. À vingt ans, ils avaient passé la majeure partie de leur vie à Sobolonié. Andreï était grand et blond, tout l'opposé de Denis, brun, petit et trapu. Jeune homme discret et presque timide, il était néanmoins un *taïojnik* accompli, à l'image de son ami Denis. Les deux jeunes hommes chassaient ensemble depuis l'enfance et avaient toute confiance l'un en l'autre, or la confiance est aussi rare et précieuse chez les trappeurs que chez les chercheurs d'or. À bien des égards, leurs destins semblaient liés. Ils avaient même été démobilisés le même jour. Denis, le meilleur tireur des deux, avait aussi été le plus malchanceux, puisqu'il avait été envoyé sur le front tchétchène. À la suite de quoi, sa famille a cessé d'avoir des nouvelles. Au bout de plusieurs mois, Lida, sa mère, petite femme aux cheveux noirs aussi robuste que son fils, l'avait considéré comme mort. « Nous ne recevions pas de lettres, dit-elle. Nous étions sans nouvelles de lui. Nous avions renoncé à l'attendre et c'est alors qu'il est revenu. » Mais Denis n'était plus le même. « Il avait la tête ailleurs. Il était devenu un autre homme. Je crois qu'il était très affecté d'avoir vu tous ces gens mourir. »

Andreï, de son côté, avait fait tout son service dans une base militaire de Khabarovsk, ville historique d'un demi-million d'habitants située sur la rive gauche de l'Amour, à un peu moins de deux cent cinquante kilomètres au nord de Sobolonié. Pourtant, même loin de la ligne de front, l'armée russe peut être un environnement brutal. Le bizutage des nouvelles recrues est une coutume bien établie qui peut parfois tourner aux sévices les plus dégradants. On a vu des conscrits postés à la clôture des casernes mendier auprès des passants. Pour ces deux adolescents venus de villages reculés, le passage sous les drapeaux fut donc vécu comme un traumatisme et, après deux ans de ce régime, ils eurent beaucoup de mal à se réadapter à la vie civile. D'un côté ils avaient recouvré la liberté, de l'autre ils se voyaient échoués dans ce trou perdu, sans aucune perspective d'avenir.

À la maison, les tensions étaient exacerbées par le chômage et l'argent qui manquait. Le père d'Andreï, ancien bûcheron et chasseur professionnel, avait réussi à décrocher un boulot de gardien de nuit à l'école primaire, mais le salaire était misérable et avec le retour d'Andreï, le troisième des cinq enfants et l'aîné des fils, il y avait une bouche de plus à nourrir. Désœuvré, le jeune homme tournait en rond dans la maison familiale déjà pleine à craquer et ça n'arrangeait pas les choses. La lente désintégration de cette communauté se jouait à échelle réduite dans le microcosme de la famille Potchepnia. Le père d'Andreï était profondément démoralisé ; sa mère, aigrie, se querellait avec tout le voisinage. L'atmosphère était à couper au couteau, et le garçon passait autant d'heures qu'il le pouvait loin de la maison.

Pour tuer le temps, qu'ils avaient désormais en abondance, Denis et lui recommencèrent à pratiquer ce qu'ils connaissaient le mieux et se remirent à chasser. Ils installèrent leurs lignes de trappes en parallèle, de part et d'autre de la Takhalo, près de sa confluence avec la Bikine. Pour s'y rendre, la distance aller-retour depuis Sobolonié était d'une quarantaine de kilomètres et les deux amis faisaient le trajet ensemble. Quand ils n'arrivaient pas à trouver un camion de forestiers pour les embarquer, ils partaient à cheval. La famille Potchepnia exploitait un rucher sur la Takhalo et y avait bâti une solide cabane, où les garçons séjournaient parfois plusieurs jours d'affilée. Avant la mort de Markov, cette sortie aurait été des plus ordinaires, mais depuis tout avait changé. Les gens étaient à cran et pas seulement parce qu'ils craignaient pour leur sécurité.

En dehors de l'exploitation du bois, de la culture à échelle modeste du pavot et de la marijuana, la collecte du ginseng, l'apiculture, le trappage et le ramassage de pignons de pin étaient les activités les plus lucratives de la taïga. Les deux dernières, de même que la chasse au tigre et à d'autres gibiers, pouvaient être pratiquées en hiver. Chaque jour qui passait sans que les villageois puissent sortir en forêt signifiait pour eux une perte de revenus et un problème pour mettre à manger sur leur table. L'expression « vivre au jour le jour », pour les gens qui ont l'envie et le loisir de lire des livres comme celui-ci, n'est rien de plus qu'une façon de parler. Mais pour les habitants de la vallée de la Bikine, elle décrit une réalité très tangible que Denis Bouroukhine résume en ces termes amers : « À Sobolonié, vous passez une semaine dans la taïga, puis vous rentrez. Vous mangez ce que vous avez rapporté et vous devez retourner dans la taïga. C'est quoi, cette vie ? C'est pas une vie. »

Il y a un siècle, cette existence était celle de beaucoup de Russes et de la quasi-totalité des autochtones en Extrême-Orient. À l'époque, il n'y avait pas d'alternative, mais au cours des vingt dernières années les attentes des gens ont radicalement changé. Sous le communisme, l'aspiration avait sa place, certes modeste. Il y avait aussi un État qui garantissait à chacun une sécurité élémentaire en termes d'éducation, d'emploi, de logement et d'alimentation. Mais après la perestroïka, toutes ces assurances ont disparu. À leur place, se sont installés l'alcoolisme, la criminalité et la désespérance, un sort d'autant plus cruel qu'une simple parabole vous donnait accès à des chaînes par satellite permettant de mesurer combien vous étiez largués. Aujourd'hui, dans beaucoup de régions du monde, et pas seulement à Sobolonié, on peut crever de faim devant sa télévision.

Denis et Andreï ne se voyaient pas d'avenir au village, mais pour l'heure ils devaient s'accommoder de cette existence. Ils se concentraient donc sur ce qu'ils pouvaient encore maîtriser, à savoir leurs lignes de trappes. En dépit des récents événements, les deux garçons continuaient de croire à la devise du *taïojnik* : « Si je ne la touche pas, elle ne me touchera pas. » Peu de temps après l'enterrement de Markov, ils retournèrent à la Takhalo à cheval, persuadés que si un tigre approchait, leurs montures sentant sa présence les alerteraient et qu'à eux deux ils pourraient faire face à la situation. Ils n'étaient pas les seuls à s'aventurer dans la forêt cette semaine-là et il y avait peut-être une part de bravade dans leur attitude désinvolte. Après tout, ils étaient de jeunes soldats entraînés au tir et dopés à la testostérone. Ils connaissaient la taïga comme leur poche, et Denis n'avait-il pas survécu à la Tchétchénie ? Voyageant à travers la forêt, aussi hauts que des géants sur leurs montures au poil long et à l'haleine fumante, enhardis par la chaleur et la puissance qu'ils sentaient sous leur selle, les deux amis se répétaient peut-être ce que Markov avait dit à sa femme angoissée : « Pourquoi j'aurais peur d'elle ? Ce serait plutôt à elle d'avoir peur de moi ! »

Mais leurs parents n'étaient pas du même avis. Quand les deux garçons rentrèrent chez eux sains et saufs ce soir-là, la mère et le père de Denis lui interdirent purement et simplement de retourner dans la taïga. « Il voulait y aller, se rappelle Baba Liouda, la chasseuse. Mais nous avons réussi à l'en dissuader. Nous lui avons dit : "Denis, tu n'es pas mort en Tchétchénie. Pense à ta mère qui a versé toutes les larmes de son corps en t'attendant." »

Leur voisin, Leonid Lopatine, fit la même mise en garde à son propre fils. Lopatine était l'un des rares juifs vivant parmi les Slaves et les autochtones de la vallée. Homme réfléchi et chasseur expérimenté, il avait été employé comme chauffeur de camion par la Compagnie des forêts avant sa fermeture. En dépit de son parcours accidenté, il se distinguait de ses voisins moins nuancés par sa capacité à analyser avec finesse et psychologie les relations interpersonnelles. En Occident, la psychologie et son langage sont entrés dans les mœurs, mais en Russie, en dehors des zones urbaines et de certains cercles intellectuels, elle est inexistante. Le stoïcisme est moins une vertu qu'une aptitude à la survie. Parlant des populations rurales du Primorié, un expatrié de longue date disait : « Ces gens-là sont plus durs que des clous et ont le cuir tanné par toutes les horreurs qu'ils ont traversées. » Un écrivain russo-américain a un jour ironiquement déclaré qu'après la perestroïka, les Russes avaient moins besoin d'une aide économique que d'un régiment de travailleurs sociaux, et c'est bien la douloureuse vérité. Si les Russes ont tellement de mal à exprimer ce qu'ils ressentent, c'est parce qu'on ne le leur a jamais demandé. Il est tenu pour acquis que la vie est dure et que les gens, les hommes encore plus que les autres, n'ont qu'à serrer les dents et encaisser. Si vous avez besoin des services d'un psychologue, d'un confesseur ou d'une quelconque échappatoire, la vodka est là pour ça. Lopatine distille la sienne et la garde à portée de main dans un bidon de lait de dix litres posé près de sa table de cuisine. « Vous n'avez jamais bu de vodka pareille, assure-t-il à ses visiteurs. Elle vous stimule la mémoire. »

Vassili, son fils, avait le même âge que Denis et Andreï et lui aussi venait de finir l'armée. Comme eux, il avait la passion de la chasse, mais son père ne voulut pas en démordre. Installé dans sa cuisine au village de Iassenovié, où il travaille maintenant comme ferrailleur, il explique : « Dès que j'ai appris ce qui était arrivé à Markov, j'ai dit à mon fils : "Vassia, tu ne remettras plus les pieds dans la taïga. Tu peux prendre toutes les précautions du monde, cette bête est capable de surgir devant toi en l'espace d'une seconde. Ne t'avise plus d'aller là-bas." Il a protesté : "Mais on a déjà posé nos pièges. C'est le meilleur moment de la saison !" Alors je lui ai dit : "T'occupe pas de ça. La vie est plus importante." »

Chez Andreï Potchepnia, la situation était plus compliquée. Les Lopatine étaient leurs proches voisins et connaissaient bien la famille. « Je sais quel langage son père a tenu à Andreï à son retour de l'armée, explique Lopatine. Il lui a dit : "Je t'ai nourri. Je t'ai élevé. Maintenant c'est à toi de veiller sur moi et de me nourrir." Il buvait, vous savez. Les temps étaient durs et Andreï n'était qu'un jeune homme tout juste libéré de ses obligations militaires, qui ne savait pas quoi faire de sa vie. Un responsable d'une équipe de forestiers lui avait plus ou moins promis un boulot, mais rien n'était sûr et ses parents étaient sans arrêt sur son dos. »

Andreï était face à un dilemme : ses parents ne voulaient pas qu'il risque sa vie en sortant en forêt, mais, étant l'aîné des fils, il devait contribuer à gagner le pain de la famille. À ce moment-là, personne n'était sur les traces du tigre. On ignorait où il se trouvait, ce qu'il avait en tête et combien de temps durerait cette paralysie. Pour Andreï, cette incertitude, qui s'ajoutait au climat familial, était intolérable. La taïga au moins lui offrirait le calme, il y était son propre patron et avec un peu de chance il arriverait à capturer un vison ou une belette et ne rentrerait pas bredouille.

Le vendredi 12 décembre, Tamara Borissova, la veuve de Markov, organisa une veillée funèbre du neuvième jour. Ces veillées sont une survivance religieuse. La croyance veut que neuf jours après la mort, l'âme du défunt continue d'errer. La famille et les amis se réunissent alors pour manger, boire et évoquer sa mémoire. Une autre veillée se tient au quarantième jour, stade auquel l'âme doit avoir trouvé sa place. « Le fils de Markov est venu chez moi et m'a sorti du lit, se rappelle Denis. Il m'a dit : "Allons-y. Tout le monde est en train de se rassembler." Je lui ai répondu : "Je vais chercher Andreï et on vous rejoint tout de suite." Mais quand je suis arrivé chez Andreï, j'ai appris qu'il était parti en forêt. Nous n'avions prévu d'aller nulle part ce jour-là, parce que nous savions que devait avoir lieu la veillée du neuvième jour pour Markov. Je ne sais pas ce qui s'est passé. Je crois savoir qu'il y a eu une dispute chez eux. Ses parents m'ont dit qu'il était parti chercher du travail. »

« Je vais vous expliquer ce qui est arrivé, déclare Lida, la mère de Denis. Andreï est passé chez nous la veille, dans la soirée, et nous a dit : “Le tigre n'a jamais senti l'odeur de mes balles, alors il ne me touchera pas.” Denis voulait le suivre, mais nous l'en avons empêché. Plus tard, Andreï s'est querellé avec ses parents et le lendemain matin il est parti. »

Le 12, au matin, Leonid Lopatine l'a vu prendre le chemin de la forêt. « J'étais chez moi à bavarder avec mon fils, assis à la table de la cuisine, se rappelle-t-il, et par la fenêtre nous avons vu Andreï sortir de chez lui. » L'image est restée gravée dans sa mémoire. « C'était un grand gaillard, poursuit-il. Il aurait fait un brave homme… Bref, il avait un petit sac à dos et prenait la direction de la taïga. Mon fils, qui le connaît depuis l'école, lui a demandé : “Où tu vas?” Et Andreï lui a répondu : “J'ai posé quelques pièges, il faut que j'aille les vérifier.” Mon fils et moi, on lui a dit : “Le tigre cannibale est là-bas. N'y va pas!” Andreï nous a rassurés : “Vous en faites pas. Je pue tellement qu'elle ne voudra pas s'approcher de moi.” »

« Je savais que sa carabine n'était qu'une pétoire, poursuit Lopatine. Une Mosin [1] toute rouillée qui datait d'avant la guerre. Je m'en étais déjà servi. C'était pas une carabine, tout juste un bâton. Je voulais lui proposer la mienne et, s'il s'était arrêté chez nous, je l'aurais sûrement fait. Mais il a filé comme une torpille. Il était entre dix et onze heures du matin et, au moment où il arrivait à la route, Sergueï Boïko qui passait par là au volant de sa voiture l'a pris à son bord et l'a conduit au rucher. »

Denis Bouroukhine fut déconcerté par le départ soudain de son ami, mais au début il ne s'est pas particulièrement inquiété. Après tout, le tigre était loin. « Ses

1. Carabine d'infanterie à verrou dont la conception n'a guère évolué depuis sa création en 1891. *(N.d.A.)*

parents ont dit qu'il était monté au Premier Torrent, qui se trouve dans la direction opposée, et qu'il serait rentré dans la soirée, explique-t-il. J'ai pensé que ça ne servirait à rien d'aller à sa recherche, puisque de toute façon il serait bientôt là. Je me suis donc rendu à la veillée funèbre et puis j'ai vaqué à mes occupations. Le lendemain, je suis passé le voir et ses parents m'ont appris qu'il n'était pas rentré. Je ne savais pas quoi faire. J'ai pensé qu'il avait décidé de passer la nuit à la cabane et qu'il serait de retour dans la soirée. Je suis allé chez lui le lendemain et il n'était toujours pas revenu. »

Bouroukhine continuait malgré tout à croire à la loi de la taïga, peut-être parce que le sort lui avait épargné le spectacle des restes de Markov et de sa cabane dévastée. La menace que représentait ce tigre n'avait pour lui rien de concret. Dans son esprit, elle correspondait plus à une peur de ses parents qu'à un réel danger. « Elle sait bien se cacher, dit-il. J'ai vu toutes sortes d'animaux dans la forêt, mais je n'ai jamais vu de tigre, pas une seule fois dans toute ma vie. » Quoi qu'il en soit, son inquiétude grandissait de jour en jour. « C'est la seule fois où il est parti seul, dit-il à propos du départ impromptu de son ami. Nous sortions toujours ensemble. Toujours. »

Le tigre avait mis trois jours à dévorer le corps de Markov, mais plus d'une semaine s'était écoulée depuis et l'animal était en quête d'une nouvelle proie. En outre, sa routine avait été perturbée. Il n'accomplissait plus ses rondes habituelles, mais se déplaçait désormais en ligne droite, descendant imperturbablement la rivière. Ce faisant, il était possible qu'il empiète sur le territoire de chasse de certains de ses congénères. Certes, l'animal était jeune et de grande taille, mais il était aussi gravement blessé et donc vulnérable en cas d'attaque par un mâle dominant.

Tandis qu'il parcourait la vallée en direction de Sobolonié, il chassait constamment et chaque pas était pour lui une torture. Le coussinet de sa patte avant gauche était profondément lacéré, une coupure qu'il s'était probablement faite quand il avait dévasté les latrines de Markov. Mais la blessure à son autre patte était beaucoup plus sérieuse, car les grains de chevrotine l'avaient déchirée au niveau de l'articulation cubitale (l'équivalent de notre coude). Or pour que les plombs soient si rapprochés les uns des autres, il fallait obligatoirement que le coup ait été tiré à bout portant. À cette distance, une cartouche manufacturée lui aurait réduit la jambe en bouillie en le blessant mortellement, mais les projectiles maison bricolés par Markov et probablement endommagés par la condensation n'avaient pas la même puissance. Son tir avait seulement réussi à transformer le tigre en une redoutable bête aux abois.

Les blessures s'infectaient, mais ce n'était qu'un petit inconvénient au regard d'un problème mécanique bien plus grave, car les dommages infligés à son articulation l'empêchaient de chasser. Il ne se passait pas un instant sans qu'il flaire une nouvelle trace, traque un gibier et lance une embuscade. Une semaine plus tôt, il aurait capturé sa proie sans difficulté, mais désormais le cerf ou le sanglier avait le temps de détaler. Le tigre avait perdu en vitesse, en agilité et en distance de saut, pas de beaucoup, mais dans la taïga une faible marge peut faire toute la différence et pour qui rate sa proie, quelques centimètres valent un kilomètre.

Cet animal n'était pas un mangeur d'hommes par nature, Markov avait été une exception. Il ne faisait qu'obéir à des impératifs, la faim qui le tenaillait et le froid qui ne lui laissait pas de repos. Il le comprenait d'instinct et son désespoir grandissait de jour en jour. Il est difficile de dire ce qui a modifié son comportement : sa blessure, son estomac vide ou une forme de fureur primitive. Mais depuis qu'il avait été touché par la balle de Markov, l'animal agissait avec une audace calculée inhabituelle chez les animaux de son espèce. Peu de temps après son arrivée aux abords de la Takhalo, il se produisit des événements plus que singuliers.

Il était environ midi quand Andreï Potchepnia parvint à la cabane de l'exploitation apicole. Avant d'aller vérifier ses pièges, il alluma un feu et prit une collation composée de thé et de pain. Il se croyait seul, mais il se trompait. À moins de deux kilomètres de là, le tigre avait senti sa présence. Peut-être était-ce le claquement de la porte, la fumée dégagée par le feu ou un autre indice qui avait arrêté le fauve sur sa lancée, mais quelque chose l'avait bel et bien fait changer de direction et traquer cette nouvelle présence avec un acharnement terrifiant. À quelque mille six cents mètres en aval du cabanon, sur la rive droite de la Takhalo, se trouvait un abri en branchages dans le style oudégué. Seul signe des temps, son toit était recouvert de papier goudronné et non d'écorce d'arbre. Le tigre traversa le cours d'eau gelé et s'introduisit dans cette hutte où se trouvait un matelas et du matériel de camping appartenant à un dénommé Tsepalev. Après avoir englouti un appât au goût rance conservé dans un bocal en plastique, il traîna le matelas hors de la hutte sur une cinquantaine de mètres à travers la rivière prise dans les glaces. Une fois sur l'autre rive, il le déposa sous un grand épicéa, s'y coucha au vu de tous et attendit. Sur ce tronçon de la Takhalo, la vue était parfaitement dégagée dans les deux directions.

Quand Potchepnia s'approcha, comme semblait l'avoir prévu le tigre, il devait être environ 14 heures. Le chasseur est vigilant par la force des choses et son œil averti n'aurait pas pu rater un tigre de près de deux cents kilos couché sur un matelas dans la position d'un sphinx. Pourtant Potchepnia n'a pas remarqué la présence de l'animal avant que celui-ci ne bondisse de son matelas à une dizaine de mètres devant lui.

Il devait avoir sa carabine accrochée à l'épaule gauche et faire face à son assaillant. Dans une telle configuration, le chasseur (ou le soldat) peut saisir le canon de sa main gauche et faire passer son arme sur son épaule droite d'un mouvement fluide. Potchepnia, qui venait de quitter l'armée et qui avait chassé toute sa vie, était entraîné à faire ce geste en une fraction de seconde. Hélas, quand il appuya sur la détente, le coup ne partit pas.

Dispersée dans les régions reculées d'Asie mais aussi, et de plus en plus, dans des régions moins lointaines, il existe une petite fraternité dont les membres ont en commun d'avoir survécu à l'attaque d'un tigre. L'avidité, le désespoir, la curiosité, un malheureux concours de circonstances et, dans certains cas, la bêtise ou la pure folie sont les raisons qui les ont amenés à faire partie de ce club. Ils ne sont défendus par aucune association, comme il en existe pour d'autres catégories de gens frappés par le mauvais sort, et les journaux sont muets à leur sujet. La plupart du temps, ils restent chez eux, dans des huttes, à l'écart des routes goudronnées. Quand ils en sortent, c'est avec beaucoup de mal et parfois de douleur. Il est très rare que leur entourage mesure pleinement ce qui leur est arrivé, et à cet égard l'existence de ces survivants est comparable à celle des astronautes à la retraite ou des anciennes divas. Comme eux, ils ont contemplé seuls les profondeurs des abysses.

Sergueï Sokolov, cet ancien garde-chasse reconverti dans la recherche sur les grands fauves, avait la petite quarantaine quand il fut attaqué en mars 2002. Il a fallu ensuite des années avant qu'il réussisse à reprendre le dessus. Ce colosse au cou de taureau, aux cheveux tondus à ras, dégage la même impression de puissance qu'un soldat surentraîné du genre de ceux qu'on largue derrière les lignes ennemies et qui doit se débrouiller seul pour s'en tirer vivant. Sokolov est un homme rigoureux, doué d'une grande capacité de concentration, sans doute accentuée par ses contacts fréquents avec les tigres et les panthères. Cela fait plus de vingt ans maintenant qu'il travaille et chasse dans la taïga. Pendant les treize années où il a exercé comme garde forestier, deux chasseurs de sa connaissance ont été tués par des tigres et il a personnellement participé à la traque d'une bête mangeuse d'hommes (un vieux mâle décrépit aux crocs tout émoussés). Comme beaucoup de gens exerçant sa profession, Sokolov fut attiré en Extrême-Orient par les histoires qu'il avait lues et vint dans cette région en quête d'exotisme et de nature indomptée. Aujourd'hui, on perçoit chez lui la fébrilité de celui qui a regardé la mort en face : il sait que le temps nous est compté et que chaque instant est précieux. Cela ne l'a pas empêché de prendre plusieurs heures pour dérouler le récit d'une terrible épreuve qui commença, comme beaucoup d'incidents de ce type, par un rauquement.

À la fin d'une longue soirée, assis à la table de sa cuisine dans son modeste appartement de Vladivostok, il déclare : « Je vais vous dire le fond de ma pensée. Chacun de nous a un destin déjà tout tracé auquel il est très difficile d'échapper. Si vous êtes prédestiné à mourir cette année, que vous alliez ou non dans la taïga n'y changera rien. Je n'ai jamais pensé qu'il pouvait m'arriver quelque chose dans la forêt, parce que je m'y sentais chez moi. »

En cette froide journée de printemps, Sokolov était venu dans les montagnes du sud du Primorié dans le but de recueillir des échantillons d'excréments de panthère de l'Amour pour une analyse d'ADN, méthode que les scientifiques utilisent pour recenser la population de cette espèce en voie d'extinction. Il était accompagné d'un jeune collègue encore inexpérimenté qui se trouvait à quelque distance. Son collègue et lui ne portaient pas d'arme, conformément à la réglementation s'appliquant à ce type de mission. C'était le début de l'après-midi et la température se situait juste en dessous de zéro quand Sokolov, tombant sur plusieurs empreintes de tigre, s'arrêta pour les mesurer. Elles étaient fraîches et appartenaient clairement à une femelle. Il décida de les suivre, toutefois en revenant sur ses pas par mesure de précaution. À un moment, il perdit la trace et tandis qu'il tournait en rond dans l'espoir de la retrouver, il arriva sur une crête où il fit une pause, le temps de reprendre haleine. C'est alors qu'il l'entendit. « Ce bruit, dit-il, on ne peut le confondre avec aucun autre. Que Dieu vous préserve de l'entendre un jour. Mon collègue se trouvait à une centaine de mètres de moi et de son propre aveu ce rauquement lui a tellement glacé les sangs qu'il a bien failli prendre ses jambes à son cou. »

Sokolov marque une pause, cherchant les mots justes pour décrire l'indescriptible. Elizabeth Marshall Thomas aurait pu lui venir en aide, elle qui dans son livre *Les chats et leur culture* explique que dans la savane africaine, quand l'orage tonne, les lions répondent en rugissant. Quelle créature, en dehors du lion, du tigre et de la baleine est capable de répondre à la création dans son propre langage ?

« Je vais essayer une analogie, reprend Sokolov, s'efforçant de restituer au mieux ce qu'il a entendu et ressenti ce jour-là, sur cette crête. Toutes les mélodies sont composées à partir des sept mêmes notes, mais certaines vous rendent gai, d'autres vous rendent triste et d'autres encore peuvent vous inspirer de la peur. Eh bien, ce rugissement vous faisait dresser les cheveux sur la tête. On aurait pu l'appeler une prémonition de la mort. Quand je l'ai entendu, j'ai pensé "Ce tigre va tuer quelqu'un", mais le vent soufflait et je lui tournais le dos, si bien que je n'ai pas tout de suite compris que ce quelqu'un serait moi. »

Il n'avait pas non plus compris qu'il y avait plusieurs tigres. La tigresse dont il remontait la trace était en chaleur et un grand mâle la poursuivait. Pendant qu'il suivait la piste de la femelle, Sokolov avait croisé celle du mâle. Pendant l'œstrus, la tigresse déclenche dans son sillage un vent de folie alimenté par les phéromones. Si bien que le désir amoureux avait tourné la tête de ce mâle. Il s'était sûrement battu pour repousser ses rivaux et il était impatient de savourer sa victoire. Il faut savoir que lorsqu'une tigresse a accepté un prétendant, elle peut copuler avec lui jusqu'à vingt fois par jour pendant une semaine et plus. Chaque rencontre est aussi brève que bruyante. L'acte consommé, la femelle peut brusquement se retourner vers son partenaire et lui asséner un violent coup de patte en pleine face. Geste d'agacement ou de tendresse, il est difficile de savoir.

En apercevant Sokolov, le mâle l'aura peut-être vu comme un rival, une menace ou tout simplement un obstacle. Toujours est-il que le temps que l'homme comprenne son erreur, il était déjà trop tard. « Le tigre a grondé encore. Il se trouvait à une quarantaine de mètres de moi et je l'ai vu s'élancer dans ma direction. Le mot "peur" n'exprime pas ce qu'on ressent dans un moment pareil. Je dirais que c'est comme une terreur animale, profonde et atavique. Et moi, face à ça, je suis resté sidéré, cloué sur place. Une seule pensée occupait mon esprit : "Ça y est, je vais mourir." Je voyais très clairement que ma dernière heure était arrivée. »

Il fallut à peine quelques secondes au tigre pour combler la distance qui les séparait. Dans l'état de stupeur où il était plongé, Sokolov ne vit même pas son dernier bond. « J'ai reculé et j'ai fermé les yeux un court instant, à cause de mes nerfs, poursuit-il. On dit que dans ces moments-là les gens voient défiler toute leur vie. Eh bien, ça ne m'est pas arrivé. J'ai simplement pensé à Sergueï Denissov [un chasseur qu'il connaissait et qui avait fini dévoré par un tigre] et je me suis dit : "Laisse ce tigre te tuer tout de suite et tu ne souffriras pas longtemps."

« Il m'a plaqué au sol. Ma jambe gauche était tordue et il m'a mordu au genou. L'espace d'une seconde nous nous sommes regardés. Ses yeux étaient incandescents, ses oreilles plaquées en arrière. Il me montrait ses crocs et j'ai cru lire de la surprise dans son regard, comme s'il voyait une chose à laquelle il ne s'attendait pas. Il m'a mordu encore une fois, deux fois. J'entendais mes os craquer et se rompre. Il tenait ma jambe dans sa gueule comme l'aurait fait un chien et secouait la tête de droite à gauche. Il y a eu un bruit pareil à celui d'un tissu épais qu'on déchire. La douleur était atroce. Il était en train de me dévorer vivant et je ne pouvais rien faire pour l'en empêcher. »

À ce moment précis, un brusque changement s'opéra chez Sokolov. Les nuages noirs de la peur se dissipèrent pour laisser place à une autre émotion, comme chez le bûcheron canadien Jim West lorsqu'il avait entendu l'ours attaquer son chien. « Mon sang n'a fait qu'un tour, dit-il. Par réflexe, j'ai frappé le tigre au front, juste entre les deux yeux. Il a rugi et s'est écarté de moi d'un bond. Puis mon collègue est venu à mon secours. »

En se ressaisissant soudain, en renouant avec un instinct de survie qui sommeille en chacun de nous, Sokolov avait aussi ramené le tigre à la raison. Celui-ci n'avait pas de grief contre l'homme qui avait simplement eu la malchance d'être au mauvais endroit au mauvais moment. Sokolov n'était pourtant pas au bout de ses peines. « Dès que le tigre a détalé, j'ai compris que j'avais les os fracassés, les ligaments et les tendons déchirés. »

Pourtant, la douleur la plus grande ne venait pas de sa jambe, mais de son cœur brisé. « J'ai passé tellement de temps dans la taïga, enchaîne-t-il. J'aime la taïga, je m'y considère chez moi et je la traite avec autant d'égards que si elle était vivante. Je n'ai jamais enfreint sa loi, je n'ai jamais rien tué que par nécessité, je n'ai jamais abattu un arbre à moins d'y être obligé. Alors quand j'ai vu ce tigre fondre sur moi, c'était comme si ma propre mère m'avait trahie. »

C'est peut-être aussi ce qu'a ressenti Andreï Potchepnia.

Sokolov se trouvait dans une situation critique : mortellement blessé, couché dans la neige à des kilomètres de la route la plus proche, sans radio, avec pour seul aide un jeune homme inexpérimenté. Il était hors de question pour lui de marcher. Son genou était si mal en point qu'il « ressemblait à une sauterelle », selon les propres dires de Sokolov, et il saignait abondamment. Son collègue réussit à lui faire un garrot à la cuisse et à l'installer dans son sac de couchage. « Je lui ai dit : "S'il te plaît, Vladimir, coupe quelques branches de sapin, fais-en un tas, allume un feu et va chercher de l'aide." Il m'a remis ce qu'il avait sur lui : son sac à dos en toile, son pull et du chocolat. Et puis il est parti. Il m'avait également laissé un paquet entier de cigarettes. Je les ai toutes grillées dans la première demi-heure. »

À ce moment-là, il était environ 15 heures. Le vent soufflait et la température était en chute libre. La neige trempée se transformait en glace. Le soleil déclinait et l'obscurité s'installait peu à peu. Les heures passaient, la pile de bois s'amenuisait, Sokolov attendait mais personne ne venait. La route la plus proche se trouvait à près de cinq kilomètres et leur base à encore seize kilomètres de là. En dépit du garrot, Sokolov continuait de perdre son sang et son corps se refroidissait. Pourtant il restait conscient, peut-être à cause de la douleur qui le tenait éveillé. Il passa ainsi toute la nuit, seul dans les limbes effrayants de l'hémorragie, de l'hypothermie et d'une inimaginable souffrance, sans parler du risque que les tigres reviennent. « J'espérais perdre connaissance et pouvoir enfin oublier cette douleur, dit-il. À 3 heures du matin, j'ai compris que personne ne viendrait. »

Sokolov venait d'entrer dans le second cercle de l'enfer, et il était loin d'en avoir fini. En dépit de tous ses efforts, il ne perdit jamais conscience plus de quelques minutes et dans son état de choc, entouré par d'épaisses ténèbres, son âme s'égara dans des contrées terrifiantes. Ne voyant pas son jeune collègue revenir, il l'imagina victime d'un accident. Il se représenta Vladimir gisant au pied d'une falaise et sombra dans un profond désespoir. « Je ne me considère pas comme un homme religieux, dit-il. Mais cette nuit-là j'ai pensé : "Mon Dieu, je t'en conjure, prends-moi et mets fin à cette torture." Au fil des heures, je suis passé par différents stades, alternant désir de vivre et de mourir. J'ai finalement décidé de me donner jusqu'au lendemain midi. Si d'ici là personne n'était venu, j'étais résolu à m'ouvrir les veines du poignet avec mon couteau. C'était le genre d'idées qui me trottaient dans la tête. »

Pendant ce temps, Vladimir était confronté à de sérieuses difficultés. Il était parvenu à rejoindre la route, mais quand il s'était arrêté au premier village, personne n'avait voulu l'aider. Il avait donc dû poursuivre jusqu'à leur base. Si bien qu'il était déjà 5 heures du matin quand enfin il avait pu rassembler quelques hommes et reprendre la route sur un tracteur muni d'une remorque à foin. Ils progressèrent ensuite très lentement. Le tracteur n'arrivant pas à grimper la crête, les hommes durent parcourir le dernier kilomètre à pied en portant une civière, si bien qu'il était 9 heures quand ils retrouvèrent Sokolov. Cela faisait dix-huit heures qu'il était seul, au seuil de la mort. « Tout le temps où j'ai été suspendu entre vie et trépas, se rappelle-t-il, mon corps comprenait que je devais lutter pour rester en vie et m'a gardé en éveil. Je n'avais personne d'autre sur qui compter que moi-même. Mais dès que j'ai vu autour de moi des visages familiers, mes forces m'ont abandonné. J'avais très soif, j'étais très affaibli et j'ai fondu en larmes. »

« Je leur ai dit qu'ils n'arriveraient pas à me transporter jusqu'à l'hôpital dans leur tracteur et je leur ai demandé d'appeler un hélicoptère sans tarder, sans quoi j'allais y passer. Je ne mentais pas, car j'ai bien failli mourir en rejoignant le tracteur. La pente était tellement raide qu'il leur a fallu six heures pour me porter. La neige qui fondait rendait le terrain glissant. Des arbres morts jonchaient les rives du torrent et les rapides étaient pris dans la glace. L'équipe de sauvetage ne comptait que quatre hommes et ils étaient épuisés. »

Les sauveteurs avaient une radio dont ils se servirent pour appeler un hélicoptère, mais comme les factures des précédents vols n'avaient pas été payées, l'aviation civile leur refusa l'appareil qu'ils demandaient et les renvoya vers le gouverneur de la province. Quand ils appelèrent le bureau du gouverneur, on leur répondit qu'on allait réfléchir au problème. Les heures passaient et Sokolov s'enfonçait. Les hommes passèrent d'autres appels : à un célèbre chercheur russe spécialiste des tigres, puis à son ex-femme, qui parvint finalement à joindre le zoologue américain Dale Miquelle qui se trouvait à ce moment-là à Terneï[1]. Miquelle accepta de se porter garant du vol et l'hélicoptère put enfin décoller. L'après-midi touchait à sa fin et les brancardiers n'avaient pas encore réussi à rejoindre le

1. Chef-lieu d'un district du Primorié. (*N.d.T.*)

tracteur. Sokolov reprenait conscience de temps en temps et replongeait aussitôt. Quand l'appareil arriva, il n'avait nulle part où se poser si bien qu'ils durent hélitreuiller le blessé dans une nacelle.

À son arrivée à l'hôpital, le docteur ne lui donna que quelques heures à vivre. Sa jambe n'était déjà plus qu'un problème secondaire. La priorité était maintenant de lui sauver la vie. Quand il fut finalement stabilisé et conscient, Sokolov apprit qu'il allait devoir être amputé. Vingt-quatre heures s'étaient écoulées depuis l'attaque et la blessure s'était infectée. L'os était déjà touché par une inflammation de la moelle appelée ostéomyélite. La bouche d'un tigre, même sain, est un nid de microbes, et Sokolov dut absorber des doses massives d'antibiotiques. On lui plaça un cathéter au niveau de la clavicule et c'est ainsi que, sous perfusion, il passa de longs mois à l'hôpital. Pendant ce temps, ses amis se démenaient pour trouver des médecins capables de sauver sa jambe, ce qui fut fait au prix de nombreuses opérations, broches et autres plaques. Quant à savoir s'il en retrouverait l'usage, c'était une autre affaire. Pendant des mois, Sokolov fut maintenu à l'intérieur d'une armature métallique, dite « appareil d'Ilizarov », qui lui donnait la sinistre apparence d'un humain en cours de construction.

Tout de suite après l'attaque, l'inspection Tigre examina les lieux et conclut à un malheureux accident qu'ils imputèrent à une erreur humaine. Nul ne tenta de retrouver l'animal. Lorsqu'il lui rendit visite pour lui expliquer ce qui s'était réellement passé – qu'il était tombé sur des tigres en pleine période des amours –, le responsable de Sokolov taquina le blessé en lui disant : « Tu peux t'estimer heureux que ce mâle n'ait pas essayé de te sauter. »

« J'aurais préféré ça, rétorqua Sokolov. Je l'aurais volontiers laissé disposer de moi si en échange j'avais pu m'épargner ses morsures. »

Mystérieusement contaminé par le tigre, Sokolov était désormais habité par de puissantes pulsions qu'il n'avait nulle envie de réfréner. À peine fut-il capable de se déplacer que son désir sexuel se réveilla avec force. « Pendant un an et demi j'ai marché avec des béquilles, dit-il. Ensuite, j'ai utilisé une canne. Cette vigueur me venait-elle du tigre ou bien du besoin de me prouver que j'étais réellement en vie ? En tout cas, je me suis mis à baiser comme un forcené. »

Le désir d'acquérir cette vigueur, mais à un prix moins élevé, alimente pour une grande part le trafic des produits dérivés du fauve. Pour preuve, le nom de la marque Viagra vient du mot sanskrit *vyaaghra*, qui désigne le tigre.

« Pour moi, ce qui m'est arrivé était mon destin, conclut Sokolov. Si tu vas dans la taïga, tu dois te préparer à rencontrer un tigre, parce que c'est là qu'il vit. Quant à ce que je ressens aujourd'hui pour celui-là en particulier, ce n'est que de la gratitude et je vais vous expliquer pourquoi : quand quelqu'un traverse une épreuve difficile dans la vie, il en sort soit brisé soit plus fort qu'avant. Dans mon cas, j'en suis sorti plus fort. Après l'accident, je me suis senti plus solide, pas physiquement bien sûr, mais au plan spirituel. Ça peut sembler curieux, mais je pense que ce tigre m'a peut-être transmis une partie de sa puissance. »

Au final, la convalescence de Sokolov dura trois ans, période pendant laquelle il rencontra celle qui est aujourd'hui sa femme, Svetlana, et fonda une famille. L'appartement qu'ils partagent à Vladivostok respire le bonheur et ce foyer douillet a incontestablement joué un grand rôle dans la guérison spectaculaire du blessé. « J'en ai fait le serment à l'un de mes amis : “Je remarcherai un jour et je retournerai dans la taïga, affirme Sokolov. Même si c'est sur des béquilles ou sur une jambe de bois, j'y retournerai. Voilà ce que j'ai décidé.” »

Aujourd'hui, sa jambe reste légèrement tordue et fait peine à voir, mais l'homme marche et il est même capable de travailler. C'est moins un miracle que le résultat d'une très grande opiniâtreté et de beaucoup d'amour. Il lui faut désormais deux fois plus de temps et il lui en coûte beaucoup de souffrance, mais Sokolov a accompli sa promesse. Il est retourné dans sa « taïga matouchka », dans sa mère Taïga.

16

Amba, le tigre, dit au père : « Vieil homme, laisse-moi ton fils qui est ici. Ne l'emmène pas avec toi. Si tu l'emmènes, je viendrai et je vous tuerai tous les deux. »

Nina Vassilievna Mounina, *Le garçon et le tigre*

Le dimanche 14 décembre, Leonid Lopatine n'y tint plus. « Un jour, deux jours, trois jours étaient passés sans qu'Andreï réapparaisse, mais personne ne bougeait le petit doigt. Alors j'ai dit à mon fils : "Allons au rucher." Comme j'avais une voiture, on est partis. Vassili a jeté un coup d'œil dans la cabane, puis il est revenu à la voiture et m'a fait : "Y a quelque chose qui cloche. Viens voir." J'ai aperçu un pot rempli de glace dans la cuisine. Un reste de pain rongé par les souris était posé sur l'étagère, et j'ai vu des spaghettis grignotés eux aussi. Tout ça ne me disait rien qui vaille. On a pris le chemin du retour et je suis allé chez la mère d'Andreï. Je lui ai demandé : "Combien de provisions Andreï a-t-il emporté ? Combien de temps comptait-il rester en forêt?" Elle m'a répondu : "Il n'a pris qu'une miche de pain et un paquet de macaronis. Il ne partait que pour la journée." J'ai enchaîné : "Vous n'êtes pas inquiète? Ça fait quatre jours maintenant et le tigre rôde dans la taïga. Où est son père?" Elle m'a répondu : "Il travaille à l'école, dans l'équipe de nuit." J'ai rétorqué : "Dites-lui de venir me voir dès qu'il rentrera. Il faut que je lui parle."

« Alors le lendemain matin, après sa nuit de travail, Alexandre Potchepnia est venu me trouver. Et quand il est arrivé, je lui ai déclaré d'homme à homme : "C'est votre fils, bon sang, et pas un chien. Il est parti depuis quatre longues journées et vous ne vous faites pas de souci pour lui? Si j'étais à votre place, j'aurais déjà filé là-bas." Il m'a répondu : "Je suis très inquiet. Quelque chose en moi me dit que ce n'est pas normal. Mais je ne peux pas aller là-bas tout seul. Venez avec moi." Il était déboussolé et ne savait pas quoi faire. Alors je lui ai fait : "Vous êtes son père. Rassemblez quelques chasseurs et partez avec eux." Il a demandé à Danila Zaïtsev, à Denis Bouroukhine, à mon fils et à moi de l'accompagner. »

Lopatine s'interrompt dans son récit et se frotte les yeux : « Je suis désolé, dit-il. Mais j'ai des problèmes aux yeux. C'est pour ça qu'ils sont larmoyants. »

Le lundi 15 décembre, Danila Zaïtsev, Denis Bouroukhine, Alexandre Potchepnia, Leonid Lopatine ainsi que son fils Vassili s'entassèrent avec leurs fusils à bord de la berline Toyota de Lopatine. Le jeune frère d'Andreï avait souhaité les accompagner, mais les autres avaient refusé, parce que, comme le rapporte Bouroukhine : « Nous savions où nous allions et nous savions ce que nous allions trouver. » Leonid Lopatine avait près de soixante ans à l'époque – un âge avancé pour ce pays –, si bien qu'après les avoir conduits au rucher, il est parti vaquer à d'autres occupations en laissant seuls sur place les hommes plus jeunes. Ils étaient tous armés, sauf Alexandre Potchepnia. Ce dernier ne possédait qu'une carabine et Andreï l'avait emportée avec lui. Cela faisait de Zaïtsev le chef du groupe avec son puissant fusil à canon double, qui pour impressionnant qu'il soit aurait suscité le dédain de tout tireur avec un tant soit peu d'expérience de la chasse aux grands fauves. Quoi qu'il en soit, l'arme était là, et dûment enregistrée.

À en croire Andreï Onofreïtchouk, Zaïtsev fut stupéfié par la désinvolture dont faisaient preuve ses compagnons plus jeunes. « Ils remontaient la piste l'arme à l'épaule, comme s'ils n'en avaient pas besoin, rapporte Onofreïtchouk. Alors Zaïtsev leur a dit : "Vous avez perdu la boule, ou quoi ? Vous devez vous tenir prêts à tirer." Mais les deux autres lui ont répondu : "Advienne que pourra, on verra bien." »

« Les jeunes, ils n'ont pas conscience du danger », a lâché Onofreïtchouk avec philosophie.

Bien qu'ils soient voisins, Zaïtsev ne connaissait pas très bien Alexandre Potchepnia. Père de famille lui aussi, il avait accepté d'accompagner Potchepnia dans cette terrifiante équipée non par sympathie ou par loyauté, mais parce qu'on le lui avait demandé et peut-être aussi parce qu'il sentait cet homme au bord du gouffre. Zaïtsev était né en Chine occidentale, région où beaucoup de vieux-croyants avaient cherché refuge après la révolution russe. Peu de temps après la mort de Staline, sa famille s'était déplacée au Kazakhstan et plus tard il était parti pour l'Extrême-Orient, dans la région de la Tchoukotka. De là il était descendu vers le sud jusqu'au Primorié, suivant le même itinéraire que Trouch. Zaïtsev faisait figure d'exception à Sobolonié, puisqu'il ne buvait pas et occupait depuis vingt ans le même poste à l'entretien du générateur diesel du village. Même s'il n'était pas sans défauts, c'était un homme solide et calme, qui par sa seule présence constituait un rempart contre le vent mauvais de l'époque et celui du moment qu'ils étaient en train de vivre. Or cette solidité était ce dont Alexandre Potchepnia avait le plus besoin dans les circonstances présentes.

La journée était glaciale, l'air cristallin et chargé de givre. Au plus profond de l'hiver, la taïga montrait son plus beau visage. Le soleil était étincelant, la neige immaculée, le ciel infini, la forêt immobile et d'un calme si profond que la moindre parole, le moindre mouvement semblaient en déranger l'ordonnance. L'écho amplifiait le plus petit bruit et les hommes de l'équipe de recherche qui annonçaient leur présence par le grincement agaçant de leurs bottes semblaient déplacés, comme un affront au glorieux silence qui les entourait. Ces hommes chargés de leurs sombres préoccupations étaient des intrus en ces lieux.

Ils avançaient en ordre dispersé, sans concertation apparente, néanmoins tous savaient déchiffrer les signes de l'hiver sibérien, lire « le livre blanc », comme l'appellent les chasseurs russes. La rivière prise dans les glaces n'était plus qu'une table rase mise à nu par le vent et recouverte d'une épaisseur de neige à peine suffisante pour conserver une empreinte. Sur la rive droite, un escarpement en pente abrupte contenait le lit du cours d'eau et repoussait les hommes vers la surface gelée puis vers l'autre berge, la rive de Bouroukhine, où seuls ses pièges étaient installés. Ici, sur ce terrain moins accidenté, la couche de neige était plus importante, mais elle se mêlait aux hautes herbes, aux buissons et aux rompis avant de laisser place à la forêt. Parmi les arbres, même dénudés, il était impossible de repérer quoi que ce soit à l'œil nu. Mais la neige, elle, ne ratait rien. Gardienne méticuleuse de la mémoire, elle conservait jalousement l'empreinte des choses. Le récit tortueux laissé par Andreï

Potchepnia n'avait qu'une seule ligne, un unique jeu d'empreintes de bottes qui s'éloignait pour ne jamais revenir. Ses pièges disposés au pied des arbustes et dans les racines saillantes, le long de la rive droite, n'avaient pas été touchés. À un kilomètre et demi de là, en aval du rucher, tapi parmi les buissons, se trouvait l'abri au toit en papier goudronné de Tsepalev. Quand les hommes arrivèrent à sa hauteur, ils aperçurent un deuxième jeu d'empreintes sortant de la porte basse. Dans des circonstances normales, ces empreintes auraient dû être celles de l'occupant des lieux, un trappeur et poète à ses heures, que ces hommes connaissaient. Cependant, celles-ci n'étaient pas humaines.

Il était un peu plus de midi, à une semaine du solstice, et le soleil qui brillait sans chaleur était déjà bas au-dessus de la rivière. L'air froid était si sec qu'on l'aurait dit débarrassé de la moindre particule d'humidité. Il n'y avait pas un souffle de vent et la neige étincelait avec une telle clarté qu'on aurait presque pu en compter chaque flocon. Dans ce paysage à la beauté aveuglante, les peurs les plus profondes de ces hommes devinrent réalité. Épaulant leurs fusils, ils suivirent les empreintes qui traversaient la rivière puis remontaient la rive gauche pour s'arrêter au pied d'un gigantesque épicéa haut de plus de trente mètres. C'est là qu'ils découvrirent, près du matelas déchiqueté de Tsepalev, une scène très semblable à celle vue à la cabane de Markov. Celle d'un tigre qui n'avait fait aucun effort pour se cacher et qui avait attaqué de front un homme alerte et armé, distant de quelques mètres, comme s'il s'agissait moins d'une proie que d'un ennemi. Cela devenait une sorte de signature. Comment diable Potchepnia avait-il pu s'approcher sans la voir d'une bête de la taille et de la couleur d'un tigre, couchée dans la neige et qui plus est sur un matelas? se demandèrent les hommes.

Le lieu de l'attaque était clairement délimité par les traces dans la neige, mais bizarrement il n'y avait que peu de sang et le corps du jeune homme était introuvable. Seule sa carabine demeurait à l'endroit où il l'avait laissée tomber. Denis Bouroukhine la ramassa et s'empressa d'en ouvrir le verrou pour vérifier la culasse. L'arme était encore chargée. Il sortit la balle pour l'étudier de plus près et là, dans l'amorce, au centre de la tête en cuivre, il vit la marque laissée par le percuteur. La carabine s'était enrayée. La dernière pensée consciente d'Andreï Potchepnia avait été de constater avec horreur que l'arme de son père lui avait fait défaut. Bouroukhine secoua la neige qui s'était engouffrée dans le canon, rechargea la même balle et appuya sur la détente. Cette fois, le coup partit sans problème. Le père d'Andreï se tenait à ce moment-là près de lui, et nul ne sait ce qui lui traversa l'esprit et le cœur en entendant l'écho assourdissant de la détonation retentir à travers la forêt. Mais il prit l'arme des mains de Bouroukhine, fit quelques pas et la jeta dans la Takhalo, à un endroit où la couverture de glace s'ouvrait sur les eaux tumultueuses et profondes de la rivière. Ce geste accompli, il se mit en quête de l'aîné de ses fils.

Ce qu'Alexandre Potchepnia trouva, aucun père au monde n'est préparé à le voir. À cinquante mètres à l'intérieur de la forêt enneigée, un tas de vêtements noircis de sang se dressait au centre d'un morceau de sol nu. À le voir, on aurait cru plus volontiers à un cas de combustion spontanée qu'à l'attaque d'une bête sauvage. Il ne restait d'Andreï que ces vêtements déchiquetés et des bottes vides, près desquelles gisaient une montre et une croix encore intactes. Quant au corps, ce que son assaillant en avait laissé aurait tenu dans une poche. Il est fréquent que le tigre abandonne sur place les extrémités de sa victime, comme cela s'était passé avec Markov. Mais dans le cas présent il avait fait place nette et ce détail, de même que la mise à sac des latrines, était sans précédent. Il suffit de s'imaginer des chasseurs oudégués découvrant une scène similaire, à deux cents ans de là, de se figurer leur effarement et leur terreur devant le spectacle des empreintes sanglantes et des vêtements vides, pour comprendre comment le mythe d'un *egoule*, d'un *amba* mangeur d'hommes, a pu naître et s'ancrer dans la mémoire collective des populations locales.

Les hommes fouillèrent prudemment les environs et trouvèrent la trace de fuite du tigre. Elle était encore fraîche et ne remontait pas à plus de quelques heures. En se basant sur les deux jeux d'empreintes, ils arrivèrent à la conclusion qu'Andreï avait été tué quelques heures à peine après son arrivée, le 12 décembre, et qu'ensuite l'animal était demeuré près de lui trois jours durant. Quand il n'était pas occupé à se nourrir, il devait se reposer sur son trône matelassé, abrité par les branches de l'épicéa. Finalement, le ventre plein et n'ayant plus rien sur place pour le retenir, il avait poursuivi son chemin.

Andreï Potchepnia transportait avec lui un sac de marin qui lui servait de gibecière et c'est dans ce sac qu'on rassembla ses restes. Cela fait, les quatre hommes remontèrent la rivière jusqu'à l'endroit où devait les retrouver Lopatine. En dehors de Denis Bouroukhine, qui avait été témoin de scènes semblables en Tchétchénie, Danila Zaïtsev était le seul à avoir été confronté à une situation similaire. Il y fit face stoïquement comme dix jours auparavant et veilla à rester aux côtés d'Alexandre. Le père de la victime ne versa pas une larme et parla à peine, mais sous ce mutisme l'homme contenait un flot de récriminations qui grossirait avec le temps.

« Je suis retourné au rucher, se souvient Lopatine. Ils étaient tous là à m'attendre sur les marches du porche. "Où est Andreï ?", je leur ai demandé. Son père a soulevé un sac et m'a répondu : "Il est là-dedans." »

17

Chaque fait semblait m'amener à la conclusion que le hasard seul avait dirigé ses opérations ; il mena deux attaques [successives]... toutes deux calculées, selon leur direction, pour nous occasionner le plus de dégâts possible... Son aspect était des plus hideux, un masque de ressentiment et de fureur.

Owen Chase, *Narrative of the Most Extraordinary and Distressing Shipwreck of the Whale-Ship* Essex, *of Nantucket*

À Sobolonié, les rues ne sont pas éclairées la nuit et, les journées d'hiver étant courtes, le village était plongé dans une profonde obscurité dès cinq heures de l'après-midi. Les gens se terraient chez eux et ne sortaient jamais sans arme, même pour aller aux cabinets. À l'intérieur des maisons, près des gros poêles russes, les habitants écoutaient attentivement les aboiements des chiens et retenaient leur souffle au moindre changement de leur timbre, au moindre silence. La lumière du jour, le feu, les armes et les bêtes sauvages réglaient désormais l'emploi du temps des villageois, comme si on avait reculé les horloges d'un siècle, voire d'un million d'années.

La mort d'Andreï Potchepnia avait profondément marqué son entourage. Par son comportement incompréhensible, ce tigre les plongeait dans l'inconnu. Jamais, de mémoire d'homme, la vallée de la Bikine n'avait vécu dans un tel sentiment de crainte d'une menace venant de la forêt. La mort de Markov avait été une tragédie, mais il y avait encore en elle une certaine logique, et même une justice. On avait pardonné à Markov ses transgressions, comme lui-même avait pardonné les transgressions commises à son encontre. Il avait jugé le tigre et en retour lui-même avait été jugé. Mais le jeune Andreï, qu'avait-il fait ? Il avait été dévoré par la bête alors qu'il vérifiait ses pièges à belettes. Sa mère était ravagée par le chagrin et son père s'enfonçait inexorablement dans les idées suicidaires.

« Nous étions voisins, explique Lopatine, mais vous savez comme on dit chez nous : "La famille des autres est comme une sombre forêt." » La lumière braquée sur le clan Potchepnia éclairait soudainement les zones d'ombre et révélait quelques vérités dérangeantes. Tous les voisins avaient réussi à garder leurs enfants à l'abri chez eux : cette réalité ajouta à leur chagrin et finit par devenir un gouffre entre eux. Seuls, dans leur maison à la sortie du village, les Potchepnia se rejouaient sans fin les événements de la semaine précédente et imploraient le ciel qu'il leur donne la chance de récupérer ces jours perdus. Leur chagrin et leur discorde déteignaient sur tous. Les voisins y trouvaient un écho à leurs propres angoisses. Ils avaient beau secouer tristement la tête et claquer la langue d'un air réprobateur, eux aussi craignaient pour leur vie.

« Les gens ont arrêté d'aller en forêt, raconte Lopatine, évoquant la semaine du 15 décembre. Des chasseurs qui se trouvaient en amont de la rivière rentrèrent au village. Les bûcherons avaient peur de sortir travailler. Les conséquences sur la population étaient considérables. S'il était déjà arrivé une telle chose par le passé, cela remontait si loin que personne ne s'en souvenait. Les rapports entre les humains et le tigre en ont été transformés. »

« Beaucoup de gens avaient aperçu des tigres, quand ils ne s'étaient pas carrément trouvés nez à nez avec eux, mais ces rencontres n'avaient jamais débouché sur des conflits, explique Onofreïtchouk. Il avait pu arriver qu'ils s'attaquent à un chien sous les yeux de son maître, mais aucun ne s'en était jamais pris à des humains. Comme s'ils s'étaient fixé des règles. »

Une fois de plus, Kouzmitch reçut commande d'un cercueil, bien qu'il n'y eût pratiquement rien à y mettre. Et une fois de plus on alluma un feu au cimetière pour faire fondre la terre gelée. Cette fois, c'est Leonid Lopatine qui se chargea d'apporter le bois nécessaire à l'aide de sa Bourane, sa motoneige, qu'il conduisit le fusil à l'épaule et l'œil aux aguets. Les survivants s'accrochaient au cérémonial : il ne restait pas grand-chose d'autre, en dehors de la colère et des reproches. Or, ces derniers ne manquaient pas et c'est sur les épaules de Trouch et de l'inspection Tigre que tout finit par retomber. « Ils auraient dû abattre ce tigre sans attendre, s'emporte Onofreïtchouk, toujours amer dix ans après les faits. Ils auraient pu le capturer ce jour-là, mais comme ils l'ont laissé s'échapper, il a fallu qu'un autre homme meure pour qu'ils se décident enfin à agir. »

« Les gens n'étaient pas contents, dit Danila Zaïtsev. Ils auraient dû le prendre en chasse tout de suite. Cet animal avait tué un homme et en plus il était blessé. Ils n'auraient pas dû attendre. »

« Quelqu'un m'a dit qu'en Inde, on ne tire pas sur un tigre tant qu'il n'a pas tué quatre êtres humains, a déclaré Sacha Dvornik au documentariste Sasha Snow en 2004. Avant ça, il n'est pas considéré comme un mangeur d'hommes. Eh bien, moi je leur dis de livrer leurs propres enfants en pâture. Les autorités sont responsables de la mort d'Andreï Potchepnia. Il était clair que cette bête était cannibale. Ils auraient dû l'abattre sur-le-champ. Après la mort d'Andreï, je me suis dit qu'on devrait choper ces inspecteurs et leur coller une bonne raclée. »

Quand la nouvelle de la mort d'Andreï Potchepnia arriva aux oreilles de Iouri Trouch, à Loutchegorsk, dans l'après-midi du 15 décembre, l'inspecteur en fut profondément affecté. Aujourd'hui encore, quand il se rappelle cette journée, il doit lutter pour ne pas laisser ses émotions le submerger. Pour lui, Andreï était un innocent du même âge que son propre fils. Comme Andreï le disait lui-même, il n'avait aucun contentieux avec ce tigre. La mort de Khomenko était bien sûr impossible à prévoir, celle de Markov également. Mais celle d'Andreï aurait pu être évitée et cette certitude était comme de l'acide versé sur une blessure collective. Trouch ne pouvait s'empêcher de se remémorer le moment décisif où Lazourenko et lui-même avaient senti la présence de la bête tout près de la cabane de Markov. « Nous étions très tendus, se souvient-il. Ce que nous avions vu là-bas nous avait salement secoués. C'était comme un film d'épouvante et nous étions sous le choc. Mais si j'avais aperçu le tigre à ce moment-là, ma main n'aurait pas tremblé. J'étais persuadé que cet animal ne devait pas rester en vie. »

Trouch avait pourtant renoncé à prendre la bête en chasse. La décision n'avait pas été facile et à présent il devait assumer le rôle ingrat d'intermédiaire entre l'inspection Tigre et la population traumatisée de Sobolonié.

Même après l'arrivée de renforts, il restait le point de mire, celui dont tous connaissaient le nom et le visage. En outre, par le passé, lui et ses inspecteurs avaient verbalisé beaucoup de ces hommes pour braconnage et détention illégale d'armes à feu, ce qui n'arrangeait rien. À la fois ennemi et sauveur, Trouch se retrouvait dans une position intenable et pour certains il devint un bouc émissaire. L'épouse de Markov et d'autres habitants du village le tenaient pour personnellement responsable du malheur qui frappait Sobolonié. « À la façon dont elle déversait sa bile sur moi, on aurait cru que ce tigre m'appartenait. Elle affirmait que ce qui était arrivé était ma faute, parce que je l'avais laissé s'enfuir, raconte Trouch, se rappelant leur première rencontre. Elle soutenait que Markov n'avait pas tiré sur l'animal et que celui-ci l'avait attaqué sans raison. Elle hurlait si fort que je n'arrivais pas à en placer une pour me justifier. Je me suis dit qu'elle nous mettait sur le dos la mort de son mari, parce qu'elle était profondément déprimée. »

Trouch n'était pas loin de la vérité, pourtant il n'avait pas encore tout vu. À la même époque, un journal publia un article intitulé : « Le tigre mange pendant que les "Tigres" boivent », le premier d'une longue série. La rumeur allait bon train. La réputation de l'inspection était en jeu, de même que celle de son chef. Il fallait que ce tigre meure, même si Trouch devait y laisser sa vie.

Vingt-quatre heures après la découverte du corps de Potchepnia, deux camions et un pick-up transportant des hommes en armes avaient convergé vers Sobolonié. Plusieurs barrages avaient été établis sur les routes d'accès au village et les voyageurs de passage étaient invités à rebrousser chemin. Jamais on n'avait vu un tel déploiement de force pour un tigre et un étranger aurait pu croire qu'une cellule terroriste venait d'être découverte à Sobolonié. Ce dispositif démontrait la détermination des autorités à empêcher la perte d'une nouvelle vie humaine et témoignait du respect dans lequel elles tenaient leur adversaire. Plus personne ne sous-estimait la puissance de cet animal, qui savait se rendre invisible et réapparaître dans le seul but d'affronter des chasseurs expérimentés pour les dévorer. En dépit de ses blessures et d'un froid polaire, ce tigre était encore capable de poursuivre sa progression nuit et jour. En d'autres temps, on lui aurait prêté les pouvoirs surnaturels d'un *egoule*.

Les renforts arrivaient de Vladivostok, à une journée de route de là en direction du sud. Avec d'autres unités de l'inspection Tigre, le grand patron en personne avait fait le voyage : Vladimir Chtchetinine, surnommé « le général » par ses amis comme par ses ennemis, un sobriquet qu'il devait à sa passion pour les insignes militaires de même qu'à ses casquettes d'officier aux dimensions impressionnantes, qui le faisaient passer pour beaucoup plus grand qu'il n'était. En tant que chef suprême de l'inspection, il était la seule personne de la région du Primorié à pouvoir délivrer l'autorisation d'abattre un tigre de l'Amour. De la même génération qu'Ivan Dounkaï et Dmitri Pikounov, Chtchetinine est un miraculé des purges staliniennes. D'une tête de moins que Trouch, sa barbe gris étain et ses longs cheveux lui donnent l'air d'un pope, impression qui se dissipe dès que l'homme ouvre la bouche. Celui qui plonge deux sachets de thé dans une minuscule tasse d'eau chaude ne mâche pas ses mots. À deux journalistes anglais qui lui demandaient ce qui pourrait sauver les tigres, il avait répondu sans ambages : « le sida ».

« Mais vous n'avez pas pitié des gens? avait rétorqué l'un des deux reporters.

– Non, pas vraiment, et surtout pas des Chinois », lui avait-il asséné.

La puissance de la Chine et sa proximité sont un sujet sensible au Primorié, dont beaucoup d'habitants partagent les sentiments de Chtchetinine. Avant la réouverture de la frontière sino-soviétique en 1989, à la suite du rapprochement avec Pékin voulu par Mikhaïl Gorbatchev, le braconnage du tigre à des fins commerciales était inconnu en Russie. Mais depuis, les exportations de ressources naturelles du Primorié – sous toutes leurs formes et à des degrés de légalité divers – ont explosé et les habitants du cru se sont trouvés totalement supplantés par les Chinois, réputés pour leur agressivité commerciale, leur sens aigu des affaires et leur insatiable appétit pour toutes les spécialités locales, du ginseng aux concombres de mer, du tigre de l'Amour aux prostituées russes. Dans les années 1970, après la crise de l'île Damanski, une blague a commencé à circuler : « Les optimistes apprennent l'anglais, les pessimistes le chinois et les réalistes le maniement de la kalachnikov. »

Aujourd'hui, le rapport de force entre la Russie et la Chine s'est totalement inversé en comparaison de ce qu'il était il y a un siècle, quand on disait de l'empire du Milieu qu'il était « le grand malade de l'Extrême-Orient ». À présent, c'est la Russie qui tient ce rôle et ce sont les Russes qui vivent dans la crainte d'être submergés. L'hémorragie de leurs ressources naturelles par tous les ports et les frontières explique pourquoi le Primorié conserve une ambiance d'avant-poste colonial négligé par la lointaine capitale, en dépit de sa richesse et de son importance au plan écologique. Aujourd'hui, en Asie, le trafic d'animaux sauvages représente un marché de plusieurs milliards de dollars et les trois quarts de ses produits sont destinés à la Chine, sorte de trou noir pour les espèces menacées. Tandis que le caviar, la faune et le meilleur bois de coupe s'échappent du Primorié, ses citoyens acceptent en échange de ce patrimoine irremplaçable des marchandises de second ordre : des automobiles rejetées par le marché japonais, des bus mis au rebut par la Corée du Sud, des vêtements chinois en mauvais polyester et des fruits empoisonnés aux pesticides et aux métaux lourds venus de Chine. Les règles régissant les importations placent les Russes dans la position humiliante de devoir jouer les mules pour faire entrer les produits textiles dans leur pays.

Tandis que la population russe en Extrême-Orient se réduit comme peau de chagrin du fait de la forte mortalité et des nombreux départs, le long de la frontière les villes chinoises miteuses qui abritaient dix mille, voire vingt mille personnes avant la perestroïka grossissent comme des champignons. Devenues des plaques tournantes du commerce transfrontalier, leur population a décuplé. Des groupes d'acheteurs russes dûment chaperonnés et nourris de petits déjeuners à la bière se rendent pour la journée dans ces villes nouvelles pour y acheter toutes les marchandises dont ils ont été privés par l'industrie soviétique d'autrefois et par le système de distribution actuel. Pendant ce temps, la Corée du Nord, qui occupe l'échelon le plus bas dans la hiérarchie du pouvoir, fournit une main-d'œuvre servile principalement destinée à l'industrie du bois. « Qu'est-ce qui a mal tourné dans l'Extrême-Orient russe ? se demandait John Stephan dans son histoire de la région. Pourquoi ce territoire n'a-t-il pas connu un développement similaire à celui de la Colombie-Britannique ou de l'île d'Hokkaïdo ? Avec un littoral et un arrière-pays aussi riches, de surcroît peuplés de gens talentueux et travailleurs, aux frontières d'économies en plein essor, comment peut-il offrir le spectacle d'une incurie digne d'un pays du Tiers-Monde ? »

Il n'existe pas de réponse simple à cette question. Néanmoins la situation présente est un crève-cœur aux yeux de beaucoup de Russes qui cultivent une fierté nationale teintée d'amertume et – pour ceux qui sont nés avant les années 1970 – le sentiment d'avoir fait partie de l'avant-garde d'un vaste et noble projet social. Pour Vladimir Chtchetinine, dont les rapports avec l'État ont connu des hauts et des bas – c'est le moins qu'on puisse dire –, cette déchéance, à cause du prix payé par la taïga, est vécue comme un douloureux mal de l'esprit et du cœur. Aujourd'hui, plus que jamais, sa principale préoccupation – en dehors peut-être du bien-être de ses petits-enfants – est la survie du tigre de l'Amour et de sa cousine encore plus rare, la panthère de l'Amour. Entre le souci de protéger l'espèce, le protocole institué par Moscou pour l'abattage d'un tigre, sa mission de préserver la vie de ses hommes et la nécessité de rassurer la population, Chtchetinine était placé devant un dilemme dont l'issue allait décider du destin de ce tigre et de celui des êtres humains évoluant dans ses parages.

En sa qualité de chef de l'inspection, Chtchetinine entendait fournir à ses hommes tous les outils à sa disposition. C'est pourquoi dès le 5 décembre, sitôt averti par Trouch de l'attaque contre Markov, il envoyait un fax à Moscou pour demander un permis d'abattre un tigre de l'Amour. Bien qu'il eût très peu d'informations sur l'affaire à ce stade, il avait suffisamment pratiqué la bureaucratie fédérale pour savoir qu'il fallait souvent des semaines avant d'obtenir le feu vert de la capitale et il voulait être couvert. Même ses détracteurs furent impressionnés quand seulement quatre jours plus tard, soit le mardi 9 décembre, Chtchetinine reçut un télégramme de Valentin Iliachenko, administrateur fédéral des ressources biologiques. Le message était bref et sans détour : « Par la présente, je vous accorde le permis d'abattre un tigre mangeur d'hommes dans les environs du village de

Sobolevka [diminutif de Sobolonié]. L'autorisation officielle sera délivrée à réception de l'avis d'abattage. »

Il arrivait donc parfois que le système fonctionne. Dans la même journée, Chtchetinine reçut par télécopie un document plus formel qui portait celui-là tous les visas requis. Mais bizarrement il était postdaté et indiquait noir sur blanc que la chasse ne devrait pas débuter avant le 16 décembre, soit une semaine plus tard. S'agissait-il d'une simple erreur d'un employé ou d'une volonté délibérée de laisser s'écouler quelques jours, le temps que la nature reprenne son cours normal? La question n'est toujours pas tranchée à ce jour. Même si la sécurité de la population locale était une préoccupation réelle, il semblait que de part et d'autre de la ligne de fax il n'y avait pas grande urgence à pourchasser cet animal. Sa mission officielle étant de protéger l'environnement et plus particulièrement les tigres, Chtchetinine n'avait nulle envie d'être responsable de la mort gratuite d'une de ces bêtes, surtout à un moment où il voyait réduit à néant le résultat de décennies d'efforts pour repeupler l'espèce.

En plus du cauchemar logistique et du coût que représenterait la recherche d'un spécimen migrateur parmi une demi-douzaine, ou plus, vivant dans les forêts glaciales autour de Sobolonié, une autre raison peut expliquer les hésitations de Chtchetinine. Elle concerne son histoire personnelle avec les autorités de son pays. Sa sympathie à l'endroit des tigres – confinant parfois à l'identification – a chez lui des racines beaucoup plus profondes que chez les autres employés du gouvernement et elle s'explique par le fait que lui-même a risqué l'extermination pendant de longues années. Chtchetinine est un Cosaque. Rattachés à la division de l'Amour, ses ancêtres ont servi dans l'armée cosaque qui a joué un rôle décisif dans l'annexion du Primorié.

En récompense des services rendus et de leur loyauté au tsar, les Cosaques reçurent des terres et purent jouir d'un statut privilégié et d'une grande autonomie. Mais leur situation changea du tout au tout avec l'arrivée du communisme. Après la révolution, leur indépendance, leurs qualités de guerriers et leur solidarité tribale leur valurent d'être considérés comme une menace par le pouvoir soviétique, si bien que Staline les ajouta à sa liste déjà longue d'ennemis. En 1934, le grand-père paternel de Vladimir Chtchetinine fut recruté de force pour creuser un tunnel clandestin sous l'Amour et sa famille ne le revit plus jamais. Ce fut ensuite au tour de son père. En 1938, au plus fort de la grande terreur stalinienne, il fut destitué de sa fonction de receveur des postes de son village et accusé « d'activités de sabotage liées à la livraison de courrier en retard ». Pour ce crime, il fut fusillé et sa famille déportée dans un camp de concentration situé au Birobidjan (invention peu connue de Staline, cette région autonome était appelée à devenir, aussi antinomique que cela puisse paraître, une terre promise soviétique pour les juifs russes). Elle existe toujours sur l'Amour, logée entre la Chine et la région administrative de Khabarovsk. Il est difficile d'imaginer un lieu plus éloigné de la Terre sainte. Son drapeau n'est pas orné d'une étoile de David, mais d'un arc-en-ciel sur fond blanc étrangement familier, et son blason régional est à l'effigie d'un tigre. Au plus fort de son peuplement, ce territoire n'a jamais accueilli plus de dix-sept mille juifs et, pendant les purges, il servit de refuge à beaucoup d'indésirables, dont les Cosaques. Dès son enfance, Chtchetinine fut stigmatisé en tant que fils d'un ennemi de l'État, marqué d'un sceau d'infamie qui allait déterminer le cours de sa vie. De son grand-père qui avait survécu, il reçut cet âpre conseil : « Ne dis jamais à personne que tu es un Cosaque. Efface ce mot de ta mémoire. »

« J'avais dans les six ans quand j'ai compris que nous étions déportés, explique Chtchetinine dans son appartement exigu situé près du port de Vladivostok. Il y avait non loin de chez nous un camp de concentration et la plupart des prisonniers étaient des enseignants. Notre professeur principal y avait été détenu pendant quinze ans et n'avait été libéré qu'en raison d'une pénurie de personnel dans les écoles. À la fin de la seconde, il nous a convoqués l'un après l'autre et nous a demandé : "Confie-moi tes péchés." J'avais du respect pour lui, alors je lui ai dit que j'étais un Cosaque et le fils d'un ennemi de l'État. Il m'a répondu : "L'agronomie est la seule matière que tu seras autorisé à étudier. Oublie tout le reste." »

Obéissant à ce conseil, Chtchetinine est donc parti étudier l'agronomie dans la ville fluviale de Blagovechtchensk (« l'Annonciation »), un hasard d'une ironie cruelle, puisque l'endroit fut le théâtre d'un des plus fameux massacres perpétrés par les Cosaques contre des civils chinois. Chtchetinine était étudiant à Blagovechtchensk quand son père fut réhabilité à titre posthume et donc blanchi des crimes dont on l'avait accusé. En guise de réparation pour le meurtre de son père, Chtchetinine perçoit encore à ce jour une rente mensuelle de quatre-vingt-douze roubles (environ deux euros) à laquelle s'ajoute une allocation logement. L'homme, cela n'a rien de surprenant, n'a jamais adhéré au parti communiste et, comme beaucoup de Cosaques, il n'était pas taillé pour l'agriculture. Aujourd'hui encore, la captivité lui fait horreur. « Je ne peux pas supporter de voir des oiseaux en cage, dit-il. Je n'ai jamais mis les pieds dans un cirque ni dans un zoo. »

Il choisit donc de s'orienter vers l'étude des troupeaux d'animaux sauvages et, en 1964, il devint le premier écologiste de terrain dans un parc naturel qui venait d'être créé aux environs de Blagovechtchensk. Il poursuivit ensuite sa carrière à Vladivostok dans le domaine de la préservation des animaux et découvrit les tigres à la fin des années 1970. Sa mission première était de protéger ces fauves. Mais après la mort de Potchepnia, il ne subsistait aucun doute dans son esprit quant au sort qu'il fallait réserver à ce spécimen.

Troisième partie

TROUCH

18

> *« Très bien. Mais il n'en sera pas moins pris en chasse, et précisément à cause de cela. Il est assurément très bien où il est, comme vous dites, le maudit animal : mais ce n'est pas là le moindre de ses charmes. Un véritable aimant, justement ! […] Combien donc y a-t-il de temps que vous l'avez vu pour la dernière fois ? Quelle route suivait-il ? »*
>
> Herman Melville,
> *Moby Dick*

La chasse au tigre débuta sur la Takhalo, la rivière de feu, le mardi 16 décembre, par une autre journée lumineuse et glaciale. Les effectifs déployés étaient considérables. Six hommes armés gagnèrent la berge à hauteur du rucher et descendirent le cours d'eau en marchant sur la couverture de glace. Trouch et Lazourenko étaient accompagnés de trois gardes forestiers locaux appelés en renfort ainsi que de Nikolaï Gorounov, un Biélorusse chef de la police de Krasnyi Iar. Cette fois, l'équipe ne comptait dans ses rangs ni habitants du cru aux intentions douteuses ni policiers novices. Ces hommes étaient tous des chasseurs expérimentés. Gorounov, à l'image de Trouch, est l'incarnation du mâle dominant, un magnifique dragon cracheur de feu fumant avec une énergie alarmante. Le filtre de sa cigarette coincé entre ses canines, il inhale la fumée comme d'autres l'air ambiant tout en parlant d'une voix de stentor qui résonne comme un coup de tonnerre dans l'espace confiné et silencieux de sa cuisine. Sa ressemblance avec Iouri Iankovski est frappante, il semble avoir le même genre de tempérament que le chasseur de tigres moustachu au regard d'aigle. Gorounov empoigne sans le moindre effort l'inconnu qui se présente à sa porte et d'une main ferme lui fait franchir le seuil de son logis, parce qu'échanger une poignée de main à cet endroit porte malheur. Une carte topographique, quand il a fini de s'en servir, est toute griffonnée d'annotations et piquetée de trous laissés par la pointe de son stylo.

S'il ne faisait de doute pour personne qu'une seule et même bête était responsable de la mort de Markov et de Potchepnia, encore fallait-il en apporter la preuve. C'était précisément l'un des objectifs de cette expédition sur la Takhalo, les autres étant de prendre les mensurations du tigre et de déterminer sa direction. Pour ces chasseurs aguerris venus des quatre coins de la Russie, la journée était idéale et l'humeur dans le groupe était donc au beau fixe. À les voir marcher sur la rivière gelée en rangs disparates, il était clair que ces hommes réunis ici par le destin faisaient exactement ce pour quoi ils étaient programmés. Tous entretenaient des affinités profondes avec la taïga, on sentait chez eux une joie revigorante – comparable à celle des chiens de traîneau au moment de l'attelage – à être ainsi confrontés à une tâche à leur hauteur et à une occasion de mettre à l'épreuve leurs compétences. Ils se trouvaient à présent sur le territoire d'hommes comme Arseniev ou Iankovski et ce défi était au nombre des raisons qui les avaient attirés eux-mêmes ou leurs parents dans cette région du monde.

Quand ils virent que Trouch filmait la scène, les plaisanteries fusèrent : « Et merde, j'ai oublié de mettre mes épaulettes dorées. » « Où avais-tu la tête, gros crétin, tu viens de rater ta chance ! »

De tous, c'était Iouri Trouch, seul derrière son caméscope, qui portait les plus lourdes responsabilités, non seulement parce qu'il était le chef désormais contesté de l'expédition, mais aussi parce qu'en dehors de Sacha Lazourenko, il était l'unique membre du groupe à savoir jusque dans ses tripes ce qu'un tigre est capable de faire à un homme. Les autres comprendraient bien assez tôt et, dès qu'ils arrivèrent sur place, l'humeur générale changea du tout au tout. Nul ne pouvait se tromper sur la signification de ce tas d'excréments de couleur pâle et dépourvu de poils posé comme un avertissement sur la couverture de glace, non plus que sur les empreintes d'une bête traînant la patte. C'était bel et bien le même tigre. Comme sur une scène de crime, les inspecteurs firent preuve d'une efficacité empreinte de solennité et Trouch donna l'ordre de collecter les indices avec le plus grand soin. À eux six, ces hommes totalisaient près de deux cents ans d'expérience de la chasse, pour l'essentiel dans des zones habitées par des tigres, et pourtant aucun d'entre eux n'avait jamais rien vu de tel. Avançant à pas feutrés, se parlant à voix basse, ils suivirent la piste du fauve jusqu'au matelas déchiqueté de Tsepalev, qu'ils trouvèrent maculé de taches de sang et recouvert de poils de tigre.

À la lecture du livre blanc de la taïga, le récit des derniers instants d'Andreï Potchepnia devint aux yeux de ces hommes aussi clair que si les deux protagonistes l'avaient consigné sur le papier. Arrivé de l'est, la direction du camp des cantonniers, le tigre avait stoppé net, soit qu'il eût entendu Potchepnia, soit qu'il eût senti son odeur. Anticipant que l'homme allait descendre la rivière, peut-être grâce aux appâts qu'il avait flairés dans ses pièges, le tigre avait obliqué vers le sud, progressant parallèlement au chemin que devait suivre Potchepnia, en veillant toutefois à rester à bonne distance de la rivière pour que ses traces ne soient pas repérées. Après quoi, il dessina une boucle dans la forêt, effaçant avec beaucoup d'efficacité toute trace qu'il aurait pu laisser dans le secteur, et s'approcha à revers (en venant de l'aval de la rivière), selon une manœuvre classique de traque. De là, il avisa l'affût de Tsepalev. Après l'avoir fouillé et lui avoir fait subir le même traitement qu'à la cabane de Markov et aux latrines des cantonniers, l'animal se trouva un coin confortable, bien qu'exposé, et s'y installa pour attendre ce qui allait inévitablement venir.

Pour qui se tenait près de la couche du tigre, sous le grand épicéa, il devait être facile de comprendre pourquoi Mikhaïl Dounkaï est convaincu que ces animaux sont capables de lire dans les pensées des hommes et d'influencer leur esprit. Il suffisait pour s'en convaincre d'observer les traces laissées par Potchepnia. C'était comme si le tigre le tenait au bout de sa ligne et s'était contenté de le ramener au moulinet. La théorie de l'esprit, cette capacité que nous avons tous de comprendre les intentions d'autrui, est toujours évoquée à propos des êtres humains. Pourtant les tigres aussi possèdent cette aptitude d'une façon certes moins subtile, mais toutefois assez complexe pour remplir son office. Cette faculté est ce qui a permis à ce tigre de mettre au point un stratagème pour attirer dans son traquenard Andreï Potchepnia, une créature d'une intelligence bien supérieure à la sienne.

Nikolaï Gorounov, le chef de la police locale, étudia les marques laissées dans le sol par les bonds du tigre au moment de l'attaque. Elles étaient beaucoup trop rapprochées pour un animal de cette taille et pour lui c'était le signe incontestable que l'animal était blessé ou en état de faiblesse. Un tigre en parfaite santé aurait couvert cette distance d'un seul bond. Il ne faisait donc aucun doute que l'animal en question était diminué. Toutefois il avait peut-être déduit de ses précédentes expériences qu'il n'y avait pas de raison de se presser. Il est difficile de décrire combien Potchepnia a été totalement surpassé par son adversaire ni avec quelle facilité un tigre peut vaincre un être humain. Ses mâchoires sont capables d'exercer une pression de quatre cent cinquante kilos par centimètre carré, mais il faut moins de quarante kilos par centimètre carré pour broyer une trachée et seulement deux kilos pour bloquer une artère carotide, ce qui entraîne une perte de conscience presque immédiate. Autrement dit, il n'est même pas nécessaire que les crocs de l'animal perforent la peau, la proie peut être immobilisée sans aucune effusion de sang.

Bien que solides, puisqu'elles peuvent avoir une épaisseur à leur base de près de deux centimètres et demi, les canines d'un tigre se cassent très facilement et ne repoussent pas. Leur perte peut être handicapante et elle explique pourquoi ces animaux en arrivent à s'attaquer au bétail et parfois même aux humains. Aussi terrifiants qu'ils puissent paraître, les crocs d'un tigre sont en réalité des instruments fragiles. Composés d'un réseau de terminaisons nerveuses et vasculaires, ils sont protégés par plusieurs couches d'un tissu osseux appelé la dentine. Recouverts d'un film d'émail, ils sont légèrement polis à leur extrémité. Ces quatre capteurs chirurgicaux permettent à l'animal de trouver son chemin dans sa proie, en différenciant les parties osseuses des chairs, de trouver l'interstice entre deux vertèbres afin de sectionner la moelle épinière ou encore de localiser la trachée pour couper l'alimentation en oxygène, et tout cela dans le feu de l'attaque. Ces canines sont pareilles à des armes sensibles, capables de saisir et de perforer, tout autant que de déchiffrer le braille de l'anatomie animale. Aujourd'hui, bien que nous nous soyons éloignés de nos origines dans le monde sauvage, nos dents conservent la même sensibilité, une sensibilité dont nous nous servons chaque jour pour rogner un os, mordiller amoureusement la pointe d'un sein ou détecter un morceau pourri dans une pomme à la simple résistance des tissus.

Il n'était pas facile d'établir si la bête s'était contentée d'attraper Potchepnia dans sa gueule pour l'emporter ou si elle l'avait d'abord assommé. La force d'un coup de patte de tigre n'a jamais été mesurée. Toutefois quand on sait que ces animaux pèsent entre deux et trois fois le poids d'un boxeur professionnel, qu'ils sont en outre beaucoup plus forts et doués de réflexes encore plus rapides, il est facile d'estimer les effets dévastateurs d'un unique coup de patte. On a vu des tigres du Bengale briser ainsi le crâne ou le cou d'un buffle. Reginald Burton, chasseur et écrivain britannique qui a séjourné en Inde pendant de longues années, a un jour vu un tigre assommer un rabatteur avec une telle force que ses griffes ont réussi à perforer l'épais plat en cuivre que l'homme portait accroché dans le dos.

Durant l'hiver 1960, sur l'Amba, Vladimir Troïnine, garde-chasse et naturaliste, fut le témoin d'un combat épique entre un jeune tigre de l'Amour et un sanglier de l'Oussouri de taille adulte. Le fauve, bien que moitié moins gros que son adversaire, réussit à le mettre à terre plusieurs fois de suite en lui sautant sur le dos puis en lui assénant un coup sur la tête de ses pattes pareilles à des massues. En surplus de leurs défenses acérées, les sangliers sont bâtis comme des tanks. Sous leurs poils raides et leur peau épaisse, une fine armure de cartilage protège les muscles du cou et des épaules. Le combat ne devait laisser qu'un seul survivant et contre toute attente c'est le jeune tigre qui l'emporta. Or la malveillance seule l'avait motivé. En effet, quand Troïnine inspecta plus tard les lieux de l'affrontement, il découvrit une scène d'horreur : le sanglier avait été éviscéré, sa gorge tranchée, son museau découpé « comme par un rasoir », puis sa dépouille abandonnée sur place. Son crâne avait été labouré et les marques de griffures atteignaient presque deux centimètres de profondeur.

Il était clair ce jour-là sur la Takhalo que, bien que blessé, le tigre de la Panchelaza était loin d'avoir épuisé toutes ses forces. Sans compter qu'il s'était reconstitué des réserves avec Andreï Potchepnia. Le jeune homme allait lui permettre de tenir encore quelques jours. Quand Nikolaï Gorounov inspecta la masure dévastée de Tsepalev, il mit la main sur plusieurs cartes topographiques. Hélas le tigre était déjà passé par là et Gorounov releva des marques de crocs déchiquetant le paysage. Un présage, peut-être. Un cahier se trouvait là également. Tsepalev y notait ses poèmes. Des mots perdus désormais, leur auteur n'étant plus de ce monde. Son inspection terminée, Gorounov rejoignit de l'autre côté de la rivière, au bout du sillon laissé par le corps traîné sur le sol, le groupe qui rassemblait les vêtements déchiquetés de Potchepnia. La veille, Danila Zaïtsev et Alexandre Potchepnia avaient ramassé les maigres vestiges d'Andreï, pourtant en fouillant ses poches Gorounov trouva un paquet de cigarettes bon marché encore intact. Il mourait d'envie de fumer, mais pour rien au monde il n'aurait allumé l'une de ces cigarettes.

Chaque fois qu'un corps est retrouvé, la police doit se rendre sur place et établir s'il y a lieu d'ouvrir une enquête criminelle, mais dans le cas présent il n'y avait pas de corps. Si bien que le rôle de Gorounov se limita à prendre officiellement acte de l'absence de Potchepnia. Ce tas de vêtements vides était un spectacle auquel aucun de ces hommes n'était vraiment préparé. Dans la neige et les broussailles, près de la Takhalo, gisait un cadre sans photo, et ce spectacle était plus glaçant qu'une présence tangible, aussi épouvantable soit-elle. Sans les traces, sans les témoignages, on aurait pu croire que ces vêtements appartenaient à un chasseur qui, passant par là, s'était dévêtu près de la rivière pour se baigner et n'était plus jamais revenu. Avec le temps, les bêtes, les intempéries et la décomposition les auraient usés et salis, ne laissant là qu'un tas de guenilles. Mais dans le cas présent, ces vêtements n'étaient là que depuis quelques jours et leur propriétaire avait cessé d'exister.

Mettre fin à une vie est une chose, mais effacer complètement un être de la surface de la terre en est une autre. Or ce tigre y était parvenu. Il avait amené le jeune Andreï au-delà de la mort, dans une oblitération totale de la chair. En ce jour glacial, dans la taïga, l'enveloppe sacrée de l'homme n'avait pas plus de valeur intrinsèque ni de signification que la dépouille d'un sanglier ou d'un cerf, ni aucune finalité transcendant son rôle de proie. Dans les mâchoires d'un tigre, un corps quel qu'il soit n'a plus aucun poids et dans le cas d'Andreï Potchepnia il semblait avoir également perdu toute substance. Ce qui appelle une troublante question métaphysique : si un corps chemine dans les viscères d'un animal, si sa substance et son essence deviennent cet animal, alors que devient son âme ? Les ouragans, les avalanches et les volcans annihilent des êtres, mais ces fléaux frappent au hasard et aveuglément. Ils ne choisissent pas leurs victimes, et surtout ils ne les métabolisent pas. Il est rare d'être confronté, comme le furent ces hommes ce jour-là, à une preuve si criante de notre propre mutabilité sous l'effet d'une force naturelle sensible. À cet égard, les tigres et leurs cousins doués d'une semi-conscience occupent une région intermédiaire encore méconnue entre les humains et les catastrophes naturelles. Dans certaines circonstances, ces créatures peuvent faire naître la même impression de néant que l'observation prolongée d'un ciel nocturne.

À l'examen des poignets et du col des nombreuses couches de vêtements portées par Andreï, les hommes établirent que, après que son fusil se fut enrayé, le jeune homme avait tenté de parer l'attaque à l'aide de son bras gauche. Mais l'agilité des tigres est impressionnante et, par une série de mouvements rapides et fluides, l'animal avait réussi à lui saisir le poignet, à écarter son bras et à fondre sur lui. Le col en lambeaux racontait la suite. La victime avait abandonné toute résistance. Ce qu'il en restait ressemblait à l'œuvre d'une équipe d'urgentistes sur le lieu d'un accident, et l'œil de la caméra captait toute la scène avec la discrétion d'un confesseur. « Le tigre a dépouillé sa victime de tous ses vêtements », chuchote Trouch. Les bottes, à présent décousues, étaient de fabrication artisanale. Leur forme intemporelle était celle des mocassins arctiques à semelle de feutre imitant les pattes de tigre. Même texture et même discrétion. Mais la furtivité ne sert à rien contre le maître absolu en la matière.

Le temps qu'Andreï parvienne à l'affût de Tsepalev, le tigre avait probablement réduit le faisceau de sa conscience à un rayon d'une intensité telle qu'il aurait pu transpercer sa cible comme un laser. Rien ne pouvait plus détourner son attention, et sa concentration devenait une réalité en soi presque palpable. La chasse, comme l'acte sexuel, se passe dans un espace intemporel, dans une parenthèse échappant aux contingences du monde extérieur. C'est un rituel de concentration dont l'issue est la vie ou la mort pour les parties en présence.

Ignorant que sa fin était proche, Andreï avait la tête ailleurs. Alors que la distance le séparant du tigre n'était plus qu'une affaire de quelques secondes, un détail furtif, le cri d'alarme d'un oiseau, l'a peut-être alerté. Peut-être a-t-il scruté les alentours. Toutefois, à en juger par ses traces, rien dans son allure ne trahit cet instant d'incertitude. Pendant ce temps le tigre anticipait le moment à venir. Les yeux rivés sur sa cible, il se tapit, disposant ses pattes au sol de façon à compenser les irrégularités de sa surface. L'arrière-train légèrement soulevé, il régla sa trajectoire balistique, le grelin de sa queue agité de mouvements nerveux telle une ligne à haute tension détachée de son pylône. Enfin arriva le moment où l'impulsion et la proie s'alignèrent dans son esprit et la forêt s'emplit d'un rugissement digne de la fureur d'un dieu.

Pris par surprise dans une position instable, Andreï, dont la vie était déjà finie bien que son cœur batte encore, pivota légèrement vers la gauche. Quel ne dut pas être son effarement en voyant fondre sur lui cette créature apocalyptique ! Pourtant, loin de céder à l'affolement, c'est avec un calme surprenant qu'il retrouva la mémoire du corps : l'épaule gauche qui s'abaisse pour laisser tomber la bride, la main gauche qui fait basculer la carabine vers l'avant, puis l'index de la main droite qui arme la détente, tandis que les deux mains calent la crosse sur l'épaule droite. La cible à atteindre est des plus difficiles : un arc de feu et de glace suspendu dans les airs, une silhouette noire et fauve aux contours imprécis se détachant sur le blanc aveuglant de la couverture neigeuse. Le doigt d'Andreï presse la détente. *Iopt !* Tiens, prends ça ! Et soudain l'effroi qui lui noue les entrailles quand il comprend que la magie n'a pas opéré. *Polnyi pizdets.* Le fiasco total. Rien n'existe plus que ce tigre qui occupe tout son champ de vision. Le signe du désastre et de la fin du monde. Une paire d'yeux jaunes brillants, pareils à deux lanternes éclairant la porte d'un temple encadrée de colonnes d'ivoire.

Au fil des âges, décrypter les codes a été une préoccupation constante : percer le mystère des cycles du climat, de l'eau, de la terre et des étoiles, analyser les nuances comportementales chez nos amis et nos ennemis, chez nos prédateurs et chez nos proies. Nous avons partagé le fruit de nos découvertes sous la forme de récits. On nous a assez dit et répété que notre espèce est la seule à agir de la sorte, que l'essence même de ce que nous sommes a d'abord été transmise par le bouche à oreille, par une mémoire orale. C'est un fait indéniable, mais avant d'apprendre à raconter des histoires, nous avons appris à les lire. En d'autres termes, nous avons appris à interpréter les signes. La première lettre du premier mot de la première histoire jamais racontée fut tracée non par nous, les hommes, mais par un animal. Ces symboles imprimés dans la boue, le sable, les feuilles mortes et la neige composent des proto-alphabets. Fragmentés, maculés et brouillés par les intempéries, par le passage du temps et par les autres animaux, ces cryptogrammes furent les premiers exercices de réflexion abstraite auxquels l'homme dut sa survie. Cette aptitude à lire les indices en vue de se procurer de quoi manger ou détecter la présence d'un animal dangereux est peut-être le plus vieux métier du monde.

Comme nos textes actuels, ces travaux primitifs sont linéaires et continus, ils possèdent leur ponctuation et leur syntaxe propres. Le sexe, l'âge, l'état de santé, l'état émotionnel, mais aussi les relations, les instants de tension et les intrigues peuvent être déterminés à partir de ces enregistrements durables. À cet égard, *Le Livre de la jungle* est aussi notre histoire. Nous aussi, à l'image de Mowgli, avons appris des bêtes sauvages. L'idée que les animaux aient pu nous enseigner la lecture peut paraître aberrante, mais écouter des chasseurs expérimentés analyser les signes laissés par un tigre n'est guère différent d'écouter un étudiant en littérature décortiquer une nouvelle. Dans les deux cas, l'exercice consiste à interpréter d'infimes détails, jusqu'au positionnement et aux altérations de certains éléments afin d'en dégager un thème, un substrat, une trame narrative. De même un jeu d'empreintes peut posséder ses propres accents, ses signes diacritiques qui permettent de lire une intention dans la marque d'un pas. Sur une piste empruntée par le gibier, comme dans un roman de Tolstoï, il arrive que plusieurs personnages et plusieurs intrigues s'entremêlent avec une subtilité, un pathos et une tension dramatique palpitants. Déchiffrer ces palimpsestes peut s'avérer plus ardu que de lire les lettres aux lignes entrecroisées de l'époque victorienne[1] et les récits qu'ils racontent sont parfois plus difficiles à suivre que l'œuvre expérimentale la plus hermétique. Toutefois, avec un peu de pratique, ainsi que l'a écrit Henno Martin dans son livre *La guerre venue, nous sommes partis dans le désert*, « on apprend à lire l'écriture d'un sabot, d'une griffe et d'un coussinet. En fait, très rapidement vous déchiffrez leurs messages à un niveau presque subconscient ».

Trouch et ses hommes avaient ouvert le livre blanc au milieu d'un chapitre. Il ne leur restait plus à présent qu'à se placer au cœur du récit, un acte qui ne s'accomplit pas à la légère dans la taïga. Le lecteur doit consentir à se glisser dans la peau d'un personnage, sans savoir quel

---

1. En Angleterre, au XIXe siècle, afin d'économiser le papier et les timbres, les correspondants, après avoir noirci une page, l'inclinaient à quatre-vingt-dix degrés et continuaient à écrire en entrecroisant les deux textes. *(N.d.A.)*

sera le dénouement de l'intrigue. Dans la clarté aveuglante de cet après-midi d'hiver, une lutte pour le contrôle du récit s'engagea au bord de la Takhalo. Cela s'était déjà produit en une occasion au moins, deux semaines auparavant, quand Markov avait été amené dans l'histoire. Certes, il était parvenu à imprimer sa direction, mais ensuite il n'avait pas réussi à rester maître de la narration. Le tigre y avait veillé. L'animal, une fois de plus, avait décidé du cours des événements et il en avait toujours été ainsi. Dans le livre de la forêt, comme dans toute œuvre littéraire, il existe des conventions et celles des tigres sont différentes de celles des cerfs, des sangliers ou des humains. En s'appuyant sur elles, il est possible d'anticiper le dénouement d'une intrigue, mais ce tigre-là défiait toutes les conventions au point d'inventer un genre à part entière. D'ordinaire, dans la taïga, chacun sait qui chasse qui, sans ambiguïté aucune, mais dans le cas présent les règles étaient bouleversées.

Tandis que les hommes du groupe examinaient ses empreintes, l'animal rôdait peut-être dans les parages en se demandant quand et comment il allait faire intervenir ces nouveaux venus dans son récit. Les tigres sont évidemment des experts à ce jeu et leurs méthodes ne sont guère différentes de celles des humains : ils remontent la trace d'une proie en se fiant à leur flair, à leur œil ou à leur expérience de ses habitudes. En suivant cette piste, ils devinent où elle doit logiquement mener, après quoi il suffit d'attendre tranquillement que la proie se montre. Fin de l'histoire.

Dans l'esprit de ce tigre, Andreï Potchepnia n'était rien de plus qu'un bref épisode – à l'image d'un personnage de roman policier qui n'est introduit que pour faire avancer l'intrigue et dont l'auteur se débarrasse ensuite. Qui serait le prochain ? La question avait un certain intérêt pour l'animal, mais plus encore pour Trouch et

Chtchetinine, car les inspecteurs ne permettraient pas qu'une réponse soit apportée. Or il n'existait qu'un moyen de l'empêcher. « Je me torturais les méninges depuis une semaine, confie Chtchetinine, évoquant le premier stade de leur traque. J'essayais de me mettre dans la peau d'un tigre blessé et je me demandais à quel endroit j'irais. »

Un inspecteur de la Criminelle ne réfléchirait pas autrement, toutefois la police opère dans un monde régi par des codes sociaux cohérents, où seuls les esprits les plus perturbés peinent à comprendre qu'il y aura des conséquences à leurs actes. À l'inverse, l'univers du tigre est non seulement amoral mais affranchi des conséquences. Or cette certitude atavique d'être la créature la plus redoutable de son monde est aussi la plus grande faiblesse du prédateur trônant au sommet de la chaîne alimentaire. Le coyote est un excellent chasseur, mais il sait que s'il omet de prendre certaines précautions, il peut facilement devenir une proie. Même la panthère, qui est probablement le fauve le plus dangereux de la création, comprend qu'elle aussi n'est qu'un maillon dans la chaîne de prédation. Alors qu'un tigre, si on le provoque, est capable de charger une voiture en mouvement. Certes, il peut apprendre la prudence face à certaines menaces, mais ces risques sont incarnés par ses rivaux plus que par d'éventuels prédateurs. Trouch et ses hommes devaient exploiter cette confiance en soi innée du tigre, même si en agissant de la sorte le conflit devenait inévitable. Quand l'animal comprendrait qu'il était pourchassé, il n'irait pas se cacher dans les profondeurs de la taïga, mais au contraire il affronterait ses adversaires dans un combat sans merci. Pour qui suit la trace d'un tigre, il n'existe qu'une certitude : tôt ou tard, elle vous mènera à l'animal, sauf s'il vous a trouvé avant.

En février 2002, Anatoli Khobitnov, un ex-membre de l'inspection, arriva au bout de la piste d'un tigre, non loin de Loutchegorsk. La rencontre qui s'ensuivit lui vaut l'honneur d'être l'un des rares hommes au monde à s'être trouvé littéralement nez à nez avec un tigre sauvage et à en avoir réchappé. À Terneï, pittoresque village de pêcheurs en bordure de la réserve naturelle du Sihoté-Aline, la route qui mène à la maison de Khobitnov est étroite et tortueuse. Par endroits, parmi ces hauteurs verdoyantes tapissées de bouleaux, de chênes et de sapins, le visiteur pourrait se croire en Nouvelle-Angleterre, entre les Berkshires et les montagnes Blanches. Mais l'illusion se dissipe dès qu'il franchit le pont enjambant le Tigrine ou traverse des villages portant des noms tels que « Transformation » ou « Petite Pierre près de la mer ». En parcourant ces routes secondaires désertes – les seuls axes de communication dans la région –, le voyageur a parfois l'impression d'être revenu dans le passé. Dans les villages nichés au fond des vallées, en dehors de quelques voitures et des antennes paraboliques, rien n'a changé ou presque depuis l'époque d'Arseniev. Ce sont les mêmes maisons aux ornementations chargées et peintes dans des nuances imprécises de bleu ardoise, de jaune moutarde et de vert-de-gris. Leurs habitants fument des cigarettes roulées dans du papier journal. L'été, ils continuent de planter des patates dans le moindre carré de terre, et leurs potagers entourés de palissades disparaissent l'hiver sous une épaisseur de neige montant jusqu'aux fenêtres. Les jeunes et les désenchantés ont déserté les lieux.

Khobitnov peut s'estimer heureux, car en dépit de ses nombreuses blessures et fractures, il a réussi à retrouver une existence presque normale, après un parcours qui n'a pourtant rien d'ordinaire. Originaire de Moscou, Khobitnov, qui a fêté ses soixante ans en 2008, a passé plus de la moitié de sa vie sur cette côte d'Extrême-Orient.

Il y a travaillé dans la gestion de la pêche et de la chasse et a également collaboré avec Dale Miquelle et John Goodrich sur le projet du Tigre de Sibérie. Pendant toutes ces années, il a fait des dizaines de rencontres avec ces fauves, la première d'entre elles remontant au printemps 1974. « Environ trois jours après mon arrivée ici, il est tombé beaucoup de neige, se souvient-il, et un voisin m'a invité à l'accompagner jusqu'à la côte. En arrivant près de l'océan, nous avons vu un tigre ! » La vision de cette créature mythique à la frontière de son monde lui a procuré une joie immense. « Le tigre est le symbole du Primorié », déclare-t-il.

Devant la maison basse qu'occupe l'homme près de la plage, le jardin est le premier signe que nous avons affaire à un personnage hors du commun. Il est semé de galets polis par la houle, parmi lesquels des crânes d'ours pendent à des carcasses blanchies en bois flotté. Des cailloux sélectionnés avec soin sont accrochés à un tronc dressé sur la plage et enveloppés de bouts de ficelle tissés selon des motifs divers. À première vue, il est difficile de dire si ce sont des amulettes chamaniques ou de simples bricolages. En tout cas, Khobitnov est un personnage complexe et bourré de talent.

L'homme a le même âge que Iouri Trouch, avec qui il est ami. À une certaine époque, tous deux se sont croisés à l'inspection Tigre, sous les ordres de Vladimir Chtchetinine, pour qui Khobitnov conserve le plus grand respect. À l'instar de Trouch, Khobitnov s'est découvert une affinité avec la forêt en chassant avec son père et, comme lui, il a brièvement participé au massacre commercial du saïga dans les steppes du Kazakhstan. Un jour, quand il était jeune, il a trouvé un bébé loup dans la fameuse réserve de chasse de Zavidovski, près de Moscou (reconvertie depuis en parc naturel), et l'a élevé chez lui, dans son appartement situé non loin du centre-ville. Diplômé de l'Institut des arts décoratifs et appliqués (devenu l'Institut moscovite d'art et d'industrie), il a été embauché comme graveur à l'hôtel de la monnaie de Moscou, où il a réalisé des modèles de pièces, de billets de banque et de décorations officielles. Son visage aujourd'hui ressemble à l'œuvre d'un graveur. Au-dessus de sa barbe et de sa moustache poivre et sel, les pattes d'oie et les rides du front sont si profondes qu'on les croirait creusées au burin. À voir la taille de ses mains larges comme des battoirs, on a du mal à les imaginer capables de la minutie exigée par une gravure. Pourtant chez lui le visiteur peut admirer partout des exemples de son savoir-faire. Durant son temps libre, Khobitnov fabrique des couteaux de chasse dont il façonne et cisèle l'acier, l'os et le bois, créant ainsi des œuvres d'art qui auraient davantage leur place dans une galerie qu'à la ceinture d'un homme. Les Russes qui ont célébré dans leurs peintures la beauté de la mer du Japon se comptent sur les doigts d'une main, mais Khobitnov est de ceux-là. Ses tableaux, principalement des paysages et des marines, trahissent un souci du détail qui rappelle les œuvres des miniaturistes. « Ici, tout appelle l'art, écrivait Tchekhov en 1890, lors de son voyage dans l'Extrême-Orient russe. Mais Dieu n'a pas veillé à fournir les artistes. » À la fois peintre, graveur et sculpteur, Khobitnov pourrait satisfaire à lui seul la demande et sur n'importe quel support.

Faire la chasse aux braconniers et aux tigres requiert des compétences très différentes de celles de la pratique artistique. Il n'empêche qu'un jour Khobitnov a réussi à atteindre entre les deux yeux un tigre qui bondissait vers lui à une distance de vingt-cinq mètres, un exploit dont l'évocation dérange plus qu'elle n'impressionne, jusqu'à ce qu'on apprenne que cet animal grièvement blessé terrorisait un village depuis des semaines et que Khobitnov, lui aussi, était blessé. Pour réussir son tir, il avait dû coller sa carabine avec du ruban adhésif au plâtre qui enveloppait son avant-bras gauche fracturé trois semaines auparavant par une tigresse.

Cette tigresse qui l'avait attaqué était endormie dans la neige quand Khobitnov et son camarade étaient tombés sur elle par mégarde en fin de journée. Se fiant aux fluides corporels qu'ils avaient trouvés aux précédents endroits qu'elle avait choisis pour se reposer, les deux hommes avaient cru poursuivre une femelle qui venait de mettre bas et espéraient localiser sa tanière. Ce n'est que plus tard qu'ils avaient compris que ces fluides étaient en réalité du pus s'écoulant de ses plaies causées par la gale. Il est toujours dangereux de surprendre un tigre dans son sommeil, même quand il est à l'article de la mort. Mais le temps que les deux hommes prennent conscience de leur erreur, ils n'étaient plus séparés d'elle que d'une distance de quatre mètres cinquante. Éveillée en sursaut, la tigresse poussa un rauquement terrifiant et bondit sur le compagnon de Khobitnov. Aussi surpris que l'animal, Khobitnov eut une de ces réactions instinctives qui nous rendent fiers d'être humains : il s'offrit en sacrifice en s'interposant entre la tigresse et son camarade désarmé. Lui-même avait une arme mais, ne disposant pas du temps nécessaire pour ajuster son tir, il ne put que frapper violemment l'animal à la gueule avec la crosse de sa carabine en lui cassant un croc. En représailles, la tigresse le plaqua au sol et lui arracha son arme d'un coup de patte. À ce moment-là, pour reprendre un cliché éculé, Khobitnov « regarda la mort en face », car la tigresse lui sauta sur le torse, la gueule grande ouverte. Derrière ses crocs acérés et sa langue, sa victime eut tout le loisir d'admirer l'obscure caverne de sa gorge, l'antre de l'enfer tel que se le représentaient les premiers chrétiens. Le souvenir le plus vivace que Khobitnov a gardé de cet instant n'est pas la peur, pas même la douleur, mais la chaleur de braise que dégageait le souffle de l'animal.

En désespoir de cause, Khobitnov tenta de se servir de son poing pour se défendre, mais la tigresse le saisit au vol et le brisa d'un coup de dents. Cherchant toujours à repousser l'échéance fatale, il enfonça son bras gauche dans la gueule de l'animal pendant que de sa main droite blessée il s'efforçait d'atteindre son pistolet. De son croc encore intact, la tigresse lui perfora le bras et lui broya les os. À ce moment-là, le compagnon de Khobitnov put asperger la bête de gaz au poivre ; d'un bond elle libéra son prisonnier et détala dans la forêt. Toute la scène n'avait pas duré plus de cinq secondes.

Quand par la suite cette femelle fut capturée, on constata qu'elle était non seulement vieille et malade, mais qu'elle avait les dents gâtées et qu'il lui manquait plusieurs orteils. Si elle s'attaquait au bétail, c'était parce qu'elle n'était plus capable de capturer d'autres proies. Mais cette créature pitoyable qui n'aurait pas traversé l'hiver avait quand même mis en difficulté deux chasseurs expérimentés. Elle fut piquée et Khobitnov, en plus des sutures, des plâtres et des broches, contracta la gangrène.

L'enseignement de cette mésaventure est celui que John Seidensticker, le célèbre spécialiste des tigres, répète inlassablement aux nouvelles recrues envoyées sur le terrain : « Avec les tigres, rien n'est jamais certain. » Tous ceux qui travaillent en contact étroit avec ces animaux soulignent combien il est important de les connaître et de s'adapter à la personnalité de chacun. Le comportement d'un tigre évolue en fonction de nombreux facteurs : son âge, son état de santé, son histoire, son niveau de stress et sa place dans la hiérarchie. Comme nous, il est capable de réactions très déroutantes. En règle générale, plus un animal est intelligent, plus sa personnalité sera affirmée.

En décembre 2001, John Goodrich, coordinateur de terrain pour le projet du Tigre de Sibérie, évoqua sa rencontre avec une « tigresse déchaînée » dans un camp de bûcherons aux environs du village de Pilana. « Elle avait réussi à croquer des tronçonneuses, raconte-t-il. Elle avait volé un bidon d'essence, l'avait transpercé à coups de dents et s'était retrouvée imbibée de son contenu. Ensuite, elle s'était attaquée à un bûcheron. » Dans la forêt, la vie est difficile et il faut se tenir continuellement sur ses gardes. Le comportement irrationnel de cette tigresse ne pouvait donc s'expliquer que par la rage, le désespoir ou la démence, trois sentiments inscrits dans la palette émotionnelle de ces fauves. L'inspection Tigre arrivée en renfort fut attaquée par l'animal. Les hommes parvinrent à la blesser et la prirent en chasse, mais ensuite ils s'aperçurent qu'elle les avait pris à revers et leur tendait une embuscade. C'est ainsi qu'ils la trouvèrent, en position d'attaque, recouverte d'une fine pellicule de neige. Elle était morte en les attendant.

Trouch redoutait d'être lui aussi attendu par le tigre de la Panchelaza, car l'animal le connaissait, de même que plusieurs de ses hommes. Leur équipe dégageait une odeur très particulière, mélange de poudre de fusil, de tabac et de chien, semblable à celle de Markov et de Potchepnia. En outre, ses blessures semblaient en voie de guérison, car Trouch avait relevé moins de taches de sang sur ses traces aux abords de la Takhalo qu'autour de la cabane de Markov. Toutefois, sa patte avant droite traînait encore dans la neige. La bête ne saignait plus, mais elle restait estropiée. La veille, soit le 15 décembre, peu avant midi, le tigre avait traversé la rivière en sens inverse, près de l'abri de Tsepalev, avant de gravir un escarpement couvert de glace et de neige. Il existait des itinéraires moins difficiles, mais l'animal ne les avait pas empruntés. Pour un homme, ce chemin aurait représenté une escalade trop longue et difficile. Or le solstice d'hiver était à moins d'une semaine de là et la nuit tombait vite. Après avoir suivi la piste sur quelques centaines de mètres, les hommes rebroussèrent chemin. Toutefois, ils disposaient de toutes les informations dont ils avaient besoin. Aucune piste n'est plus facile à suivre que des empreintes de pas dans la neige fraîche et, à présent, Trouch avait l'autorisation, les ressources en hommes et un motif légitime. La question n'était plus de savoir si le tigre serait abattu, mais quand.

19

Les montagnes sont à l'apogée de leur beauté,
Après que le soleil s'est couché,
C'est le crépuscule à présent,
Mon garçon, prends bien garde au tigre,
Ne t'aventure pas dans le champ.

Yun Sŏn-Do (1587-1671),
« Le Coucher du soleil »

Rassemblés dans l'obscurité, tel un troupeau de bisons, les camions éclairés par le rougeoiement des poêles à bois avaient l'air de véhicules d'un autre âge. À courte distance de là, dans le village parfaitement immobile, les seuls signes de vie étaient la fumée s'échappant des cheminées et le trépignement nerveux des chiens. Derrière les portes closes, les hommes avaient mis leur vie entre parenthèses et les esprits étaient hantés par de sombres pensées. En contrebas, dans la rivière, les poissons restaient suspendus dans l'eau sombre à lutter contre le courant sous une couche de soixante centimètres de glace, trouvant un équilibre parfait dans cette résistance opiniâtre.

Mais tout n'était pas que quiétude dans ces eaux, des perturbations subtiles les agitaient le long de leur route serpentine à travers les montagnes. De la Takhalo elles se déversaient dans la Bikine, de l'Oussouri dans l'Amour, puis elles traversaient le goulet glacé du détroit de Tartarie, contournaient l'île de Sakhaline pour enfin rencontrer l'océan. De même que la carabine d'Andreï Potchepnia, ces courants gardaient la mémoire d'un tigre que Sacha Dvornik avait autrefois tenté de désorienter puis de noyer à l'aide de son bateau à moteur. Cette manœuvre, un classique inscrit au répertoire de tout contrebandier, fonctionne à merveille avec les cerfs. Mais les cerfs ne savent pas jaillir des profondeurs à l'image des dauphins ; les tigres, si.

En surface, le monde emprisonné dans les glaces attendait, quand soudain il apparut. À l'affût, il traversa à pas prudents la surface glissante de la rivière, puis s'ouvrit une route dans les congères. Sa progression avait le caractère imperturbable d'une mécanique. Des nuages de buée s'échappaient de ses narines, telle la vapeur d'une locomotive, et ses moustaches étaient festonnées du givre produit par le souffle brûlant de son haleine. Dans le camion de Trouch, les hommes se serraient, hanche contre hanche, sur les banquettes de fortune, leurs armes nettoyées, prêtes à l'emploi, rangées dans leur râtelier. Une bouilloire sifflait sur le réchaud à bois près de la porte.

Le Kung est une version motorisée des caravanes utilisées par Markov et par les bûcherons du camp forestier. Ceux de l'inspection Tigre avaient été transformés pour servir tout à la fois de véhicules de patrouille, de camions de transport d'hommes, de dortoirs, de cantines, de caches d'armes et de QG des opérations. Dans la nuit du 16 décembre, le véhicule était entièrement dédié à la dernière de ces fonctions. « Chtchetinine nous a tous réunis pour nous annoncer qu'il fallait débusquer le tigre et l'abattre », rapporte Vladimir Chibnev, un garde-chasse local appelé en renfort. « J'ai protesté en disant : "Vous ne savez pas ce que c'est que de pister une de ces bêtes en plein mois de décembre. Un tigre n'est pas une zibeline qui va s'arrêter au bout de quelques kilomètres. À l'heure où je vous parle, le nôtre a peut-être déjà parcouru plus d'une centaine de kilomètres." »

Chibnev travaillait avec Evgueni Smirnov au sein du groupe de terrain Taïga, une petite équipe de chasseurs et de pisteurs expérimentés basée dans la vallée de la Bikine. Autant dire que ces hommes connaissaient la région comme leur poche et s'en sentaient responsables au plan professionnel et personnel. Chibnev était russe, mais il avait grandi à proximité de la rivière au contact des Oudégués et des Nanaïs. Son père et son oncle avaient tous deux effectué leur service militaire en Extrême-Orient et avaient été tellement subjugués par cette région – de même que par les descriptions qu'en donnait Arseniev – qu'en 1939 ils avaient persuadé toute leur famille de partir s'installer dans ces confins luxuriants de la Sibérie. Le père de Chibnev s'établit dans la vallée de la Bikine comme négociant en fourrures et produits de la forêt, et son oncle devint un naturaliste respecté et un auteur spécialisé dans l'écosystème local. Sa mère, quant à elle, travailla comme institutrice à l'école d'un kolkhoze nanaï. Conséquence de cet environnement familial, Chibnev, un bel homme respirant la sagesse et la vitalité tranquille, possédait une exceptionnelle connaissance de la région et de ses habitants. À cinquante ans, il était le doyen de leur équipe et se souvenait encore de la vallée telle qu'elle était avant l'arrivée des exploitations forestières, pratiquement dépourvue de routes et extrêmement giboyeuse. « Les enfants nés ici sont pareils à des louveteaux, dit-il. Je me souviens que dès que nos parents étaient partis au travail, nous descendions vagabonder près de la rivière. À l'époque, tout le monde se déplaçait en bateau. »

Il était rare d'apercevoir des tigres en ce temps-là, ce qui n'a pas empêché Chibnev de s'imprégner presque par osmose des croyances nanaïs à leur sujet. « Dans leur esprit, le tigre était un protecteur plus qu'un animal, explique-t-il. S'il vous arrivait d'en blesser ou d'en tuer un, il se vengerait contre vous et votre famille. On racontait qu'un homme qui avait tué un tigre avait vu ensuite toute sa famille périr. Pour tous, c'était l'esprit de l'animal qui s'était acharné sur cette famille. » Ce n'est qu'à la fin des années 1960, quand fut tracé le premier grand axe routier à travers la vallée pour le transport du bois, que Chibnev en vit un de ses propres yeux pour la première fois de sa vie. « J'en ai ressenti un mélange de joie et d'exaltation, se rappelle-t-il. C'était moins de la peur que du respect et de l'admiration. Pour moi, il était le tsar du règne animal. »

Depuis son enfance, Chibnev avait toujours voulu devenir garde forestier, mais ses parents l'en avaient dissuadé. Il dut attendre 1992 pour enfin réaliser son rêve. C'est dans le cadre de cette nouvelle fonction qu'il fit la connaissance de Markov. « C'était un braconnier, mais je l'avais à la bonne, se souvient-il. À l'époque, il était raisonnable. C'est seulement plus tard, quand il a décidé de s'établir dans la taïga de façon plus ou moins permanente, qu'il s'est mis en tête de braconner les tigres. »

Pour des raisons qui demeurent inexpliquées, le groupe Taïga a été averti de l'enquête sur la mort de Markov le 6 décembre, soit le jour de l'arrivée de l'inspection Tigre, mais n'a jamais été officiellement invité à y participer. « Nous avons été prévenus, rapporte le chef du groupe, Evgueni Smirnov, et nous sommes restés assis sur notre sac à dos toute la journée [à attendre qu'on vienne nous chercher], mais au final ils ont pris avec eux un policier. On a confié l'affaire à des gens qui n'avaient jamais vu l'ombre d'un tigre. Ils se baladaient dans la forêt le pistolet au poing comme s'ils pourchassaient un bandit. S'ils étaient venus me trouver tout de suite, nous aurions rapidement établi que nous n'avions pas affaire à une femelle [contrairement à ce qu'avait d'abord pensé Trouch], mais à un mâle. »

Pour l'ensemble des membres du groupe Taïga, l'arrivée de l'inspection Tigre fut vécue comme une intrusion, comme si ces hommes venaient braconner sur leurs terres. Or l'une des plus grandes faiblesses de l'inspection était la taille des juridictions attribuées à ses différentes unités. La division de la Bikine que supervisait Trouch devait veiller sur toute la partie nord-ouest du Primorié, soit une zone de plus de cent soixante kilomètres le long de l'Oussouri et de la frontière chinoise. Autrement dit, leur connaissance de la région restait générale et assez superficielle. Au milieu de la Bikine, leur juridiction chevauchait même celle du groupe Taïga, une situation qui n'était pas sans engendrer d'importantes tensions. Car le groupe était une entité modeste, aux pouvoirs limités, tandis que l'inspection bénéficiait d'un champ d'action plus large, de plus gros moyens et d'une meilleure reconnaissance. Ces disparités de statut s'ajoutant à des divergences personnelles furent la cause de beaucoup de ressentiment, mais après la mort de Potchepnia, il fallut oublier les jalousies et les conflits de territoire. Vladimir Chtchetinine avait besoin des meilleurs hommes et le groupe Taïga disposait de telles compétences. Alors il décrocha son téléphone pour appeler Evgueni Smirnov.

Originaire de Moscou, Smirnov a choisi de s'exiler à Krasnyi Iar, où il est devenu un personnage incontournable. Après son service militaire, qui lui vaut un séjour dans une prison de haute sécurité pour un motif qui reste vague, il entre dans la police de Moscou. Dans l'équipe de nuit dont il fait partie, le travail est risqué, il doit souvent affronter des délinquants violents, mais Smirnov – silhouette longiligne et musculeuse, teint pâle et visage taillé à la serpe – n'est pas homme à se défiler face au danger. Pourtant, en avançant en âge, ses années dans l'armée puis dans la police finissent par lui peser. « J'étais usé, avoue-t-il dans le salon de son chalet spacieux et parfaitement entretenu sur les bords de la Bikine. Mon entraînement militaire revenait me hanter et mes nerfs ont fini par craquer. Parfois, si quelqu'un s'approchait de moi par-derrière, il se retrouvait à mordre la poussière avant même que je comprenne ce qui s'était passé. J'en suis arrivé à la conclusion qu'il valait mieux pour tout le monde que je me tienne le plus loin possible de mes semblables. C'est pour ça que je me suis reconverti dans la gestion de la chasse. J'ai découvert l'existence de Krasnyi Iar en fréquentant la bibliothèque nationale Lénine à Moscou. »

Smirnov, qui a épousé une Oudéguée, vit et travaille dans la vallée de la Bikine depuis 1979. Il y a très souvent croisé des tigres et en a une conception très originale. Quand un sondage a été adressé aux chasseurs du coin pour leur demander des conseils sur la bonne attitude à adopter en cas de rencontre avec l'un de ces animaux, Smirnov, sans tenir aucun compte des questions élaborées avec soin, avait noté dans la marge en lettres capitales « NE PAS MONTRER SA PEUR ». L'homme aborde les tigres comme il abordait les délinquants dans les bas-fonds de Moscou. « Un animal reste un animal, dit-il. Un prédateur sent la peur. Celui qui montre qu'il a la trouille est foutu. »

« J'ai actuellement quatre tigres dans ma zone de chasse, ajoute-t-il pour appuyer son propos. Je les connais individuellement et je suis certain qu'eux aussi me connaissent. Eh bien, l'an dernier [2006], une jeune femelle a décidé que je la gênais et a voulu jouer un peu avec mes nerfs. Elle s'est mise à me suivre comme mon ombre, à rugir après moi, à menacer mon chien. Au début de l'automne, je suis sorti pêcher. Mon chien est parti devant, dans les buissons qui n'avaient pas encore perdu leurs feuilles. Soudain, en levant les yeux, j'ai vu cette tigresse qui volait littéralement à environ cinq mètres de moi. Elle en avait après mon chien. Alors je me suis jeté sur elle en l'insultant et j'ai essayé de la frapper avec ma canne à pêche. Elle a changé de direction en plein vol et, quand elle a touché terre, j'ai voulu encore une fois la frapper au museau, mais je l'ai ratée. Elle a détalé et depuis ce jour non seulement elle a cessé de rôder autour de ma cabane, mais elle garde ses distances avec moi. Elle avait dans l'idée de me faire quitter les lieux, mais quand nous nous sommes trouvés face à face et qu'elle a vu que je n'avais pas peur d'elle, elle s'est mise à m'éviter.

« Avec les années, j'ai compris que si on a emmagasiné en soi plus de colère que lui, c'est le tigre qui a peur. Et ce n'est pas une façon de parler. Quand tu le vois s'approcher, tu peux tout de suite deviner à son expression ce qu'il attend de toi. Avec un ours, c'est pas du tout pareil. Il suffit de regarder ses yeux et ses oreilles. Si les oreilles du tigre sont rabattues, ce n'est pas bon signe. Il faut alors le fixer en mobilisant toute la rage qu'on porte en soi et il battra en retraite. Inutile de crier, il suffit de le regarder droit dans les yeux, mais avec tellement de haine qu'il prendra peur et préférera s'enfuir. Au bout de deux ou trois fois, il finira par te laisser tranquille. »

Les paroles de Smirnov rappellent étrangement ces vers de Shakespeare dans sa pièce *Henry V* :

> Mais lorsque la tempête de la guerre souffle à nos oreilles, alors imitez l'active fureur du tigre : raidissez vos muscles, réveillez tout le sang de vos veines, défigurez les traits de l'homme sous les spasmes convulsifs de la rage, prêtez à votre œil un aspect terrible et menaçant.

Cette stratégie, bien qu'audacieuse, relève moins de la bravade que du pragmatisme. Comme tout un chacun, Smirnov utilise les outils à sa disposition et dans son cas, ces outils incluent la férocité bestiale qui lui a permis de survivre à l'armée et aux bas-fonds de Moscou. Smirnov est un protecteur de la forêt et un admirateur des tigres, mais il a dû trouver un moyen de s'imposer à l'intérieur de leur domaine. Un dilemme qu'il résume par cette question rhétorique poignante : « Cette tigresse voulait me chasser de la taïga. Mais où aurais-je pu aller ? »

Markov, Ivan Dounkaï et leur voisin ermite – comme presque tous ceux qui vivent à Sobolonié – partagent le même sort et eux aussi ont dû trouver une forme de *modus vivendi* avec les tigres. Pour Smirnov, il ne fait aucun doute que la solution choisie par Markov consistait à les éliminer. « Je savais qu'il attrapait des petits, confie-t-il. Il mangeait la viande et vendait les peaux. J'essayais de lui mettre la main au collet et j'aurais fini par l'avoir tôt ou tard. Mais le tigre s'en est chargé avant moi. »

Ce tigre, avec son appétit, son style d'attaque frontale et l'assurance qu'il prenait chaque jour dans le monde des humains, possédait désormais les aptitudes prédatrices d'un animal conjuguées à celles d'un homme. Tout comme Smirnov. Chacun à sa manière était un réfugié traumatisé, captif des limbes séparant le monde des hommes de celui des bêtes. Ces limbes s'étaient transformés en une zone mortelle et Smirnov, plus que quiconque dans son groupe, avait toutes les qualités requises pour s'adapter à cette nouvelle donne.

En plus de Vladimir Chibnev, Smirnov avait pour collègue Iouri Pionka, un Oudégué originaire de Krasnyi Iar, un expert en matière de chasse, de construction de bateaux et de fabrication de skis, qui connaissait parfaitement la Bikine et sa population. Il était le seul autochtone au sein des deux équipes, et son rôle dans l'opération lui posait un cas de conscience à cause d'une phrase que son père lui avait dite quand il était enfant : « Le tigre est ton dieu. »

Jusque-là, ces paroles ne lui avaient jamais posé de problème. « Je ne m'étais jamais trouvé dans une position de conflit avec les tigres, explique-t-il. Les Oudégués y réfléchissent à deux fois avant de faire du mal à l'une de ces bêtes. »

Mais quand le groupe Taïga reçut l'appel de Chtchetinine, le père de Pionka se trouvait très loin de là, en amont de la rivière, à chasser la zibeline et ne pouvait donc pas conseiller son fils sur la conduite à tenir. En tant qu'inspecteur, Pionka avait une responsabilité envers son équipe et envers la population locale, responsabilité qu'il devait concilier avec son respect pour son père et les croyances de ses ancêtres. Heureusement, le code prévoyait une clause dérogatoire : dieu ou pas dieu, il y avait des limites à ce qu'un tigre pouvait faire supporter à ses sujets. Or à l'évidence cet *amba* était d'une nature foncièrement destructrice et, puisqu'il s'était attaqué à des hommes, la vengeance par le sang devenait légitime. Une loi identique s'appliquait aux meurtriers humains et cette forme de justice avait été pratiquée par les Oudégués au moins jusque dans les années 1930.

Dans un cas pareil, un chef, un chaman ou d'autres membres du clan seraient intervenus, mais les événements de cette nature étaient très rares et les précédents remontaient si loin dans le temps qu'ils appartenaient au folklore. En 1997, une *chamanka* vivait encore à Krasnyi

Iar et, bien qu'elle détînt tous les attributs de sa fonction – le tambour, la ceinture de serpent ornée de grelots, et même l'effigie d'un tigre –, cette femme était très âgée et ses pouvoirs spirituels ne seraient pas de taille à affronter la situation présente. En outre, le sentiment général parmi la population locale était que le problème ne concernait pas la communauté oudéguée. « Si les tigres aimaient manger les gens, ils nous auraient déjà tous dévorés, déclare Vassili Dounkaï, le voisin de Pionka, lui-même aspirant chaman. Cet animal savait qui l'avait blessé. Le tigre est un prédateur très intelligent qui en a dans la tête. Il est capable de distinguer ceux qui ont la peau sombre de ceux qui ont la peau claire et de reconnaître un humain à son odeur. C'est pourquoi il ne s'est pas attaqué à mon père [Ivan] ni à mon frère [Mikhaïl]. Il s'en prenait aux gens qui lui avaient fait du mal. Il dévorait les Russes. »

Son raisonnement n'est pas faux. Les Oudégués et les Nanaïs étaient nombreux dans la vallée de la Bikine, pourtant jusqu'à présent le tigre ne s'en était pris qu'à des Russes. Ce qui posait un autre problème à Iouri Pionka, car en intervenant dans ce conflit, il risquait d'attirer des énergies négatives sur lui-même et sur ses proches. La légende d'Ouza et de l'*egoule* offrait une éventuelle solution, mais aucun mortel n'avait les compétences requises pour maîtriser un tigre comme l'avait fait le héros de ce conte. Toutefois depuis l'époque d'Ouza était apparu un nouveau pouvoir magique d'une redoutable efficacité qui avait plus radicalement transformé les rapports entre les humains et les tigres dans l'Extrême-Orient russe que n'importe quoi d'autre, en dehors du comportement de ceux qui l'avaient importé dans la région. Pionka possédait une partie de ce pouvoir sous la forme d'une carabine semi-automatique SKS, une arme inventée pour tuer des hommes, mais qui marchait aussi pour les tigres et qui conférait à ceux qui la maniaient une assurance confinant à l'héroïsme.

Dans presque toutes les régions du monde, y compris en Russie, on observe que la multiplication des armes à feu entraîne corrélativement une régression des croyances ancestrales. Les carabines, tout particulièrement les SKS, condamnent à l'obsolescence certaines interventions chamaniques, parce qu'elles opèrent comme le font les sorciers en maîtrisant des forces présentes dans la nature et en les concentrant sous une forme surnaturelle qui peut ensuite être canalisée par la main humaine. Ce n'est pas une coïncidence si la carabine réalise la synthèse entre le chaman qui maîtrise les éléments et le héros épique aux pouvoirs surhumains. Avec la carabine en général et la SKS en particulier, le chasseur et le guerrier voient enfin s'accomplir leur éternel rêve de puissance. Employée pour la première fois par l'armée russe pendant la Seconde Guerre mondiale, la SKS fut supplantée par l'AK-47, plus polyvalent et d'un maniement plus simple. Toutefois, on continua de la trouver dans les surplus de l'armée et elle devint au fil du temps l'arme de prédilection des chasseurs de gros gibier et des gardes-chasses. Dans le groupe Taïga et dans l'inspection Tigre tout le monde en possédait une. Équipé d'une telle carabine, n'importe qui pouvait devenir un Ouza.

Dans la nuit du 16 décembre, huit hommes armés s'entassaient à bord du Kung. À l'équipe formée par Chtchetinine, Trouch, Lazourenko, Gorboroukov s'étaient joints Vitali Timtchenko, un membre de l'inspection venu de Vladivostok, Andreï Kopaïev, chef de l'inspection Tigre pour l'unité Kirovski voisine, ainsi que Vladimir Chibnev et Iouri Pionka du groupe Taïga. Smirnov, Gorounov de même que Denis Bouroukhine étaient rentrés chez eux pour la nuit. Lazourenko faisait cuire le dîner sur le réchaud à bois du Kung. La découverte des restes de Potchepnia était dans tous les esprits et occupait leurs conversations tandis que les hommes établissaient leur plan d'attaque. « Nous étions tous bouleversés, se souvient Trouch. L'émotion était palpable. Le tigre devait être éliminé, cela ne faisait de doute pour personne. Nous discutions juste de savoir quel serait le moyen le plus rapide et le plus efficace d'y parvenir. »

Chtchetinine et ses hommes devaient d'abord décider s'ils opteraient pour une chasse aérienne en hélicoptère, pour la pose de pièges et la capture dans une cage ou encore pour une méthode de traque plus traditionnelle. Dans l'espace confiné du Kung s'était établie une forme de démocratie. Chaque personne présente avait le droit d'exprimer son opinion, les pour et les contre étant soigneusement pesés. La question fut rapidement tranchée. L'option de la chasse aérienne fut écartée d'emblée, moins à cause de son coût que de la densité de la forêt dans la vallée. Les chances de repérer un tigre depuis un hélicoptère étaient minces. En outre, il fallait être certain d'avoir affaire à l'animal qu'ils recherchaient. À une centaine de mètres d'altitude, l'exercice était délicat. Les cages métalliques ne constituaient pas non plus une solution adaptée à la situation. Il était possible de s'en procurer, mais il faudrait des jours pour les acheminer sur place et les installer. En outre, les pièges de ce type présentaient le risque de capturer et de blesser d'autres tigres et donc de créer d'autres animaux dangereux. Lazourenko évoqua le cas d'une femelle qui s'était tellement débattue pour sortir de sa cage qu'elle avait fini par se briser les crocs sur les barreaux.

Il ne restait plus que l'option d'une traque au sol, toutefois le terrain était escarpé et le tapis de végétation trop dense pour les skis et les motoneiges, deux modes de transport mieux adaptés aux déplacements sur la rivière ou dans les zones marécageuses. L'idée d'utiliser un bulldozer fut lancée, mais ne mena nulle part. Les hommes présents avaient pleinement conscience qu'avec chaque jour qui passait les probabilités d'une autre attaque augmentaient de façon exponentielle. Ils décidèrent donc que la méthode la plus efficace serait de traquer cet animal comme l'avaient fait les Iankovski un siècle auparavant, c'est-à-dire à pied, avec une meute. La nature de ce tigre et de son terrain d'intervention était telle que ceux qui étaient sur ses traces restaient obligés de se plier à ses conditions. Même s'ils disposaient de moyens logistiques aériens et terrestres, d'armes à feu, de radios, de cartes topographiques et de plusieurs siècles d'expérience de la chasse, c'était encore lui qui menait le jeu. Pas par la faute de ces hommes, mais parce que les meilleurs prédateurs excellent à créer des situations qui mettent tous les atouts de leur côté. C'était précisément ce qu'avait fait ce tigre, bien que blessé et visiblement égaré dans un territoire qui ne lui était pas familier.

Ce soir-là, il fut convenu que le groupe se scinderait en deux équipes de quatre hommes. La stratégie était simple et consistait à prendre l'animal en tenailles. Pendant qu'un premier groupe le suivrait pas à pas, en le poussant à aller de l'avant, l'autre sillonnerait les routes forestières environnantes, scrutant les taillis à la recherche d'indices de la présence du tigre ou d'un humain en danger. Chibnev avait raison quand il disait que les tigres sont capables en cas de nécessité de couvrir de grandes distances en peu de temps, mais ces cas sont rares. Les migrations importantes sont généralement provoquées par des catastrophes naturelles telles que des feux de forêt. Les guerres peuvent les déclencher de même qu'une battue. Mais en cette nuit du 16 décembre, le tigre continuait de hanter les parages et il était chasseur plus que gibier.

Curieusement, en dépit de la terrible épreuve que traversait Sobolonié, dans tout le village pourtant peuplé de chasseurs, dont beaucoup de professionnels, il ne se trouva qu'un volontaire pour se proposer d'aider l'inspection. Le fait est troublant, d'abord parce que ces gens étaient ceux qui avaient payé le plus lourd tribut au tigre et qui avaient encore le plus à perdre ; ensuite parce qu'il se trouvait parmi eux des hommes qui avaient plus d'expérience de la chasse au tigre que n'importe quel membre de l'inspection. Sacha Dvornik avait reconnu en avoir abattu un « dans le temps », pourtant, si les informations dont disposait Trouch étaient exactes, il n'était pas le seul. Zaïtsev était en première position sur la liste des suspects. À la différence de son comparse Onofreïtchouk, il possédait les compétences, la motivation et la discipline requises, mais aussi les moyens logistiques pour faire sortir la dépouille de la forêt. S'il ne s'était pas porté volontaire, c'était peut-être en raison d'un vieux passif qu'il avait avec Trouch. En effet, celui-ci l'avait un jour pincé dans des circonstances assez comiques puisqu'il l'avait débusqué de sa cachette en imitant le brame de l'élan, après quoi, ajoutant l'insulte à l'injure, il lui avait confisqué son arme et ses munitions.

Quand on leur demande pourquoi ils ne se sont pas portés volontaires et n'ont pas non plus organisé leur propre battue, Zaïtsev, Lopatine et les autres répondent qu'on ne leur a rien demandé, qu'ils n'avaient pas les bonnes carabines pour ça, que leurs armes n'étaient pas enregistrées et qu'elles auraient été confisquées et enfin qu'ils n'avaient pas le droit de chasser le tigre de leur propre initiative, l'espèce étant protégée. Il y a du vrai dans tous ces arguments avancés pour leur défense, mais ces excuses cachent surtout une absence de morale collective, une défiance envers l'autorité et une passivité atavique héritée d'un État qui a ôté à ses citoyens tout esprit d'initiative. Malgré tout, les habitants de Sobolonié avaient raison d'avoir peur et il serait injuste de leur reprocher d'avoir écouté leur bon sens. Ce tigre n'était pas l'une de ces bêtes cacochymes qui s'attaquent au bétail faute de mieux, mais un mangeur d'hommes extrêmement déterminé qui pesait comme trois d'entre eux et qui s'était fait une spécialité de s'attaquer aux chasseurs qu'ils étaient.

Finalement, le seul à se porter volontaire fut Denis Bouroukhine, le plus proche copain d'Andreï Potchepnia. Son fusil était tout aussi illégal que celui des autres hommes du village, mais cela ne l'arrêta pas et Trouch eut la sagesse de fermer les yeux, en raison surtout de la sympathie que lui inspiraient Bouroukhine et son désir de venger ses amis. En outre, d'un point de vue purement pratique, ce jeune homme vigoureux était une recrue de choix pour leur équipe. Ce soldat qui avait combattu en Tchétchénie était bien meilleur tireur que beaucoup d'hommes plus âgés du groupe et connaissait comme sa poche ce tronçon de la rivière. En outre, son amitié avec les deux victimes du tigre était pour lui une forte motivation.

Une fois les postes de contrôle mis en place, l'inspection entreprit un recensement de la population afin de déterminer qui parmi les habitants du village pouvait encore se trouver dans la taïga. La tâche était d'autant plus urgente qu'à ce moment précis le tigre faisait probablement la même chose de son côté. L'animal comprenait parfaitement – et depuis toujours – le lien entre les humains et leurs habitations, mais ces dernières venaient d'acquérir une signification nouvelle dans son *Umwelt*. Il y a deux semaines encore, ces endroits repérables de loin à leurs latrines extérieures, à leurs poêles à bois, à leurs véhicules garés à proximité et aux aboiements de leurs chiens, étaient à éviter. Mais désormais le tigre, n'écoutant plus l'expérience d'une vie entière ni son instinct ancestral, les recherchait activement.

Sur trois tentatives, sa patience avait été récompensée en deux occasions. Il lui avait suffi d'attendre près de l'une de ces cabanes pour tuer par deux fois, un score exceptionnel pour un tigre. En plein cœur de l'hiver, par une mauvaise année pour ses proies traditionnelles, cet animal diminué n'avait que très peu de chances de survivre. Compte tenu des circonstances, il n'avait pas d'autre choix que de s'adapter. Entraîné à traquer du gibier sauvage, depuis qu'il avait quitté sa mère il s'attaquait aux mêmes espèces en utilisant les mêmes techniques. Pourtant, en l'espace de quelques jours, il avait réussi à modifier du tout au tout sa stratégie et à mettre au point une méthode d'exécution inédite et néanmoins parfaitement adaptée à cette nouvelle source de nourriture qu'il n'avait encore jamais chassée auparavant. Nécessité est mère d'invention. Cette bête venait d'en apporter la preuve.

Chez les êtres humains, il est rare que les actes soient motivés à la fois par la faim et par le désir de vengeance. Pourtant ces pulsions coexistaient dans le corps et dans l'esprit de ce tigre au point qu'elles finirent par se confondre. Le fait de tuer et de dévorer Markov avait incidemment satisfait deux besoins sans lien l'un avec l'autre : celui de neutraliser une menace et un concurrent et celui de se nourrir sans trop d'efforts. Le tigre est un animal à l'esprit vif et analytique. Il est capable d'emmagasiner et de mémoriser des données empiriques de même que de tirer les enseignements de ses expériences, qu'elles soient fortuites ou non. En cas de succès, il va chercher à reproduire aussi fidèlement que possible les circonstances qui l'ont conduit à ce résultat. Or ce spécimen venait de découvrir (et peut-être l'avait-il toujours su) que les humains étaient des proies aussi faciles à repérer et à tuer que les chiens. Si le vent ne lui apportait pas leur odeur, il pouvait toujours les localiser à l'oreille. Désormais, le bruit d'un homme sortant de chez lui pour couper du bois avait la même signification que la cloche du dîner. Dans sa progression systématique de cabane en cabane, ce tigre ne faisait ni plus ni moins que tracer une ligne de trappes, dont les proies étaient des humains.

20

Si [le tigre] est dans un état y *à un instant* n,
la probabilité qu'il passe à l'état x *à l'instant* n+*1*
ne dépend que de son état présent.

« La théorie des événements
corrélés de Markov »,
Andreï Markov, mathématicien

Si tu as peur du loup, reste à l'écart de la forêt.

Proverbe russe

Enveloppés dans des sacs de couchage en toile épaisse qui avaient dû être du dernier cri pendant la Grande Guerre patriotique, les hommes passèrent la nuit dans les Kung, sur la route surplombant la confluence de la Takhalo et de la Bikine. Quand le feu du petit réchaud finit par mourir, un froid mordant s'installa à l'intérieur des camions dépourvus d'isolation. Cette semaine-là, un système de haute pression atmosphérique régnait sur le Primorié, donnant un temps clair et sec et, la nuit, des températures inférieures à − 40 °C. Par un froid pareil, il se produit de curieux phénomènes. Les paupières restent collées par le givre. La boîte de transmission en fonte d'un camion peut se briser comme du verre. Dans ces conditions, la chaleur devient une ressource aussi indispensable que l'oxygène et il faut veiller précieusement à la conserver. Par un climat aussi rigoureux, la force de caractère de l'animal que recherchaient ces hommes n'en devenait que plus exceptionnelle.

S'il arrivait à ce tigre de dormir, il le faisait seul, sous couvert des arbres. Il pouvait s'écouler de nombreux jours entre deux repas, et l'eau était pratiquement introuvable. Les liquides lui étaient procurés par le sang et la viande des proies, et à défaut par la consommation de neige. À ces températures, la fourrure et la graisse prennent pour un animal l'importance d'une combinaison spatiale pour un astronaute. À l'image d'un ours polaire, ce tigre était un vaisseau solitaire et autonome conçu pour affronter les conditions les plus extrêmes dans cette région reculée d'un monde de glace. En ce sens, sa beauté, son autosuffisance et son inaccessibilité à tout ou presque le plaçaient à l'égal des dieux.

Du fait de la latitude et de l'approche du solstice d'hiver, le jour ne se levait pas avant 8 heures, ce qui ne laissait qu'à peine huit heures de clarté pour poursuivre la traque. Comme la chaleur, la lumière devenait une ressource essentielle, si ce n'est à la vie, du moins à la sécurité. Nonobstant leur courage et leur détermination, aucun de ces hommes n'aurait songé à prolonger la chasse à la nuit tombée, tant la donne était favorable au tigre. Il en avait toujours été ainsi et c'est pourquoi Trouch et ses hommes restaient à l'abri dans leurs camions jusqu'au retour du soleil.

Quand le jour se montra enfin, au matin du 17 décembre, le meilleur ami et le compagnon de chasse d'Andreï Potchepnia arriva monté sur son cheval. Il était armé d'une carabine à double canon et accompagné d'une petite meute de chiens bâtards. De loin, la scène photographiée en noir et blanc aurait pu dater des années 1910 et on imaginait Iouri Iankovski placé juste à l'extérieur du cadre. « Denis était d'humeur belliqueuse, se souvient Sacha Lazourenko. Il voulait en découdre. »

Les obsèques d'Andreï devaient avoir lieu le lendemain. Le monde de Denis Bouroukhine avait changé et lui-même ne serait plus jamais comme avant. « J'ignore pourquoi mais tout d'un coup je n'avais plus peur de ce tigre, expliquera-t-il ensuite. Tandis que je remontais sa piste, je ne ressentais aucune crainte. »

Dans la battue, Bouroukhine tint le rôle de guide. Sa contribution fut extrêmement précieuse, non seulement du fait de sa détermination, mais parce qu'il connaissait les routes de la région et parce qu'il pouvait procurer au groupe des chiens de chasse. « Il a été le seul habitant du coin à accepter de nous accompagner, se souvient Lazourenko, parce que tous les autres avaient peur de nous montrer où ils avaient leurs cabanes. »

Ces bases clandestines furent la cause de certaines divergences d'opinion. Trouch était convaincu qu'il restait dans la forêt des chasseurs, des trappeurs et des cueilleurs de pommes de pin, mais les gens du cru préféraient prendre le risque d'une nouvelle attaque plutôt que de trahir leurs voisins. Or Trouch devait absolument localiser ces cahutes, parce que le tigre l'avait certainement précédé et qu'il fallait éviter à tout prix un nouveau drame. Bouroukhine était seul disposé à rompre le pacte tacite avec ses voisins et pour des motifs évidents : « Il était très remonté, se rappelle Iouri Pionka. Il était fermement décidé à se colleter avec ce tigre. »

La route menant au rucher des Potchepnia passait entre la rivière et le village, et Trouch savait que le tigre devrait tôt ou tard la traverser. « Pendant que nous roulions, je disais aux gars de bien surveiller à droite et à gauche, explique-t-il. Effectivement, nous avons fini par repérer ses empreintes. Il avait franchi la route dans un sens, sans revenir sur ses pas. »

À partir de l'affût de Tsepalev, la piste de l'animal se dirigeait tout droit vers l'ouest. Quand les hommes examinèrent ses traces cet après-midi-là, ils constatèrent que leurs bords étaient déjà durcis et légèrement arrondis, ce qui signifiait qu'elles remontaient déjà à quelque temps. Iouri Pionka estima qu'elles dataient de près de deux jours. Autrement dit, le tigre était passé par là le 15 décembre, sitôt après avoir abandonné le corps de Potchepnia. D'ici, la distance jusqu'à Sobolonié était de cinq kilomètres à vol d'oiseau et d'environ le double par voie terrestre. Il n'était pas exclu que l'animal soit allé jusqu'au village puis soit reparti, mais à ce stade on n'avait encore pas repéré de signe de sa présence aux abords des maisons. Au cas où, des hommes de l'équipe avaient quand même été postés là-bas et Evgueni Smirnov se trouvait parmi eux.

Le terrain jusqu'à Sobolonié était accidenté, sillonné de ruisseaux et hérissé de nombreux éperons rocheux, un habitat idéal pour un tigre de l'Amour, mais difficilement praticable pour des humains. C'est pourtant dans ce milieu inhospitalier que les deux équipes de pistage allaient séjourner jusqu'à ce que la situation soit réglée d'une façon ou d'une autre. Il était convenu que l'équipe motorisée, si elle découvrait une trace plus récente, les informerait par radio. Mais leurs radios de fabrication japonaise, bien que d'excellente qualité, ne fonctionnaient que lorsqu'elles étaient positionnées en droite ligne avec l'émetteur. Si le récepteur se trouvait au fond d'une vallée ou au sommet d'une colline, la liaison était interrompue.

Bouroukhine faisait partie de la première équipe de pistage avec Trouch, Chibnev, Pionka et Gorboroukov. Il avançait en tête, monté sur son cheval trapu et d'humeur ombrageuse, tandis que la meute, qu'avait rejointe Guitta, la chienne de Trouch, courait devant. La piste olfactive était déjà ancienne, si bien que pour ces limiers il ne s'agissait que d'une simple balade en forêt. Toutefois ils connaissaient assez leurs maîtres pour sentir que quelque chose se préparait. L'hiver est la saison de la chasse dans la taïga, ils se tenaient donc prêts. La couche de neige était épaisse et l'escarpement du terrain de même que les troncs d'arbres morts ralentissaient l'avancée des hommes et du cheval. « Il est impossible de marcher dans la taïga comme on le voit dans les films, déployés en ligne tels des soldats allemands pourchassant des résistants, précise Chibnev. Si on avait marché de cette façon, il nous aurait fallu deux heures pour parcourir un kilomètre. »

Ils avançaient donc en file indienne mais, bien qu'efficace pour couvrir de grandes distances, cette formation était aussi dangereuse en cas d'attaque. Le même problème s'était posé à la cabane de Markov. Alignés comme ils l'étaient, ils risquaient de tirer sur un de leurs compagnons avant d'atteindre le tigre. Mais le terrain ne leur offrait guère le choix. Ils continuèrent donc à marcher les uns derrière les autres, espacés d'environ deux longueurs d'homme, tandis que les chiens aboyaient à tout va, courant devant puis revenant vers le groupe pour se signaler. À moins que le tigre ne soit tapi quelque part à les attendre, ils n'avaient pratiquement aucune chance de le rattraper ce jour-là.

Compte tenu des températures polaires, leur tenue vestimentaire était étonnamment légère. L'air était si froid et sec qu'ils n'avaient pas besoin de caoutchouc ni de nylon. Certains portaient des treillis, mais Trouch avait choisi un ensemble traditionnel composé d'un pantalon et d'une veste taillés dans un épais drap de laine gris appelé *soukno*. Cette matière est appréciée des chasseurs, parce qu'elle ne bruisse pas dans les buissons et parce qu'en cas de grand froid elle ne retient pas la neige. Il avait aux pieds des bottes ordinaires, mais Pionka avait chaussé des mocassins en feutre, pareils à ceux du défunt Andreï Potchepnia. En dehors de leurs carabines, d'un couteau porté à la ceinture et d'une poignée de cartouches, ils ne transportaient que peu de choses. À eux tous, ils se partageaient un sac à dos contenant quelques vivres, deux thermos de thé, une radio et une boussole. Ils n'avaient pas pris de carte, Bouroukhine remplissait cette fonction et le tigre leur servait de guide.

Les hommes marchèrent toute la journée, ne prenant que de courtes pauses. Toutes les demi-heures environ, l'un d'entre eux s'arrêtait pour examiner les empreintes et vérifier qu'elles étaient aussi anciennes qu'ils le pensaient. Selon les estimations de Trouch et de ses hommes, le tigre aurait normalement dû gagner les hauteurs après avoir traversé la route puis obliquer vers le sud en direction de Sobolonié. Mais contrairement à leurs attentes, l'animal était parti en direction du nord-ouest, puis avait longé une gorge étroite et escarpée qui s'enfonçait dans une zone de collines boisées, où la forêt dense constituée de nombreux pins coréens devait abriter une abondante population de sangliers, mais aussi plusieurs cabanes. En tout cas, le tigre ne progressait pas en ligne droite et ne choisissait pas de chemins qu'auraient pu emprunter des hommes ou des chevaux, si bien que ses poursuivants furent contraints de s'ouvrir un passage dans d'épais fourrés et d'avancer en prenant garde aux rompis et aux rochers. À plusieurs reprises, le cheval de Bouroukhine dut rebrousser chemin et trouver une autre route. Quand arriva la fin de cette journée harassante, il apparut à tous qu'un cheval n'avait pas sa place dans leur expédition.

Le soleil avait déjà beaucoup décliné quand les cinq marcheurs atteignirent la source d'un ruisseau que les gens du coin avaient baptisé le Troisième Torrent. C'est à ce point situé à cinq kilomètres au nord-ouest de Sobolonié que la piste du tigre obliquait vers le sud en direction du village. Dans la lumière déclinante, les hommes notèrent leur position et examinèrent une dernière fois les empreintes avant de prendre le chemin du retour. Ils étaient entourés de toutes parts de montagnes boisées culminant à un peu moins de huit cents mètres d'altitude. Avec le soleil dans le dos, à condition d'avoir le bon angle de vue, le regard pouvait traverser la forêt et porter jusqu'aux crêtes austères des montagnes hérissées d'arbres comme autant de cheveux dressés sur un crâne. Tandis que le soleil descendait derrière leurs cimes, les plus hautes branches se dessinèrent en traits épais pareils aux tracés de plomb sur les vitraux d'une église. Brièvement, les vides qu'elles laissaient se comblèrent d'un dégradé de vermillon et de pourpre qui vira bientôt à l'indigo puis au noir.

Il faisait déjà nuit quand les hommes rejoignirent leur camion. En tout et pour tout, ils n'avaient couvert que seize kilomètres à peine. Et pourtant ils étaient fourbus. « Après avoir suivi sa piste pendant une journée, nous commencions à avoir notre petite idée, explique Trouch. Il n'était pas difficile de deviner ses intentions. Le tigre affamé chassait le cerf maral et le chevreuil. Ses empreintes indiquaient les endroits où il avait bondi sur ses proies sans parvenir à les attraper. »

« Je n'irais pas jusqu'à dire qu'il était affaibli, déclare Pionka. Sa blessure n'était que superficielle. Il avait du mal à soulever cette patte, mais il n'allait certainement pas mourir de cette blessure. Il ne cherchait pas les itinéraires les plus faciles et ne se couchait pas souvent pour prendre du repos. »

Quoi qu'il en soit, plus de deux semaines après avoir reçu la balle de Markov, l'animal n'était toujours pas capable de chasser normalement. Il allait donc devoir trouver d'autres sources de nourriture, et cela incluait le bétail, les chiens et les hommes. Le bétail était inexistant dans l'arrière-pays. Donc, à moins de pouvoir dérober sa proie à un congénère, cela ne lui laissait que deux options.

Ce soir-là, Bouroukhine rentra seul chez lui par la route enneigée. Ses chiens qui couraient derrière son cheval étaient à présent beaucoup plus calmes. Au-dessus d'eux, les étoiles clignotaient comme elles le font souvent par les nuits très froides. Au village, les colonnes de fumée sortant des cheminées de tôle étaient aussi droites que des crayons. À quelque distance de là, au cimetière, non loin de la tombe de Markov, parmi les sépultures ensevelies sous la neige, un tas de braises dessinant la forme d'un cercueil rougeoyant offrait un spectacle saisissant. Dans la petite maison des Potchepnia reposait une caisse de bois bien trop grande pour ce qu'elle contenait, mais trop petite encore pour l'ampleur du chagrin dont elle était la cause. La douleur emplissait tout l'espace et écrasait lentement le père d'Andreï de sa masse invisible.

Le village était en deuil et menacé par un danger bien réel, pourtant il se trouvait encore des gens pour rester sourds aux mises en garde de leurs proches comme à celles de l'inspection. Trouch avait vu les traces de ceux qui contournaient les barrages routiers pour sortir tenter le destin. En un certain sens il les comprenait. « Il faut se rappeler que les temps étaient difficiles, dit-il. Les gens étaient aux abois. Les salaires n'étaient plus versés et là-bas l'argent tombait des arbres. Il n'y avait qu'à se baisser pour ramasser les précieuses pommes de pin qu'on revendait ensuite aux Chinois qui vous payaient rubis sur l'ongle. »

D'un autre côté, ce comportement l'irritait et le peinait. « Comment osaient-ils encore faire des reproches à l'inspection et nous accuser de rester les bras croisés ? Comment aurions-nous pu assigner à demeure toute la population du village ? Et là-dessus la presse à sensation qui nous reprochait de ne rien faire. Où était la logique dans tout ça ? »

Quand ils étaient pris sur le fait, ces irréductibles entonnaient l'éternel refrain du *taïojnik* : « Si je ne lui ai pas fait de mal… »

« Je leur disais qu'ils se trompaient, poursuit Trouch. Que le tigre se fichait de savoir qu'ils n'étaient venus là que pour ramasser des pommes de pin. Certains ne trouvaient rien à répondre, mais d'autres me rétorquaient : "Dieu veillera sur moi." Et ils y retournaient. »

Armés de leurs seules prières pour tout talisman, ces villageois montraient le même aveuglement que les paysans coréens un siècle auparavant. Quand Chtchetinine croisa sur sa route un dénommé Andreï Oksimenko, du village voisin de Iassenovié, il lui confisqua sur-le-champ sa carabine en lui promettant de la lui rendre dès que le tigre aurait été abattu. Puis il l'enjoignit de rentrer chez lui et d'y rester, mais l'homme n'en fit rien. C'étaient des tracas supplémentaires pour Chtchetinine et Trouch. Toute personne de plus dans la forêt ne faisait que rendre la situation encore plus hasardeuse et compliquer la tâche de l'inspection qui ne savait plus comment répartir ses hommes. Valait-il mieux tenter de protéger des gens qui refusaient de coopérer ou bien se concentrer sur le tigre ?

Ce soir-là, dans le Kung, ces questions étaient au cœur des discussions entre Trouch, Chtchetinine et les autres. L'équipe de traque qui allait prendre le relais serait celle de Lazourenko. Bouroukhine n'en ferait pas partie, parce qu'il devait assister aux obsèques d'Andreï le lendemain. Au matin du 18 décembre, Lazourenko et ses hommes gravirent la colline derrière le village afin de rejoindre la piste. Pendant ce temps, pour la deuxième fois en moins de quinze jours, une procession funéraire prenait la direction du cimetière. Quand le temps est extrêmement froid, l'air acquiert une qualité presque friable. Les arbres pris dans le givre ressemblent à du cristal. Les sons eux-mêmes sont différents, plus aigus, plus claquants. Au cimetière entouré d'un enchevêtrement d'arbres, la population de Sobolonié s'était rassemblée autour de la sombre fosse creusée dans le sol gelé. Selon la coutume, les parents et les amis y jetèrent une poignée de terre. Ces mottes glacées atterrirent sur le couvercle du cercueil vide avec un bruit sec qui se répercuta à travers les bois, pareil au roulement d'un tambour.

Le village était anéanti et, pour ajouter encore à son accablement, un autre homme était maintenant porté manquant, un dénommé Kostia Novikov, qui était parti la veille en direction de la rivière Siptsy et n'avait pas reparu. Affluent de la Takhalo, ce cours d'eau coulait au nord du Troisième Torrent où, la veille, Trouch avait suivi la piste du tigre. L'animal qui rôdait dans les parages avait aisément pu revenir sur ses pas en flairant ou entendant une présence humaine. C'était peut-être ce qui l'avait détourné du village. Comme si cela ne suffisait pas, un groupe de chasseurs avait quitté Sobolonié pour se lancer à la recherche du disparu. Sacha Dvornik, l'ami de Markov, se trouvait parmi eux : « Nous sommes tous partis à sa recherche, racontera-t-il en 2004 au réalisateur Sasha Snow. Comme il n'était pas revenu le lendemain, nous avons pensé que le tigre l'avait eu. »

Trouch était convaincu que l'animal n'avait pas fait marche arrière et qu'il leur fallait rester concentrés sur Sobolonié. Mais Chtchetinine ne voulait pas prendre le moindre risque, si bien qu'il donna l'ordre à Trouch et à ses hommes de remonter jusqu'à la Siptsy et de s'assurer que Novikov avait été retrouvé. Le 18 décembre, tandis que l'équipe de Lazourenko reprenait la piste du tigre, celle de Trouch, à laquelle s'était joint Chtchetinine, roulait en direction de la Siptsy. « Il y avait une ancienne route de forestiers, se souvient Trouch. Nous y avons vu un camion avec trois hommes à son bord. Il s'est avéré que Novikov s'était perdu et qu'il avait passé la nuit dehors dans la forêt. »

« Il marchait comme s'il était blessé et tombait tous les cinquante mètres, se souvient Sacha Dvornik. Il n'avait plus de force. »

Il ne fut jamais établi si l'homme s'était réellement perdu ou bien s'il était trop saoul pour retrouver son chemin. Quoi qu'il en soit, il pouvait se vanter d'avoir eu de la chance. Après que ses amis l'eurent retrouvé ce jour-là, il ne quitta plus le village. Trouch poursuivit son chemin avec Chtchetinine, le long des routes forestières, décrivant un large cercle autour de Sobolonié. Les deux hommes voulaient s'assurer que le tigre était toujours dans les parages et vérifier s'il n'y avait pas avec lui d'autres de ses congénères. « Nous avons couvert un vaste périmètre d'environ cent soixante kilomètres, rapporte Trouch, et réussi à y dénombrer cinq tigres, mais celui que nous recherchions se trouvait en plein cœur de cette zone. »

Cette découverte leur compliquait la tâche. Certes, ils n'avaient jamais pensé que ce spécimen était le seul de son espèce dans la région, mais ils n'avaient pas imaginé que les autres tigres seraient aussi nombreux. Toutefois, aucun n'avait des pattes de la taille de celui qui les intéressait. Sans pouvoir l'affirmer avec certitude, Trouch estimait que ce périmètre, bien que très vaste, pouvait bien correspondre au territoire de ce tigre et que la présence des femelles et des petits y était tolérée par le maître des lieux.

Le 19 et le 20 décembre, la traque se répéta selon le même schéma. À plusieurs reprises l'équipe perdit la piste du tigre pour tomber sur celle d'un de ses congénères. « Cette battue nous prenait un temps fou tant la couverture de neige était épaisse, relate Trouch. Sa blessure le retardait et la traînée creusée par sa patte blessée allait s'élargissant. Il fatiguait et nous aussi. C'était le but recherché. »

« Il marchait sans cesse, se souvient Denis Bouroukhine qui reprit la traque le 19 décembre. Il avançait toujours plus loin, mais il ne marchait pas normalement, il sautillait tout le temps et il ne s'allongeait jamais. » Quand on lui demande s'il pense que le tigre se savait suivi, il répond : « J'en sais rien. Il ne pouvait pas nous dire ce qu'il savait et ce qu'il ne savait pas. »

Pionka, pour sa part, estime que le fauve se trouvait beaucoup trop loin devant eux pour sentir leur présence sur ses traces, mais Trouch est d'un autre avis : « Ce jour-là, nous avons vérifié ses empreintes entre quinze et vingt fois, dit-il, et la distance entre lui et nous se réduisait. Je suis presque certain que par moments il nous a entendus, mais je ne pense pas qu'il avait peur de nous. »

Depuis qu'il avait quitté le lieu où il avait abandonné les restes d'Andreï Potchepnia, le 15 décembre, le tigre était demeuré sur les hauteurs dominant Sobolonié. Peut-être essayait-il de revenir à ses anciennes méthodes de chasse et à ses proies traditionnelles. Peut-être au contraire hantait-il les environs du village dans l'espoir de surprendre un homme isolé. Or son parcours, bien que concentrique, le rapprochait chaque jour un peu plus des habitations. Au soir du 20 décembre, l'équipe de Lazourenko rapporta que l'animal venait de franchir le Premier Torrent, un cours d'eau coulant au nord du village. Un petit troupeau de sangliers avait été repéré dans le coin et il semblait que le tigre les avait chassés, cette fois encore sans succès. Toutefois, un autre spécimen plus petit rôdait aussi dans les parages et avait réussi à attraper une jeune proie. Lazourenko et ses hommes découvrirent la dépouille de l'animal ainsi que les empreintes du tigre blessé recouvrant celles de son congénère. Peut-être était-il parvenu à faire fuir cet autre tigre plus petit que lui. En tout cas, il avait mangé ce qui restait du sanglier. Ce repas n'avait cependant pas suffi à le rassasier, alors qu'à moins de cinq cents mètres de là se trouvait Sobolonié. Les hommes continuèrent de suivre la piste qui menait tout droit au village. Le moment tant redouté par Trouch était arrivé. Les Kung furent immédiatement repositionnés et les habitants avertis, une mesure superflue car les chiens avaient déjà donné l'alarme.

« D'où nous étions, nous pouvions voir Sobolonié, sentir la fumée des cheminées et entendre les aboiements des chiens. Nous étions tout proches, à deux ou trois cents mètres au plus. Le tigre a marqué une halte, il a tendu l'oreille, humé l'air et porté son regard vers les maisons. » Et c'est à ce moment-là que, pour une raison inexplicable, l'animal a rebroussé chemin. « Peut-être nous avait-il entendus regagner le village et c'est ce qui l'a fait battre en retraite. »

Ses traces partaient vers l'ouest, décrivant un cercle autour du village, mais il faisait trop sombre à présent pour les suivre. Tout portait à croire que l'animal faisait un tour de reconnaissance à la recherche du meilleur point d'entrée. « Nous ne pouvions pas être sûrs qu'il ne reviendrait pas, rapporte Trouch. Nous avons pensé qu'il allait s'en prendre aux chiens, parce qu'il ne s'était pas nourri depuis longtemps. »

Décembre touchait à sa fin et les nuits qui allaient suivre seraient les plus longues de l'année. La lune décroissante était dans son dernier quartier et sa faible clarté projetait des ombres trompeuses qui zébraient les potagers et les basses-cours telles les rayures d'un tigre. Dans ce paysage incertain et mouvant, seules les silhouettes trapues des maisons semblaient solides. Les conditions étaient idéales pour un fauve désireux de passer inaperçu, car il n'y aurait que ses empreintes pour trahir sa présence. Au village, toute activité humaine avait cessé. « Dès la tombée de la nuit, j'ai fait rentrer tout le monde, relatera Dvornik par la suite. Les corvées d'eau et de bois devraient attendre le lendemain. Il n'y avait plus un mouvement dehors. »

Les craintes devenaient certitudes. Le tigre était parmi eux, derrière leurs fenêtres. Les habitants de Sobolonié s'étaient calfeutrés chez eux, tels les Danois retranchés au château d'Heorot attendant l'assaut du monstre Grendel dans l'épopée de Beowulf. À minuit, le générateur s'étant arrêté, plus aucun bruit ne troubla le silence que celui des chiens. Leurs hurlements affolés ricochaient sur les façades des maisons en laissant derrière eux un faible écho pareil à une ombre acoustique. À eux tous, ils constituaient une sorte de système de géolocalisation des prédateurs. Quand l'un de ses membres arrivait à une certaine hauteur dans les aigus ou bien cessait brutalement d'émettre, chiens et hommes savaient, fût-ce pendant un bref instant, où se trouvait le tigre. Mais ce système d'alarme primitif, bien que d'une efficacité éprouvée, ne constituait malheureusement pas une défense contre le fauve. L'obscurité était son domaine. Les chiens pouvaient hurler et gronder tant qu'ils voulaient, au final ils étaient impuissants face à cette créature qu'ils sentaient sans la voir. La nuit déjà interminable n'en paraissait que plus longue encore. Autour du village, les crêtes boisées se découpaient sur un fond de ténèbres profondes et le long de cette bordure vacillante les étoiles se déplaçaient imperceptiblement dans les cimes des arbres, encerclant hommes et bêtes. Les branches enchevêtrées tressaient une vannerie scintillante sur le noir du ciel et à l'intérieur de cette nasse le tigre rôdait, à la recherche de sa prochaine proie.

21

Qui s'en est laissé imposer par toi, te connaît.
Les tigres de la colère sont plus sages que les chevaux du savoir.

William Blake, *Le mariage du Ciel et de l'Enfer*

Attendre l'attaque d'un tigre, c'est comme attendre l'explosion d'une bombe. Personne n'arrivait à dormir. Trouch était sur des charbons ardents, mais il n'y avait rien qu'il pût faire tant que le soleil ne se serait pas levé. Quand enfin apparut la première clarté du jour le plus court de l'année, la température était si glaciale qu'il fallut près d'une heure pour démarrer les camions. Puis Trouch et ses hommes firent le tour de Sobolonié afin de s'assurer qu'il ne manquait ni chien ni bétail. En dehors des aboiements frénétiques, les villageois qui sortaient de chez eux encore tout effarouchés n'avaient rien entendu d'inhabituel. Dans l'intervalle, Lazourenko et son équipe avaient repris la piste du tigre à l'endroit où ils l'avaient abandonnée la veille. À l'examen, il apparut que l'animal avait évité Sobolonié. « Je ne saurais expliquer pourquoi, mais le fait est qu'il n'y est pas entré », déclare Trouch.

Curieusement, en dépit des nombreuses proies faciles qu'il offrait, le village avait été dédaigné par le tigre. Compte tenu de son état, ce comportement témoignait d'une exceptionnelle retenue. L'animal avait peut-être senti la présence des hommes venus le chasser. Peut-être cherchait-il une cible isolée.

Il était reparti vers l'ouest, vers les hauteurs, suivant le tracé du Premier Torrent. Bouroukhine, qui accompagnait Lazourenko, voyant la direction que prenait la piste et la rectitude de sa trajectoire, fut gagné par un affreux pressentiment, car à un peu plus de six kilomètres de là, de l'autre côté d'une crête de faible altitude, à la source d'un autre torrent baptisé Svetlyi (les eaux claires), se trouvait la cabane de Gricha Tsibenko. Dans la vallée de la Bikine, les gens ne verrouillent pas leur porte. L'hospitalité est une ressource que les amis et les voyageurs de passage trouvent encore en abondance dans la région. Bouroukhine se dit que des hommes s'y étaient peut-être arrêtés pour bivouaquer. En outre, Andreï Oksimenko, l'individu que Chtchetinine avait désarmé trois jours auparavant, était connu pour chasser dans le coin. Or on était sans nouvelles de lui.

Cela faisait maintenant une semaine que le tigre ne s'était pas alimenté ni reposé, ce qui n'aurait pas été si grave en une autre saison. Mais la température arrivait maintenant à − 25 °C, chutant parfois jusqu'à − 45 °C. La quantité de viande nécessaire pour maintenir à 65 °C au-dessus de l'air ambiant une masse de chair de la taille d'un tigre est de l'ordre de vingt kilos par jour. Entre ses blessures, le froid mordant, la faim qui lui tordait les entrailles et les chasseurs à ses trousses, cet animal subissait un énorme stress. Sans compter qu'il risquait d'être défié par un autre mâle qui pouvait le tuer ou l'évincer de son territoire. Mais pour l'heure, tandis que Lazourenko conférait avec Bouroukhine et informait Trouch par radio de sa destination probable, se procurer de la viande était sans doute la première préoccupation du fauve. L'hiver ne faisait que commencer dans la taïga, et sans une prise substantielle son métabolisme était menacé d'une panne générale. Il risquait de mourir de froid avant de mourir d'inanition.

Markov avait réussi à ravaler ce tigre à son propre niveau en faisant de lui un braconnier qui allait devoir enfreindre ses propres lois pour trouver de quoi se nourrir. Bouroukhine avait vu juste : le tigre se dirigeait tout droit vers la cabane de Tsibenko. Quand il arriva sur place le 21 décembre, à la tombée de la nuit, l'animal explora les lieux à la recherche de chiens, d'une cachette de viande ou du propriétaire. N'ayant rien trouvé, il se mit à renverser tout ce qu'il y avait à l'extérieur de la cahute. Tombant sur de grandes écuelles en métal, il les massacra à coups de dents. Ses visites chez Markov, au camp des cantonniers et à la cabane de Tsepalev lui avaient appris beaucoup de choses sur le monde des hommes, un savoir qu'il mit à profit chez Tsibenko. Quand il ne resta plus rien sur quoi il pût se défouler à l'extérieur, il trouva une fenêtre qu'il brisa pour s'introduire dans la place.

Il faut voir un tigre entre quatre murs pour comprendre combien cet animal appartient aux grands espaces. Les cabanes de braconniers sont petites par nécessité et le tigre emplissait celle-ci comme un chat enfermé dans un aquarium. Enragé de voir que Gricha Tsibenko n'était pas chez lui, il mit l'endroit sens dessus dessous dans l'espoir de trouver ne serait-ce qu'un morceau de viande. Arrivant au matelas dont se dégageait l'odeur puissante du propriétaire des lieux, il le mit en pièces puis s'allongea sur ses restes en lambeaux. Le hasard ou une analyse de ses récentes chasses à l'homme lui avait permis de peaufiner sa technique. Associant les succès remportés par la mise à sac d'une cabane et par la destruction d'un matelas, il combina ici ces deux activités et ce faisant réussit à se réchauffer. Il n'avait plus qu'à attendre patiemment à l'intérieur que sa proie tombe dans la souricière qu'il lui avait tendue.

Nul ne sait combien de temps il resta là, mais par miracle, dans un monde où les miracles sont rares, Tsibenko ne rentra pas chez lui ce soir-là. Trouver un tigre dans son lit en regagnant son logis est une histoire digne d'un conte populaire comme il s'en raconte beaucoup chez les Nanaïs et les Oudégués. Quoi qu'il en soit, l'animal a fini par se lever et partir. Peut-être était-il las d'attendre ou peut-être avait-il flairé l'odeur d'Andreï Oksimenko remontant la route du Svetlyi.

Vladimir Chibnev connaissait très bien cette route pour avoir participé à sa reconstruction à l'époque où il travaillait pour la société d'exploitation forestière. Elle longeait le torrent sur environ cinq kilomètres avant de se terminer en cul-de-sac dans une cuvette boisée. À moins de grimper la crête derrière Sobolonié, la seule façon d'y arriver en partant du village était de rouler vers le sud sur huit kilomètres jusqu'à Iassenovié, puis de tourner vers l'ouest et de rejoindre la route principale sur trois kilomètres jusqu'au panneau indiquant le Svetlyi. La corniche longeait le torrent par le nord presque jusqu'à la cabane de Tsibenko, discrètement nichée parmi les arbres. Tandis que Lazourenko, Bouroukhine, Smirnov et Kopaïev suivaient à pied la piste du tigre, Trouch, Chibnev, Gorboroukov et Pionka roulaient à bord du Kung jusqu'au Svetlyi, où ils espéraient intercepter l'animal. L'étau se resserrait. « Nous avions le sentiment qu'en franchissant cette crête nous le trouverions là », rapporte Bouroukhine.

Le trajet était de seize kilomètres à peine mais, retardés par divers empêchements, Trouch et ses hommes arrivèrent au torrent juste avant midi. À l'arrière du Kung, le râtelier où ils rangeaient leurs fusils était vide, car ce matin-là chacun avait préféré garder son arme près de lui. En 1997, dans la Russie livrée au chaos, il était possible de se procurer des surplus militaires à des prix défiant toute concurrence. C'est ainsi que les fusils de Chibnev et Pionka étaient chargés avec des balles conçues pour percer des véhicules blindés. Ces projectiles appelés BZ peuvent traverser une épaisseur d'acier de deux centimètres avant d'exploser. Trouch, parce qu'il disposait d'un budget pour l'achat de munitions, utilisait des balles dum-dum plus traditionnelles. Ces balles sont munies à l'avant d'un noyau en plomb qui s'épanouit comme un champignon au moment de l'impact en déchirant tout sur son passage. Faites pour arrêter des hommes lancés à l'assaut, les BZ, comme les dum-dum, seraient impuissantes contre le danger qui les menaçait. L'impact d'un tigre à l'attaque est comparable à celui d'un piano tombant du deuxième étage d'un immeuble. Mais contrairement au piano, le tigre est conçu pour résister au choc et poursuivre l'offensive.

L'équipe de Lazourenko crapahutait le long du Premier Torrent quand Gorboroukov au volant du Kung s'engagea sur la route du Svetlyi. À ce moment-là, sortant des bois, le tigre marchait vers le sud et venait à leur rencontre. Entre lui et le camion se trouvait Andreï Oksimenko qui se dirigeait à pied vers le nord, s'exposant à une collision avec le prédateur. Il était armé, parce qu'il avait réussi à remplacer la carabine que Chtchetinine lui avait confisquée. Toutefois, ce tigre ne craignait pas particulièrement les armes à feu. Trouch et ses hommes ignoraient la présence d'Oksimenko dans les parages. Ils avançaient donc lentement. Les larges pneus du Kung creusaient des ornières dans la neige, et de la fumée s'échappait du fourneau à bois à l'arrière du camion où étaient assis Chibnev et Pionka qui ne pouvaient pas voir grand-chose à travers les étroites fenêtres latérales.

Dans la cabine, Trouch était installé à la place du passager avec sa chienne Guitta et scrutait la route à la recherche d'empreintes. Ils tombèrent bientôt sur une piste et Trouch descendit du camion avec sa carabine pour l'examiner, tandis que Pionka et Chibnev faisaient de même à l'arrière. Ces hommes connaissaient maintenant par cœur les empreintes de cet animal. Celles-ci appartenaient à un autre tigre. Ils remontèrent dans le Kung et repartirent en direction du nord. Le temps restait au beau fixe. La température extérieure était de − 30 °C et un soleil resplendissant brillait sur la couverture blanche pareille à du sucre glace. Ici et là, le long de la route, les bouleaux ployaient sous le poids de la neige et leurs branches fourchues plongeaient vers la terre tels des éclairs arrêtés dans leur course. Repérant d'autres empreintes, Trouch, Chibnev et Pionka sautèrent encore une fois du camion. La trace était ancienne et là encore ce n'était pas celle de leur tigre. Elle appartenait probablement à l'animal dont ils avaient déjà vu les marques de pas un peu plus tôt. Ils avaient parcouru un peu plus de deux kilomètres à ce rythme lent ponctué d'arrêts.

Cela faisait maintenant une semaine que ces hommes pourchassaient le tigre. Ils étaient fatigués, sales et n'aspiraient qu'à en finir avec cette histoire. Pourtant ils ne renoncèrent pas. Cette route déserte, au milieu de nulle part, offrait une voie relativement praticable. Le fauve plus affamé que jamais venait de l'emprunter, de même qu'Oksimenko, chacun marchant d'un bon pas à la rencontre de sa destinée. Mais voilà que le Kung qui grimpait poussivement une pente escarpée venait troubler l'ordre des choses. En entendant son moteur grincer dans le silence, l'homme et la bête, tous deux *taïojniki* accomplis, eurent la même réaction : ils quittèrent la route pour aller se cacher. Le hasard voulut que chacun tournât vers sa droite, si bien qu'ils se retrouvèrent sur les bords opposés de la route, l'œil et l'oreille aux aguets. Trois cents mètres à peine les séparaient l'un de l'autre. Si le camion n'était pas venu les déranger, la rencontre aurait eu lieu deux petites minutes plus tard. Oksimenko était loin de s'en douter, quant au tigre, la réponse de Denis Bouroukhine résume tout : « Il ne pouvait pas nous dire ce qu'il savait et ce qu'il ne savait pas. » Nul ne pouvait dire non plus qui aurait survécu et qui serait mort.

Trouch, qui continuait de scruter la neige intacte sur les bords de la route, repéra tout de suite la trace de fuite d'Oksimenko. Le camion fit aussitôt une nouvelle halte. Les empreintes étaient toutes fraîches et Trouch ne s'expliquait pas leur présence à cet endroit. « Nous avions prévenu absolument tout le monde, dit-il encore visiblement chagriné. Ces gens n'étaient pas sans savoir que nous avions déjà deux morts sur les bras et pourtant ils s'entêtaient à sortir en forêt. » Il ne savait pas qui était là, mais il devait prendre une décision rapide. Soit il recherchait cet idiot, soit il continuait à poursuivre le tigre. Chtchetinine n'étant pas là, c'était à lui de trancher. Or il en avait plus qu'assez des braconniers et des villageois indociles, et il avait le sentiment que le fauve n'était plus très loin. Il fit donc signe à son chauffeur de redémarrer. Moins d'une minute plus tard, il aperçut sur sa gauche la trace d'un tigre. Il était à ce moment-là un peu plus de midi et de nouveau ils s'arrêtèrent. Cela faisait plusieurs fois que Trouch descendait de ce camion et il en avait marre de prendre son arme. Alors cette fois il la laissa dans la cabine. Chibnev descendu à l'arrière avec Pionka se rappelle avoir pensé : « Quoi encore ? » Eux aussi laissèrent leurs armes dans le camion.

Les trois hommes s'avancèrent ensemble vers le bord de la route et, bien qu'encore loin, ils eurent la certitude que ces empreintes étaient celles de leur tigre. Elles menaient à une clairière de cinquante mètres sur vingt-cinq. La vue était parfaitement dégagée. L'animal, où qu'il soit, continuait de jouer à cache-cache avec eux. Pionka fit quelques pas dans la clairière et se pencha pour tâter les bords d'une des empreintes. Ils s'effritèrent au contact de sa main. Pionka est d'un naturel plutôt calme. Tout le monde fut donc très surpris quand il s'exclama : « Bordel ! Elle est toute fraîche ! »

D'un même élan, les trois hommes se ruèrent vers le camion pour y récupérer leurs armes. Guitta, le poil hirsute, courait en rond en aboyant. Le moment fatidique était arrivé. Devant eux s'ouvrait la clairière qui remontait légèrement vers l'ouest. C'était une ancienne plateforme de chargement pour le bois qui avait été défrichée et arasée. Dépassant de la couverture de neige immaculée, on apercevait ici et là quelques restes de végétation de l'été : des tiges nues d'absinthe, de pied-de-corbeau ou encore de framboisier et des brins d'herbe hauts et dorés. Traversant cette page vierge, la piste du tigre partait en direction du sud-ouest et disparaissait dans la forêt qui était à cet endroit un mélange disparate de cèdres, de sapins, de trembles et d'ormes dont les sous-bois enchevêtrés n'offriraient pas un passage facile.

Guitta, partie en avant, revint en courant vers eux avec des glapissements affolés et les hommes ôtèrent la sécurité de leurs armes. Trouch avait également ouvert l'étui de son couteau, pourtant il continua d'avancer avec son fusil à l'épaule comme à la parade. Chibnev tenait le sien appuyé sur son épaule gauche, le doigt sur la détente, et

Pionka brandissait le sien comme s'il s'apprêtait à donner l'assaut contre un bunker. Gorboroukov, de son côté, avait lâché son volant et verrouillait le camion comme chaque fois qu'ils quittaient leur véhicule pour un certain temps. En d'autres circonstances, son geste aurait semblé comique, mais dans le cas présent il suscita d'autres sentiments quand leur chauffeur leur lança : « Avancez, les gars, je vous rattrape. »

Sans l'attendre, ses compagnons suivirent la trace inégale du tigre blessé. Sa patte droite ne laissait même plus de marque dans la neige à présent. Bien que le terrain fût parfaitement dégagé, les hommes marchaient en file indienne, comme ils en avaient l'habitude. Trouch en tête, suivi de près par Chibnev et Pionka. Les aboiements frénétiques de Guitta leur mettaient les nerfs à fleur de peau. Ils balayaient du regard la clairière puis la lisière de la forêt qui se dressait devant eux tel un sombre mur.

Le soleil brillait d'un éclat aveuglant sur la neige. Les seules ombres étaient celles que projetaient les hommes, des ombres longues bien qu'il fût midi. Guitta continuait son manège consistant à foncer devant eux pour revenir ensuite vers son maître avec force aboiements, mais elle ne donnait aucune indication claire quant à la position du tigre, car elle-même l'ignorait. Tout en marchant, les hommes scrutaient la clairière où même un lapin n'aurait pas trouvé à se cacher, puis ils contemplaient devant eux la forêt et commençaient à y entrevoir une énorme embuscade. En dehors du chien, tout était calme et immobile. Derrière eux, un filet de fumée s'échappait paresseusement de la cheminée du Kung et partait vers le nord. Gorboroukov se trouvait toujours là, près de la porte arrière, tenant sa carabine tel un balai. Dans la clairière, les frêles tiges et les brins d'herbe hochaient la tête d'un air rassurant comme pour leur signifier que tout se déroulait comme prévu. Les hommes avaient parcouru une vingtaine de mètres quand Chibnev, pris d'un soudain pressentiment, déclara d'une voix calme : « On devrait se déployer, les gars. »

Une fraction de seconde plus tard, une explosion secouait la clairière.

En cas d'attaque, le premier impact ne vient pas du tigre lui-même, mais de son rauquement. En plus d'être aussi puissant que le bruit d'un réacteur, ce son a la capacité terrifiante de se disperser dans l'espace et de sembler venir de partout à la fois. C'est une expérience sidérante. Celui qui la vit a l'impression que son esprit se dissocie de son corps et que l'appareil neurologique censé l'aider dans un moment pareil est totalement paralysé. Les scientifiques et les chasseurs qui connaissent bien ces animaux, quand ils parlent de ce rugissement, décrivent moins un bruit qu'une sensation qui envahit tout le corps. Des biologistes parmi les plus dignes de foi jurent avoir senti le sol trembler sous leurs pieds. Un chasseur russe, pris par surprise, se souvient d'avoir pensé qu'une retenue d'eau venait de se rompre quelque part. Bref, au plan acoustique le feulement du tigre produit le même effet qu'une catastrophe naturelle. Il fait ressurgir en l'homme la crainte de Dieu. « Il vous déchirait l'âme », voilà les mots qu'emploie Iouri Pionka pour décrire le cri de ce tigre ce jour-là dans la clairière. « J'avais déjà entendu des tigres dans la forêt, raconte ce chasseur oudégué. Mais je n'avais jamais rien entendu de tel. Ce rugissement vous glaçait le sang dans les veines. »

Ce qui arriva ensuite ne dura pas plus de trois secondes. Le tigre, invisible tout d'abord, apparut soudain, suspendu dans les airs. Ce que ses dents font à la chair, ses yeux le font à la psyché, et les yeux de ce tigre étaient fixés sur Trouch. Il était sa cible et pour lui l'homme était déjà mort. Il fondit sur sa proie dont il n'était séparé que d'une dizaine de mètres. Son grondement vibra dans la poitrine et dans le crâne de sa victime avec la force d'une avalanche. Trouch réussit pourtant à épauler sa carabine. À ce moment précis, tout ce qui l'entourait disparut – la clairière et la forêt au-delà –, il ne resta plus dans son champ de vision que le canon noir de son arme pointé sur une forme indistincte aux yeux jaunes et aux crocs étincelants qui grandissait à chaque fraction de seconde. Trouch pressa la détente, un geste dérisoire face à la férocité d'une patte aussi redoutable qu'un marteau qui se levait pour asséner le coup mortel.

Le scénario se répétait : un espace dégagé; un homme armé et sur ses gardes; et un tigre qui n'apparaît qu'au moment où il choisit de se montrer, comme s'il surgissait de terre, en ne laissant à sa victime ni le temps ni la possibilité de réagir. Trouch allait connaître une mort exactement identique à celle de Markov et de Potchepnia. Nous n'étions plus dans un conte populaire et pourtant seul un sortilège ou les pouvoirs magiques d'un chaman auraient pu empêcher l'issue fatale. Sa carabine semi-automatique bien que chargée de cartouches pour la chasse au tigre ne serait pas suffisante. Trouch était croyant et désormais il ne pouvait plus compter que sur une intervention divine.

Mais dans cette clairière, il n'y avait que Pionka et Chibnev. Si Dieu devait se manifester, ce serait forcément par l'intermédiaire de ce dernier, car c'était lui qui avait eu une prémonition en demandant à ses compagnons de se déployer. C'était grâce à ce pressentiment qu'il se trouvait maintenant aligné avec Pionka, de sorte que leurs lignes de mire respectives ne se rencontraient pas. N'ayant pas le temps de réfléchir, ni même d'avoir peur, les deux hommes obéirent à leur instinct et laissèrent agir la mémoire du corps. Pourtant tous deux eurent assez de présence d'esprit pour analyser la situation en quelques fractions de seconde, comme le font les athlètes de haut niveau. Face à un tigre en plein vol et à un homme désigné pour mourir, une scène qui laisserait la plupart des gens cloués sur place comme l'était Gorboroukov près du camion, Chibnev et Pionka comprirent qu'ils ne pourraient plus faire feu une fois que l'animal se trouverait sur Trouch, parce qu'alors leurs redoutables projectiles tueraient aussi leur compagnon. Il leur fallait donc abattre la bête tant qu'elle était encore en l'air. À ce moment précis, ces deux hommes transformés en *deus ex machina* accomplirent l'intervention divine qu'attendait leur camarade.

D'instinct, ils épaulèrent leurs armes comme l'avaient fait Trouch, et avant lui Markov et Potchepnia. « J'ai commencé à tirer comme un malade, relate Chibnev. Je le revois volant au-dessus de nos têtes et brandissant sa patte droite. »

Entre l'instant où le tigre leur apparut et sa collision en plein vol avec Trouch, à peine trois secondes plus tard, Chibnev et Pionka tirèrent onze balles et Trouch deux. Malgré ce feu roulant, le tigre, toutes griffes et tous crocs dehors, heurta sa cible à pleine vitesse. Toute la charge de l'impact se concentra sur l'épaule droite de sa victime qui lâcha sa carabine. Désarmé, Trouch tendit les bras vers son agresseur et s'agrippa à pleines mains à sa fourrure, le visage enfoui dans son poitrail. Plus rien n'existait pour lui que la force implacable de l'animal, l'incroyable douceur de sa toison, le tonnerre des détonations produites par Pionka et Chibnev et ses propres muscles tendus comme des cordes. L'homme et la bête roulèrent au sol, enlacés l'un à l'autre tels deux lutteurs.

22

L'oiseau se détourne à son aspect,
Le tigre l'évite;
Un souffle de vent courbe son feuillage;
Le vent passe, il est empesté.

Alexandre Pouchkine, « L'Antchar »

L'écho du rugissement et celui de la fusillade se perdirent au loin, tandis que le vent du sud emportait la fumée des coups de feu. L'absinthe et le pied-de-corbeau continuaient de branler la tête comme pour dire que tout allait bien. Le Svetlyi coulait invariablement, silencieux et invisible sous sa croûte de glace. C'est alors qu'Alexandre Gorboroukov fit un pas en avant. Plus tard, il se rappellera l'impression de voir défiler un film au ralenti dans lequel il aurait été incapable d'intervenir. De même, pour Chibnev et Pionka, le déroulement des événements était aussi saisissant que les images d'un film, mais dans leur cas il n'était pas question de lenteur, bien au contraire. Entre l'instant où ils avaient mis les pieds dans la clairière et celui où ils avaient cessé de tirer, moins d'une minute s'était écoulée.

Le premier souvenir que Trouch ait gardé en mémoire est celui d'une voix lui demandant : « Iourka, t'es toujours vivant ? »

Avec l'aide de ses deux compagnons, le mort se releva et poussa plusieurs « oh » successifs. Il avait les yeux révulsés et pendant un court instant il se demanda s'il était déjà passé dans l'autre monde. Après avoir heurté Trouch, le tigre porté par son élan avait poursuivi sa course et culbuté par-dessus sa proie. Il gisait à présent dans la neige, frappant l'air de ses pattes secouées par les spasmes de l'agonie. Pionka l'acheva d'une dernière balle. Le tigre était maintenant bel et bien mort et Trouch était encore en vie. Effet du choc ou manifestation d'un sang-froid exceptionnel, le premier réflexe du rescapé, après s'être tâté pour évaluer ses blessures, fut de prendre sa caméra pour filmer la scène. « J'ai dit : "Bougez pas, les gars, restez où vous êtes !" Alors j'ai couru jusqu'au Kung pour y prendre mon caméscope. J'ai filmé le tigre, puis Pionka. J'ai filmé l'endroit où l'animal s'était caché en attendant de bondir sur moi. J'ai tout filmé. »

Le résultat est un enchaînement d'images confuses et frénétiques assorties d'une bande-son ponctuée de *mat*, cet argot russe aussi obscène qu'imagé qui puise ses origines dans le goulag et dans la pègre. Pendant les cinq à dix minutes qui suivent la mort du tigre et la résurrection de Trouch, les jurons fusent tandis que les hommes vont et viennent dans la clairière, rejouant les quelques secondes décisives où tout n'a plus été qu'une question de vie ou de mort.

L'absence de la carabine de Trouch dans toute cette agitation suscita beaucoup de perplexité. « Je n'arrêtais pas de me demander pourquoi le tigre ne m'avait pas attrapé par le cou, dit-il. Ce détail me taraudait et quand je me suis approché de sa dépouille, voilà ce que j'ai vu. »

Sa carabine était entrée dans la gueule du tigre jusqu'à la crosse. Celle-ci était fendillée, marquée d'empreintes de dents, et le tube à gaz fixé le long du canon avait été réduit en miettes. Voilà pourquoi Trouch avait reçu l'impact sur son épaule droite et pourquoi il s'en était sorti indemne. Finalement, tout s'était joué pour lui à quelques millimètres et fractions de seconde. De même, il ne devait sa survie qu'à l'intuition étrange et presque animale de Chibnev ainsi qu'aux réactions instinctives et précises de ses deux compagnons. On peut donc affirmer que sans la puissance surhumaine de leurs armes conjuguée à l'adresse et à la présence d'esprit héroïques de Pionka et de Chibnev, l'histoire aurait connu un tout autre dénouement. De quoi laisser pantois Ulysse et le capitaine Achab[1]. Voilà donc l'infime marge de manœuvre dans laquelle opère sans cesse le prédateur.

Trouch contacta l'autre équipe par radio, mais sans succès, car elle se trouvait toujours de l'autre côté de la crête. Il remercia alors ses hommes et réalisa une prise de vues triomphale de ses compagnons près du tigre mort, avec gros plans sur la gueule et les dents de la bête. Gorboroukov nota l'heure : 12 h 35. Bien que très amaigri, avec ses énormes pattes et ses crocs magnifiques, le fauve restait un spécimen aux mensurations impressionnantes. Sa tête était « grosse comme la lune », pour reprendre l'expression de Sacha Dvornik. Sa fourrure d'un brun roux était zébrée de larges bandes noires. Sur sa poitrine, la toison blanche et hirsute du bas-ventre se prolongeait jusqu'aux côtes. Ses yeux particulièrement bridés, même pour un tigre, formaient sur sa face un angle de près de quarante-cinq degrés. Partant du coin extérieur de l'œil,

1. Personnage du roman *Moby Dick*. *(N.d.T.)*

une bande noire les soulignait, pareille à un trait d'eye-liner.

Trouch parvint enfin à joindre Chtchetinine sur sa radio et reçut l'ordre de transporter la dépouille jusqu'au village. Chtchetinine voulait que les gens puissent le voir de leurs yeux, qu'ils sachent qu'il était mort et ne pouvait plus leur faire de mal. Tout étique qu'il fût, il leur fallut quand même s'y mettre à quatre pour le charger à bord du camion. Chibnev et Pionka montèrent à l'arrière avec le cadavre qui recouvrait entièrement le sol. Trouch était assis à l'avant avec Gorboroukov et bien qu'il ne fût pas fumeur il demanda à son chauffeur une cigarette. « Alors qu'il me la tendait, se souvient-il, il m'a dit : "Tu viens enfin de réaliser, hein ?" J'ai répondu "oui", et c'est alors qu'il a vu que mes mains tremblaient. »

Il fallut à Gorboroukov plus de temps pour s'apercevoir que Trouch saignait. Le tissu des sous-vêtements et le drap épais de sa veste avaient absorbé une bonne partie du sang. Néanmoins, Gorboroukov finit par comprendre que les déchirures dans les vêtements de Trouch avaient été causées par le tigre et qu'elles étaient plus profondes qu'il n'y paraissait à première vue. Trouch avait des marques de lacérations dans le dos, sur le bras et sur la cuisse. Sur la jambe en particulier, la blessure était profonde et devait être suturée, mais il n'y avait pas de fil dans leur trousse de secours. Quand ils arrivèrent à Sobolonié, les hommes recousirent la plaie à l'aide d'un équipement de fortune qui était couramment utilisé pendant la guerre d'Afghanistan et qui nous donne une idée des conditions épouvantables dans lesquelles les soldats soviétiques ont servi là-bas. Trouch fut en effet « raccommodé » au moyen d'un « hareng », du nom de la boîte de conserve servant à confectionner les agrafes. La méthode est simple, bien que peu hygiénique : à l'aide d'un couteau, on découpe une fine bande de métal dans une boîte de conserve. On pince ensuite les bords de l'entaille, on plie en deux la bande métallique qu'on place sur la blessure et on agrafe. L'opération doit être répétée autant de fois que nécessaire. Trouch n'a pas été examiné par un médecin. Sa blessure a été désinfectée à la vodka. Il a gardé ses « harengs » pendant une semaine, après quoi il les a ôtés lui-même.

Après que Trouch eut réussi à parler à Chtchetinine qui entre-temps avait appelé l'équipe de Lazourenko, Gorboroukov conduisit le Kung jusqu'à un carrefour enneigé, près du puits du village, où il se gara. Dès que l'arrière du camion fut ouvert, la nouvelle se répandit comme une traînée de poudre et bientôt les habitants de Sobolonié firent cercle autour des hommes de Trouch. Baba Liouda était présente, ainsi que Lida, la mère de Denis Bouroukhine, Danila Zaïtsev et Sacha Dvornik. Sur un fond d'arbres dénudés et de masures décrépites, la scène semblait sortie d'un vieux livre, comme si ces gens s'étaient réunis là pour contempler une sorcière ou le cadavre d'un hors-la-loi. Tandis que Chtchetinine fumait sa pipe et racontait toute l'histoire à l'assistance, Trouch, près de la porte arrière, tenait sa carabine démantibulée et aidait les gens à monter puis à redescendre du camion. Certains le remerciaient ou le félicitaient, tandis que d'autres lui jetaient des regards noirs.

Pionka et Chibnev étaient toujours assis sur les banquettes. À leurs pieds, le tigre se vidait de son sang. Le corps était encore chaud et près de ses énormes pattes, les bottes des deux hommes semblaient minuscules. D'une manière générale, les tigres ont une odeur très forte et celui-là dégageait un parfum musqué d'après-coït qui, s'ajoutant aux effluves des blessures mal cicatrisées, du sang et des corps mal lavés des deux hommes, empuantissait l'intérieur du camion. La curiosité des villageois était comparable à celle des visiteurs qui se pressent au mausolée de Lénine, à cette différence près qu'ici ils pouvaient toucher et ils ne s'en privèrent pas. Certains tâtèrent la dépouille, d'autres lui lancèrent des coups de pied ou des injures. D'autres encore restèrent près de la porte à observer d'un air impassible. Beaucoup n'avaient jamais vu un tigre de si près et sa taille les stupéfiait. « Il était tellement grand et beau, se rappelle Irina Pechkova, l'épouse du pompiste local. À le voir gisant là, je n'ai pas ressenti de pitié pour les deux hommes [ceux qu'il avait dévorés], mais j'ai plaint ce pauvre tigre. Je suis persuadée que ces gens lui avaient fait quelque chose pour qu'il se mette à tuer comme ça. »

Mais Lida Bouroukhina n'était pas de cet avis. Se souvenant de ses sentiments ce jour-là, elle déclare : « J'aurais voulu qu'on le tue une deuxième fois. »

Après avoir frôlé la mort, Trouch, qui avait tenu bon et réussi à soutenir ses hommes pendant deux semaines particulièrement éprouvantes, atteignit à ce moment-là son point de rupture. Le tigre enfin abattu, en présence de son chef et des villageois venus admirer le cadavre, il fut soudain rattrapé par le stress et l'horreur des quinze derniers jours. « La mère et la sœur d'Andreï Potchepnia sont venues, dit-il. Et de les voir là toutes les deux, ça m'a brisé le cœur. Quand elles ont posé les yeux sur le tigre, elles se sont mises à pleurer et je n'ai plus été capable de retenir mes larmes. J'étais tellement désolé pour ce pauvre Andreï. »

Quand les habitants de Sobolonié s'en furent mis plein la vue et eurent entendu toute l'histoire de la bouche de Trouch et de Chtchetinine, ce dernier ordonna qu'on referme le Kung. « Qu'est-ce que vous allez faire de lui ? » s'enquit une femme.

« On va en faire des raviolis », répondit près d'elle un pince-sans-rire.

Chtchetinine prit son adjoint à part pour lui demander d'évacuer le tigre et de le dépecer à l'écart du village. Ayant parcouru environ trois kilomètres sur la route menant au rucher de Potchepnia, Trouch ordonna à Gorboroukov de s'arrêter. Ils étaient suivis par l'équipe de Lazourenko et par Chtchetinine. Sur le bord de cette route forestière, le tigre fut extirpé du camion. On lui passa une corde autour du cou et c'est ainsi, en le tirant par cette laisse à une extrémité et par les pattes et la queue de l'autre, que les hommes le traînèrent dans la neige sur une vingtaine de mètres. Sacha Lazourenko se souvient qu'au moment où, leurs couteaux à la main, ils allaient se mettre au travail, Denis Bouroukhine s'approcha de Chtchetinine et lui demanda respectueusement : « Vladimir Ivanovitch, permettez-moi de lui flanquer un coup de pied de la part de mon copain. »

Cette permission lui fut accordée, et Bouroukhine frappa le tigre de la part d'Andreï Potchepnia.

Les hommes allumèrent ensuite un feu et commencèrent à dépecer la dépouille, en partant des pattes. Au cours de sa carrière, Chtchetinine avait brûlé des dizaines de peaux de tigre pour les soustraire au marché noir, mais il tenait à conserver celle-là et voulait qu'elle soit proprement enlevée, à la manière d'une descente de lit. Le soleil commençait à descendre derrière les arbres et le froid se faisait mordant, mais les dépeceurs travaillaient à mains nues, tandis que Chtchetinine debout près d'eux les regardait faire en fumant sa pipe. Tous les hommes présents étaient des maîtres de l'équarrissage, pourtant ils ne cessaient de commenter l'odeur de ce spécimen et l'extraordinaire épaisseur de sa fourrure. Quand ils ouvrirent la cage thoracique, le cœur était encore fumant.

Le plus gros du travail fut accompli par Trouch, Pionka et Chibnev, et les trois hommes profitèrent de cette occasion pour observer de plus près les blessures de l'animal. En plus de la profonde entaille à sa patte avant gauche, ils découvrirent que ce tigre avait également reçu à la patte droite deux tirs de chevrotine à bout portant. Le premier avait seulement traversé la peau, mais le deuxième avait pénétré l'articulation, et les plombs étaient encore fichés dans les tissus. Une seule des cartouches tirées par Trouch avait touché sa cible et celles de Pionka et de Chibnev étaient ressorties. Mais tandis que les hommes découvraient les chairs, en décollant délicatement la peau à l'aide de leurs couteaux de chasse, ils furent bien obligés de constater que l'animal avait essuyé plusieurs tirs, en plus de ceux de Markov. Ce tigre semblait avaler les balles comme Moby Dick les harpons. Outre les impacts laissés par eux-mêmes et par Markov, ils trouvèrent une balle d'acier provenant d'une autre arme et de nombreux petits plombs de grenaille. L'animal avait perdu le bout de sa queue, emporté par un projectile ou bien par le froid, et la cicatrice n'était pas récente. Il n'était pas prévu de l'autopsier dans les règles, mais cet examen préliminaire avait déjà permis d'établir que, dans le traumatisme de la période post-perestroïka, cette bête avait été la cible de dizaines de projectiles : balles, billes de grenaille et plombs de chevrotine. En fait, Markov n'avait pas été le premier à lui tirer dessus, mais plutôt le dernier. Comme le résume Denis Bouroukhine, « peut-être qu'un jour quelqu'un lui a envoyé une décharge de chevrotine et qu'ensuite il est devenu furieux après tout le monde ».

« Des hommes étaient responsables de l'agressivité de cet animal, déclare Trouch. L'incident avec Markov aura été la quintessence de tous ceux qui l'avaient précédé. »

Le tigre dépecé offrait un spectacle dérangeant. Débarrassée de sa peau, la tête, toute de dents et de muscles blancs, était terrifiante à regarder. C'était celle d'un *egoule* incarné. Dépliées, les jambes étaient aussi longues que celles d'un homme. L'estomac était vide. Sur le sol, la peau gisait telle qu'elle avait été détachée du corps, la face intérieure vers le ciel. Comme il devait sembler étrange de voir cette créature, il y a peu pleine de vie et de fureur, réduite à ce suaire plat et inerte que l'on plia d'abord en deux, dans le sens de l'échine, puis en quatre, en huit, comme le tapis qu'elle était devenue. Devant ces morceaux disjoints, soigneusement alignés sur la route ensanglantée dans la lumière du jour déclinant, il devait être tout aussi difficile de les associer à un tigre que d'associer à un avion les débris d'un crash.

23

Conformément à l'autorisation délivrée pour la période du 16 au 31 décembre 1997, un tigre de l'Amour a été abattu sous la supervision de I. A. Trouch. L'animal a été éliminé conformément au permis n° 731 délivré le 8 décembre 1997 par le Comité d'État à l'environnement de la Fédération de Russie.

Rapport final rendu par Iouri Trouch

Noël puis le Nouvel An arrivèrent et furent célébrés sans joie. La période était sombre, plus sombre encore depuis la mise en place du nouveau rouble à la suite d'une dévaluation efficace mais dévastatrice de la monnaie nationale. Déjà saignés à blanc, les habitants de Sobolonié furent moins affectés que les autres et continuèrent à vivre au jour le jour comme ils le faisaient depuis toujours. Même si ce n'était qu'une maigre consolation, la récolte de pignons de pin était bonne et sortir en forêt les ramasser n'était plus dangereux. Mais tous ne se sentaient pas rassurés. Dans le cœur et dans l'esprit d'Alexandre Potchepnia, le tigre était toujours vivant et rôdait à la recherche d'une proie. Par une nuit de janvier, sa hantise le rattrapa. Peu de temps après la fin de son service comme veilleur de nuit à l'école du village, il se donna la mort. Le père fut enseveli près de son fils dans une tombe anonyme.

Aujourd'hui Sobolonié semble figé dans le temps, prisonnier d'une époque où la perestroïka a produit ses effets les plus ravageurs. Ce ne serait pas si grave si des gens n'étaient également pris dans ce piège. À voir leurs visages et leur dénuement, on se croirait revenu dans la Russie de 1995 – soit l'équivalent des Appalaches dans les années 1935, lorsque tirer sa subsistance des seules ressources fournies par les montagnes vous condamnait à la misère. Dans l'intervalle, Piotr Jorkine est mort, de même que Boris Ivanovitch, le patron de la Société nationale d'exploitation forestière de la moyenne Bikine. Ce fut ensuite le tour d'Ivan Dounkaï. Sacha Dvornik a quitté la région après le décès de sa femme et Leonid Lopatine l'a imité. Sans perspectives d'avenir à Sobolonié, Denis Bouroukhine a déménagé à Loutchegorsk, où un ami l'a aidé à obtenir un emploi à la centrale électrique. Le trappeur et poète Tsepalev est parti lui aussi, en disant que s'il restait il boirait jusqu'à la mort. Andreï Onofreïtchouk n'a pas suivi son exemple. Sans emploi, il a sombré dans l'alcoolisme et a fini par se pendre à l'automne 2007. Cet hiver-là, les bureaux administratifs de Sobolonié ont été détruits par un incendie. Baba Liouda, Irina Pechkova, Lida Bouroukhina, les Potchepnia et les Onofreïtchouk sont tous restés au village, captifs de l'inertie et du confort d'un monde connu. Danila Zaïtsev est le seul qui semble être resté par choix. Modèle de stoïcisme face à l'adversité, il continue de maintenir en vie le générateur du village et travaille également comme conducteur d'engin pour une société privée d'exploitation forestière, où il est très respecté de ses collègues.

Tamara Borissova, la femme de Vladimir Markov, ne s'est jamais complètement remise de la terrible nouvelle apportée par Zaïtsev en cette lointaine soirée. Ses fils sont là pour veiller sur elle, mais son visage n'est plus qu'un masque de douleur et son esprit semble se rejouer sans cesse la perte de son mari. Elle passe ses journées seule à pêcher dans la Bikine, par tous les temps. La caravane et les ruches de Markov n'existent plus, mais les fils de Tamara se sont construit leur propre cabane à quelques centaines de mètres à l'ouest. Au regard de la loi, ce sont des braconniers, mais ils n'ont pas d'autre ressource et dans la Panchelaza le braconnage n'est plus ce qu'il était. « Ils ont abattu une bonne partie de la forêt, explique Alexeï. L'environnement a beaucoup souffert. La Bikine était autrefois une rivière profonde, mais aujourd'hui on la traverse à gué. Ils ont ouvert des routes partout dans la taïga et beaucoup de gens viennent ici maintenant [pour chasser et pêcher]. »

Alexeï est chaussé de bottes identiques à celles que portait son père au moment de sa mort et il se déplace sur une moto de la même marque et de la même couleur que celle de Markov autrefois. Ses meilleurs souvenirs remontent au temps où il travaillait avec lui au rucher et, bien qu'il approche maintenant de la trentaine, on lit encore dans son regard le chagrin laissé par la disparition de celui qui lui a légué son amour de la taïga. Alexeï a planté un pin coréen à l'endroit où les restes de son père ont été retrouvés et l'a entouré d'un cercle de cailloux. Il y a laissé une tasse, comme sur la sépulture de Markov, pour que les visiteurs puissent boire à sa mémoire. « Chaque fois que nous allons au cimetière, nous visitons sa tombe, explique Irina Pechkova, voisine de la famille. Nous apportons des fleurs, des bonbons et un peu de vodka. Va savoir qui la boit. Mais nous la laissons tout de même. »

Aujourd'hui encore, Tamara Borissova continue de clamer l'innocence de son défunt mari. Andreï Onofreïtchouk et Sacha Dvornik, ses plus proches amis, ont toujours maintenu que Markov n'avait rien fait à ce tigre. Ils en voulaient pour preuve les munitions qu'il avait choisies. « Il ne se servait jamais de cartouches, parce qu'il chassait avec ses chiens[1], soutient Onofreïtchouk. Il n'utilisait que des balles. »

« J'ai chassé aux côtés de Markov pendant plusieurs années, a déclaré Dvornik dans un entretien avec le cinéaste Sasha Snow. Je ne l'ai jamais vu se servir de chevrotine. Tout le monde vous le dira : avec lui, c'était de la grenaille ou des balles. »

Danila Zaïtsev était convaincu que l'animal avait été blessé avant sa rencontre avec Markov. Denis Bouroukhine, qui ne connaissait pas très bien l'homme, abonde dans son sens. « Dieu sait d'où pouvaient venir ces balles », dit-il.

Après son dépeçage, six projectiles furent extraits de la patte avant de l'animal. Envoyés à un laboratoire d'expertise scientifique à Oussourisk, près du principal poste-frontière du Primorié avec la Chine, ils furent analysés et comparés à la chevrotine de fabrication artisanale retrouvée dans la cartouchière de Markov. Selon Trouch, la composition du plomb était identique et l'examen formel opéré par les spécialistes en balistique confirma ses dires. « À l'évidence, il a relevé le défi que lui lançait le tigre et se croyait assez fort pour l'abattre », explique Trouch.

Vassili Solkine, le spécialiste des panthères, a la même analyse : « Markov ne pouvait pas rentrer au village. Il devait

1. Onofreïtchouk fait ici référence aux cartouches à chevrotine, dont les projectiles, en se dispersant, risqueraient de blesser les chiens. *(N.d.A.)*

rester et régler la situation. Mettez-vous à sa place. Cet homme était un *taïojnik.* S'il avait fui devant ce tigre, il n'aurait plus jamais été capable de remettre les pieds dans la taïga. Il n'avait pas d'autre choix que de mener cette bataille jusqu'au bout. Sinon, pour le restant de ses jours, il aurait eu peur de chaque arbre. La taïga ne l'aurait plus jamais laissé revenir. »

Fort de l'expérience de ses soixante-quinze années passées dans la vallée de la Bikine, Ivan Dounkaï a sa propre interprétation de la tragédie : « Jamais dans cette région on n'a vu un tigre attaquer et dévorer un homme. Autrefois, pour qu'un tigre attaque un homme, il fallait que l'homme ait été agressif avec lui. Personne n'apprécie de recevoir une balle ni d'être blessé. C'était donc le destin de Markov de finir mangé par un tigre. S'il avait accepté de passer la nuit chez moi, les choses se seraient terminées autrement. »

Trouch restait taraudé par une question. Il devait comprendre ce qui s'était exactement passé la nuit où Markov avait été tué. Avait-il cette fois encore tiré sur l'animal ? Trouch ne savait pas grand-chose, en dehors du fait que le fusil de Markov avait été subtilisé, sans doute par Onofreïtchouk. En mars 2007, ce dernier a déclaré qu'en arrivant sur les lieux, il avait trouvé l'arme ouverte dans la neige. « Il y avait une cartouche vide dans le canon, relata-t-il. Il avait fait feu une fois, puis il avait ouvert son arme pour la recharger, mais le tigre l'avait pris de vitesse. »

Sacha Dvornik avait gardé lui aussi un souvenir très précis de la scène : « Le fusil de Markov gisait près de l'empreinte de son corps dans la neige, rapporta-t-il en 2004. Il y avait deux cartouches par terre, une vide et une pleine. Markov avait réussi à sortir une nouvelle cartouche de sa ceinture, mais n'avait pas eu le temps de recharger son arme. »

La ceinture de Markov contenait une vingtaine de cartouches et quand Trouch la récupéra il en manquait trois. On n'en retrouva aucune dans sa caravane. Dès lors, on peut envisager que la première cartouche a été tirée aux alentours du 1er ou du 2 décembre, la deuxième dans la nuit du 3 décembre, et que la troisième est tombée dans la neige quelques minutes après. Comme Potchepnia et Trouch, Markov ne disposait que de deux ou trois secondes entre le moment où il a entendu le rauquement du tigre et celui de l'attaque. Son arme était déjà chargée et nous avons toutes les raisons de supposer qu'il a tenté de se défendre. On ignorait s'il avait touché sa cible, jusqu'à ce que l'autopsie réalisée sur le terrain par les hommes de l'inspection révèle que Markov avait atteint par deux fois le tigre au niveau de sa patte avant droite – une fois depuis sa caravane (ou dans les bois) et une autre fois juste avant d'être tué. Le fait qu'il ait tenté de recharger son arme au beau milieu de l'attaque nous informe sur l'urgence de la situation, mais aussi sur l'extraordinaire présence d'esprit d'un homme terrassé par la mort alors qu'il tentait dans sa panique d'insérer une petite cartouche dans l'étroit canon de son arme, de surcroît dans l'obscurité, par une température inférieure à zéro et face à un tigre qui bondissait sur lui d'une distance de quelques mètres.

Aujourd'hui, de cette confrontation il ne reste plus que le tigre. En rentrant à Vladivostok après la traque, Vladimir Chtchetinine a confié sa peau au musée Arseniev qui occupe un bâtiment historique au centre-ville, dans la rue Aleoutskaïa. Naturalisé, l'animal est désormais exposé derrière une vitrine. Soustrait à son environnement pour la satisfaction des curieux, il restera captif à jamais.

Iouri Trouch espérait que cette histoire aurait au moins l'avantage de servir d'exemple et de décourager les chasseurs imprudents et les braconniers en puissance. La force de l'image réussirait peut-être, pensait-il, là où la loi et les mises en garde avaient échoué. « Pendant l'enquête, j'ai envoyé à la chaîne de télévision locale les films vidéo réalisés sur les lieux de la disparition de Khomenko, de Markov et de Potchepnia, dit-il. Ils les ont passés à l'antenne et ont ensuite reçu de nombreuses protestations des téléspectateurs scandalisés qu'ils diffusent de telles horreurs. Les gens pensaient avoir vu un montage et ne comprenaient pas que ces images étaient bien réelles. À mon avis, tous ceux qui chassent et possèdent des armes à feu devraient obligatoirement voir ces films et en prendre de la graine. »

Il semblait indiscutable que dans le Primorié, cette affaire venait d'inaugurer une nouvelle ère dans les relations entre les humains et les tigres et que les probabilités que l'accident arrivé à Markov se reproduise étaient en augmentation. Vassili Solkine explique cette évolution par quatre facteurs : des armes de plus en plus puissantes et plus librement accessibles à tous, la multiplication des 4 × 4 importés du Japon, un meilleur accès à certaines zones par les routes forestières et l'érosion des valeurs traditionnelles de la chasse. « De nos jours, dit-il, le plus grand problème pour un tigre, ce sont ces “nouveaux Russes” qui ont les moyens de s'acheter des carabines étrangères équipées d'excellents dispositifs de visée, qui piétinent allègrement les règles écrites et orales de la chasse, qui ne sortent pas de leur jeep et tirent sur tout ce qui bouge sans même vérifier s'ils ont tué ou non leur cible. Ces gens sont un fléau. La situation aujourd'hui est très différente de ce qu'elle était il y a encore dix ans, parce qu'aujourd'hui si je croise un tigre dans la taïga, presque à coup sûr ce sera un tigre blessé. »

Selon Galina Salkina, zoologue exerçant à la réserve naturelle de Lazovskii Zapovednik et l'une des deux seules femmes travaillant à plein temps dans le milieu très viril de la recherche sur le tigre de l'Amour, environ quatre-vingts pour cent des animaux qu'elle autopsie ont été blessés par une arme à feu à un moment ou à un autre de leur vie, et à plusieurs reprises pour nombre d'entre eux. Parfois, l'histoire se termine comme celle-ci : en mai 2004, trois braconniers réussirent à s'introduire dans une zone frontalière interdite, à bord d'une puissante voiture de sport aussi grosse qu'un tank. Comme ils chassaient la nuit à la lueur des phares, ils visaient des yeux brillant dans le noir sans trop savoir sur quoi ils tiraient. L'un d'eux finit par toucher un tigre qui chargea sur leur énorme voiture, sauta à bord et porta un coup fatal à l'un des hommes avant que les deux autres ne parviennent à l'abattre. Le délit fut découvert, mais l'officier supérieur en charge de la zone en refusa l'accès aux enquêteurs. Dans les cas où les tigres survivent, ils peuvent garder ce souvenir en mémoire et se venger contre le prochain véhicule ou la prochaine personne qui présentera le même profil sensoriel.

Aucune attaque contre des humains n'a été enregistrée dans la vallée de la Bikine depuis 1997, mais il existe des preuves convaincantes que les tigres y sont chassés par des braconniers russes et autochtones. Malgré tout, on continue d'en voir fréquemment. Or les tensions ancestrales entre ces fauves et les éleveurs russes avec qui ils partagent la taïga persistent et sont aujourd'hui exacerbées par la raréfaction du gibier de même que par la destruction de leur habitat au profit des exploitations forestières. Face à ces animaux, l'attitude des humains varie selon l'histoire de chacun. Ainsi Sergueï Boïko, qui les respecte, a pourtant presque fini par perdre patience.

Au camp d'entretien du pont où il travaille, cinq des six chiens qui gardaient le site ont été tués par des tigres pendant l'hiver 2007-2008. « J'en ai plus que marre, lâche-t-il avec amertume. Ils ne me laissent jamais tranquille. J'avais fait une demande en vue d'obtenir un cheval, mais ensuite je me suis ravisé, car je craignais que lui aussi se fasse dévorer. Je ne peux pas élever de porc de peur qu'il soit mangé. Mon voisin a fait venir un cheval à son rucher et un tigre l'a tué. »

Sacha Dvornik, qui ne portait déjà pas les tigres dans son cœur, est resté profondément marqué par l'accident arrivé à Markov. « Je suis peut-être trop sensible, a-t-il confié à Sasha Snow. Mais je fais encore des cauchemars où je me vois ramasser les restes de Markov. Si j'avais su ce qui m'attendait là-bas, jamais je ne serais monté à sa cabane. Maintenant je suis déterminé à exterminer toute cette vermine. Pas un seul ne sera épargné. »

Baba Liouda, la chasseuse, se montre plus philosophe : « S'ils veulent rôder, qu'ils rôdent. Et s'ils veulent rugir, eh bien, qu'ils rugissent. »

Bien après qu'il eut rendu son rapport, Iouri Trouch est resté hanté par cette affaire et aujourd'hui encore il en garde les stigmates. « Les autochtones me disent que je porte maintenant la marque du tigre, dit-il. Certains refusent de me laisser dormir sous le même toit qu'eux. »

La croyance selon laquelle il serait marqué d'une tache indélébile reconnaissable par ces seuls fauves a été vérifiée en 2004 au centre de réhabilitation de la faune sauvage dirigé par Vladimir Krouglov, spécialiste de la capture des tigres. Trouch s'y était rendu en compagnie de Sasha Snow afin de filmer un tigre dans son environnement naturel. L'un des spécimens sauvés par Krouglov, un mâle de taille impressionnante, avait été baptisé Liouti, « le Féroce ». Ce qualificatif semblait exagéré pour un animal que les deux visiteurs avaient trouvé appuyé à la clôture du site, se faisant gratter le cou par Krouglov qui l'avait élevé depuis qu'il était bébé. Appelé ailleurs, Krouglov s'était éloigné en laissant Trouch, Snow et quelques autres visiteurs derrière le grillage d'où ils pouvaient observer et prendre des photos. Habitué à la présence des curieux, Liouti semblait parfaitement détendu jusqu'à ce qu'il repère Trouch. Alors, son humeur changea du tout au tout. Il fixa des yeux le nouveau venu, puis soudain, sans aucune raison apparente, il se mit à gronder et se jeta contre la clôture comme s'il voulait la renverser. Elle était bien sûr trop haute, mais deux cent cinquante kilos de muscle la heurtèrent avec une telle force que le grillage se déforma sous l'impact à l'endroit précis où se tenait Trouch. Celui-ci eut un mouvement de recul et tomba à la renverse comme s'il avait été mis au tapis par la seule énergie que ce tigre projetait sur lui. Snow se précipita pour l'aider à se relever. « Il était blanc comme un linge », se souvient-il.

Se rappelant cet épisode, Trouch pose la main sur son cœur et déclare : « J'ai senti un grand froid, ici. »

Rien n'expliquait comment cet animal bien nourri et socialisé avait pu agir ainsi et prendre Trouch pour cible. « Il existe peut-être une sorte de champ biologique, avance celui-ci. Peut-être les tigres perçoivent-ils des liens cosmiques ou partagent-ils un langage commun. Je ne sais pas. Je suis incapable de l'expliquer. »

Une telle interprétation des faits n'aurait surpris personne dans les clans de Dounkaï et de Pionka, et c'est la principale raison pour laquelle ceux qui ont conservé leurs croyances ancestrales évitent la compagnie des tigres. Lioubovna Passar est psychothérapeute. Cette Nanaï de cinquante ans associe dans sa pratique le chamanisme et la psychologie occidentale pour traiter des patients présentant une dépendance à la drogue ou à l'alcool. Pour elle, il s'agit « d'un tabou immémorial inscrit dans les gènes ».

Iouri Pionka s'inquiétait lui aussi de ces effets secondaires posthumes. Lors du dépeçage du tigre à Sobolonié, il avait touché une veine et du sang l'avait éclaboussé. Sur le moment, il avait réagi comme s'il avait été brûlé par une braise. Il avait aussitôt raclé les gouttes de sang en se servant de son couteau. « Si je peux dire une chose sur le tigre, c'est que cet animal est très malin, déclare-t-il. Il est capable de réfléchir et il pourchassera celui qui l'a offensé. Mon père est rentré [d'une sortie en amont de la rivière] pour le Nouvel An et, quand il a appris que j'avais participé à une chasse au tigre, il m'a dit : "Débarrasse-toi de tous les vêtements que tu portais et jette le couteau dont tu t'es servi pour le dépecer." »

Que le tigre soit physiquement mort n'y changeait rien. Dans l'esprit du vieux Pionka, cet animal était un *amba* et pouvait continuer d'exister au-delà de la mort. S'il y a eu d'autres rituels de purification, Pionka refuse d'en parler. En tout cas, après ça il a été frappé par un mal qui a duré plusieurs années, mais il semble à présent remis.

Trouch est un homme pour qui servir la loi, plus qu'un simple métier, est un véritable code de conduite. En tant que représentant de l'ordre dans une région reculée, tout son processus de réflexion s'appuie sur les faits et la logique – autrement dit ce qui peut être observé et prouvé. Toutefois, son vécu personnel et ses contacts réguliers avec les croyances indigènes ont ouvert son esprit aux pouvoirs surnaturels du tigre. « J'ai souvent entendu des chasseurs et des villageois dire que des faits étranges surviennent en présence d'un tigre, explique-t-il. C'est un peu comme quand un serpent hypnotise un lapin. Il exerce sur les choses et les gens une influence inexplicable et quand il est là des phénomènes magiques peuvent parfois se produire. »

Sachant cela, Trouch considère sa survie comme d'autant plus miraculeuse et pour lui le 21 décembre 1997 a été comme une deuxième naissance. Par la suite, pendant de longues années, les hommes de son équipe, y compris Pionka, ont pris l'habitude de l'appeler à cette date pour lui souhaiter ce deuxième anniversaire. « Après cette histoire, un jour j'ai croisé Andreï Oksimenko [l'homme qui avait failli tomber nez à nez avec le tigre ce jour-là] et je lui ai dit qu'il était né sous une bonne étoile. Il en a convenu et m'a répondu : "Oui, c'est vrai. En entendant approcher votre camion, je me suis éloigné de la route. Je vous remercie d'être arrivé au bon moment." Et j'ai ajouté : "Tu as sûrement un ange gardien, tout comme moi."

« Pendant une certaine période après ces événements, j'éprouvais des sensations désagréables lorsque je me trouvais seul dans la forêt ou quand je voyais l'empreinte d'un tigre, ajoute-t-il. Encore aujourd'hui, quand je reconnais les traces d'un tigre, j'ai peur et je me tiens sur mes gardes. Je ne crois pas ceux qui affirment ne pas les craindre. La peur fait partie des choses normales qu'un homme doit ressentir. Depuis, j'ai croisé d'autres tigres dans la forêt, mais j'ai toujours gardé mon sang-froid. Il y aura sans doute d'autres rencontres de ce type. Dieu m'en préserve ! »

En 2000, Vladimir Chtchetinine, fondateur et ancien responsable de l'inspection Tigre, fut poussé à prendre sa retraite. Avec lui partirent Trouch et la plupart des membres de son équipe d'élite. Peu de temps après, Alexandre Gorboroukov mit fin à ses jours. Depuis, des réorganisations successives aux différents niveaux du gouvernement ont entraîné des réductions d'effectifs et des coupes budgétaires, laissant l'inspection dans l'incertitude de son avenir. En 2008, Sacha Lazourenko était le seul membre de l'équipe encore rattaché à l'inspection. Toutefois, depuis son remaniement en 2000, les pouvoirs de ce corps avaient été progressivement rognés, obérant sa capacité à faire appliquer la loi dans la taïga, d'autant plus que des soupçons de corruption pesaient sur son nouveau chef (remplacé en 2009). Le salaire et le moral des troupes suivirent la même pente descendante. Il suffit d'une visite dans les locaux de l'inspection pour se faire une idée de sa déchéance. Lors de sa création, elle occupait des bureaux en plein cœur de Vladivostok, dans le bâtiment où siégeait le Comité d'État à l'environnement. Mais après 2000, elle fut reléguée au deuxième étage d'un immeuble d'une cité dortoir, à une heure de trajet et deux changements de bus du centreville.

« Voilà pourquoi je suis parti, déclare Trouch. Voilà pourquoi je suis venu travailler dans un parc national. Ici, nous avons le statut d'inspecteurs fédéraux. Je peux établir un rapport et suivre le dossier. Si j'attrape quelqu'un, je suis habilité [comme naguère à la tête de l'inspection Tigre] à mener l'affaire jusqu'à son terme. »

Face aux anciens de l'inspection, on a l'impression de parler aux vétérans d'un groupe de rock déchu. Les années 1994 à 2000 furent sa période de gloire. Elle bénéficiait d'une bonne couverture médiatique et possédait un réel pouvoir. Ses hommes bien entraînés avaient un moral d'acier et recevaient de bons salaires. Ils disposaient en outre de tout l'équipement – uniformes, véhicules, armes à feu, caméras et carburant – nécessaire à leur mission. Ils étaient respectés du grand public comme des braconniers. Il existait même un programme de sensibilisation dans le cadre duquel ils intervenaient dans les écoles pour parler de leur travail et éduquer les jeunes à l'importance de préserver l'environnement (Trouch continue de participer à ce programme). À une époque où le cynisme et la corruption régnaient en maîtres dans le Primorié, l'inspection Tigre incarnait l'espoir d'un autre monde et ses membres étaient majoritairement fiers d'appartenir à un corps capable d'exercer une influence réelle et tangible dans la région. Pour ces hommes, leur passage dans l'inspection représente l'une des plus belles périodes de leur vie. Sa disparition reste un souvenir amer pour Trouch et soulève encore aujourd'hui de vives émotions quand il y pense. Plus qu'un emploi, ses collègues et lui pleurent leurs jeunes années. « Mon unique regret est de ne pas m'être engagé dans la conservation de l'environnement dix ou quinze ans plus tôt », avoue Trouch.

Aujourd'hui, il semble vouloir rattraper le temps perdu. En 2007, deux nouveaux parcs fédéraux ont été créés dans le Primorié : Zov Tigra (« l'Appel du tigre ») et Oudegueïskaïa Leguenda (« la Légende oudéguée »). Trouch occupe depuis 2008 la fonction de sous-directeur du parc de la Légende oudéguée, un titre qui semble avoir été créé pour lui. Toutefois, il n'est pas rémunéré à ce poste et doit compter sur le Phoenix Fund (cette association de préservation de l'environnement basée à Vladivostok et affiliée à la Wildlife Alliance de Washington finance également plusieurs équipes d'inspection déployées dans le Primorié). De taille moyenne, le parc couvre une superficie de mille deux cent quatre-vingt-quinze kilomètres carrés.[1] Aujourd'hui, la mission de Trouch est la préservation et le maintien de l'ordre. Tout ce qu'il aime. En dépit de son statut de zone protégée, une puissante société d'exploitation forestière a réussi à pénétrer dans le parc de Zov Tigra et à le dévaster. La

1. En 2009, sa surface a été considérablement réduite. *(N.d.A.)*

même société a voulu s'attaquer à la Légende oudéguée, mais Trouch est heureusement intervenu. « Ces gens pensaient que s'ils se faisaient prendre, il leur suffirait de verser un pot-de-vin pour s'en sortir, explique-t-il. Mais l'affaire a fait beaucoup de bruit dans les médias et je dois reconnaître que ça m'a fait plaisir. Parce que l'abattage sauvage concernait une zone protégée, les amendes et les dommages et intérêts qu'ils ont dû payer ont été multipliés par cinq. »

Trouch est d'un optimisme à toute épreuve et sa nouvelle mission l'enthousiasme. « Nous partons de zéro, dit-il. Il n'y a rien là-bas pour le moment. Aucun bâtiment, rien, mais encore beaucoup d'entorses à la loi. Nous devons mener un travail de répression afin de pouvoir transformer le parc en un lieu de détente et en une zone de pêche et de chasse réglementée. Nous devons également créer une infrastructure et constituer une équipe avec des gens réellement intéressés par ce travail. Nous devons développer le tourisme, créer des chemins de randonnée écologique, mettre au point des programmes d'éducation à l'environnement, et j'en passe. Mais nous y arriverons. »

Cela étant, le financement reste un gros problème et les tigres continuent d'être tués. Le Primorié a changé sur certains points, mais il reste toujours aussi dangereux d'y combattre le braconnage. En novembre 2008, Trouch était en expédition dans le nouveau parc quand ses hommes et lui ont rencontré une bande de braconniers nanaïs qui ont ouvert le feu sur son coéquipier. Les trois balles ont heureusement raté leur cible. Trouch a pris en chasse le tireur, a réussi à le rattraper et à le désarmer, mais dans la bagarre il a reçu un coup de couteau à la main. Il est quand même parvenu à menotter l'individu qui s'est avéré ivre. Peu de temps après cet incident, Trouch a été victime d'une crise cardiaque et en août 2009 il a subi un triple pontage. Il approche aujourd'hui de ses soixante ans. Or le maintien de l'ordre sur le terrain, avec tout le stress qu'il implique, est un travail pour un homme jeune. Son environnement de travail devient de plus en plus dangereux et pourtant, quelques semaines après son opération, il reprenait les patrouilles dans la taïga. « La nature a décidé qu'il devait y avoir ici un tigre », dit-il. Sa mission, telle qu'il la conçoit, est de veiller à ce qu'il y reste. Et, citant un proverbe russe, il conclut : « L'espoir est ce qui meurt en dernier. »

Épilogue

En 2008, dans le Primorié, dans le sud de la région administrative de Khabarovsk et dans les régions frontalières adjacentes, la population des tigres était estimée à quatre cent cinquante spécimens, un chiffre en recul par rapport à la période faste, de l'après-guerre aux années 1980, où l'on dénombrait environ cinq cents animaux. (À titre de comparaison, l'État du Texas, qui n'est pas un lieu de vie traditionnel du tigre, en compte plus de deux mille en captivité.) Ce chiffre peut sembler élevé, mais il n'est rien par rapport à ce qu'était la population sauvage il y a seulement cent ans. Au début du siècle dernier, on dénombrait en Asie environ soixante-quinze mille tigres. Un chiffre difficile à croire, car depuis quatre-vingt-quinze pour cent de ces bêtes ont été tuées pour le sport, pour la beauté de leur fourrure, pour leurs vertus médicinales, pour l'argent, pour une question de territoire ou par vengeance. Si l'on se penche sur les cartes d'hier et d'aujourd'hui, leur répartition nous évoque celle des juifs en Europe avant et après la Seconde Guerre mondiale.

On n'en croit pas ses yeux. Il est difficile d'imaginer qu'un tel massacre soit possible, surtout quand on sait que les tigres ont accompagné notre espèce tout au long de son histoire sur le continent asiatique et ont été vénérés par les hommes pour leur puissance physique et esthétique. Du fait de cette beauté, de ce charisme et de cette présence mythique, le tigre a été adopté comme un animal totem partout dans le monde. Aucune autre créature n'a cette double capacité d'être à la fois la vedette attendrissante des campagnes de collecte de fonds au profit des organisations de défense de la nature et un symbole de danger, de force et de puissance sexuelle. À l'image d'un poing levé, ou d'une croix, le tigre est un symbole compris par tous.

Des huit sous-espèces répertoriées, trois – celles de Bali, de Java et de la Caspienne – sont arrivées à leur totale extinction en l'espace de deux générations, et une quatrième – le tigre de Chine méridionale – n'a plus été vue en liberté depuis 1990. En ce qui concerne les deux Corées, aucun recensement digne de foi n'y a plus été pratiqué depuis 1991. Aujourd'hui, le tigre ne survit plus que dans de rares poches éparpillées çà et là sur le vaste territoire où jadis il circulait librement. Selon les estimations actuelles, ils seraient au total trois mille individus à vivre encore en liberté et ce chiffre continue de baisser.

Pour les conservateurs de l'espèce, cette situation est d'autant plus rageante que la tendance pourrait être inversée demain si la volonté était là. À condition qu'on les laisse tranquilles, avec assez de végétation où se mettre à couvert et de gibier, les tigres savent merveilleusement bien s'adapter et prospérer. Dans la nature, il faut s'adapter ou mourir et sur ce chapitre le tigre peut rivaliser avec l'espèce humaine. Jusque dans les années 1940 environ, il colonisait le continent asiatique tout entier, de Hong Kong en Iran, de Bali à Sakhaline, en plaine ou en montagne. Au Népal, on en a vu jusqu'à près de quatre mille mètres d'altitude et ils restent relativement nombreux dans la zone marécageuse que constitue la mangrove des Sundarbans. Ces animaux ne sont pas très difficiles. Tant que les quantités sont suffisantes, ils se contenteront de n'importe quelle forme de protéines. Et c'est ici que le bât blesse, car la *Panthera tigris* et l'*Homo sapiens* sont en réalité très semblables et ont des exigences similaires, bien que pour des raisons quelque peu différentes. L'un et l'autre ont besoin de vastes territoires et sont de gros consommateurs de viande ; l'un et l'autre sont prêts à défendre leur espace vital ; et enfin l'un et l'autre sont convaincus d'avoir un droit de propriété sur les ressources qui les entourent. Si un tigre a l'occasion de braconner sur les terres d'un autre, il ne s'en privera pas, tout comme l'homme le ferait à sa place. Mais à la différence de l'humain, le tigre ne prendra que de quoi satisfaire ses besoins. Voilà pourquoi, si on leur donnait à choisir, les chasseurs et les fermiers russes préféreraient être entourés de tigres plutôt que de loups, ces derniers ayant tendance à tuer au-delà de ce qui leur est strictement nécessaire.

Ce qui arrive aux tigres aujourd'hui peut se comparer à ce qui est arrivé il y a vingt-cinq mille ans à l'homme de Néandertal, quand cette espèce robuste se trouva incapable de faire face à l'expansion de son rival l'*Homo sapiens* et fut reléguée dans un coin du sud-ouest de l'Europe. À un certain point sa population a commencé à décliner pour finalement s'éteindre totalement. Depuis lors, beaucoup d'autres tribus humaines ont connu le même sort et elles sont de plus en plus nombreuses à disparaître aujourd'hui. Moins que la mort et l'étiolement, ce qui menace ces cultures désormais, ce sont les déplacements de population, les conversions religieuses, les évolutions économiques et les mariages mixtes. Petit à petit, les savoir-faire, les traditions orales et les langues s'éteignent. Une fois qu'ils ont connu le confort de dormir sous un toit, de se déplacer en voiture et de se nourrir de boîtes de conserve, peu d'entre nous consentiront de leur plein gré à retourner coucher sur le sol, à marcher sur de longues distances et à se servir d'outils rudimentaires. Cela vaut aussi pour les tigres : dès lors qu'ils ont goûté au confort de la vie dans un zoo, il n'y a plus de retour en arrière possible. À ce jour, on ne connaît pas de cas où un tigre ayant vécu en captivité a pu être réimplanté avec succès dans son environnement naturel. La captivité est un voyage à sens unique. Le constat est d'une ironie poignante, car à un moment ou à un autre, nous nous sommes tous trouvés dans la situation du tigre. La majorité d'entre nous vivent dans les conditions qui sont les leurs aujourd'hui parce qu'à un moment de leur histoire récente ils ont été chassés de leur habitat et forcés de renoncer à leur mode de vie traditionnel par d'autres humains, sinon mieux adaptés qu'eux, tout au moins plus agressifs. Ce qui soulève une question : où cette évolution nous mène-t-elle ? Existe-t-il une autre façon de célébrer le fait d'avoir survécu ?

Vue de loin, l'idée de sauver les tigres à l'état sauvage apparaît séduisante, mais il ne faut pas oublier que pour les populations qui les côtoient ces animaux forment une tribu rivale. Puissants, terrifiants et imprévisibles, ils sont pour ces gens un obstacle qui les empêche de satisfaire leurs besoins élémentaires, qu'il s'agisse de bois de chauffage, de gibier, de terres cultivables ou tout simplement de tranquillité d'esprit. Que répondre quand la propriétaire d'une datcha, roulant en 4 × 4 Toyota, le portable collé à l'oreille, se plaint que des tigres – « des tigres ! » – ont dévoré tous ses chiens et déclare avoir peur désormais d'aller se promener dans les bois où elle allait ramasser des champignons avec sa grand-mère ? Que répondre au fermier qui vient de perdre sa vache ou au chasseur convaincu que les tigres font fuir le gibier ? Voilà de quoi parlent les gens au Primorié en cet âge post-perestroïka, comme ils parlent, par exemple, de ce masseur local considéré comme un candidat sérieux au poste de maire de Vladivostok quand son prédécesseur aura été condamné et mis sous les verrous ; comme ils parlent du prix du pain qui a doublé en un an ou du fait que les Chinois sont les seuls à vouloir encore exploiter une ferme. Voilà dans quel environnement travaillent ceux qui se préoccupent de l'avenir du tigre de l'Amour.

Pendant ce temps, de l'autre côté de la frontière, à Harbin, deuxième ville de Mandchourie, quelques mois à peine avant les Jeux olympiques d'été de 2008, des marchands ambulants tibétains vendent encore, au vu et au su de tous, des pattes et des pénis de tigre. Des trottoirs où ils restent accroupis, à un jet de pierre de la gare centrale, il faut trente minutes par le bus pour se transporter jusqu'au parc des Tigres de Harbin. Coincé entre une base militaire, une cité dortoir et une voie de chemin de fer, ce lieu baptisé « centre de réhabilitation et de reproduction » est l'un des dix ou douze élevages industriels privés déguisés en parcs à thème, où les tigres sont traités comme du bétail. L'objectif proclamé de ce parc est de relâcher à terme ces animaux dans la nature, mais il suffit de voir leur totale inaptitude quand ils sont mis en présence d'une vache sur pied pour comprendre que cet objectif est totalement irréaliste. Il ne fait aucun doute que tôt ou tard ces bêtes finiront dans l'un des nombreux remèdes encore vendus de nos jours par les apothicaires chinois. La question de savoir si ces élevages doivent être légalisés suscite un houleux débat. Parmi les conservateurs et dans les milieux informés, l'opinion générale est qu'en légalisant cette activité les pouvoirs publics légaliseront du même coup l'abattage et que les produits issus des tigres dits « sauvages », c'est-à-dire obtenus par braconnage, deviendront encore plus recherchés. Sans même parler du fait qu'il est pratiquement impossible de distinguer un tigre sauvage de son cousin élevé en captivité.

Le commerce des produits issus des tigres est officiellement interdit en Chine depuis 1993, mais la loi est paresseusement appliquée, et le visiteur du parc de Harbin en trouve partout des preuves flagrantes. Ainsi, au milieu du hall de la billetterie, trône une énorme cuve en verre remplie de « vin de tigre ». Dans ce liquide translucide flotte, telle une œuvre d'art provocante, le squelette complet d'un tigre, dont on voit encore des lambeaux de chair accrochés à la charpente. À ses pieds s'empilent les os de plusieurs de ses congénères. Les visiteurs peuvent acheter cet élixir morbide pour mille yuans (environ cent quarante dollars) le litre. C'est en présence de tels spectacles que nous pouvons mieux comprendre l'angoisse et la confusion qui étreint les Russes d'Extrême-Orient, car ils ont le sentiment d'être en équilibre précaire au bord d'un monde qui leur est étranger.

Il est certes facile et tentant de condamner ce honteux commerce, mais il faut savoir qu'en Asie il relève d'une tradition ancienne et des plus honorables. De même que les Indiens des plaines d'Amérique avaient la réputation d'utiliser toutes les parties du bison, en Asie on utilise toutes les parties du tigre, jusqu'à ses excréments qui servent à soigner les maladies gastriques. Les tuniques cousues avec la peau des fœtus étaient autrefois très recherchées par les mandarins coréens. Ces habitudes peuvent sembler répugnantes, mais dans toutes les cultures les classes aisées, rejointes ensuite par les classes moyennes, ont de tout temps été demandeuses de produits exotiques, rares et précieux, au plus grand détriment de l'environnement. Sacs à main en alligator, bois tropicaux, propriétés de bord de mer, caviar, diamants, pour ne citer que quelques exemples. En termes d'impact sur la nature, et sur notre propre espèce, notre soif d'or noir est infiniment plus ravageuse que notre appétit pour les tigres.

Conséquence insoupçonnée de notre succès écrasant à la tête du règne animal, nous sommes aujourd'hui placés en position de décider de l'avenir du tigre. Nous n'avons pas sciemment endossé cette responsabilité, mais elle nous incombe néanmoins. C'est un grand pouvoir pour une espèce que de décider de la destinée d'une autre et c'est aussi un défi dont nous connaîtrons l'issue à très court terme. D'ici là, le tigre ne survivra pas comme un ornement accroché à notre bonne conscience. Pour mesurer pleinement l'importance de cet animal, et son absolue nécessité, les humains ont besoin de points de référence s'imbriquant à leurs propres intérêts. Le plus incontestable d'entre eux, outre le spectacle sublime que nous offre un tigre en liberté, est qu'un environnement habité par ces animaux est sain par définition. S'il offre suffisamment de surface, de végétation, d'eau et de gibier pour satisfaire les besoins d'une espèce aussi exigeante que l'est le tigre, cela implique que toutes les créatures placées en dessous d'elle dans la chaîne alimentaire sont également présentes et donc que l'écosystème est intact. Le tigre serait par conséquent comme un gros canari dans une mine biologique. Les environnements dont il a disparu présentent divers dommages : c'est le gibier qui a déserté, quand ce n'est pas la forêt elle-même qui a été rasée.

Il est possible d'admirer un exemple de ce qui reste une fois que le tigre a cédé la place à travers la fenêtre du train reliant la frontière russe à Pékin. Pour peu qu'elle détourne un instant son regard du siège situé devant elle et du film vidéo qui lui enseigne comment confectionner une bride pour son téléphone portable à l'aide de ses propres cheveux, la passagère découvrira derrière sa vitre un paysage en tous points conforme à la conception marxiste de la nature. En dehors d'un ruban de forêt courant le long de la frontière sino-russe, ce qui fut autrefois le Shuhai, « l'océan d'arbres » de la Mandchourie, a rétréci comme peau de chagrin. Chaque mètre carré de terre arable semble avoir été déboisé et labouré au maximum. Oiseaux et animaux ont pour ainsi dire disparu. Apercevoir une pie est un événement. Toute bête plus grosse qu'un rat semble être morte mangée ou empoisonnée. Quelques chênes des ours tout rabougris continuent de pousser en vagues rousses sur des pitons rocheux dominant la plaine rasée, mais en dessous, aussi loin que porte le regard, s'étend l'œuvre de l'homme.

Ce paysage domestiqué continue vers le sud jusqu'à la lointaine périphérie de Pékin – à environ une heure de trajet du centre de la mégapole. Puis commencent les usines voilées par un mélange de pollution et de poussière transportée depuis le désert de Gobi, dont les miasmes bruns peignent au visiteur un tableau digne de Turner. La Chine serait, dit-on, le bassin originel du tigre. Avant l'avènement du communisme, la Mandchourie, cette vaste région qui s'étend au nord-est de Pékin, était l'une de ses principales zones d'habitat. Aujourd'hui, à l'exception de quelques spécimens de passage, ayant franchi la frontière russe, la région est aussi vide de ces fauves que le désert de Gobi. Or ils ne reviendront pas de sitôt si l'on en juge par le nombre d'autoroutes en train de se construire dans la région. Un panneau de signalisation à connotation confucéenne annonce cette nouvelle donne : « Les accidents de circulation font plus de ravages que les tigres. » Mais moins que la pollution. En novembre 2005, dans la ville de Jilin, à environ deux cents kilomètres au sud de Harbin, une fuite de benzène tuait toute forme de vie dans le Songhua, l'un des principaux affluents de l'Amour. Les effets de cette catastrophe continuent de se faire sentir jusqu'en mer du Japon. C'est un accident parmi tant d'autres dont l'impact s'étend bien au-delà des frontières de la Chine. Il n'est pas exagéré d'affirmer que si le tsar Alexandre II n'avait pas annexé la Mongolie extérieure il y a un siècle et demi, il n'y resterait plus un seul tigre en liberté et le Primorié serait aussi défiguré que peuvent l'être les provinces limitrophes situées sur le territoire chinois. Si Iouri Iankovski, Vladimir Arseniev ou Roy Chapman Andrews revenaient aujourd'hui en Mandchourie, ils ne reconnaîtraient plus rien et seraient aussi désorientés qu'un tigre. Le Primorié et ses zones frontalières représentent désormais le dernier espoir pour le tigre en Asie du Nord-Est. Totalement coupé des autres sous-espèces, le tigre de l'Amour a ses plus proches cousins en liberté au Cambodge, à plus de trois mille kilomètres de là.

À tous les points de vue, les programmes de préservation de l'espèce entrepris par la Russie ont été une franche réussite. À l'origine, la présence des tigres dans l'Extrême-Orient russe n'est peut-être qu'un accident de l'Histoire, mais leur viabilité présente est le résultat d'une volonté d'hommes qui ont souvent risqué leur vie pour cette cause. Aujourd'hui pourtant ces efforts ne sont peut-être plus suffisants. En 2009, le programme international de surveillance du tigre de Sibérie relevait une importante baisse démographique dans les zones observées. Ce recul – d'environ quarante pour cent par rapport à la moyenne relevée durant la décennie précédente – a été attribué à plusieurs facteurs dont le principal est le braconnage. L'amende prévue pour l'abattage d'un tigre est certes très lourde – de l'ordre de vingt mille dollars –, mais l'état du système judiciaire en Russie est tel que les braconniers ne sont pratiquement jamais punis. En effet, pour obtenir une condamnation, il faut pouvoir produire devant le tribunal un tigre mort, un coupable et deux témoins, trois éléments qui ne sont pas faciles à réunir dans le cas d'un délit perpétré en pleine forêt. Certaines choses ont changé mais, en ce qui concerne le tigre de l'Amour, la situation est revenue à ce qu'elle était dans les années 1990.

Depuis dix ans, la « réorganisation » subie par les organismes du type de l'inspection Tigre les a privés de leurs pouvoirs et de leurs financements, pendant que parallèlement la préservation de l'environnement au Primorié passait des mains de l'État fédéral à celles du gouvernement régional, lequel a délégué cette charge au Comité de gestion de la chasse, une administration qui contrôle soixante mille chasseurs officiellement enregistrés. Autrement dit, par une forme de privatisation, la responsabilité d'exercer une surveillance objective a été confiée à une entité dont les intérêts sont en conflit avec cette mission. En règle générale, les organisateurs de chasse ne portent pas les tigres dans leur cœur, car un seul spécimen peut tuer en une année une grande quantité de cerfs, de sangliers et d'élans, dépossédant leurs clients d'un gibier qu'ils considèrent comme leur propriété. Quand on sait en outre que depuis l'an 2000 les effectifs des gardes forestiers ont été réduits au point qu'un seul homme se retrouve maintenant en charge de plusieurs milliers de kilomètres carrés de forêt, les récents chiffres faisant apparaître un net recul des tigres s'expliquent mieux.

À l'heure où j'écris ces lignes, en décembre 2009, il reste peut-être moins de quatre cents tigres dans tout l'Extrême-Orient russe. Ailleurs sur le continent asiatique, leur population continue de décroître. Le tigre en liberté risque donc de s'éteindre, ce qui fera de lui le plus gros carnivore à disparaître depuis le lion d'Amérique (*Panthera leo atrox*) à la fin du Pléistocène, il y a de cela environ dix mille ans. L'extinction du lion d'Amérique se trouva coïncider avec le début de notre ère. Cette période, à laquelle certains scientifiques ont donné le nom d'Anthropocène, se caractérise par des concentrations de plus en plus importantes d'êtres humains sédentarisés dans un environnement naturel qui subit altérations et dégradations pour répondre aux besoins d'une population sans cesse grandissante.

Ce qui différencie l'extinction de certaines espèces à la fin du Pléistocène de celles observées aujourd'hui est leur caractère délibéré car, même si elles se produisent passivement, elles restent le résultat d'actes volontaires. Autrement dit, nous devrions tirer les leçons du passé. Ce n'est pas une opinion ni un jugement moral, mais un constat. Pourtant, à l'image du tigre qui n'a pas encore assez évolué pour comprendre que tout contact avec les humains modernes et les biens qu'ils possèdent lui est généralement fatal, nous n'avons pas encore compris que nous ne pouvons plus nous comporter comme des groupes de nomades se contentant de se transporter dans une autre vallée – ou dans un autre champ pétrolier ou un autre filon – quand les ressources s'épuisent. C'est ici, dans la confrontation des besoins immédiats et des nécessités d'une préservation durable de l'environnement, que les similitudes et les limites inhérentes à la nature de l'homme et du tigre apparaissent de la façon la plus frappante. Mais sur ce point, le tigre est moins surprenant que l'homme.

Soyons juste. Dix mille ans est un temps beaucoup trop court pour qu'une espèce modifie de fond en comble le rapport qu'elle entretient avec les systèmes qui garantissent sa survie. Mais les humains, créatures étonnantes, ont su s'adapter : par la production en masse de notre nourriture, de notre énergie, de nos biens matériels et de nous-mêmes nous avons tenté de nous affranchir de l'ordre de la nature [1] et de le dominer. Aujourd'hui, alors que nous mesurons le coût réel de cette évolution, nous devons repenser notre rapport à notre environnement et le tigre nous servira de baromètre, car il fait partie des milliers d'espèces vulnérables qui sont à la fois des dégâts collatéraux de notre réussite et des symboles de notre échec. L'époque que nous vivons est la preuve que nous luttons pour évoluer – mûrir serait peut-être un mot plus juste –, pour dépasser des peurs et des comportements qui n'ont plus lieu d'être et affronter le fait que la nature n'est pas plus notre ennemie que notre esclave.

Comment donc rebâtir ce rapport dans le cas du tigre du Primorié ?

Pour commencer, il faudrait restaurer un système de surveillance confié à des organismes disposant des moyens techniques et des financements nécessaires, comme le fut en son temps l'inspection Tigre de Vladimir Chtchetinine. En plus de protéger les tigres et les panthères, ces organismes veilleraient aussi à préserver le gibier en quantité suffisante à la fois pour les grands fauves et pour les chasseurs humains. Ensuite, il faudrait proposer la création de réserves naturelles à la frontière sino-russe administrées conjointement par les deux pays. Si cette proposition était acceptée, dans un second temps une équipe internationale serait constituée, dont la mission serait d'évaluer la couverture forestière dans la région frontalière afin d'établir si elle peut suffire aux besoins d'une population viable de tigres, à condition qu'on lui octroie du gibier en nombre suffisant. Dans l'affirmative,

1. Le poulet est la seule créature à sang chaud capable de rivaliser avec nous en termes de démographie, suivi par le rat et la souris. En termes d'impact collectif sur notre planète, il faut se tourner vers les astéroïdes et les grands volcans pour trouver un point de comparaison. *(N.d.A.)*

il faudrait aller encore plus loin et lancer un programme de suppression progressive des nombreux collets et pièges de toutes sortes qui transforment ce qui reste de la forêt mandchourienne en un champ de mines. Un système de couloirs protégés pourrait être mis en place pour permettre aux prédateurs et à leurs proies d'opérer en toute sécurité leurs migrations transfrontalières, comme ils l'ont toujours fait. Et enfin le commerce transfrontalier des tigres devrait être plus étroitement surveillé.

Si la Chine prenait une part active au projet de ressusciter l'un de ses symboles les plus révérés, il deviendrait possible d'aller au-delà de la posture défensive que ce pays n'a que trop souvent adoptée face aux initiatives venant de l'étranger et de commencer à mettre en commun tout le savoir accumulé par les Russes, mais aussi par les Indiens, les Américains et d'autres nations sur la question des tigres, de leur préservation et de la gestion des ressources naturelles connexes. Pour inaugurer cette nouvelle ère, il faudrait organiser une conférence internationale dans une ville frontalière d'Extrême-Orient et y célébrer le nouvel esprit de coopération entre ces deux pays gigantesques et parfois aussi farouches que des tigres. Avec un peu de chance, l'événement pourrait coïncider avec l'année chinoise du tigre, qui revient tous les douze ans.

Cette vision peut sembler utopique, mais en réalité tous ces événements sont déjà arrivés ou sont en train de se produire. En 2002, la réserve naturelle d'Hunchun a été créée sur un territoire de mille kilomètres carrés dans la province chinoise du Jilin, limitrophe de la Corée du Nord et de la Russie. Entre 2002 et 2007, des bénévoles chinois ont éliminé de cette réserve des milliers de pièges. Durant cette même période, la population des tigres a été multipliée par vingt, passant de cinq à près de cent spécimens observés annuellement. En 2004, un itinéraire de migration transfrontalière a été découvert dans la vallée de l'Oussouri et les spécialistes en ont conclu qu'une douzaine de tigres supplémentaires avaient colonisé la zone. Un autre couloir du même genre existe entre la chaîne du Sihoté-Aline et les monts Wandashan, dans la province chinoise du Hei-lung-chiang, et la création d'une réserve dans cette région est actuellement à l'étude.

En 2008, Tatiana Aramileva, une responsable politique locale des plus compétentes et qui plus est très préoccupée des questions de préservation de l'environnement, a pris la tête du Comité de gestion de la chasse du Primorié. Sa nomination à ce poste laisse augurer des changements majeurs en matière de protection de la nature dans cette région. En juin 2009, l'Initiative mondiale pour la protection du tigre, une alliance internationale réunissant, entre autres, l'Institut Smithson, la Banque mondiale et le Fonds mondial pour la nature, ont annoncé la création d'un nouveau programme bénéficiant de généreux financements qui se consacrera à former les gardes forestiers à la lutte contre le trafic des tigres. À l'automne 2009, pour la première fois de son histoire, la Chine a sollicité l'avis d'ONG sur la protection de l'espèce, sur le commerce des os de tigre et sur le rôle qu'elle a joué dans le déclin rapide de la population de ces fauves en Asie. En octobre 2009, au sommet mondial de Katmandou, la Russie a annoncé son intention d'accueillir une conférence internationale sur le tigre à Vladivostok en octobre 2010. 2010 coïncidant avec l'année chinoise du tigre, les parties prenantes dans la protection de cet animal en ont fait leur cri de ralliement afin d'attirer l'attention de l'opinion internationale sur l'état désastreux de la population de ce fauve dans le monde. Les engagements et les décisions adoptées durant cette année décisive détermineront si ces animaux pourront continuer à vivre en liberté à l'avenir.

L'objectif ultime recherché par ces institutions et par les millions de citoyens qui les soutiennent est ce que Dale Miquelle appelle « la recette de la coexistence », une approche éclairée et multiple permettant de concilier les besoins complexes et souvent contradictoires des humains et ceux des tigres cohabitant dans le même environnement. Son élaboration est un processus ardu, long et coûteux, toutefois une chose est sûre : ses ingrédients ne sont ni les remords ni les regrets, mais la volonté et la clairvoyance. Comme le résume cette formule de John Goodrich, coordinateur de longue date du projet du Tigre de Sibérie : « Pour que les tigres existent, il faut que nous le voulions. »

Aujourd'hui, plus que jamais.

Remerciements

Sine qua non : c'est l'expression qui me vient spontanément à l'esprit pour qualifier les contributions des personnes suivantes :

Le Dr Dmitri Pikounov, directeur du laboratoire d'étude écologique des grands mammifères à l'Institut géographique de l'Extrême-Orient, dans le Primorié, est le spécialiste des tigres qui pour la première fois a relaté ces événements tragiques. Je remercie ce chercheur passionné pour le temps qu'il m'a consacré.

Sasha Snow est le cinéaste britannique qui a fait connaître cette histoire au grand public grâce à son documentaire *Conflict Tiger*, récompensé par plusieurs prix. Sa clairvoyance, sa générosité, son amitié et son enthousiasme m'ont donné le courage de faire le voyage jusqu'en Russie et continuent de m'inspirer jusqu'à ce jour.

Iouri Trouch, bien sûr, personnage central de cette histoire. Sa patience, sa gentillesse et sa bonne volonté à relater dans les moindres détails un enchaînement d'événements qui sont, par moments, presque insupportables à contempler m'ont ouvert sur l'âme russe une fenêtre qui a transformé ma vie. Au quotidien, Iouri Trouch nous apporte la preuve que la foi est un acte physique. Mon espoir le plus fervent est que ce livre rende compte de cette vérité.

Josh Stenberg a été à mes côtés à toutes les étapes de mes voyages à travers la Mandchourie et le Primorié. Josh parle huit langues, dont le mandarin et le russe, et les services qu'il m'a rendus sont allés bien au-delà du rôle d'un simple interprète. Tour à tour guide, garde du corps, conseiller culturel, psychologue et historien, Josh a été mon Dersou et je déclare sans honte que sans lui ce livre, s'il avait réussi à voir le jour, aurait été très différent et beaucoup moins complet.

La générosité de parfaits inconnus est pour moi une source constante d'étonnement et de gratitude. Les habitants des villages de Sobolonié et de Iassenovié m'ont accueilli et aidé en dépit de tout ce qu'ils ont eu à endurer. Je souhaiterais remercier plus particulièrement Alexandre Borissov, Tamara Borissova, Sergueï Boïko, Denis Bouroukhine, Lida Bouroukhina, Lioudmila Gvordzik (Baba Liouda), Viktor Issaïev, Leonid Lopatine, Sergueï Louzgane, Alexeï Markov, Irina Pechkova, Irina et le défunt Andreï Onofreïtchouk, Evgueni Sakirko, Igor et Tatiana Sedikh, Anatoli Soukhanov (Koptchonyi) ainsi que Danila Zaïtsev.

À Krasnyi Iar, Vassili et Natalia Dounkaï ont de bon cœur accepté d'accueillir de parfaits étrangers, comme l'ont également fait leur fille, Olga, et le mari de celle-ci, Lianka. Je remercie également Mikhaïl Dounkaï, Nikolaï Gorounov, Alexandre Kontchouga et Natalia Pionka.

À Loutchegorsk, l'épouse de Iouri Trouch, Lioubov, nous a accueillis et nourris, jour après jour, tout en supportant des interviews marathon.

Plusieurs gardes forestiers et inspecteurs des différents organismes de protection de la nature et de surveillance de la chasse ont pris le temps de me confier leurs souvenirs, leurs avis et de partager avec moi certains documents en leur possession. Certains sont toujours en exercice, d'autres non. Je voudrais notamment citer Anatoli Khobitnov, Alexandre Lazourenko, Iouri Pionka, Vladimir Chibnev, Evgueni Smirnov, Vitali Starostine, Anatoli Tarassenko, Evgueni Voropaïev et Sergueï Zoubtsov. Je suis particulièrement reconnaissant envers Vladimir Ivanovitch Chtchetinine, fondateur et ancien chef de l'inspection Tigre, pour sa candeur rafraîchissante et son profond dévouement.

Le Primorié possède une longue tradition de conservation de la nature. Elle a réussi à survivre en dépit de tous les obstacles et c'est grâce à elle qu'aujourd'hui des tigres et des panthères vivent encore à l'état sauvage en Extrême-Orient russe. Le courage, la détermination et l'esprit de sacrifice des hommes qui la perpétuent ne seront jamais assez célébrés. À eux tous, ils ont donné à ce livre un sens plus large, ne se limitant pas au simple récit des faits. J'aimerais en particulier remercier Sergueï Bereznioukk et ses collègues du Phoenix Fund, Vassili Solkine de l'Institut géographique d'Extrême-Orient, Sergueï Sokolov de l'Institut pour la gestion durable des ressources du Primorié, Sarah Christie de l'organisation 21st Century Tiger, Michiel Hötte de la Tigris Foundation et enfin John Goodrich de la Wildlife Conservation Society. Je remercie également Alexandre Laptev qui m'a généreusement accordé la permission de visiter la réserve naturelle de Lazovskii Zapovednik ainsi que Linda Kerley, Vassili Khramtsov et Galina Salkina qui ont bien voulu partager avec moi leur connaissance approfondie de ce lieu magnifique. J'exprime aussi toute ma gratitude à Anatoli Astafiev qui m'a autorisé à visiter le *zapovednik* du

Sihoté-Aline et à Vladimir Melnikov et Nikolaï Rybine pour m'avoir fait profiter de leur vaste savoir sur les spécimens de tigres vivant dans cette réserve naturelle. Un grand merci à Viktor Ioudine pour son temps et pour ses tigres de même qu'à Evgueni Souvorov pour m'avoir ouvert sa remarquable collection de données sur les conflits entre humains et tigres dans le Primorié. Namfou Rutten et Alex von Kemenade m'ont généreusement accueilli à Pékin, comme l'a fait Audrey Perestiouk à Khabarovsk.

J'exprime une reconnaissance toute particulière à Dale Miquelle, directeur du projet du Tigre de Sibérie orchestré par la Wildlife Conservation Society. Sa générosité, son sens de l'hospitalité et sa grande disponibilité pour répondre à toutes mes questions et mes requêtes ont été ma pierre de touche tout au long de ce projet.

Une partie des droits d'auteur que rapporteront les ventes de ce livre sera reversée aux associations suivantes, engagées dans la protection des tigres au Primorié :

En plus de financer le travail de Iouri Trouch au parc national de la Légende oudéguée, le Phoenix Fund, www.phoenix.vl.ru, qui a son siège à Vladivostok, aide actuellement une douzaine d'équipes d'inspecteurs au Primorié.

La Tigris Foundation, www.tigrisfoundation.nl, qui a son siège à Amsterdam, de même que l'organisation 21st Century Tiger, www.21stcenturytiger.org, affiliée au zoo de Londres, soutiennent toutes deux des équipes d'inspecteurs au Primorié.

En plus de son projet à long terme d'étude des tigres du Sihoté-Aline, la Wildlife Conservation Society, www.wcs.org, travaille à définir et mettre en œuvre une « recette de coexistence », un ambitieux projet prenant en compte les besoins des tigres de l'Amour et ceux des hommes qui partagent la même zone d'habitat.

La conservation des tigres et de leur habitat n'étant pas une priorité du gouvernement russe, les financements étrangers sont indispensables au fonctionnement de ces précieuses organisations. Tous les dons, même les plus modestes, peuvent contribuer à leur action.

Patricia Polanski, bibliographe russe travaillant pour la bibliothèque Hamilton de l'université d'Hawaï ; Nina Semenovna Ivantsova, responsable du département de bibliographie régionale à la bibliothèque Gorki de Vladivostok ; Cheryl Hojnowski du bureau de la Wildlife Conservation Society à Vladivostok ; et Michael Zwirn à la Wildlife Alliance de Washington m'ont été d'une aide précieuse pour retrouver mon chemin dans le labyrinthe des sources documentaires. À Vancouver, Peter et Rosa Stenberg m'ont fourni une excellente traduction et une généreuse assistance dans mes travaux de recherche. Bree Bacon, Mike Bakst, Karin Elliot et Roma Sidortsov m'ont fait profiter sans compter de leurs connaissances de tout ce qui touche à la Russie. Walt Cressler et Shelly Rosenblum ont relu mon manuscrit et m'ont fait profiter de leurs précieux commentaires et suggestions.

Plusieurs spécialistes dans diverses disciplines ont partagé avec moi leurs théories et le fruit de leurs recherches et m'ont prodigué leurs encouragements à certaines étapes décisives de ma démarche, en particulier Clark Barrett, Rock Brynner, C. J. Chivers, Donald Clark, Amir Khissamoutdinov, Geoff Mann, Frank Mendel, Lioubov Passar, Chris Schneider, Galina Titorova, Kira Van Deusen, Ed Walsh et Ron Ydenburg. Le regretté Valeri Gueorguevitch Iankovski m'a offert un témoignage vivace d'une époque révolue et d'un lieu qui appartient désormais au passé.

En plus d'être des classiques dans leurs disciplines respectives, les ouvrages de George Schaller, *The Deer and the Tiger*, de John Stephan, *The Russian Far East*, et de Matt

Cartmill, *A View to a Death in the Morning*, constitueront de solides camps de base d'où les étudiants pourront lancer leurs propres expéditions vers ces contrées fascinantes. La personnalité généreuse et chaleureuse de ces auteurs sera un attrait supplémentaire pour ceux qui souhaiteront s'engager sur leurs traces. D'autres sources leur seront également très utiles : *The Hunters or the Hunted ?* de Charles K. Brain, *Man the Hunted* de Donna Hart et Robert W. Sussman, *Amur Tiger* de David Prynn et *Les chats et leur culture* d'Elizabeth Marshall Thomas. À ceux qui recherchent une source unique, riche et d'une lecture agréable, sur le tigre, je recommanderai chaudement *Le Monde des tigres* de Richard Perry (ouvrage, hélas, épuisé).

Pour finir, je tiens à remercier Sonny Mehta, Louise Dennys et Marty Asher pour leur enthousiasme communicatif ainsi que Stuart Krichevsky qui fut un guide expert dans la forêt urbaine. J'exprime mon immense gratitude à mon éditeur, Andrew Miller. Son regard acéré, la légèreté de ses retouches et son excellente compagnie ont réussi à empêcher que cette bête n'échappe à tout contrôle.

Enfin, comme toujours, j'exprime ma profonde reconnaissance à Nora et à nos enfants dont l'amour a permis la réalisation de toutes ces choses.

J. V.

Oaxaca, Mexique
17 décembre 2009

Note sur les sources

Ce livre parle des Russes et de leurs tigres. L'essentiel des informations qu'il contient provient de sources russes et notamment de nombreux entretiens. Je ne parle pas russe, si bien qu'à quelques rares exceptions près toutes ces interviews ont été menées par Josh Stenberg et enregistrées par moi entre mars 2007 et mai 2008. Elles ont ensuite été transcrites par Igor Levit et Asta Mott, deux traducteurs assermentés, dont la compétence et la perspicacité m'ont permis de mieux apprécier la matière à ma disposition.

Hormis quelques mots qu'ils ont en commun, le russe et l'anglais sont des langues très dissemblables et les traductions littérales produisent des monstres sémantiques et syntaxiques. Tous les propos cités dans ce livre ont donc été adaptés afin d'être rendus dans une langue fluide et lisible. Je me suis néanmoins efforcé d'en respecter le sens et de restituer autant que possible l'état d'esprit, la personnalité ainsi que les idiomes, voire les expressions argotiques, des différents locuteurs. Cela étant, le russe est une langue riche et imagée dont il est impossible de rendre toutes les nuances.

Plusieurs interviews, en particulier celles de Sacha Dvornik et des défunts Ivan Dounkaï et Vladimir Krouglov ont été gracieusement mises à ma disposition par Sasha Snow et Dale Miquelle. Elles ont été un formidable apport pour ce livre. J'aimerais également remercier Misha Jones pour sa traduction des principaux textes russes. Monica Hong et Si Nae Park m'ont été d'une aide précieuse pour la traduction et la compréhension des sources coréennes.

J. V.

Notes

Les ouvrages mentionnés dans les notes se réfèrent aux ouvrages cités en bibliographie.

Épigraphes :
p. 13 Arseniev, p. 70.
Beowulf, lignes 2415-16.

Chapitre 2

p. 36 Épigraphe : Tchekhov, p. 57.

p. 37 « La région qui s'étend au-delà de ces rivages », Khisamoutdinov, pp. 133-34.

p. 38 « Il en existe de plusieurs espèces », James, p. 545.

p. 41 « Si vous êtes de notre côté », entretien personnel du 3 mars 2007.

p. 42 « Provinces de Mandchourie et de Sakhaline-Hokkaïdo », A.L. Takhtadzhian (éd.), *Problemi paleobotaniki : sb. naoutch. tr.* [« Problèmes de paléobotanique : recueil de travaux scientifiques »], Leningrad, Nauka, Leningradskoe otdelenie, 1986.

p. 44 « L'aspect général de ce tigre », Heptner, p. 98.

p. 50 « Assuré de la compagnie du Gold », Arseniev, p. 147.

p. 50 « Ce fut pour lui une découverte déplaisante », *ibid.*, p. 335.

p. 51 « Les deux grands cèdres avaient disparu », *ibid.*, p. 384.

p. 51 « Arseniev eut le bon sens de ne pas vivre jusqu'à un âge avancé », *ibid.*, p. viii.

p. 51 Entre le début de son procès et sa mise à mort, Khisamoutdinov, p. 91.

Chapitre 3

p. 53 Épigraphe : Jeffers, p. 204.

p. 61 « Modernisme terminal », Hudgins, p. 150.

p. 62 « Alors, qu'est-ce qui t'amène dans ce trou du cul du monde ? », entretien personnel du 6 mai 2008.

p. 65 « Conversation sibérienne », Landsdell, vol. 2, p. 247.

Chapitre 4

p. 75 Épigraphe : William Blake, « Le Tigre », trad. par Pierre Leyris, in *Œuvres de William Blake*, Paris, Aubier-Flammarion, 1974.

Chapitre 5

p. 86 Épigraphe : Gogol, p. 288.

p. 91 « Chaque Sibérien devait se battre », *Izvestia*, rubrique Sciences, 8 juin 2004,
http://www.inauka.ru/english/article47379.html.

p. 93 « Ça se trouve peut-être près de l'Iran », entretien personnel du 12 juillet 2008.

p. 95 « Vous êtes venus ici seuls ? », Irina Pechkova, 21 mars 2007.

p. 96n « Absorber pas moins d'un tiers », R. Craig Nation, *Black Earth, Red Star : A History of Soviet Security Policy, 1917-1991,* Ithaca, Cornell University Press, 1992, p. 267, cité dans Goldstein.

Chapitre 6

p. 97 Épigraphe : Cité par Coxwell, p. 122.

p. 104n « Deux cent mille personnes », interview de Roy Medvedev à la station Ekho Moskvy, 5 mars 2003.

Chapitre 7

p. 109 Épigraphe : *Li Ki* (*Le Livre des rites*) ou *Mémoires sur les bienséances et les cérémonies.* Traduction de Séraphin Couvreur.

p. 111 Slogans du parti, tels que « Volons les voleurs », Valeri G. Iankovski.

p. 111 « C'est maintenant ou jamais », Pipes, *The Unknown Lenin*, pp. 152-154.

p. 112 En 2008, dix-neuf des cent plus grosses fortunes du monde étaient russes, Luisa Kroll (éd.), « The World's Billionaires », *Forbes*, 5 mars 2008.

p. 114 « Personne ne gouverne ici », entretien personnel du 21 mars 2007.

p. 115« À Sobolonié, les gens ne vivent pas, ils survivent », Olga, fille de Vassili Dounkaï, entretien personnel du 17 mars 2007.

p. 121 « La liberté est l'intellection de la nécessité », G. W. F. Hegel, *Logic, The Encyclopædia of the Philosophical Sciences*, Part 1. Trad. William Wallace, Oxford, Oxford University Press, 1975, p. 220.

Chapitre 8

p. 127 Épigraphe : William Shakespeare, Sonnet 65, in *Les Sonnets*, Essai d'interprétation poétique française par André Prudhommeaux, Porrentruy, Aux portes de France, 1945.

p. 129 « Pendant l'hiver, la vie du tigre solitaire n'est qu'une succession de longs déplacements », Kaplanov, 1941.

p. 129 « Son corps massif et son squelette puissant », Baïkov.

p. 131 « Avait dû appartenir à un animal mesurant près de quatorze pieds », Sowerby, *The Naturalist in Manchuria*, vol. 2, pp. 30-31.

p. 132 Un spécialiste a estimé qu'il avait coûté la vie à près d'un million d'Asiatiques, Matthiessen, p. 89.

p. 133 « Quand les gens n'ont aucun moyen de se défendre », entretien personnel du 6 avril 2009.

p. 134 « Les deux premières prises de mon père furent dénigrées », Caldwell, pp. 36-37.

p. 135 « Ceux qui rataient leur cible », Neff, 18 avril 2007.

p. 135 « Bientôt, nous fûmes confrontés à une scène des plus étonnantes », Taylor, p. 77. En 1907, peu après l'occupation de la Corée par les Japonais, la Guilde des chasseurs de tigres reçut l'ordre de rendre les armes. Selon Kim Young-Sik, l'ancien rédacteur en chef du *Koreaweb Weekly*, revue sud-coréenne disponible sur Internet, la réponse de la Guilde fut d'assassiner le magistrat à l'origine de cette décision et de commencer une guérilla contre les envahisseurs. Bien que très inférieure en nombre aux troupes japonaises, cette bande de patriotes exaltés, menée par le célèbre chasseur de tigres et général Hong Pomdo, se lança dans une campagne meurtrière contre les Japonais qui devait durer plus de dix ans. Finalement, à l'automne 1920, à la suite d'une succession de batailles particulièrement sanglantes qui occasionnèrent de lourdes pertes aux Japonais, le haut commandement de Tokyo constitua trois armées dans l'intention d'écraser une fois pour toutes la rébellion. Hong et ses troupes durent se replier en Mandchourie et au Primorié, où ils trouvèrent des alliés parmi les Russes qui avaient essuyé des pertes désastreuses de la part des Japonais lors des combats de 1904-1905 pour le contrôle de la Corée et des régions côtières de la Mandchourie. Avec le soutien du Kremlin, l'armée de Hong put mener des raids transfrontaliers pendant encore une dizaine d'années jusqu'à ce que le nouveau pouvoir soviétique, désireux de normaliser ses relations avec le Japon, n'interdise ces incursions. Peu de temps après, les rebelles coréens furent rattrapés par les répressions du régime et la paranoïa grandissante de Staline. Beaucoup furent contraints de suivre le leader de la Guilde exilé au Kazakhstan. Ce dernier y mourut à petit feu pour finalement s'éteindre en 1943. L'une des conséquences de l'implication de la Guilde dans le combat pour l'indépendance du pays fut une augmentation des signalements d'attaques de tigres dans la campagne coréenne. Toutefois le problème et sa cause ne durèrent pas, car les Japonais adoptèrent vis-à-vis de ces fauves la même attitude qu'ils avaient eue avec leurs chasseurs, si bien qu'en 1945, quand ils furent finalement contraints d'abandonner la Corée, l'espèce était totalement éteinte. Aujourd'hui, Hong Pomdo est considéré comme un héros en Corée du Sud.

p. 135n Ce geste semble être sans âge : archives photographiques de l'armée américaine (corps des marines) Réf. A373217: « C'était le plus gros tigre jamais abattu dans la zone d'opérations de la première division de marine », http://www.footnote.com/image/51219707/.

p. 136 « Une corne d'abondance ! », Eric Miller, « The Fifth of April, 1793 », in *The Reservoir*, Victoria, Ekstasis Editions, 2006, p. 23.

p. 137 Le maharajah d'Oudaïpour se vantait d'avoir abattu mille tigres « au bas mot », Schaller, p. 226.

p. 138 « Non, les *bogatyri* ne sont pas une espèce éteinte en Russie », Vsevolod Sissoïev, in Troïnine, p. 122.

p. 139 « Quand je l'ai attrapée, la bête n'était que rage », Sowerby, vol. 1, p. 69.

p. 139 « Il est arrivé qu'un courageux chasseur », Baïkov.

p. 144 « Le plus vertigineux déclin », Pipes, *Communism,* p. 53, in Alec Nove, *An Economic History of the USSR,* p. 208.

p. 145 « Nous ne pouvons attendre de charité de la nature », Feshbach et Friendly, p. 43.

p. 145 « Que le fragile sein vert de la Sibérie », Pearce, « All Polluted on the Eastern Front ».

p. 145n « Des valeurs universelles telles que la prévention des guerres », Keller, p. A1.

Chapitre 9

p. 157 « Du silence », Sergueï Boïko.

p. 159 « Il n'avait rien tué », Schaller et Lowther, p. 329.

p. 160 « Dans des conditions similaires », *ibid.,* p. 328.

p. 161 « Si, parmi tous les membres de la famille des primates », Ardrey, p. 8.

p. 162 « Ne blâmez pas l'homme », Jeffers, p. 433.

p. 163 « Nous avons entendu des bruits de voix dans le campement », Thomas, *The Old Way,* p. 101.

p. 163 « Sur les sept hardes de lions », Schaller et Lowther, p. 328.

p. 163n Schaller a émis l'hypothèse : entretien personnel du 7 août 2009.

p. 166 « Un réseau de comportements socialement transmis », Thomas, *Les chats et leur culture,* 1994.

p. 166 « Par ici, les lions ne s'attaquent pas aux hommes, *ibid.*

p. 166 « Derrière notre feu », *ibid.*

Chapitre 10

p. 169 Épigraphe : Gogol, p. 128.

Chapitre 11

p. 182 Épigraphe : Thomas, *Les chats et leur culture.*

p. 184 « ... le mâle s'approcha lentement », Strachan, pp. 244-245.

p. 194 « D'ordinaire, les animaux ciblés par des tirs », Heptner, p. 194.

p. 194 « J'ai changé de chapeau », entretien personnel du 16 juin 2009.

p. 197 « En janvier 1941 », Kaplanov.

p. 199 « Il était une fois », Lopatine, p. 208.
p. 200 « Ces êtres à moitié sauvages », Fraser, pp. 221-222.
p. 203 « Il y a quelques années de cela », Shreider, pp. 42-44.
p. 205 « La route est dure », Tchekhov, p. 31.
p. 207n « On dit que soixante-cinq tigres furent tués », Landsdell, vol. 2, p. 324.
p. 208 « Les Russes étaient probablement », correspondance avec l'auteur, 15 mai 2008.
p. 210 « Que Dieu vous accompagne », Trofimov, p. 209.
p. 211 « Soudain, j'ai entendu un souffle », Rooney, pp. A-1, A-2.
p. 212 « Aucun de nous n'avait jamais rien entendu de tel », entretien personnel du 7 juillet 2009.
p. 214 « La tigresse va-t-elle quitter la région », Energuia TV, Loutchegorsk, 9 décembre 1997.

Chapitre 12
p. 215 Épigraphe : Fontenrose, p. 254.
p. 223 « Semblable à un tigre », Nikolaevna, p. 163.

Chapitre 13
p. 224 Épigraphes :
Ludwig Wittgenstein, *Philosophical Investigations*, Londres, Blackwell, 1953/2001, p. 190.
Charles Darwin, *La descendance de l'homme et la sélection sexuelle*, trad. Edmond Barbier, 1891, p. 169.
Arseniev, p. 48.
p. 225 « Pour ce faire », Uexküll.
p. 226 « La tique, privée d'yeux », *ibid.*
p. 227 « Ces différents mondes », *ibid.*
p. 227 « Nous n'avons aucun moyen de décrire les processus cognitifs sans faire intervenir les mots », Budiansky, p. 192.
p. 228 « Toutes les espèces ont été modelées », Page, p. 116.
p. 230 Le principe dit du « partout ailleurs », Barrett, « Adaptations to Predators and Prey », p. 219.
p. 239 « J'ai lu quelque part que le tigre n'est pas dangereux », Vladimir Solomatine cité par Evgueni Souvorov.
p. 240 « Monnaie courante », Souvorov.
p. 240 « Donnez-moi une compagnie de soldats et je conquiers la Chine », Stephan, p. 57.
p. 245 « Nos vêtements, constamment encroûtés de sang et de sueur », Martin, p. 176.
p. 245 « Nous étions nus, à part une serviette nouée autour des reins », *ibid.*, p. 184.

p. 245 « Mon âme d'homme primitif a trouvé son paradis », *ibid.*

p. 245 « Ils étaient comme ces gens qu'on rencontre chaque jour », *ibid.*

p. 245 « Nous avons appris à deviner leurs humeurs », *ibid.*

p. 246 « Plus nous vivions au contact des animaux », *ibid.*

p. 246 « Ici peut-être se trouve l'origine de la mythologie », *ibid.*

Chapitre 14

p. 251 Épigraphe : Budiansky, p. 33.

p. 252 « Je me suis caché dans la caverne », Brain, p. 271.

p. 255 « Mais d'où est venue la race de l'homme ? », Jeffers, pp. 432-433.

p. 256 « Si un mangeur d'hommes », Rushby, p. 183.

p. 257 « Les babouins étaient visiblement trop terrifiés », Stevenson-Hamilton, p. 262.

p. 261« Que veut faire le lion quand il voit le zèbre ? », Barrett, « How Do We Understand the Behavior of Others? », diapositive 28.

p. 261 « Le lion veut chasser/mordre/tuer le zèbre », *ibid.*, diapositive 28.

p. 261« Quand le lion attrapera le zèbre », *ibid.*, diapositive 29.

p. 261 « Le lion fera du mal/tuera/mangera le zèbre », *ibid.*, diapositive 29.

p. 262 « Syndrome de Jurassic Park », Barrett in Grimes ; voir aussi Barrett, « Cognitive Development and the Understanding of Animal Behavior ».

p. 263 « Ces résultats impliquent », New, p. 16603.

p. 263 « Les gens ont la phobie », Brynner.

Chapitre 15

p. 269 Épigraphe : Coxwell, p. 114.

p. 269« C'était devenu une espèce de plaisanterie », Anatoli Soukhanov (Koptchonyi).

p. 274 « Ces gens-là sont plus durs que des clous », Karin Elliot, entretien personnel du 5 juin 2009.

Chapitre 16

p. 292 Épigraphe : Cité par Van Deusen, p. 176.

Chapitre 17

p. 305 « Les optimistes apprennent l'anglais », Mike Bakst et Josh Stenberg, entretiens personnels.

p. 306 « Qu'est-ce qui a mal tourné dans l'Extrême-Orient russe ? », Stephan, p. 3.

Chapitre 18

p. 315 Épigraphe : Herman Melville, *Moby Dick*, Trad. par Armel Guerne, Paris, Phébus, p. 623.

p. 321 « Comme par un rasoir », Troïnine, p. 117.

p. 326 « On apprend à lire l'écriture d'un sabot », Martin, p. 123.

p. 331 « Ici, tout appelle l'art », Tchekhov, p. 41.

p. 333 « Avec les tigres, rien n'est jamais certain », cité par Linda Kerley, entretien personnel du 7 mai 2008.

Chapitre 19

p. 336 Épigraphe : Tiré de Peter H. Lee, éditeur et traducteur, *Poems from Korea*, Honolulu, University of Hawaii Press, 1974, pp. 128-129.

p. 343 « Mais lorsque la tempête de la guerre souffle à nos oreilles », William Shakespeare, *Henry V*, III, 1, trad. par Sylvère Monod.

Chapitre 21

p. 368 Épigraphe : William Blake, *Le mariage du Ciel et de l'Enfer*, trad. par André Gide, Paris, José Corti, 1922.

Chapitre 22

p. 380 Épigraphe : Alexandre Pouchkine, « L'Antchar », trad. par Prosper Mérimée, in *Œuvres poétiques*, vol. II, Efim Etkind (éd.), Lausanne, L'Âge d'Homme, 1981, p. 334.

Épilogue

p. 419 « Pour que les tigres existent », Goodrich, p. 29.

Bibliographie sélective

Alexievitch, Svetlana, *Les Cercueils de zinc* [témoignages réunis et présentés par Svetlana Alexievitch], trad. du russe par Wladimir Berelowitch, Paris, C. Bourgois, 1991.

Andrews, Roy C., *Ends of the Earth*, New York, Garden City Publishing Co., 1929.

Applebaum, Anne, *Goulag : une histoire*, trad. par Pierre-Emmanuel Dauzat, Paris, Gallimard, 2008.

Aramilev, Ivan, *Beyond the Ural Mountains : The Adventures of a Siberian Hunter*, traduit et adapté par Michael Heron, Chicago, Rand McNally, 1961.

Ardrey, Robert, *Et la chasse créa l'homme : une conclusion personnelle sur la nature évolutive de l'homme*, trad. par Denise Meunier, Paris, Stock, 1977.

Arseniev, V. K., *La Taïga de l'Oussouri. Mes expéditions avec le chasseur gold Dersou* [*Dersou Ouzala*], trad. par Pierre P. Wolkonsky, Paris, Payot, 1939.

Baïkov, N. A., *Des tigres et des hommes : Le Grand Van et autres nouvelles*, Paris, Payot & Rivages, 2002.

Barrett, H. Clark, « Adaptations to Predators and Prey », in *The Handbook of Evolutionary Psychology*, David M. Buss (éd.), New York, Wiley, 2005, pp. 200-223.

—, « Cognitive Development and the Understanding of Animal Behavior », in *Origins of the Social Mind*, B. Ellis et D. Bjorklund (éd.), New York, Guilford, 2004, pp. 438-467.

—, « How Do We Understand the Behavior of Others? : The Agency System », in *Human Cognitive Adaptations to Predators and Prey* (thèse de doctorat, University of California at Santa Barbara, 1999). UMI Microform n° 9986870.

Becker, Jasper, *La Grande Famine de Mao*, trad. de l'anglais par Michel Pencréac'h, Paris, Dagorno, 1998.

Blake, William, *Le Mariage du Ciel et de l'Enfer*, trad. par André Gide, Paris, José Corti, 1922.

—, « Le Tigre », trad. par Pierre Leyris, in *Œuvres de William Blake*, Paris, Aubier-Flammarion, 1974, pp. 238-241.

Bloch, Alexia et Laurel Kendall, *Museum at the End of the World : Encounters in the Russian Far East*, Philadelphie, University of Pennsylvania Press, 2004.

Beowulf : l'épopée fondamentale de la littérature anglaise, introduction et traduction de l'anglais par Jean Queval, Paris, Gallimard, 1981.

Brain, C. K., *The Hunters or the Hunted ? An Introduction to African Cave Taphonomy*, Chicago, University of Chicago Press, 1981.

Bryner, Jeanna, « Modern Humans Retain Caveman's Survival Instincts », *LiveScience*, 24 septembre 2007, http://www.livescience.com/health/070924_ancestors_eyes.html.

Brynner, Rock, *Empire and Odyssey : The Brynners in Far East Russia and Beyond*, Hanover, New Hampshire, Steerforth, 2006.

Budiansky, Stephen, *If a Lion Could Talk : Animal Intelligence and the Evolution of Consciousness*, New York, Free Press, 1998.

Caldwell, John C., *China Coast Family*, Chicago, Henry Regnery, 1953.

Canda, Edward R., « The Korean Tiger : Trickster and Servant of the Sacred », *Korea Journal*, novembre 1981, pp. 22-38.

Cartmill, Matt, *A View to a Death in the Morning : Hunting and Nature Through History*, Cambridge, Harvard University Press, 1993.

Cha, Kai-Ching, « Can the Convention on Biological Diversity Save the Siberian Tiger ? », *Environs* (Environmental Law and Policy Journal) 24, n° 2-3 (2000/2001), pp. 3-28.

Champion, F. W., *With a Camera in Tiger-Land*, London, Chatto & Windus, 1927.

Corwin, Julie *et al.*, « The Looting of Russia », *U.S. News & World Report*, 7 mars 1994.

Coxwell, C. F., *Siberian and Other Folk Tales*, Londres, C. W. Daniel, 1925.

Dart, Raymond, « Australopithecus africanus – The Man-ape of South Africa », in *Nature,* n° 2884, vol. 115, 7 février 1925, pp. 195-199.
Davie, Lucille, « Who Killed the Taung Child? », City of Johannesburg, 13 janvier 2006, www.southafrica.info/about/science/taung-skull-130106.htm.
Deer, Bryan, « Nature's Prey », *Sunday Times Magazine,* Londres, 9 mars 1997.
Diment, Galya et Yuri Slezkine, *Between Heaven and Hell : The Myth of Siberia in Russian Culture,* New York, St. Martin's, 1993.
Doeker-Mach, Gunther (éd.), *Forgotten Peoples of Siberia,* Zurich, Scalo, 1993.
Dunishenko, Y. et A. Kulikov, *The Amur Tiger,* Khabarovsk, The Wildlife Foundation, 1999.
Eliot, John L., « Hard Times Put Siberian Tigers Out in the Cold », *National Geographic* 182, n° 4 (octobre 1992).
Erofeyev, Victor, « Letter from Moscow : Dirty Words », *The New Yorker,* 15 septembre 2003.
Feshbach, M. et A. Friendly, *Ecocide in the USSR : Health and Nature Under Siege,* New York, Basic Books, 1992.
Fontenrose, Joseph, *Orion : The Myth of the Hunter and the Huntress,* University of California Publications in Classical Studies, vol. 23 (1981) : 1-315, Berkeley, University of California Press.
Formosov, A. N., « Pamiati L. G. Kaplanova » [« À la mémoire de L. G. Kaplanov »], 1948, réédition in *Okhotniki,* vol. 4 (2000), pp. 164-186.
Fraser, John F., *The Real Siberia – Together with an Account of a Dash Through Manchuria,* New York, D. Appleton, 1902.
Galster, Steve R. *et al., Russia's Final Roar : Criminal Threats to the Siberian Tiger and Local Communities,* Washington, Investigative Network, 1996.
Glick, Daniel, « Can Russia Save the Endangered Siberian Tiger? », in *Newsweek,* 18 janvier 1993, p. 51.
Gogol, Nicolas, *Les Âmes mortes,* Paris, Flammarion, 1990.
Goldstein, Lyle J., « Return to Zhenbao Island : Who Started Shooting and Why It Matters », in *China Quarterly* 168 (décembre 2001), pp. 985-997.
Goodrich, John *et al.*, « Time for Tigers : Paving the Way for Tiger Conservation in Russia », in *Wildlife Conservation* 105, n° 1, janvier-février 2002, pp. 22-29.

Gorokhov, G. F., « Le tigre et autres carnivores », in *Okhota i okhotnich'e khoziaistvo* 9, 1973, pp. 16-17.

Grant, Richard, « Siberian Tigers – The Hunted Ones », in *The Telegraph*, Londres, 1er décembre 2007.

Grew, J. C., « Hunting the Cave-Dwelling Tiger of China », in *Outing* 44, n° 6, septembre 1904, pp. 737-745.

Griffin, Donald R., *Animal Minds*, Chicago, University of Chicago Press, 1992.

Grimes, Ken, « Hunted ! », in *New Scientist* 174, n° 2338, 13 avril 2002.

Hart, Donna et Robert W. Sussman, *Man the Hunted : Primates, Predators, and Human Evolution*, New York, Westview, 2005.

Hawes, Charles H., *In the Uttermost East; Being an Account of Investigations Among the Natives and Russian Convicts of the Island of Sakhalin, with Notes of Travel in Korea, Siberia, and Manchuria*, New York, Harper & Brothers, 1903.

Heptner, V. G. *et al.*, *Mammals of the Soviet Union*, vol. II, part 2. Washington, Smithsonian Institution Libraries and National Science Foundation, 1988.

Hiatt, F., « Even Rangers Prey on Russia's Parks », in *Washington Post*, 12 juin 1994.

Ho-gŭn, Kim et Yun Yŏl-su, *Hanguk horangi = The Korean Tiger*, Seoul, Yŏrhwadang, 1986.

Hornocker, Maurice (éd.), *Track of the Tiger*, San Francisco, Sierra Club, 1997.

Hötte, Michiel, « Amur Leopard Conservation Update », Tigris Foundation, Amsterdam, août 2004.

Hudgins, Sharon, *The Other Side of Russia : A Slice of Life in Siberia and the Russian Far East*, College Station, Texas A&M University Press, 2003.

Iankovski, Valeri G., *From the Crusades to the Gulag and Beyond*, Vladimir, Russie, Bibliothèque scientifique M. Gorky, 2007.

Iankovski, Iouri M., *Cinquante ans de chasse au tigre*, Vladivostok, 1990 (en russe).

Iskyan, Kim, « Selling Off Siberia : Why China Should Purchase the Russian Far East », in *Slate*, 28 juillet 2003.

Jackson, Peter, « The Status of the Tiger in 1993 », in *The World Conservation Union*, pp. 1-12.

James, H. E. M., *Proceedings of the Royal Geographical Society and Monthly Record of Geography*, New Monthly Series 9, n° 9, septembre 1887, pp. 531-567.

Jeffers, Robinson, *The Collected Poetry of Robinson Jeffers*, vol. 3, Tim Hunt (éd.), Stanford, Stanford University Press, 1991.

Kaplanov, Lev G., « The Tiger in the Sikhote-Alin », in *Tigr, izioubr, los*, Moscou, 1948, trad. par K. Lofdahl et A. Shevlakov.

Kattoulas, Velisarios, « Russian Far East : Crime Central », in *Far Eastern Economic Review*, 30 mai 2002.

Keller, Bill, « Key Soviet Aide Recommending Freer Economy », in *New York Times*, 6 octobre 1988, p. A1.

Kerley, Linda *et al.*, « Effects of Roads and Human Disturbance on Amur Tigers », in *Conservation Biology* 16, n° 1, février 2002, pp. 97-108.

Khatchadourian, Raffi, « The Stolen Forests : Inside the Covert War on Illegal Logging », in *The New Yorker*, 6 octobre 2008.

Khisamoutdinov, Amir, *The Russian Far East : Historical Essays*, édité par Patricia Polansky, Honolulu, Center for Russia in Asia, 1993.

Knight, Danielle, « Russia : Corruption, Trade, Illegal Logging Threaten Far East Forests », in *InterPress Service*, 6 août 2000.

Kruuk, Hans, *Chasseurs et chassés : relations entre l'homme et les grands prédateurs*, Paris, Delachaux et Niestlé, 2005.

Landsdell, Henry, *Through Siberia*, vol. 1 et 2, New York, Houghton Mifflin, 1882.

Laptev, A. et Y. Tchistiakov, *Taiga at the Ocean : Red Book Endangered Species of Primorye*, trad. par Evgueni Kovtoun et Alexandra Tsouranova, Vladivostok, Dalpress State Publishing Complex, 2000.

Lattimore, Owen, « The Gold Tribe, "Fishskin Tatars" of the Lower Sungari », in *Memoirs of the American Anthropological Association*, n° 40, Menasha, Wisconsin, 1933.

Lee, Richard B. et Irven DeVore (éd.), *Man the Hunter*, Chicago, Aldine, 1968.

Levy, A. et C. Scott-Clark, « He Won, Russia Lost », in *The Guardian*, Londres, 8 mai 2004.

Liebenberg, Louis, *The Art of Tracking : The Origin of Science*, Claremont, Afrique du Sud, D. Philip, 1990.

Linden, Eugene *et al.*, « Tigers on the Brink », in *Time*, 28 mars 1994, pp. 44-51.

Lopatine, Ivan A., *Gol'dy amourskie, oussouriiskie i soungariiskie : opyt etnografitcheskogo issliedovania* [« Les Golds de l'Amour, de l'Oussouri et du Soungari : compte rendu de recherches

ethnographiques »], Vladivostok, 1922 (extrait de *Zapiski Obchtchestva izoutchenia Amourskogo kraia*, t. 17).
Loukashkin, A. S., « The Manchurian Tiger », in *The China Journal* 28, n° 3 (mars 1938), pp. 127-133.
Marean, Curtis W., « Sabertooth Cats and Their Relevance for Early Hominid Diet and Evolution », in *Journal of Human Evolution* 18, n° 6 (1989), pp. 559-582.
Martin, Henno, *La guerre venue, nous sommes partis dans le désert*, Paris, Buchet/Chastel, 1957.
Matthiessen, Peter, *Tigres dans la neige*, Arles, Actes Sud, 2000.
Matyushkin, Yevgeny (éd.), *The Amur Tiger in Russia : An Annotated Bibliography, 1925-1997*, Moscou, Russian Nature Press, 1998.
Matyushkin, Yevgeny, « Man, Achievements, Faith, and a Clearly Recognized Goal : In Memory of L. G. Kaplanov », in *Okhota i okhotnich'e khoziaistvo* 7, 1995, pp. 36-38.
Meier, Andrew, *Black Earth : A Journey Through Russia After the Fall*, New York, Norton, 2003.
Melville, Herman, *Moby Dick*, trad. par Armel Guerne, Paris, Phébus, 2005.
Miquelle, Dale, Igor Nikolaev, John Goodrich *et al.*, « Searching for the Coexistence Recipe : A Case Study of Conflicts Between People and Tigers in the Russian Far East », in Seidensticker *et al.*, *Riding the Tiger*, Cambridge, Cambridge University Press, 1999, pp. 305-322.
Montefiore, Simon S., *Staline : la cour du tsar rouge*, Paris, Perrin, 2010.
—, *Le jeune Staline*, Paris, Calmann-Lévy, 2008.
Morell, Virginia, « Can the Wild Tiger Survive ? », in *Science* 317, n° 5843, 7 septembre 2007, pp. 1312-1314.
Nagishkin, Dmitri, *Folk Tales of the Amur*, New York, Harry N. Abrams, 1980.
Neff, Robert, « Westerners No Match for Korean Tiger Hunters », 18 avril 2007, www.english.ohmynews.com (Corée).
—, « When Tigers Stalked Korea », *ibid.*, 6 mai 2007.
New, Joshua *et al.*, « Category-Specific Attention for Animals Reflects Ancestral Priorities, Not Expertise », in *Proceedings of the National Academy of Sciences* 104, n° 42 (16 octobre 2007), pp. 16598-16603.
Nikolaev, I. G. et V. G. Ioudin, « Conflicts Between Man and the Tiger in the Russian Far East », in *Bulletin Moskovskogo obchtchestva ispytateleï Prirody* 98, n° 3 (1993).

Nikolaevna, Irina *et al.*, « Udeghe (Udihe) Folk Tales », in *Tunguso Sibirica*, n° 10, Wiesbaden, Harrassowitz, 2002.
Nowak, Ronald M., *Walker's Carnivores of the World*, Baltimore, Johns Hopkins University Press, 2004.
Okladnikov, A. P., *Ancient Art of the Amur Region*, Leningrad, Aurora, 1981.
—, *The Soviet Far East in Antiquity*, Toronto, University of Toronto Press, 1965.
Packer, Craig, « Rational Fear », in *Natural History*, mai 2009.
Packer, Craig et Jean Clottes, « When Lions Ruled France », in *Natural History* 109, n° 9 (novembre 2000).
Page, George, *Inside the Animal Mind*, New York, Doubleday, 1999.
Pearce, Fred, « All Polluted on the Eastern Front » (critique de livre), in *New Scientist*, 3 octobre 1992.
Pearce, Fred, « How the West Is Attacking Russia : As Tropical Rainforests Disappear, Logging Companies Move into the North », in *The Independent*, Londres, 28 mars 1993.
Perry, Richard, *Le Monde des tigres*, Paris, Presses de la Cité, 1967.
Pikounov, Dmitri G., « Please Don't Shoot the Tigers ! », trad. par Misha Jones, in *Zov Taïgui*, n° 1 (janvier-février 1998), pp. 6-11.
Pipes, Richard, *Communism : A History*, New York, Modern Library, 2001.
—, *The Unknown Lenin : From the Secret Archive*, New Haven, Yale University Press, 1996.
Possehl, Suzanne, « Russia and America Team Up to Try to Save Endangered Tiger », in *New York Times*, 31 août 1993, p. C4.
Pouchkine, Alexandre, *Œuvres poétiques*, vol. II, Efim Ekind (éd.), Lausanne, L'Âge d'Homme, 1981.
Prynn, David, *Amur Tiger*, Édimbourg, Russian Nature Press, 2002.
Quigley, Howard, « Saving Siberia's Tigers », in *National Geographic* 184, n° 1 (juillet 1993).
Raeburn, Paul, « Scientists See Threat to Life in Siberian Wilderness », in *Seattle Times*, 4 février 1991.
Remnick, David, « Letter from Moscow : Echo in the Dark », in *The New Yorker*, 22 septembre 2008, pp. 36-43.
Rooney, Carole, « Attacked Green Lake Man Kills Bear with Stick », in *100 Mile House Free Press*, 8 octobre 2008, pp. A-1, A-2.

Rosencranz, A. et A. Scott, « Siberia's Threatened Forests », in *Nature* 355 (janvier 1992), pp. 293-294.
—, « Cutting Down Siberia », in *The Washington Post,* 18 août 1991.
Rostov, I. D. *et al.*, *Oceanographic Atlas of the Bering Sea, Okhotsk Sea and Japan/East Sea,* Vladivostok : V. I. Ilichev Pacific Oceanographic Institute, 2003, www.pacificinfo.ru/data/cdrom/2/start_english.htm.
Rushby, G. G., *No More the Tusker,* Londres, W. H. Allen, 1965.
Salmin, Yuri A., « K rasprostraneniou, biologii i promyslou amourskogo tigra Felis tigris longipilis Fitz. v gornoi strane Sikhote-Alin » [« De la biologie et du commerce du tigre dans le massif du Sihoté-Aline »], in *Naoutchno-metoditcheskie zapiski,* Glavnogo oupravleniia po zapovednikam, n° 7 (1940), pp. 251-254.
Schafer, Kevin et Martha Hill, « The Logger and the Tiger », in *Wildlife Conservation* 96, n° 3 (mai-juin 1993), pp. 22-29.
Schaller, George B., *The Deer and the Tiger : A Study of Wildlife in India,* Chicago, University of Chicago Press, 1967.
Schaller, George B. et Gordon R. Lowther, « The Relevance of Carnivore Behavior to the Study of Early Hominids », in *Southwestern Journal of Anthropology* 25, n° 4 (hiver 1969), pp. 307-341.
Schemann, Serge, « Vladivostok, Russia's Wild Far East », in *New York Times,* 12 septembre 1993, section 6, p. 40.
Seidensticker, J., S. Christie et P. Jackson (éd.), *Riding the Tiger : Tiger Conservation in Human-Dominated Landscapes,* Cambridge, Cambridge University Press, 1999.
Selvinski, Ilyia, « Fur Trade », Moscou-Leningrad, 1929 (en russe).
Shahgedanova, Maria (éd.), *The Physical Geography of Northern Eurasia,* Oxford, Oxford University Press, 2002.
Sharma, Charu, « Chinese Endangered Species at the Brink of Extinction : A Critical Look at the Current Law and Policy in China », in *Animal Law Review,* Lewis & Clark Law School, 2005.
Shipman, Pat, « Scavenging or Hunting in Early Hominids : Theoretical Framework and Tests », in *American Anthropologist,* New Series 88, n° 1 (mars 1986), pp. 27-43.
Shreider, Dmitri I., *Nach dalnyi vostok : try goda v oussouriakom kraie* [« Notre Extrême-Orient : trois ans dans la région de l'Oussouri »], Saint-Pétersbourg, A. F. Devrien, 1897.
Shtilmark, Feliks, *History of Russian Zapovedniks, 1895-1995,* Édimbourg, Russian Nature Press, 2003.

Siegel, Marc, « The Emotions of Attack », in *San Francisco Chronicle*, 1er janvier 2008, p. B-5.
Smirnov, E. N., « Sto vstrech s tigrom » [« Cent rencontres avec les tigres »], in *Zov Taïgui*, Vladivostok, 1997. Extraits traduits du russe par O. Zirina et A. Chevlakov, 1999.
—, « Tracking the Striped Cannibal », in *Terney News*, n° 5883, 15 janvier 1997.
Snow, Sasha, « To Catch a Killer », in *The Independent*, Londres, 28 novembre 2004.
Sowerby, Arthur de Carle, *The Naturalist in Manchuria*, vol. 1-3, Tientsin, Tientsin Press, 1922.
—, « A Tiger Hunt in Manchuria », in *China Journal* 34, n° 4 (avril 1941), p. 184.
—, « The Tiger in China », in *China Journal* 18, n° 2 (février 1933), pp. 94-101.
Specter, Michael, « Siberia : 5 Million Miles of Frozen Dreams », in *The New York Times*, 21 août 1994.
—, « A Too-Free Enterprise Endangers Siberian Tigers », in *The New York Times*, 5 septembre 1995, pp. A1, 2bw.
Stephan, John J., *The Russian Far East : A History*, Stanford, Stanford University Press, 1994.
Stevenson-Hamilton, James, *Les Bêtes sauvages de l'Afrique du Sud*, Paris, Payot, 1952.
Strachan, Arthur W., *Mauled by a Tiger : Encounters in the Indian Jungles*, Édimbourg/Londres, The Moray Press, 1933.
Souvorov, Evgueni A., *Zapovednoe Primor'e* [« *Zapovedniki* du Primorié »], Vladivostok, 2003.
—, *Zapovednye khroniki* [« Chroniques interdites »], Vladivostok, Izd. DV universiteta, 2004.
Taylor, Mary L., *The Tiger's Claw : The Life-Story of East Asia's Mighty Hunter*, Londres, Burke, 1956.
Tchekhov, Anton, *L'île de Sakhaline*, trad. du russe par Lily Denis, Grenoble, Cent pages, 1995.
—, *L'Amour est une région bien intéressante – Correspondance et notes de Sibérie*, trad. par Louis Martinez, Grenoble, Cent pages, 2000.
Thomas, Elizabeth Marshall, *The Old Way : A Story of the First People*, New York, Picador, 1997.
—, *Les chats et leur culture*, trad. par Floriane Vidal, Paris, R. Laffont, 1997.
Trofimov, Vladimir, *Towards the Sun : The History of Development of the Far East*, Vladivostok, Outro Rossii, 1998.

Troïnine, Vladimir, « The Year of the Tiger », trad. par Lise Brody, *MÃNOA*, University of Hawaii 6, n° 2 (hiver 1994), pp. 113-124.

Uexküll, Jakob von, *Milieu animal et milieu humain*, trad. par Charles Martin-Freville, Payot et Rivages, 2010.

Underwood, Horace, « Hunting and Hunters' Lore in Korea », in *Transactions of the Korea Branch of the Royal Asiatic Society* 6, n° 2 (1915).

Van Deusen, Kira, *The Flying Tiger : Women Shamans and Storytellers of the Amur*, Montréal, McGill-Queen's University Press, 2001.

Vrishch, Alexander, *Fauna of the Ussuriyskii Taiga : A Field Guide to the Animal World of the Southern Russian Far East*, Vladivostok, Dalpress, 2004.

Wall, David, « Shaking Up Russia's Far East », in *Japan Times*, 5 avril 2007.

Watts, Jonathan, « Bred for the Freezer : How Zoo Rears Tigers like Battery Hens », in *The Guardian*, Londres, 13 avril 2007.

Weiner, Douglas R., *Models of Nature : Ecology, Conservation, and Cultural Revolution in Soviet Russia*, Bloomington, Indiana University Press, 1988.

Winchester, Simon, « Black Dragon River », in *National Geographic* 197, n° 2 (février 2000).

Yang, Yang, « A China Environmental Health Project Factsheet : Pesticides and Environmental Health Trends in China », Woodrow Wilson International Center for Scholars, China Environment Forum, 28 février 2007.

Youth, Howard, « Russia's Tough Tigers », in *Zoogoer* 37, n° 1 (janvier-février 2008).

TABLE

Préface de Guillermo Arriaga 5
Cartes : L'Extrême-Orient russe 9
La vallée de la Bikine 10
Prologue 15
Première partie : Markov 17
Deuxième partie : Potchepnia 267
Troisième partie : Trouch 313
Épilogue 405
Remerciements 421
Note sur les sources 427
Notes 429
Bibliographie sélective 437

CET OUVRAGE
A ÉTÉ TRANSCODÉ
ET ACHEVÉ D'IMPRIMER
SUR ROTO-PAGE
PAR L'IMPRIMERIE FLOCH
À MAYENNE EN AOÛT 2012

N° d'impression : 82935
Dépôt légal : août 2012
Imprimé en France